跨学科社会科学译丛

主　编：叶　航

副主编：贾拥民
　　　　王志毅

编　委（按姓名拼音为序）：

常　杰（浙江大学生命科学院）

陈叶烽（浙江大学经济学院、浙江大学跨学科社会科学研究中心）

葛　滢（浙江大学生命科学院）

贾拥民（浙江大学经济学院、浙江大学跨学科社会科学研究中心）

罗　俊（浙江财经大学）

叶　航（浙江大学经济学院、浙江大学跨学科社会科学研究中心）

周业安（中国人民大学经济学院）

启真馆 出品

跨学科社会科学译丛

Man the Hunted:

Primates, Predators, and Human Evolution

［美］
唐娜·哈特
（Donna Hart）

［美］
罗伯特·W. 苏斯曼
（Robert W. Sussman）

著

郑昊力 黄达强

译

被狩猎的人类

灵长类、捕食者
和人类的演化

浙江大学出版社

平装增补版序言

十分感谢这次机会，它使我们能够自本书 2005 年首次出版以来重新思考和更新书中的一些材料。我们没有改变第一版的第一章到第十章，只是更正了一些排版印刷错误。不过在全新的第十一章，我们重申了"人类猎物"的假说，并总结了相信人类最早的祖先既不是有组织的猎人，也并不天生充满暴力的几个主要理由。恰恰相反，人类是杂食动物，本性主要是由所学到的东西精心构造的——人类是文化动物。

许多新发现和一些原有的发现，现在变得契合"人类猎物"假说的主题了。揭示人类是被捕食的证据的人类祖先化石在不断增加。关于捕食者有了新的数据增补。我们现在有更多的关于已经灭绝的熊类和早期人类在非洲大陆共存的重要证据，还有令人兴奋的关于蛇类和猛禽的新资料。本书增补的章节讨论了这些发现。

该平装增补版的出版，同样使我们能够照顾到之前并未提及的关于"人类猎物"假说的其他一些方面——揭开问题答案，或者至少是对那些久久萦绕的问题给出启示：大脑的演变和增大与进食肉类之间的联系是什么？食人行为如何在远古和近代人类历史中流行开来？关于早期人类是狩猎还是食腐，那些由史前工具造成的划痕和 200 万年前在哺乳动物骨头上发现的肉食动物的齿痕告诉了我们什么？如果这些早期人类不是猎人，它们是食腐者吗？是人类生活在群体中来保护自身免遭捕食的需要导致了行为上、激素上和脑神经上的某些特性被选择了下来，这些特性又回馈和强化了社会性和合作吗？科学中的新理论如何以及为什么被接受，或者说恰恰相反，被忽视了？新增补的章节试图将这些问题弄清楚，并更新了第一版的其他一些内容。

我们要为这本新的增补平装版感谢出版方维斯特维尔（Westview）出版社，尤其要感谢维斯特维尔的执行主编卡尔·杨伯特（Karl Yambert），感谢他不时的鼓励、编辑上的建议和为使第一版和这一版能够顺利出版所给予的支持和帮助。我们同样要感谢斯科特·麦格劳（Scott McGraw）、汤姆·黑德兰（Tom Headland）、哈里·格林（Harry Greene）、阿德里安娜·齐尔曼（Adrienne Zihlman）、杰里·洛温斯坦（Jerry Lowenstein）和安·吉本斯（Ann Gibbons）等，感谢他们提供的新信息和素材。感谢金柏莉·威尔班克斯（Kimberly Wilbanks）准确而又适时的科研帮助。另外，非常感谢美国人类学协会（American Anthropological Association）生物人类学部门（Biological Anthropology Section）在 2006 年授予我们豪威尔斯图书奖（W. W. Howells Book Prize）。

最后，感谢读者。希望我们提供了一本好书，一个思考旧范式的新思路，一个崭新的关于人类共同进化之路的沉思。

唐娜·哈特（Donna Hart）

罗伯特·W. 苏斯曼（Robert W.Sussman）

第一版序言

研究人类进化的初学者们（正如那些遭遇山地狮攻击的倒霉滑雪者们一样）总是对智人及其祖先在食物链中所处的位置缺乏清晰的认识。因此在重构人类最原始的祖先的行为和生活方式时，他们往往游走于两个极端。关于早期人类生活方式的艺术性描述，两种截然相反的传统观点恰好能追溯到19世纪中叶古人类学的发端。19世纪和20世纪初，一些擅长重构史前场景的艺术家描绘了如下典型场景：弱小的、易受攻击的早期人类小群体提心吊胆地挤在篝火边，周围都是等待机会猛扑过来的大型猫科动物。另外一些艺术家们则倾向于描绘如下场景：优雅的原始人允满自信地站立着，常常手握狩猎矛或石斧武器（有时身后还跟着狗），大踏步出门去寻找猎物。1879年在西班牙的阿尔塔米拉（Altamira）发现了用来装饰洞穴顶部的令人赞叹的动物图案。这些图案很早就被认为是冰河期的猎人们所绘制，是直接的、姑且认为是有说服力的和典型的代表性猎物，而这些发现极大地推动和促进了第二种关于人类远古祖先的描述。可能由于这两种诠释理论有着共同的、强调人类之间社会合作重要性的倾向，两者仍然徘徊进入了20世纪。与现在一样，社会合作不论在抵御捕食者还是在成功狩猎中都是必需的基本要素。在这些轶事般的场景中，另外一个常常出现的因素是人类对智力和诡计的运用，以此来弥补力量上的相对不足和没有天生的、如匕首般的犬齿作为武器的缺陷。在那些人类化石记录非常稀少的日子里，远古和灭绝了的人类物种常常被或多或少地看作是我们自身的"青少年群体版"，至少是有着我们现代人自身弱点和强项的一个影子，这也是可以理解的。

出乎意料的是，当科学研究的注意力开始认真地转向关于早期人类如何在其环境内存活和兴盛起来的专业问题时，这些注意力并不聚焦于冰河晚期人类的生活方式，而是聚焦于真正的远古人类先驱的生活方式。在 1925 年至 1950 年间，雷蒙德·达特（Raymond Dart）将最早的小型人科双足动物称为"杀手和生灵猎手"，它们的暴力倾向不可避免地导向了"沾满鲜血的、杀戮本能的人类历史档案"。达特关于人类起源于一群邪恶的、运用工具的捕食者的观点，大部分是基于对南非的远古"南方古猿"（古代小型脑容量人科双足动物）遗址的解读——现在人们发现该遗址的年代跨度在 300 万年前至 150 万年前——紧紧抓住了大众对人类起源的想象，并随着剧作家罗伯特·阿德雷（Robert Ardrey）精心创作的《非洲创世纪》（*African Genisis*）一书而在 20 世纪中叶普及开来。许多现今的古人类学和灵长类学权威人士当年在接受专业训练的时候，这种引人注目的"人类猎人"观点正大行其道，这在近现代人类科学历史上有着异常关键的影响。

不过随之而来的是，达特和阿德雷关于人类血腥起源的观点最终产生了一种反作用，并将人类起源的解释推向了可能性钟摆的另外一端。鲍勃·布雷恩（Bob Brain）在 1960 年至 1970 年间关于南非南方古猿遗址残骸的研究，澄清了这些化石是如何被弄乱成碎片并被冲刷进地下洞穴，或作为身体残骸如何被捕食者和腐食者积聚起来的，而不是被人类杀手谋杀在巢穴中的遗骸。富有戏剧性的是，布雷恩展示了一个青少年南方古猿头骨碎片上的一对刺孔，与那些由已经灭绝了的美洲豹造成的刺孔完全匹配，说明美洲豹的亲缘物种无疑曾将那些倒霉的人类尸体拖到了树上，而现在的美洲豹仍然如此对待那些黑斑羚的尸体和其他不幸的猎物。

南非的一些南方古猿遗址仍然会跨越远远超过 100 万年的时间，尤其是斯泰克方丹（Sterkfontein）遗址。在其 1981 年《猎人还是猎物？》（*The Hunter or the Hunted?*）一书的详尽调查中，布莱恩认为在约 250 万年前"猫科动物显然控制了斯泰克方丹洞穴，将其南方古猿的受害者拖入了隐蔽巢穴的最黑暗处"，100 万年后，人类"不仅驱逐了捕食者，还占据了这些恰恰是其祖先在此地被吃掉的洞穴"。这给了该阶段一个与达特的早期人类生活方式观点有着更多细微差异的设定，该设定强调了小型早期人科动物的脆弱性，它们第一次离开了森林的庇护，冒险进入了广阔的林地和草原。当然，布雷恩的书仍设想了一个人类几乎不可阻挡地会发展出捕食者行为的进程。

在 20 世纪 90 年代，随着对与我们亲缘关系最近的生物学远亲——类人猿的行为方式了解的增加，人类起源研究的钟摆开始更加剧烈地摇摆。基于早期人类更接近于进化了的类人猿而不是未进化完全的古人类的假设（虽然得出这两种结论的前提条件几乎没有任何差异），一些灵长类动物学家开始指出，有记录证明类人猿有着十分恶劣的行为模式，甚至包括被定义为"种族屠杀"的行为（即坦桑尼亚的一个黑猩猩群体中的雄性，有组织地消灭了其相邻的一个群体）。"雄性暴力"的概念普及开来，这些雄性针对其自身种族个体的极端的、永久的狩猎倾向已经内化了，由此引申开来，我们将现代人类表现出的那些不让人喜爱的特性都归因于它们。这些特性包括男性统治女性和各种类型的故意伤害罪行。最近一次对于"人类猎人"概念的重提，是声称定期的烹饪（最初是植物块茎，后来扩展到肉类）促进了我们人属在距今约 200 万年前的起源，而该行为也被用来解释我们现代西方世界（但不是全球性的）一夫一妻的社会制度和其他大量的人类行为特性。

好吧，这一切讲述了一个好听的故事，甚至是在几乎没有任何证据证明人类在 40 万年前就能普遍掌握对火的使用的前提下得出的（根据最新的研究报告，证据或许多了一点点）。但是这些好听的故事都必然是真实的吗？更加明确地说，正在讲述的这个故事是真实的吗？如果你相信即将出版的那些异口同声的研究报告能够对这一切给出一个很好的、包罗万象的简单解释的话，那么你或许很乐意得到这样的结论，即从行为上来讲，我们确实是自身基因的囚徒：我们人类今天的行为方式是经受了几百万年自然选择影响的结果，它们深深地植根于人类的进化之路中。但是如果我们看一看考古学记录——那些关于我们祖先行为的档案，显而易见的是，人类进化过程中重要的行为革新是如此稀少。我们观察到不论是身体还是行为上的模式，显然都不是我们能预期的、通过自然选择和世代发展过程所能达到的。更进一步，在人类获得其独特的标志性理智的过程中（更多的是新近的过程），它们完成了一个质变：该飞跃并不仅仅是一个早在人类进化初期就可辨识的那种趋势的发展和外扩。例如，在我们近代历史节点上的一扇小窗指向了真实的、人类对大型狩猎方式的采用，但是数百万年的人类早期历史表明，人类总体上来讲曾经还是作为猎物的物种。人类这种史无前例的特质显然是一个意外事件的结果，在人类行为方式上确实存在着一些实实在在的差异，使得我们与最近的祖先有所区别。因此，我们显然无法将人类现在的行为方式直接归因于人类的基因，甚至无法间接地归因于人类的历史；如果是一只蜜蜂或者一条神仙鱼，这样的推断似乎更为合理一些。

因此，我们关于自身祖先的遗迹应该如何合理地阐释？更确切地说，人类的祖先究竟是扮演着猎人还是猎物的角色？如果存在某种关联的话，什么是这一切与现今人类个体所拥有的、独特的、不可思议的行为方式之间的关联纽带？如果这些问题有一个通俗而又富有创新性的评估，除了唐娜·哈特（Donna Hart）和罗伯特·W. 苏斯曼（Robert W. Sussman）这本优雅而又通俗易懂的书之外，我无法想到一个更好的寻找答案的地方了。这些优秀的灵长类学家发现，探究人类事实上是确切地处在猎人还是猎物的位置上，就是在制造一个奇怪的人类学悖论。当然，在某一时刻或另一时刻，人类曾经和现在都同时扮演着两者的角色。这是尤其重要的，因为真正意义上，人类目前的身份是自然之网的闯入者，人类的祖先在非常近的时代有着一个全新的生态转向。尽管我们并不会作为像美洲豹那样的捕食者而被责难，也不会像牛羚那样必须时常被捕食，这两种情况的成分仍然在大部分的人类身上存在且久久不散。正如现在大部分的人类都隔离于实际的被捕食的危险之外，尽管我们（常常）是肉食者，但仍然会受到原始恐惧的困扰，而哈特和苏斯曼富于表现力地解释了为什么会如此。

充满了迷人的奇闻轶事，但又总是坚实地扎根于科学的土壤，行文紧凑，读来津津有味，该书解释了错综复杂的自然之网是如何构造的，如何将人类的祖先合理地置入其中，人类的过去如何对人类当今在世界上的位置——有时候该位置显得相当别扭——产生影响。最为重要的是，该书告诉我们，人类被捕食的经历如何深刻地塑造了其历史。《被狩猎的人类：灵长类、捕食者和人类的演化》首次给读者呈现了一个关于远古和近现代人类被捕食的有效信息的综合，该书集合了一份富有洞察力的科研调查的诸多深刻见解。该调查包括大范围的人类化石和灵长类、人类行为、远古栖息地遗址以及考古学记录，还有与理解人类起源相关的其他主题的大量数据。结论是革命性的，却又有说服力地证明了关于人类最早祖先起源的看法和观点，即它们不是可怕的杀戮者，而是作为被捕食的灵长类猎物中的一员。如果你正在寻找一个真实的、与众不同的、革新的视角来看人类的故事，请阅读本书。

伊恩·塔特索尔（Ian Tattersall）

2004 年 6 月于纽约

致　谢

感谢家人、朋友和科研同伴们在我们做科研和写作该书时给予的帮助和支持。维斯特维尔（Westview）出版社的卡尔·杨伯特（Karl Yambert）是一位非常好的编辑，他在该书的酝酿期指导我们思考该书主题的思路轨迹；珀尔修斯图书（Perseus Books）的编辑艾伦·加里森（Ellen Garrison）在本书的整个诞生阶段提供了鼓励和帮助。克里斯蒂娜·鲁德洛夫（Christina Rudloff）的插图是很有价值的部分，她描绘的古代捕食者栩栩如生。

感谢雷切尔·弗雷德里克（Rachel Fredrick）和亚历克斯·哈特（Alex Hart），他们对捕食主题充满个人兴趣的观点和看法都很有启发性并充满了灵感。帕姆·阿什莫（Pam Ashmore）、丹尼斯·伯南坎普（Dennis Bohnenkamp）、巴布·雷恩（Barb Rain）、伊恩·塔特索尔（Ian Tattersall）、玛丽·威利斯（Mary Willis）等都是非常优秀的共鸣者，与他们讨论的各种话题跨越了从形容词到大脑功能再到动物学等范围。格伦·康罗伊（Glenn Conroy）、查尔斯·希尔德波特（Charles Hildeboldt）、乔纳森·洛索斯（Jonathan Losos）、简·菲利普斯－康罗伊（Jane Phillips-Conroy）、汤姆·皮尔格拉姆（Tom Pilgram）和塔伯·拉斯马森（Tab Rasmussen）等在我们的"人类猎物"理论形成中发挥了作用。当我们需要帮忙时，阿尔·布伦斯（Al Bruns）总是随时准备好，他付出了时间和精力并很好地完成了工作。

为了我们和谐的科研工作关系和这些年因对灵长类、捕食者和人类进化的共同热忱而结下的私人友谊，唐娜·哈特感谢罗伯特·W.苏斯曼，罗伯特也同样感谢唐娜。

为了所有本书提到的华丽的现存猛禽动物，我们感谢那些为让它们继续存活而付出的担忧和为了从法律上和哲学上保护它们而做出的牺牲和奉献……因为它们使这个世界更加令人激动、美丽和真实。

目　录

第一章　只是菜单上的另一个选项

2001 年 1 月的第二天，一件此前已经发生过无数次的事情再次 1发生了……事实上，这种事已经发生了数百万年……它们影响了人类的行为和进化方式。

在加拿大的阿尔伯塔省，一名女子正在自家附近著名的湖边小径上进行越野滑雪。护林员称有一头重达 132 磅（约 60 千克）的美洲狮（cougar）正隐藏在常青树下。它看着她经过，然后悄悄地以"之"字形路线在其身后跟踪了近 150 英尺（约 46 米）。直到临死之前，这名女子还完全没有意识到这只猫科动物的存在。[1]

食人兽！这个词令我们联想到一个潜藏的人类噩梦。它让我们震惊；它狠狠地吓坏了我们。我们受到了惊吓，被触及内心深处的一些集体潜意识。当一个人被捕食者杀害时，太可怕了……令人毛骨悚然……彻头彻尾的残忍。报纸报道了这起事件，相关图书也写成了，还有相关的电影被制作，有一些目击者就这起异常事件的更多细节接受了采访。

快速浏览互联网，会出现超过一百个与"食人兽"相关的网站。甚至有一本名为《食人兽》（*Maneaters*）的书籍，标榜"探索食人兽的广阔世界——那些仅仅将人类视为午后点心的生物"。[2] 2

在相对较短的可记载的人类历史时期——随着人造武器变得愈

---

[1] Deurbrouck and Miller 2001，*Christian Science Monitor*（《基督教科学箴言报》），5/9/01, p. 9.
[2] Capstick 1993.

加有效率，以及生活区域被障碍隔离于自然之外——人类认为自己应该已经免于肉食动物、猛禽和爬行动物的袭击。生活在西方文明浅薄氛围之中的人们，已经擅自认定自己在动物王国各层级之中的优越地位是不容置疑的。而且，说实话，工业世界的现代人类相对而言很少遭遇捕食者的尖牙利爪。

人类在思维的二元性方面表现优异。任何阅读过著名人类学家克洛德·列维–施特劳斯（Claude Lévi-Strauss）作品的人，都不会对此感到惊讶。[1] 他认为，所有的人类认知都是基于处理二元对比或对立的——左对右，低对高，黑夜对白天，他们对我们。我们似乎也将这种二元性带入了对捕食者的理解。一方面，人类——或至少是那些身处西方文化之中的人们——将自己视为这个星球中凌驾于其他所有动物之上的超然实体；然而另一方面——这就是二元性——我们还在不断地担心低等生物，比如捕食者们，可能会伤害自己。

现代人类在技术的帮助下，能够有效避开被捕食，并掩盖作为一个物种的脆弱性。正如本章开头所举的例子，有时候人们会从捕食者那里遭遇自己的死亡：落单的慢跑者或越野滑雪者被美洲狮攻击……在印度一只老虎或是豹子会捕食村民……那两头狮子，在电影《黑夜幽灵》中因残杀铁路工人而名声大噪……从西非一直到印度尼西亚，报纸一直报道着鳄鱼食人的消息。

人类被吃掉的离奇现实，对于西方理念来说很难理解。然而，最近的人种学证据都指向这样一个事实——对于那些生活在熊和大型猫科动物或是大型爬行类动物近距离接触地区的居民而言，存在大型的捕食者通常是一个主要且公认的问题。也许现实要比一些西方世界的人愿意承认的"被鲨鱼、狮子、豹子、老虎、熊、狼……美洲虎（jaguar）和美洲狮（puma）活活吃掉的终极恐惧"[2] 更接近

---

[1] Lévi-Strauss 1966.
[2] Capstick 1993.

真相。

在南亚——特别是印度和孟加拉国——日常应对老虎和豹子的捕食有着悠久的历史。在第二次世界大战及印度独立之前，英国的有关殖民地的记录每年要罗列 1500 个死于老虎捕食的人，而这些统计数字排除了众多的土邦。甚至曾有一只雌虎令人难以置信地捕食了 436 人。[1]

恒河及雅鲁藏布江流域的孙德尔本斯三角洲（Sundarbans delta）——一个同时跨越印度和孟加拉国，拥有超过 3800 平方英里（约 9800 平方千米）红树林和岛屿的巨大区域——因食人老虎的存在而臭名昭著。约翰·塞登施蒂克（John Seidensticker）是史密森尼学会的老虎专家，他在一次学术会议的演讲中评论道："老虎杀害人类，但它们并不会在其领地的每一个地方杀人。这也许可以解释为考虑到脆弱而潜在的猎物物种的丰富性，老虎会做出巨大克制。一个老虎定期吃人的地区就是孙德尔本斯。"[2]

在 20 世纪末的一个 10 年间（1975 年至 1985 年），有 425 人在三角洲的印度区域因老虎身亡，在另一边的孟加拉国有 187 人遇害。[3] 一种塑料面具（图 1.1）——被设计成戴在脑后——由印度当局发放。在当地居民乘船经过孙德尔本斯三角洲的沼泽时，他们戴着这些面具作为对捕食老虎的一种威慑。这些面具有助于减少老虎的攻击，因为大型猫科动物喜欢在猎物对即将来临的危险毫无知觉时悄悄潜近。在脑后戴上瞪着大眼睛面具的人们，在老虎看来是完全清醒的猎物，因此不是一顿潜在的食物。在船上设置通电的假人也是制止老虎被人类吸引的手段。这一理论认为，一旦老虎确确实实被带电的"人类"所震慑，那么人类这个特定选项就不再那么有吸引力了。在印度和孟加拉国，其他一些更传统的抵御老虎攻击的

[1] McDougal 1991.

[2] Seidensticker 1985.

[3] McDougal 1991.

手段包括烟火、特殊的神社和祭司。[1]

　　某种特定的动物会成为人类捕食者的原因是复杂的。捕食者仅仅追求最简单的一顿饭，而现代人类——即使是在欠发达地区——通常都住在村庄里、房屋内，持有武器，基本不是一个简单的目标。我们绝对不会试图将肉食动物（或爬行动物，或猛禽）描绘成为了人类福祉而必须消灭的贪婪恶魔。所有的捕食者都是健康的生态系统中关键和必要的部分。如果我们要拯救地球上任何野生地区，那么捕食者就是必须保护的基石。

图 1.1　在印度孙德尔本斯三角洲，当地居民将面具戴在脑后以抵御老虎的捕食。(Ragui Rai/Magnum)

4

[1] Jackson 1991.

化石证据和现存的灵长类动物

关注（西方以外）发生在人类身上的捕食——且并非都是罕见的——我们会面临着一系列问题：难道总是这样吗？那些 99% 的没有书面记录的人类进化史又是怎样？这些偶然发生但却令人不安的捕食者袭人事件，是否强调了人类仅仅食物链中另一个环节的漫长历史？

早期人类是勇敢的猎人，还是担惊受怕的猎物？塑造智人进化史的，到底是狩猎的本领，还是通过避免被吃所发展起来的生存技能？

如果想填补史前数百万年的空白，我们只有两种资源可以利用，它们是古生物的遗骸——一种稀疏但令人着迷的化石记录，以及现存灵长类动物——它们是我们的近亲。

在南非的洞穴中，有着成堆的早期原始人类（人类及其祖先）骨骼。科研人员研究这些骨骼是如何被埋入土中并被保存为化石，从而揭示这些古老人类是如何生活的。早期原始人类，与现存的许多灵长类动物采用的方式一样，以岩石和树枝为武器，具有（大概）与其他灵长类动物一样抵御捕食者的能力——即比其他哺乳动物稍大的脑 – 体比率，以及当发现危险时团体成员之间相互沟通的能力。若是捕食者实施了一次突然伏击，或仅仅是比它的人类猎物跑得更快、爬得更高，这些便不再是优秀的武器。

古生物学证据支持了这些结论——原始人类和其他灵长类动物，比如狒狒（baboon），常常成为古代捕食者的美食。南方古猿（australopithecines，早期人类群体之一）和狒狒都在真剑齿虎（true saber-toothed cat）、伪剑齿虎（false saber-toothed cat）、狩猎鬣狗（hunting hyena）、斑鬣狗（spotted hyena）和美洲豹（leopard）的猎物残留中被发现。来自南非的化石证据支持 200 万年前至 100 万年前的早期人类和狒狒曾被豹子广泛捕食这一结论（图 1.2）。[1]

图 1.2　南非的化石证据记录了豹子对人类先祖的捕食。
（C. Rudloff, 根据 Brain 1981 重绘）

　　在南非洞穴发现的一个原始人化石头骨上有一组穿刺痕迹，两个骰子大小的圆孔在头骨上间隔几英寸。如果一只豹子抓住了一只南方古猿并将这一战利品拖到一棵树上食用，那么这只猫科动物的上犬齿就会直接深深钻到眼睛正前方的大脑前部，而下犬齿则会从头骨后面抓住猎物。当古生物学家将这一古老猫科动物的化石与这块原始人化石头骨进行重组后，头骨的两个穿孔便与猫科动物的两颗巨大尖牙完美匹配。

　　著名的汤恩幼儿（Taung Child），一个距今 200 万年的南方古猿头骨，于 1924 年由雷蒙德·达特（Raymond Dart）这一颇具影响力的古生物学家发现。达特与南非的一个石灰岩采石场有个协议，所有有趣的化石都会被完整提取并寄送给他。其中一箱石灰岩瓦砾中有一颗名副其实的古生物学瑰宝——一个非常年幼的孩子的头骨及其矿化大脑，这个孩子死于 200 万年前。孩子的死亡是否涉及暴

[1] Brain 1981, 1970.

力？与南非其他遗址中发现的其他头骨不同，汤恩幼儿并没有承受肉食动物牙齿的痕迹，取而代之的是一些深深的裂痕。更奇怪的是，汤恩幼儿的下颌骨，或是下颚，仍然连着。（肉食动物的食物遗骸通常有分离的下颌骨。大型猫科动物的獠牙撕裂原始人类小头骨很少会留下仍然附着的颌骨。）

到底发生了什么？如果不是古代猫科动物，那么是什么导致了汤恩幼儿的死亡？解答这个疑问又花了 70 年时间。1995 年，古生物学家李·伯格（Lee Berger）和罗恩·克拉克（Ron Clarke）发表了他们关于杀死汤恩幼儿的捕食者的详细调查结果。[1] 肉食鸟类，专业术语称为猛禽，包括现存的多种拥有强健的脚和爪的鹰。这些适应性使得鹰能够杀死数倍于其自身重量的羚羊和猴子。伯格和克拉克发现，汤恩幼儿的痕迹与现代非洲鹰留在猎物骨头上的痕迹是一样的。汤恩幼儿无疑曾是一只巨大且强壮的、业已灭绝的鹰的猎物（图 1.3）。

图 1.3 200 万年前，汤恩幼儿无疑是一只巨鹰的猎物。
（C.Rudloff，根据 Zihlman 2000 重绘）

---

[1] Berger and Clarke 1995.

最令人兴奋的早期"真正"人类化石——那些可以归入我们自己的属，即人属（Homo）的个体——近年来在格鲁吉亚共和国一个叫德马尼西（Dmanisi）的中世纪城镇之下被发现。震惊全世界科学界的除了这一发现于非洲以外人种的年代——他竟然来自175万年前！——还有6个人的遗骸，其中一个已被确认曾作为猎物。[1]再一次，人们在其中一个头骨上发现了圆洞——剑齿虎的獠牙整齐、完美地和两个穿孔相吻合。

大卫·洛尔德基帕尼泽（David Lordkipanidze）是在德马尼西遗址工作的格鲁吉亚科学家。他推测，与这些化石一起出土的简单的切剁和刮擦工具可能表明这些远古人类有时会回收大型猫科动物捕杀的猎物。早期的原始人作为食腐动物而非像对人类的传统描述那样是巨兽猎人的想法，也已经由约翰·霍普金斯大学的帕特·希普曼（Pat Shipman）推进。希普曼提出，人类食腐者并不如人类猎人那样有吸引力，原始人类制造的切割痕迹覆盖了肉食动物在同一块骨骼上的齿痕。[2]

我们提议的选项并不局限于猎人和食腐者之间——现实更有可能是被猎杀的人利用了捕食者的杀戮。约翰·卡瓦洛（John Cavallo）的最新研究表明，早期人类（至少是成年人）能够在白昼保护自己免受捕食者的威胁。但当夜幕降临，则完全是另一个故事。特别是豹子，它们统治了黑夜。早期原始人在白天可能与豹子竞争获取它们藏在树上的猎物腐肉，而在晚上他们自己却成为豹子的猎物。[3]

如果我们观察其他现存灵长类动物的行为，例如狒狒，我们可以发现这一相同的灵长类动物–捕食者昼夜更替的现象。雄性热带草原狒狒会在白天露出獠牙冲向捕食者。事实上，在一些实例中狒

[1] Gore 2002.

[2] Shipman 2000.

[3] Cavallo 1991.

狒狒甚至确实杀死了捕食者。在科学论文中揭示的在 11 次狒狒针对豹子的侵略性报复中，豹子有 4 次被杀害。一名科学家甚至观察到一只单身雄性狒狒领主，在犬类攻击自己的族群时造成 4 只大型犬类致死或致残。[1]

　　但到了晚上，狒狒退缩到树木和悬崖。在夜幕降临后，当狮子或豹子潜行时，它们对于保护自身及幼仔变得几乎无能为力。当灵长类动物学家柯特·巴斯（Curt Busse）将其在博茨瓦纳莫雷米（Moremi）的狒狒种群研究切换至夜间观察后，他看到了一幅关于灵长类防御技能完全不同的画面。根据他在夜间观察时跟踪的那些受惊狒狒，巴斯计算出，每年至少有 8% 的狒狒种群因狮子和豹子的捕食而死亡。[2]

捕食与灵长类研究

　　巴斯强烈地感觉到，如果只在白天研究灵长类的行为和生态，那么灵长类动物学家可能会对捕食产生曲解和误导。为了完成对捕食的更精确评估，巴斯对其他的研究员发起了挑战，他在实地研究方法上做出了重大改变，比如加入夜间观察，以及对灵长类捕食者（随着灵长类动物自身）的研究。

　　在对灵长类的研究中，捕食被认为是一个至关重要的问题。然而，尽管捕食已经被广泛讨论，在这一主题上几乎不存在量化的数据。对各种各样的捕食者进行研究能够更好地理解捕食对灵长类的影响，但几乎没有这样的尝试。在本书中，我们已经将灵长类动物学家的研究，和他们那些研究大型或小型哺乳类捕食者——猛禽，以及爬行动物——的同事的发现结合在一起，收集由捕食引起的灵

---

[1] 关于狒狒抵抗豹子的描述参见 Turnbull-Kemp 1963, Altmann and Altmann 1970, Saayman 1971, Goodall 1986 和 Stoltz and Saayman 1970。

[2] Busse l980.

长类动物死亡的概述，无论是经验实证的还是轶事的。也许结合这些数据听上去似乎是一个自然而然、十分标准的过程。然而，多学科的方法之前并未扩展到能够将灵长类动物学和捕食者的研究融合到一起的程度。当我们将从灵长类动物学家和捕食者专家那里取得的数据结合起来以后，一幅灵长类作为猎物的清晰图像出现了。

对灵长类捕食的现有例子，可以推断原始人类祖先的捕食率。由于古人类学家还不知道对现存灵长类动物捕食的程度，他们会倾向于分析古代人类化石并建立理论，但这却并未将捕食整合进来，将其视为人类适应性中的一个重要因素。[1] 一些过去的化石分析需要利用这种方法加以重新解释。

捕食的一个准确评估

总体而言，涉及灵长类的一个持续的学术争论是猎物物种的重要性。此外，这一争论现在已经进入关于人类进化的科学文献中。我们的前提是灵长类，包括早期人类，曾是多种肉食动物、爬行类动物，甚至猛禽的猎物；而且被狩猎是人类血统形成中的一部分。在本书中我们提出，大部分的人类进化和人类以及其他灵长类动物是猎物物种这一事实有关。

人类进化的这一方面及其对现代人类的影响，是对传统理论的一种有争议的背离。我们不是第一批，也不会是唯一一批得出这一结论的人。知名的古人类学家在早期人类与捕食这一方面已经得出了同样的结论，例如 C. K. 布莱恩（C. K. Brain）、刘易斯·宾福德（Lewis Binford）和马特·卡特米尔（Matt Cartmill）。[2]（实际上，是布莱恩创造了"人类猎物"这个词。）然而，将早期人类捕食水平的化石证据和现有灵长类的捕食证据进行比较，这一工作还没有完

---

[1] Brain 1981, 1970.

[2] Brain 1981; Binford 1985; Cartmill 1993.

成。通过合并这两类证据，希望完成对我们称之为"人类猎物"理论的迟到的整合。

我们对于人类进化的理论是基于仅有的两种信息来源，它们是化石证据和现存灵长类。我们将呈现一个关于人类史前史的完全不同的观点，这一观点也将人类——仅仅是作为一种短小的、直立行走的、拥有在除了刺激之下缓慢增长的大脑以及没有太多防御的灵长类动物——诚实地放置在动物王国中。我们将会呈现"被捕食是进化动力"的证据，这种动力很有可能是最主要的刺激之一，它刺激着人类大脑的增长，甚至刺激着人类待在群体中成为一种社会动物。"不被杀死"是一个每天都需要去应对的问题，没有任何专家或是外行会对它刺激的进化适应性有疑问，比如瞪羚的迅捷和乌龟的护甲。那么它又为什么不会对一种直立行走的小型灵长类动物产生如此深远的影响呢？

我们的论点是在长达 700 万至 1000 万年的人类进化史中，捕食者是塑造人类进化的一个重要因素，部分残余的捕食者－猎物的交互作用仍在发生。在它们发生的地方，"文明"不会用沥青及混凝土包裹风景，也不会有紧跟着的长达一个世纪的对捕食者进行有目的的消灭。每一次当我们感觉到原始的寒意刺骨时，它也会在心理上发生，因为与我们同类的一个个体已经屈服于一只野生动物。

第二章　揭穿"人类猎人"

11 　　人类为什么是现在这样的？为什么会以这种方式思考和行动？鸟类之所以飞翔、蛇之所以滑行是因为它们必须这样。是什么迫使人类这样做的？好吧，人类直立行走，用语言来表达，通过控制环境来满足自身的需求。但我们是从一开始就获得了这些遗产，还是随着时间的推移慢慢获得这些？是的，大多数鸟类都会飞行，但鸟类的祖先却很有可能是陆生恐龙。蛇蜿蜒滑行，但在原始蛇中却发现了后肢的骨骼遗骸。考虑到在其他动物身上，随着时间的流逝出现的那些奇怪而剧烈的进化，我们可能会问：是在什么样的自然状态下，人类开始出现？快速回顾人类的过去，尤其是在食物链中所处的位置——捕食者还是猎物？我们需要去追根溯源，需要深入了解在人类之路上迈出第一步的原初阶段。

　　人类这个物种的进化——智人（Homo sapiens）——是一个断断续续的故事，新的化石发现和报纸上的头条新闻会告诉我们。"进化中缺失的一环被找到了"常常会成为媒体报道有关原始人类新发现的消息时，所采用的导语。但这个"缺失的一环"仍然没有被找到，而且这是一个从科学上讲不恰当的说法。"黑猩猩和人类缺失的共同祖先被找到了"才是能够震惊古生物学界的正确标题（但这就

12 没那么令人兴奋了）。这才是发现！每一位研究者都在苦苦追寻这种发现，他们都曾花费数年时间通过撰写拨款申请书筹措研究经费，然后再经过数年时间更加煞费苦心地在偏远地区挖掘化石——这种在我们进化高速公路坐标原点出现的难以捉摸的生物，它们的后

代从同一条路上走向了两个分叉。其中一条道路通向现代黑猩猩（chimpanzee），而另一条则通向现代人类。我们（现代人类）绝对没有经历过"曾是黑猩猩"的阶段。黑猩猩栖息在热带非洲树上的生活方式，就如同人类靠自己的双腿环游世界一样现代。

让考古学家分心的问题是，这个分叉什么时候出现在人类的进化之路上？

首先，要提出一个谨慎的免责声明。就像每一本已出版的著作中都会写明何地、何时，以及是什么构成了人类起源的理论，本章在未来也许会被新发现的某个原始人类化石所推翻，那个新的发现也许会再次改变整个故事线。尽管如此，一个无可辩驳的说法是，人类血统的起源会处于比 10 年前估计的更遥远的地质年代。20 世纪 90 年代，400 万年前的化石遗迹被认为已接近人类和黑猩猩从共同祖先开始分化的重要岔口。而如今，在非洲的乍得和肯尼亚，700 万年前至 600 万年前的化石已经被发现。新发现的是一些原始人类物种——生活在黑猩猩和人类从共同祖先出现分化后的某个时期，因为它们呈现了直立行走，或者说两足性的证据，这是人类的特征而不是黑猩猩的。

公平地说，即使是已知最早的原始人类化石都会有它们的批评者。主要的争议围绕着化石遗迹是否确实能证明双足性，这是最能表明人类血统的，也是最初和唯一的特征。骨盆、膝盖和腿骨能够很好地回答这一问题，但是如果从这个很久以前的"亲戚"那里得到的遗骸不包括上述这些，那该怎么办？好吧，如果头盖骨被找到，双足性的指标之一便是枕骨大孔的位置，通过这个位于头骨底部的大孔，脊髓连接到大脑。想象一下一只四足动物的头部和背部——比如马——方向是怎样的；脊髓是处于水平面上，因此枕骨大孔，大脑的入口通道，其位置处于头骨后部的高处。再想象一下一只两足动物，它的脊髓在垂直平面上；枕骨大孔得尽可能地位于头骨的底部。现在，人类学家群体都意识到我们在这里讨论的化石暗示它必然是一个两足原始人类；换句话说，它们拥有垂直的身

13

体，以及使两足跨步成为最舒服的运动方式的臀部，这使得枕骨大孔的位置必须位于头骨底部。

第一个原始人会站起来吗？

询问第一个原始人的身份应该是一个简单的诉求，对吗？我们之前提到，直立行走是对人类祖先最直接的检验方法。但是，对原始人的技术性分类变得甚至比五年前更加神秘莫测了。那些分类学家——将自己沉浸在拉丁文学名中对物种进行分类，并对现存生物之间的关系进行——设计的科学家们——已经创造出另一些让我们困惑的东西。首先，所有猴子、类人猿和人类都是灵长类——这是给定的前提。然而，最新的分类学蓝图将红毛猩猩（orangutan）、大猩猩（gorilla）、黑猩猩（也就是说，所有的类人猿）和人类在分类学上列入同一科（family）——拉丁术语定为人科（Hominidae，通常英语化为"hominid"）。大猩猩、黑猩猩和人类，随后都被归为相同的亚科（subfamily）层面。为什么？因为最近，基于 DNA 的相似性，只有在更下行的属（genus）的层面——人属——分类学家们才能将人类的基因构建模块和我们的类人猿亲属区分开来。

尽管完全接受这一强大的 DNA 证据，但我们意识到这种分类学上新的蓝图——将人类和类人猿结合形成同一科，使得分类学上令人迷惑的内容呈指数形式上升。因此，为了能够更好地切中我们的主题并尽力避免可能的故弄玄虚，在本书中，我们仍会借由一个更加传统的方式将人科（hominids）区分出来，仅仅指那些在 1000 万年前至 700 万年前的某个时候从人－猿血脉分化出来并具有双足的物种。另一种方案则需要用它们的拉丁学名（南方古猿［Australopithecus］、傍人［Paranthropus］、肯尼亚平脸人［Kenyanthropus］、地猿［Ardipithecus］、图根原人［Orrorin］以及乍得沙赫人［Sahelanthropus］）对这些现代人类的先驱进行反复识别，那样的话就会使得本书的篇幅变得比预计的要长得多。

有些拉丁名字可能听起来会比较熟悉，而有些则是如此新颖，以至于刚进入有关人类进化的大学教科书的最新版本中。我们会从乍得沙赫人（Sahelanthropus tchadensis）——没有一个人名会如此让人的舌头打结，尽管它很出名——开始说起，因为到目前为止，这是已发现的最古老的原始人类化石。它能够成为古人类学家的一个梦——同时也是一个噩梦——的原因在于，它的存在将人类的历史扩展到 600 万年到 700 万年之间，而这同时也驳斥了关于人类起源的位置和栖息地理论。

这块化石呢称"图迈"（Toumai），在德乍腊沙漠（Djurab Desert）的当地语——戈兰（Goran）语——中意为"生活的希望"，它出土于非洲的乍得。乍得沙赫人由一块头盖骨、一个颌骨碎片和几颗牙齿组成。它是在 2001 年被一支法国和乍得的古人类学家联合考察队发现的，这个考察队由普瓦捷大学的米歇尔·布吕内（Michel Brunet）及其同事吉姆多玛巴耶·洪塔（Djimdoumalbaye Ahounta）领导。乍得这个内陆赤道国家北面与利比亚接壤，南面与中非共和国接壤，东边和苏丹接壤，而西边则与尼日尔、尼日利亚以及喀麦隆接壤。从地理描述中可以看出，乍得的位置正好处于非洲中部（图 2.1）。"图迈"的发现有点像在澳大利亚中部发现中世纪的基督教文物。它令人着迷，但如何将它和传统理论相调和呢？传统理论认为在非洲中部能找到原始人类化石十分奇怪，因为它在东非大裂谷（Rift Vally）"错误的"那边。

东非大裂谷从南部的莫桑比克开始伸展，直到穿过北边的埃塞俄比亚，是东非地形上一道巨大的裂痕。如果你正在平静地驱车从肯尼亚的内罗毕向北开往纳库鲁国家公园（Nakuru National Park），在某个地方你会看到一块 12 英寸（约 30 厘米）见方的指示牌，上面写着"当心悬崖"。在你有时间思考这条指令意味着什么之前，你就会猛地冲上东非大裂谷边缘的一条似乎是朝下倾斜 45 度且崎岖不平的道路。你的身下便是山谷，它无尽地蔓延并在干热之中闪烁着。直到乍得的化石出土之前，所有最早的原始人类化石都是在东非大裂谷的东边（具体来讲，是在埃塞俄比亚、肯尼亚和坦桑尼亚）被找到的。一个简洁的现在已被淘汰的理论认为，当黑猩猩和原始人类从共同的祖先开始进化时，黑猩猩的那一支仍停留在东非大裂谷西边森林地区的树上，而原始人类则开始——成功地并且是两足式地——前往东边更干燥的热带稀树草原地区进行开拓。当东非大裂谷西边的地区——如乍得——开始出现原始人类化石时，这一理论便寿终正寝了。

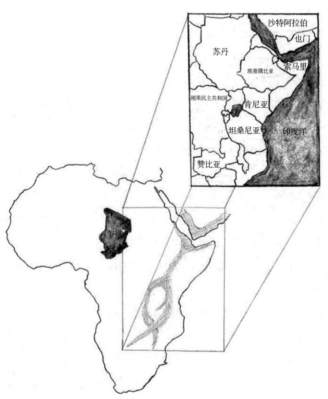

图 2.1　阴影部分就是东非大裂谷。迄今为止，只有两块原始人类化石是在大裂谷的西边被发现的。(C. Rudloff)

就像在与世隔绝的地方时常发生的那样，当令人震惊的关于"图

迈"的化石描述发表在 2002 年 7 月的《自然》杂志上后，权威人士
试图发表一些类似于"如果他们重新把它掩埋起来就更好了！"之
类的评论，印证了这块新的化石在考古学版图中引起的挫败感。谁
说化石不会在人类学家感兴趣，但未发掘的地方被发现呢？例如非
洲东南部的马拉维，位于化石丰富的非洲东部和南部地区之间，被
称为"原始人类走廊"，它被认为是一个研究古代原始人类骨骼的
新地点。

第二古老的原始人类化石的发现（以一个原始人的腿骨、牙齿
及下颌为代表，据估计他生活在约 600 万年前）同样震惊了人类学
界。法国学者瑞吉特·森努特（Brigette Senut）和马丁·匹克福特
（Martin Pickford）在肯尼亚巴林戈区（Baringo region of Kenya）的图
根山上（Tugen Hills）发现了图根原人（Orrorin tugenensis）——由
于这一遗迹在千禧年来临之前被发现，图根原人也称为千年人。但
森努特和匹克福特沉醉于他们发现的 600 万年前的古老化石以及发
表的成果没多久，出土于乍得的"图迈"化石便将他们的风头抢走。

正当我们从数百万年前的小型双足原始人起源开始一路向现
在前进，另一个地质年代中的角色戏剧性地登上了舞台。我们下
一个遇上的拉密达地猿（Ardithpithecus ramidus，"ardi"意思是地
面，而"ramid"在当地的阿尔法语中意为根源），是由蒂姆·怀特
（Tim White）以及埃莱马耶乌·阿斯弗（Alemayehu Asfaw）于 1993
年在埃塞俄比亚发现的。这是第一次发掘到早于 400 万年前的原始
人类遗骸。来自 17 个个体的牙齿和骨骼——尽管已经高度碎片化
了——被追溯至 580 万年前至 440 万年前，而这一物种最新发现的
化石，经测算可追溯至 580 万年前至 520 万年前，确认了这一原始
人类的久远时代。

简要看了看这三类我们已知的、生活于距今大约 600 万年或更
早的原始人类，让我们继续漫步在人类出现之前的多种生命形式
中。米芙·利基（Meave Leakey），来自因盛产古人类学家而驰名
的利基家族——我们稍后会讨论她的丈夫、继父以及继母的那些惊

人发现——她在肯尼亚北部，东非大裂谷以外的图尔卡纳湖（Lake Turkana）地区发现了肯尼亚平脸人（Kenyanthropus platyops）化石。

17 这个化石面部呈现出的明显的垂直平面激发了利基，使其产生了肯尼亚平脸人是现代人类直系祖先的猜想。（那些原始人突出的颌骨是让它们看上去不那么像人类直系祖先的标志；而平脸看上去更像人。）肯尼亚平脸人以一块 350 万年前的头骨为代表，据此利基声称这可能是早期原始人类中的一个全新分支。[1]

截至目前，所有这些我们描述过的已经消失的原始人种都早于由唐纳德·约翰森（Donald Johanson）于 1974 年在埃塞俄比亚发现的传奇的"露西"（亦称南方古猿阿法种）（图 2.2）。露西是非常独特的原始人类化石。为了庆祝她的发现，人们在现场举行了一场欢乐的聚会，震耳欲聋的流行音乐穿透了沙漠的夜晚。她因甲壳虫乐队的歌曲《缀满钻石天空下的露西》（*Lucy in the Sky with Diamonds*）而得名，当属于一位生活在 320 万年前的年轻女性的近乎完整的颅下（头骨以下）骨架被展出时，约翰森和他的同事真正地震撼了世界科学界。露西具有 3.5 英尺（约 1 米）的站立身高，和她同一物种的男性可能会再高 1 英尺（约 0.3 米）。露西是两足的，她拥有和现代人类拇指不同的、异常有力的大脚趾，这种大脚趾有助于她抓紧树枝进行爬树。她可能在树林的边缘，通过那些能够抓攀的脚趾爬到树上来躲避捕食者。

在利特里（Laetoli），东非的另一个地方，露西的两个亲戚在刚落下的灰上留下了自己的脚印（这些永生的脚印成就了利基家庭的又一大发现，这次是玛丽，家族的女家长）。一对南方古猿，正从超过 300 万年前一步步走来，从他们印在灰上的脚印所体现出来的相对重量差异来看，可能是一男一女。他们的脚印赋予南方古猿撩人的个性。他们两人要去哪儿？他们是一对夫妻吗？在他们的旅途中发生了什么？

---

[1] Wilford 2001，*The New York Times*（《纽约时报》），3/22/01, p. A1。

露西的一个"强壮"的亲戚（鲍氏傍人［Paranthropus boisei］）在坦桑尼亚的奥杜瓦伊峡谷（Olduvai Gorge）被发现。他是被伟大的第一代寻找化石的夫妻搭档——路易斯·利基和玛丽·利基——在20世纪60年代发现的。"强壮"不是指这个史前原始人巨大的身形，而是指人类谱系当中这一独特的分支所拥有的令人难以置信的巨大下颌以及巨大臼齿，这使得他们能够磨碎坚硬的植物纤维。另一个强壮的早期原始人类物种是由理查德·利基（Richard Leakey，路易斯和玛丽的儿子）发现的，他不仅仅是一位世界知名的古生物学家，同时也在野生动物保护领域和肯尼亚政坛卓有建树。理查德·利基在肯尼亚的图尔卡纳湖开始动工，并最终找到了著名的"黑头骨"。这个被矿物质染色的头盖骨是到目前为止人类谱系上那个强壮分支的最极端例子。尽管黑头骨上没有牙齿，这一个体的牙齿大小据估计可以达到现代人类的四到五倍。

18

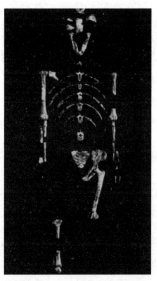

图 2.2　露西，一名生活于 320 万年前的年轻女性原始人。（经人类起源研究所授权使用）

老一辈的利基们也发现了我们人属的最早成员——能人（Homo habilis，被命名为"巧手的人"，尽管这些奥杜瓦伊峡谷的居民看上去都不喜欢枯燥的劳动）。峡谷中以简单石器形式呈现的线索是这种生活在约 230 万年前的早期人类留下的证据。

在我们研究早期原始人类的快速进程中，不能忘记最早被发现的非洲原始人类化石——它本可以在 1924 年让全世界的人类学界陷入混乱，但最后却并没有。雷蒙德·达特——南非约翰内斯堡威特沃特斯兰德大学（University of Witwatersrand in Johannesburg）一位年轻的解剖学教授，向一位名叫汤恩（Taung，茨瓦纳语意为"狮子之地"）的石灰石采矿场工头提出了一个长期性的请求，让工头把任何可能是化石的东西交给他。当达特兴高采烈地用他妻子的织针对一块疑似化石上的角砾岩（breccia，混合了石灰岩、沙子和骨骼）进行清理后，一个小男孩的脑和脸部立刻显现了出来——汤恩幼儿（南方古猿非洲种 [Australopithecus africanus]）——古人类学的新纪元也随之开启。在达特的这一突破性进展之前，人类血统被认为起源于欧洲或是亚洲。除了查尔斯·达尔文（Charles Darwin）以外，没有人提出非洲的大猩猩和黑猩猩可能是了解人类进化的关键所在，在 19 世纪种族主义殖民时期以及 20 世纪早期，任何关于人类非洲起源论的思想都会受到极大质疑。

也许是时候说起在人类祖先这一概念上曾有过的许多濒于险境的时刻了，无关客观的科学，也无关对真理的公平追寻。尤其是在 19 世纪后期和 20 世纪早期，我们——人类及其祖先——认为自己必然处于物种的顶端。我们必然是最聪明的物种。我们必然是凌驾于其他动物之上的特别的和强大的存在。以及，人类必须按照人种等级进行排序，而欧洲人则处于顶层。随着自然选择理论带给进化论的发展，达尔文将人类和其他物种一起放入动物王国中属于自己的位置，认为它们遵循同样的自然法则。然而，尽管达尔文这样做了，即便是他自己，也认为人类及其近亲类人猿之间具有精神上和智力上的巨大鸿沟。如他所说："毫无疑问，最低等的人和最高等的动物在心智上的差异都是巨大的。"[1] 将人类从生物学上和行为上与其他动物区分是由于人类发达大脑的存在。19 世纪后期的理论把存在于人类现代大脑中的灰质数量当作真正属于"人"的方面,并寻找着符合这一大脑理论预期的早期人类化石。

从一堆乱糟糟的早期亲戚的沼泽中向前滑行,人类的进化故事来到了一个稍微清晰一些的节点——直立人(Homo erectus)可能是与现代人类最接近的先祖。这一我们物种的早期代表,最初被称为爪哇猿人(Java Man),他是 1891 年被当时驻扎在印度尼西亚执行军事任务的荷兰医生尤金·杜布瓦(Eugene Dubois)偶然发现的。在那个时候,亚洲曾被猜测为人类一个可能的发源地,杜布瓦便认为从逻辑上说,爪哇是一个能够找到化石的地方。而随后在 20 世纪 20 年代的中国,更多的直立人化石从北京城外的洞穴中被发现。

对于维多利亚时代末期的化石猎人们而言,爪哇人是一个可被接受的人类祖先,他当然要比那些来自非洲的化石要好得多,但作为相信人类起源于欧洲的化石猎人们来说,这并不能令其感到满足。英国科研机构随后发现了他们梦寐以求的"皮尔丹人"(Piltdown Man)。1912 年,一名业余化石爱好者在英格兰发现来自同一个头盖骨和颌骨的几块化石。英国科学界最有名的专家们将这些谜一般的化石碎片放到一起,并因其同时具备发达的大脑和灵长类动物的下颌感到惊讶。这种现象很难解释,但他们却带着极度膨胀的沙文主义骄傲对它进行了解释。他们的解释是什么?在欧洲人祖先身上发现的脑形成(Encephalization,大脑尺寸的增长)现象是领先于所有其他原始人类的特征。

就像许多科学殿堂都建立在意识形态的基础之上,这一发现的基础是虚假的。大约 40 年后,皮尔丹人的真相被揭露,这是一个彻头彻尾的骗局。如果恶作剧会被授予诺贝尔奖,那么皮尔丹人这出闹剧无疑可以获得这一荣誉。人类学领域最聪明的那些大脑竟然没

---

[1] Darwin 1874.

有将这个骗局识破——这块令人惊叹的化石是由一个现代红毛猩猩的颌骨以及现代人类的颅骨混合而成的，两者都经过了染色处理使其显得更加古老。

21

一堆杂乱的灌木丛

此时此刻，你可能会产生一种超现实感，就好像淹没于无尽的名字、地点以及数百万年的时间……不断地下沉，下沉，陷入一会儿是原始人类（anthropus），一会儿是灵长类（pithecus）的这样那样的无底洞中，然后，哦天呐，还要经过几百万年才能有我们！你完全有权对人类的谱系竟会发展到如此纷繁杂乱的程度感到头痛；你并不孤独，那些专家们也同样对这个学科变化不定的性质感到困惑。

来自美国自然历史博物馆（American Museum of Natural History）的伊恩·塔特索尔（Ian Tattersall），因其几十年来专注于分析古人类学上的发现而享有盛誉。因此，当塔特索尔提出人们在原始人类方面的心理范式需要做出改变时，大家都能听得进去。在他之前研究者倾向于将人类祖先进化的路线描绘为通过一种简洁的线性范式来呈现——一个带有灵长类特征的早期原始人慢慢演变成看上去更像人类的后代。

与此相反，塔特索尔将人类的过去视为一堆杂乱的灌木丛，各种枝丫朝各个方向杂乱地发芽生长。这就是他在化石记录中看到的——具有极大多样性的原始人类物种，即使不在同一个地方，很多也都生活于同一时期。人类这个"家族丛"中包含许多已经死亡，或者说已经灭绝的物种，大多是由气候变化引起的。实际上，灭绝才是法则而非例外，这导致只有一种人——现代人类——存活于世。

另一位知名的权威专家，乔治华盛顿大学（George Washington University）的伯纳德·伍德（Bernard Wood）则推测目前在乍得及其他地方发现的古代人类化石仅仅是冰山一角。他认为化石中这种像猿的种类繁多且数量巨大——未来将会有证据表明，大量看样子像猿的生物，包括人类和黑猩猩共同的祖先，曾经是以我们当前无法想象的、令人眼花缭乱的种类广泛存在的。[1]

在这堆杂乱的灌木丛中，有一支得以幸存下来并成为唯一尚存的人科动物——解剖学意义上的现代人类。塔特索尔雄辩地认为："在思考我们作为人类的历史过程中，决不能忘记我们仅仅多枝灌木丛中唯一仅存的一小枝，而不是一个缓慢、平稳以及专注完美过程的产物。"[2] 那么，杂乱的人科灌木丛中的其他分枝去哪儿了？小型的两足灵长类动物已经出现并走过了约 700 万到 1000 万年。它们中的一部分是成功的——考虑到直立人长达 100 万年以上的统治——但人类的历史从来不曾表明某个分枝会完全盖过另一个分枝而成为主角。一个可以引起科学家无尽思考的有趣问题是，为什么过去存在着多样性，而如今却只有一种人类生活在地球上。

流浪癖

在对待人类的祖先时，保持一个灵活的态度有多重要？对于这个问题的最后一个例子涉及人类最终从非洲大陆的退出。直到成为具有相对较发达大脑的人类直系祖先直立人以后，原始人类才井始从非洲迁出——这一说法在 2002 年之前被认为是事实。就像之前提到过的，距离直立人化石在中国和印度尼西亚被发现已经超过了一个世纪。在能人（人属中已知的第一位成员）和直立人之间，脑容量的巨大飞跃是实质性的：脑容量从低于 700 毫升（cc，cubic centimeters）跃升至 1000 毫升以上。而在腿骨长度和因此所致的步幅等方面，四肢短小的能人和四肢较长的直立人之间的差异也是显

---

[1] Wood 2002.

[2] Tattersall 1999, p. 45.

著的。

最近，一具看上去像能人的化石在格鲁吉亚发掘出土，它给全世界古人类学界带来了令人兴奋、不可预知的转折，这一发现颠覆了原有的理论。此前人们认为，原始人类原本一直待在人类的起源地——非洲大陆，直到大幅脚步和发达大脑在晚于 175 万年前的某个时间将直立人带离非洲。[1]

在某些情况下，只有当大脑容量达到一个临界水平，才能够使人类通过复杂的交流和工具的制作，对环境进行越来越多的改造。在这一情况下，早期人类开始对世界进行开拓殖民似乎是可行的。然而，那些经过不远万里的长途跋涉形成完全不同群落的先驱，却可能是小型、短腿、仅有 680 毫升脑容量的原始人类。难以想象我们祖先的这种流浪癖。

23

人类猎人？

"人为什么是人"这个问题自从《圣经》中的起源论让步于科学调查以后就已经被提出。"因为人进化成了肉食者"是对这个问题的一种回答。罗伯特·阿德雷在 20 世纪 70 年代写了一系列畅销书，他在其中一本题为《狩猎假说》（*The Hunting Hypothesis*）的书中写道：

> 如果说在所有灵长类家族的成员中人类是独一无二的，那么即使在最高贵的愿望中，这也只是因为在数百万年间，唯有人类才依靠持续不断的杀戮得以幸存。[2]

在这个关于人类捕食的提议中存在一些错误概念。首先，人类

---

[1] Gore 2002.
[2] Ardrey 1976, p. 8.

并非会进行狩猎的唯一灵长类动物。狩猎作为一种普遍的摄食策略贯穿于整个灵长类目动物。狒狒擅长捕捉羚羊（antelope）幼崽；黑猩猩则尤其擅长捕食猴子。在不同种群的黑猩猩中，甚至还能观察到不同的狩猎方式和途径。在珍妮·古道尔（Jane Goodall）的实地考察现场，坦桑尼亚的贡贝保护区（Gombe Reserve in Tanzania）里的雄性黑猩猩就像狮子一样进行狩猎；参与狩猎的个体越多，成功率也高，但并没有团队的协同努力。在科特迪瓦的塔伊森林（Tai Forest of Côte d'Ivoire），黑猩猩像狼一样进行狩猎，每个个体都在团队努力中扮演一个重要角色。[1]

对于早期原始人类而言，狩猎能否成为主要的食物获取方式同样受制于解剖学上的约束。我们需要仔细查看牙齿及消化系统，这一人体解剖中至关重要的部分可以回答有关人类对来自狩猎的肉食依赖问题。内脏不会形成化石，但牙齿成为南方古猿化石遗迹中重要的一部分，而它们的齿列并不像肉食动物那样。

那么，这种"人类猎人"的概念从何而来？对人类"由于忙于猎杀而被杀"这一说法的确信是在何时出现的？"原始人类是凶残与危险的"这一说法是谁提出来的？当你想想现实情景，会惊叹于这是怎样一种公关妙招！一个没有尖牙厉爪、瘦小的双足灵长类，挥舞着一个羚羊的颌骨，却得到了哥斯拉[2]（Godzilla）才有的名声！ 24

从某种意义上说，汤恩幼儿是"人类猎人"这一理论的关键（图2.3）。在一系列的南方古猿化石中，汤恩幼儿是最早被发现的。有点讽刺的是，雷蒙德·达特对这块化石的不懈研究——这可能曾是一个被捕食者所害的年轻人——却对人类祖先是"杀人猿"这一说法提供了帮助。

---

[1] 有关贡贝河保护区、坦桑尼亚以及科特迪瓦的塔伊森林这三个地方，黑猩猩狩猎方式的差异展开的讨论参见 Boesch 1994。

[2] 译者注：发源于日本的同名系列电影中出现的巨型怪兽，以破坏力惊人而著称。

图 2.3　雷蒙德·达特和他的发现——汤恩幼儿化石，在众多早期原始人类中它最早被发现于非洲。达特最初在1924 年描述了这一化石。（F. Herholdt）

为了考察"人类猎人"理论被强化和接纳的原因，我们需要回溯到 20 世纪 20 年代，并填补那些相当小众且艰深的古人类学界的空白。正如之前强调的，那时候非洲还不是人类化石的重要地区。英国人拥有"皮尔丹人"，发达的大脑出现在扁平的脸之前让欧洲的专家们倍感放心。欧洲的尼安德特人（Neanderthal）的发现，从来自远东地区的爪哇人和北京人（Peking Man）那里得到了确认。那么，如果一名毫无名气的南非解剖学教授发现了一个头骨和化石大脑（尽管这块化石看上去不像黑猩猩，但它的大脑实在太小以至于不会被视为人类），又有什么关系呢？

在这样的气氛中，难怪拥有像猿一样的颌骨以及巨大头盖骨的皮尔丹人，会立刻被当作最早的人类祖先而被接受认可，而由雷蒙德·达特发现的头颅小、看上去又像类人猿的南方古猿则被认为是一个病态的样本或仅仅一只猿。当皮尔丹人的支持者们忙于解释我们这个具有发达大脑祖先的智力天赋时，达特坚信他的小脑袋生物是最早的猿人，随后推进了对这一过渡期生物的行为提出的理论构想。起初，达特认为这种南方古猿是一种食腐动物，在严酷的热带草原环境中勉强维持生存；这种灵长类并不会捕杀大型动物，仅会为了生存食用小动物的腐肉。

然而，几乎没有人关心达特的观点，因为几乎没有人认真对待他发现的猿人。事实上，直到四分之一个世纪后，随着更多的南方古猿被发掘出土，以及1953年的研究证实皮尔丹人是一场骗局，这些人类进化的研究者们才意识到我们最早的祖先看上去更像猿，而不是更像现代人的样子。这引起了人们极大的兴趣——通过灵长类，对人类进化以及人类天性中的进化基础进行理解。[1] 随着这些发现，一长串的理论都试图对这些最早期原始人的行为，特别是基本道德进行重建。

到1950年，达特已经发展出了一套全新的与其最初的食腐模型截然不同的理论。他对南方古猿头盖骨化石上的那些凹陷进行了思考，并最终形成了一个成熟的杀人猿理论，认为是那些杀手杀害了自己的孩子。考虑到这些作为猎物的动物和南方古猿化石相关，以及南方古猿头骨上的凹痕和小洞，达特确信哺乳动物会被这些猿人杀害、屠宰并吃掉，而这些早期原始人类甚至还会自相残杀。

达特曾经认为一旦他们抛弃非洲森林中的树木，这些南方古猿将被迫迁往热带草原去勉强维持生计。但达特现在却认为正是这种狩猎行为以及嗜血的欲望，积极地将他们引出森林，两者一起成为人类进化的主要动力。他曾不止一次阐述："出于一种冒险精神以及被南部平原广袤草原上的新鲜食物所吸引，这

[1] Sussman 2000.

些南方古猿的祖先将后代留在中非的树上。"[1] 达特自己是受伦敦大学（University of London）的一名叫卡维思·里德（Carveth Read）的教授的影响。里德在 1925 年提出人类祖先和狼类似，进行群体狩猎并以大型猎物的肉为生。里德认为"狼猿"（Lycopithecus，字面意思就是"狼 – 猿"）这个名字是早期原始人类的真实写照。

一些狒狒头骨的发现给达特带来了灵感，这些头骨被神秘地埋在南方古猿头骨的左边，据此达特推断，只有人类的这些南方古猿祖先才能如此精细。由于在南非的遗迹中并未发现石制武器或工具，达特假设那些出现频率异常高的羚羊腿骨和颌骨一定是被选择的武器。他提出的"骨齿角"（osteodontokeratic）文化理论——早期人类利用他们猎物的骨骼、牙齿和犄角去捕杀更多的猎物——提供了这些杀人猿完成这些血腥工作时所采用的方式。

在 1953 年，达特发表了一篇题为《从猿到人的捕食转变》（*The Predatory Transition from Ape to Man*）的论文。在文中，他猜测南方古猿的齿列和地理位置因素使得他们除了极度依赖肉食以外，排除了任何其他食物类型。而且不仅仅吃肉，他们还会用武器武装自己来捕杀那些大型猎物。没有任何知名期刊接受这篇文章，因此在学术圈中这篇文章的读者寥寥无几。罗伯特·阿德雷——一位成功的剧作家——在南非拜访了达特，并深信这一理论会在人类学界掀起一场革命。从 1955 年到 1960 年，阿德雷花了 5 年时间研究并撰写《非洲创世纪》——杀人猿理论流行的起点。[2] 这本畅销书在民众中间和科学界都产生了巨大的影响。

到 20 世纪 70 年代中期，达特的那些断言——他认为原始人的大脑和那些类人猿差不多，他们精于制造武器并进行捕猎，对他们而言，打猎比摄食腐肉更容易——被完全接受了。然而，达特的"人类猎人"理论的证据却不够充分，这些假说的特殊视角无法

---

[1] Dart and Craig 1959, p. 195.

[2] Ardrey 1961.

经受严苛的科学检验。布莱恩这位研究化石是如何在自然作用下形成的专家，最早对杀害狒狒的理论提出质疑。基于对证物的检查，布莱恩发现这些和人猿联系在一起的骨头实际上更像豹子和鬣狗（hyenas）留下的。[1] 他检查了狒狒头骨上的小孔以及在南方古猿阿法种那里出现的类似凹痕，这些痕迹和现存非洲肉食动物的齿形存在一种奇怪的相似性。他测量了非洲大型猫科动物下犬齿之间的距离，发现豹子的下尖牙之间的空间精确符合化石头骨上的孔洞（图 2.4）。

28

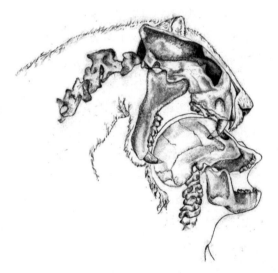

图 2.4　一些早期原始人头骨化石上的孔与大型猫科动物的尖牙完美符合（C. Rudloff, 根据 Cavallo 1991 重绘）

这些圆孔和豹子的尖牙完全吻合——南方古猿似乎更像被狩猎者而非猎人。南非的斯瓦特克朗斯（Swartkrans）、科罗姆德拉伊（Kromdraii），以及斯泰克方丹因南方古猿化石遗迹而闻名，在这些

---

[1] Brain 1981.

地方开展的发掘工作中，也发现了伴有狒狒遗骸的原始人类骨骼化石。[1] 布莱恩推测狒狒和早期原始人类睡在洞穴之中，这给豹子们提供了将之杀死并拖入洞穴深处吃掉的极好机会。[2] 肯尼亚苏苏瓦山（Mt. Suswa）上的熔岩洞也为南非的这些古人类学记录提供了一个当下的对比，并给这一假设增添了显著的可信度。狒狒极喜欢在苏苏瓦山休憩，那里的狮子则几乎完全以这些灵长类为食。[3]

人类舞者！

在反复出现的"人类猎人"的主题中，下一个被广泛接受的观点是由舍伍德·沃什伯恩（Sherwood Washburn，美国灵长类动物学之父）及其同事在 20 世纪 60 年代提出的。他们声称很多特征使人类可以被定义为猎人（更多关于为什么另外 50% 不能被定义会在本书后面进行讨论），而正是这些特征使得早期人类和他们的灵长类亲属被再次区分开来。

> 断言人类的生物统一性就是对生活中狩猎方式重要性的肯定。我想说的是，尽管许多条件和习俗会因地区而不同，形成物种的主要选择性压力是一致的。生物学、心理学，以及风俗将我们和猿区分开来，所有这些我们都应该归功于过去的猎人。对于那些想去了解人类行为的起源与天性的人来说，唯有设法理解"人类猎人"。[4]

---

[1] Brain 1970, 1978; Cavallo 1991.

[2] Brain 1981.

[3] Coryndon 1964; Simons 1966.

[4] Washburn and Lancaster 1968, p. 303. 在这一引用的十年前，沃什伯恩（1957）在一篇已发表的题为《南方古猿：猎人还是猎物》（*Australopithecines: The Hunters or the Hunted*）的论文中写道："对万基动物保护区的捕食调查表明，在南方古猿遗迹中大量出现的颌骨、颅骨以及上颈椎骨并不足以佐证南方古猿的狩猎、群体狩猎或人类活动，他们也有可能是被肉食动物有选择性地吃掉的。"

就像达特一样，沃什伯恩将人类狩猎行为和人类道德联系在一起，在过去的进化史上这两者都有其生物学基础。他所称的南方古猿的"食肉性心理"导致人类不仅可以从追逐、猎取以及宰杀其他动物中获得快感，也可以从对同伴的恶意掠夺中获得。"大多数"酷刑和受难镜头的公开正是出于全人类的这种乐趣。这种解释使其得出结论：唯有小心地使这种天性驱动力不受培养，才能通过同情他人将人类"食肉的好奇心和侵略性"这一自然天性进行掩饰。[1]

再次，和在他之前的达特一样，沃什伯恩并未积累大量证据用以支持他的结论，并且似乎已经意识到与之相反的证据的存在。[2]当然，他依靠的是一个 19 世纪的人类学概念——文化"残存"。[3]它是指那些在社会中已不再有用，但作为残留的幸存机制，从它们曾经适应的那个时代持续下来的行为。现代体育运动（包括狩猎）能够轻松被学会并从中获得快感，沃什伯恩注意到了这一现象和一个已逝去时代中的幸存机制之间的联系。因为成功的人类祖先正是那些打猎最好的人，他们的基因遗产便是对狩猎行为的一种轻松愉快的获得。[4]

利用一个相似的逻辑，我们已经提出了一个可供选择（有些讽刺意味，但并非不可行）的理论来挑战"人类猎人"。我们将这一理论称为"人类舞者"。毕竟，男人和女人都喜欢跳舞，这是一个能在所有文化中都能找到的行为，而且在大多数文化中都会比狩猎的作用更小。

尽管跳探戈（tango）需要两个人，各种各样的社会制度都可以从多种类型的舞蹈中发展出来：广场舞（square dancing）、排舞（line dancing）、大河之舞（riverdance）或是放克舞（funky chicken）。

29

30

---

[1] 都引自 Washburn and Avis 1958, pp. 433–434。

[2] Washburn and Lancaster 1968, p. 303.

[3] Tylor 1871.

[4] Washburn and Lancaster 1968.

利特里的脚印可能并不代表两个人出去狩猎，而只是这两个南方古猿在慢吞吞地走，这是一种最早的舞蹈。在电影《2001：太空漫游》[1]（*2001: A Space Odyssey*）中，将第一种工具描述为武器是错误的。它可以是一根鸡腿，而第一场战争也根本没有杀戮，只是乐队之间的竞赛。其他事情包括面对面地做爱、合作、说话和歌唱，以及呈现出两足性（很难用四肢跳舞），甚至从树上离开走到地面也可以用我们对跳舞的嗜好来更好地解释，而非出于狩猎的意愿。尽管我们是在用"人类舞者"这一假说开玩笑，但跳舞的证据就和狩猎一样充分，而且也并不比它更荒谬（图2.5）。

图 2.5　利用 19 世纪的文化残存这一人类学概念，"人类舞者"也能像"人类猎人"一样对于早期原始人类行为做出解释。(C. Rudloff)

---

[1] 译者注：库布里克执导的著名科幻片，片头曾有一个早期猿人扔一根骨头的场景。

我们并非"猫粮"

1961 年到 1976 年间,剧作家罗伯特·阿德雷通过一些畅销书普及了当时版本的"人类猎人"故事。阿德雷认为,正是由于竞争精神,表现出来便是战争,使得人类成为今天的样子:"希特勒治下的纯正日耳曼种族的精神和早期人类以及后来的狒狒没什么两样。"由于缺乏对领地的竞争性本能,阿德雷认为大猩猩已经丧失了生活的意愿和性冲动。他辩称大猩猩几乎不防卫领地,交配也很少。并且它们的故事"会结束,在某一天,但不是砰的一声,而是带着小声的啜泣"。[1]

非洲起源论很可能是"人类猎人"理论在大众中流行的起点,但由利基家族族长带给古人类学的卓越贡献才是赢得大众认可的关键。伟大的路易斯·利基博士是一个带有传奇色彩的名人,是 20世纪中期最伟大的古人类学家以及化石搜寻领域的科学家。他充满活力的个性和激动人心的想法将对人类起源的探寻推向了媒体报道的高度,吸引着公众的想象。探究精神终于落在了认识人类的起源上!还有他的妻子玛丽,她完成了大量的实际发现与化石的重建,使利基家族享誉世界。以他们在肯尼亚自然历史博物馆的大本营为起点,他们让坦桑尼亚的奥杜瓦伊峡谷成为人类起源的代名词。通过他对珍妮·古道尔有关黑猩猩的研究,对戴安·弗西(Dian Fossey)有关山地大猩猩的研究,以及贝鲁特·高尔迪卡(Birute Galdika)有关红毛猩猩的研究的支持,利基也最终让全世界看到了人类最近的亲戚。当古道尔在黑猩猩当中发现狩猎和食肉行为时,利基显得激动万分。

利基对"人类猎人"理论的背书让它获得了学术上的认证,而这就是阿德雷的畅销书所缺乏的。在一次关于"人类作为猎人是无

---

[1] Ardrey 1961,对希特勒的引用来自 p. 171,对大猩猩的引用来自 p. 325。

畏和好战的"著名辩解中，利基表示我们不是"猫粮"，这一结果改变了整个西方世界对人类起源的感知。[1]

将早期人类设定为"人类猎人"迅速取得了公理一般的地位。对于我们自身以及其他物种而言，"我们的祖先是英勇无畏而又冷酷无情的杀手"在接近 50 年的时间里成为被普遍接受的观念。不仅仅是那些外行，在学术界亦然，人们很容易陷入这一范式之中。一个关于进化心理学家的例子，来自西蒙菲莎大学（Simon Fraser University，加拿大不列颠哥伦比亚省）的查尔斯·克劳福德（Charles Crawford）。克劳福德曾在一篇文章中哀叹人类的进化适应性在现代出现了偏差："成千上万年前我们曾经一直在捕食剑齿虎。而现在我却坐在一台电脑前完全没有运动。"[2]

现在是时候把这个特别的故事放在一边，并对查尔斯·克劳福德的理解稍作调整——我们的原始人祖先可能做了大量的锻炼来拼命避免剑齿虎，而不是对它们进行显然是自杀性的猎杀。我们认为"人类猎物"才是一张更精确的快照，而非"人类猎人"。作为短小的双足灵长类，我们能够想象一大群捕食者正在满怀希望地舔着它们的下颌。

32

---

[1] Ardrey 1976.

[2] Oliwenstein 2000，*Physical Anthropology*（《体质人类学》），01/02, p. 216。

第三章 谁吃谁?

有一件事是肯定的:在史蒂芬·金 [1](Stephen King)的小说中也 没有什么能比媒体刊载的事件更令人毛骨悚然的了。这件事可以很快被证实,因为当我们为撰写本书收集素材时,几乎整本书都能被那些从全世界的报纸杂志上收集到的血腥食人兽事件所填满。这些血淋淋的事件通常会被报纸大肆报道,也常常会在距离事发地点几千千米之外的城市登上头版头条。例如,"印度正在抗击成灾的食人狼"这个标题出现在 1996 年的《纽约时报》头版并引发尖叫。[2] 这些情况真的和普通的《纽约时报》读者相关吗? 或者说得更精确点,它会比一篇关于 3 亿印度居民正遭受营养不良的文章(这没有出现在纽约或是美国其他地方的头条真是个悲剧)更相关吗? 当然,在当今世界,死于交通事故、心脏病、癌症、环境中的有毒化学物质、营养不良或是饥饿以及战争的人数远远超过因食人兽而死的人数。即使在世界上那些食人兽吃人事件时有发生的地区,日渐稀少的食人兽数量和日益膨胀的人口数量相比,也使得它们对总体人群的影响显得微不足道。如今,被动物捕食只被当成是超过 60 亿的全球人口总数的磨损系数, 那些被野生动物所杀的人所占的百分比似乎都不值得被记录。

那么,为什么媒体会大力报道呢? 是因为我们对"被其他物种捕食在人类的进化史上到底意味着什么"这一问题有了深刻的认知

---

[1] 译者注:美国著名作家,以擅长写恐怖小说闻名。

[2] Burns 1996, *The New York Times*(《纽约时报》),9/1/96, p. 1。

而陶醉吗？汉斯·克鲁克（Hans Kruuk）是一位著名的动物行为学家，同时也是捕食者方面的权威，他认为对于这类血腥的食人兽故事，我们极度的厌恶感、强烈的好奇心以及对它们的深深迷恋是基于人类天生的本能，这些事对人类物种而言极其可怕——甚至比人类中的一些更明显的杀手更可怕。[1] 毕竟，人类在长达数百万年的进化之路上曾被其他动物狩猎及吞食，而对车祸的恐惧只有 100 年（仅仅几个世代）。老虎、熊和狼比丰田、福特或大众更触动我们的神经。

我们很乐意承认，对比食人兽引起和车祸引起的恐慌水平，会在纯粹的逻辑思辨层面上受到指责。作为人类学家我们面临的最大问题是：该如何推测那些对人类的捕食在漫长的进化之路上所产生的影响，尤其在经验数据领域，当那些我们感兴趣的关键时期要比历史记录早好几百万年的时候。就像此前提到的那样，仅有两条实际的途径能够追溯原始人类的进化史——化石证据以及人类的近亲灵长类。那些关于人类被捕食的化石证据令人印象极其深刻，我们将会对其详细探讨。但首先，看一看灵长类动物——人类在分类学上的表亲——是否能够有助于阐释我们的大问题。

两则故事

让我们来思考两个关于捕食的故事。第一则故事出现在 1998 年 4 月，一份名为《亚洲周刊》的流行期刊上。[2] 故事发生在印度北部加瓦尔（Garwhal）的奥里（Auri）地区，这是一个母亲永远的噩梦。该母亲正抱着孩子，她的另一个 8 岁大的孩子跟在身后。正当他们走在回家的路上时，一只豹子从黑暗中冲出并咬住了那个 8 岁孩子的手臂。豹子开始试图拖走孩子，而那个母亲则发疯似的试图紧紧抓住怀里的孩子以及大儿子的手臂。豹子在这场可怕的拔河中

[1] Kruuk 2002.
[2] Kala 1998, *Asiaweek*（《亚洲周刊》），4/24/98。

将他们拖到河堤上，母亲紧抓的手松动了。随着一声尖叫，母亲在35
孩子的哭喊声中失去了对孩子的控制，孩子随后便被豹子带进了黑
夜。这个 8 岁孩子被吃掉一半的尸体随后在一个灌木丛中被发现，
村民们顺着已经变干的血迹找到了那里。

第二个故事是由沃尔特·鲍姆加特尔（Walter Baumgartel）讲
述的，他是非洲殖民地（确切地讲，是当时的比属刚果）的一名
"白人猎手"[1]。[2]鲍姆加特尔曾在一本书中描述了一个家庭被一只豹
子跟踪的故事。那个父亲在不知不觉的睡梦中被袭击，他仍试图
击退豹子却因此滚下了山坡。他的尸体被带到了马凯雷雷医学院
（Makerere Medical School）进行尸检。两天后，人们发现那只豹子
正在吃这个家庭的另一名成员，一个小女孩。和她父亲被杀的方式
一样，女孩同样死于腹股沟动脉撕裂，而根据医学上的看法，这导
致她立即死亡。在接下来的几个月内，更多来自这个家庭的尸体被
找到，有时候尸体是新鲜的，有时候则已经部分腐烂了。

第一个故事讲的是智人；在第二个故事中，那个家庭则是智人
的近亲——山地大猩猩（Gorilla gorilla beringei）。这两个故事可以
用来描述在被捕食这件事上人类和其他灵长类动物是何等相似。

我们主张，了解人类的灵长类近亲是如何受到捕食的影响，能
够提高和扩大我们对人类自身作为猎物的真正理解。我们的研究已
经确定了对现存灵长类被捕食的可量化证据，包括大量对所有类人
猿——大猩猩、红毛猩猩和黑猩猩——的证据。大猩猩，一种比
现代人类大得多，更比早期原始人类大好几倍的物种，却是那些体
重仅是它们一半的豹子的猎物。坊间数据描述的豹子对大猩猩的捕
杀，就像我们上文中的那个故事，得到了在中非进行的现代科学研
究的支持。迈克尔·法伊（Michael Fay）是灵长类动物学家，同时

---

[1] 译者注：即 Great White Hunter，特指 20 世纪初前往非洲靠猎杀大型动物为生的欧洲人与北美人，这个词有很强的种族主义色彩。

[2] Baumgartel 1976.

也是环保主义者，他勇于穿越热带雨林未知地带的事迹最近曾出现在《国家地理》上，他出版了对刚果共和国（Republic of Congo）努阿巴莱－恩多伊国家公园（Nouabalé–Ndoki National Park）的低地大猩猩所进行的研究成果。这一地区的俾格米人对豹子捕杀大猩猩（以及黑猩猩和人类）深有体会。法伊和他的同事随后公布了大猩猩被捕食的证据。他们呈现的证据是在豹子粪便中发现的完整的大猩猩脚趾，这是它进食后的残余（图 3.1）。[1] 这些脚趾随后被送至芝加哥菲尔德博物馆，并在我们开始写这本书之前受到检查。"可怕"是唯一能够用来恰当描述这些史前文物——这些惊人的捕食遗迹——的词语。

图 3.1 包含两个大猩猩脚趾的豹子粪便是由中非的研究人员发现的；其中一个完整的脚趾已经从粪便中被清理出来，可以在右边清楚地看到。（经迈克尔·法伊授权使用）

著名动物学家乔治·夏勒（George Schaller）曾在他的代表作《山地大猩猩：生态和行为》（*The Mountain Gorilla: Ecology and*

[1] Fay et al. 1995.

Behavior）一书中描述了那些他亲眼所见的对山地大猩猩的捕食事件。[1] 夏勒的信息也同样来自我们之前提到过的非洲殖民地猎人沃尔特·鲍姆加特尔。他当时居住在著名的维龙加山脉（Virunga Mountains）——位于卢旺达、乌干达和刚果民主共和国交界处，那里是山地大猩猩唯一的栖息地。后来，在一本名为《深入到山地大猩猩中》（*Up Among the Mountain Gorillas*）的书中，他记录了自己当时在非洲中部的冒险经历；在书中，他讲到了上文提及的豹子，它跟踪并杀害了一整个山地大猩猩家庭。[2] 鲍姆加特尔还写到，豹子持续对山地大猩猩进行着相同或是类似的无节制屠杀，直至维龙加山脉刚果部分的山地大猩猩数量仅剩两只。

37

亚洲的大型红色类人猿——红毛猩猩，是一种难以捉摸的生物，和其他大多数灵长类不同，猩猩并不以社会群体的方式生活。有证据表明，猩猩是老虎和云豹（clouded leopard）的猎物，云豹是生活在亚洲的一种隐秘的野生猫科动物。[3]20 世纪 70 年代，当苏门答腊岛正进行一项将七只幼年红毛猩猩放归自然的保护工程时，云豹出现在当地。它们反复袭击项目组营地，直至将那七只红毛猩猩全部杀死。老虎比云豹大得多，也强壮得多，甚至能够捕杀强壮的成年雄性红毛猩猩。

然而，为了揭示古代原始人类的情况，我们在大量关于黑猩猩的捕食中发现了最令人信服的证据。黑猩猩和人类基因的相似性达到98%；它们制造工具，学习和传递特有的行为方式（这满足了一些人对文化的定义），它们——其他类人猿也一样——可以学会美国手语，并用以传达概念。[4] 值得注意的是，在过去的几十年间，黑猩猩曾被认为由于太像人类而被捕食。但这一说法后来被戏剧性地反驳了。

---

[1] Schaller 1963.

[2] Baumgartel 1976.

[3] Rijksen 1978；Rijksen-Graatsma 1975.

[4] Jurmain et al. 2003.

即使是在相对安全的坦桑尼亚贡贝国家公园（Gombe National Park）——因珍妮·古道尔研究黑猩猩而闻名的地方，研究人员经常会发现为了针对偶尔出现的豹子，黑猩猩做出的反捕食行为。[1] 在贡贝，黑猩猩们几乎时刻处于武装人员的陪伴下，对黑猩猩而言，这个国家公园是一片人为的安全环境。几十年前，在西非塞内加尔的阿斯利克山（Mt. Assirik）附近，人们在杜奥科洛科巴国家公园（Parc National du Niokolo Koba）中就注意到一个"安全的环境"绝不是这样的。法国灵长类动物学家卡罗琳·图廷（Caroline Tutin）领导的团队发现在阿斯利克山的黑猩猩具有多疑和谨慎的行为特征。[2] 首先，图廷团队确认，无论白天还是黑夜，那里都活跃着相当数量的捕食者——狮子、豹子、斑鬣狗以及野犬都和这些黑猩猩时刻共存。这些猩猩对于它们遭遇到的肉食动物有着明智的尊重和恐惧，它们的行为也反映了这一切。和贡贝相对受到保护的黑猩猩相比，阿斯利克山上的黑猩猩在树上的巢穴建得更高，也从不猎食猴子或是一种叫麂羚（duiker）的小型森林羚羊。另外，当它们在地面上成群走动时，会表现得紧张不安。此外，更多的研究开始聚焦于测量大型猫科动物对黑猩猩的自然捕食程度。这些结果明确阐述了黑猩猩和捕食者之间的关系。有两个例子尤为中肯。马哈勒山（Mahale Mountain）的黑猩猩种群——在坦桑尼亚——一直以来都是日本灵长类动物学家长期研究的主题。捕食作为黑猩猩数量的一个磨损系数，曾被认为是可以忽略的。此前，没有学者能够猜到马哈勒山的黑猩猩会沦为百兽之王的猎物，直到日本的研究团队注意到狮子的粪便中含有许多熟悉的黑色毛发。一项分析结果表明，在收集到的 11 个互相间隔许久的狮子粪便样本中，有 4 个样本发现了黑猩猩的毛发、骨骼和牙齿。[3] 贵广冢原（Takahiro Tsukahara）在马

[1] McGrew 1976.

[2] Tutin et al. 1983.

[3] Tsukahara 1993.

哈勒山研究时发现，那里的狮子每年杀死的黑猩猩数量大约是后者总数的 6%。

在西非科特迪瓦的塔伊森林，豹子对黑猩猩的捕食水平大致相同。瑞士灵长类动物学家克里斯托弗·伯施（Christophe Boesch）为了研究塔伊森林中黑猩猩的种群数量，多年来一直在持续追踪豹子的捕食情况。1985 年，他第一次在一只成年黑猩猩身上注意到两三个像是被利器平行切割的伤口，这只可能是豹子所为。他立刻意识到豹子的捕食对黑猩猩而言是一个持续性因素："豹子巨大的咬合力使其成为一名迅捷的杀手，并且不出意外的话，即使是一只成年黑猩猩，看上去也无法抵御这一致命的撕咬。因此，不论年龄和性别，所有黑猩猩都可能遭受豹子的捕食。"[1] 伯施发现，人类的出现对于豹子而言也并不构成威胁；曾经有一只黑猩猩在距离研究人员正在工作的地方仅 30 码（约 27 米）处被攻击。伯施估计，在他研究的黑猩猩群体中，每年有超过 1/20（5.5%）被豹子所杀。

猎物逃跑，捕食者追

在这个节骨眼上，也许是时候让我们花点时间来探讨一下，关于捕食者和猎物的关系我们都知道些什么。简单来说，在猎物的栖息地和种群密度的约束下，捕食者的行为是根据最大化其自身的营养摄入这一自然选择而形成的。[2] 更通俗地说，捕食者会在它们感到饥饿的时候狩猎，而且它们杀死的猎物不太可能超过自身所需。它们不会仅仅为了好玩而捕食。捕食行为从时间的花费、热量的消耗，以及可能导致受伤等方面来看都代价不菲。没有任何一种聪明的捕食者会在跟踪和捕杀当中用尽自己宝贵的能量，除非饥饿迫使它不得不喂饱自己或是嗷嗷待哺的幼崽。

39

---

[1] Boesch 1991, p. 228.

[2] Sunquist and Sunquist 1989.

传统观点认为捕食者们机械化地削减着它们的猎物种群——而事实上，与之相反的是，美洲狮（mountain lion）只会吃掉恰当数量的鹿使其不至于过剩。但这只是短期观点，自然过程并不会在短期内就起作用。在自然条件下（换言之，在没有农业或技术等人为干扰的环境中），正是那些猎物数量决定着捕食者数量的上限。[1]

有关捕食者–猎物关系最精妙的研究之一是由乔治·夏勒（George Sthallet）这位动物学家做出的。他的研究涉及生活在塞伦盖蒂平原（Serengeti Plain）的狮子及它们的食物（包括狒狒和长尾黑颚猴［vervet monkey］）。他认为，捕食并不是那些猎物数量的一个重要限制因素。事实上，捕食对于猎物数量几乎没有影响，因为大多数时候，像狮子那样的捕食者吃的是那些由于营养不良或是疾病而死的动物。[2] 理所当然的是，与追逐一个可能比你跑得更快的猎物相比，吃上一顿简单的饭是一个更好的选择，前者不仅会使你感到饥肠辘辘，而且也会让你没有力气去追逐下一个猎物。（或者举个例子，如果在城郊的晚上十点你需要喝牛奶，而你的油箱又快要空了，如果能保证在转角的迷你超市就能买到牛奶，又何苦驱车前往遥远的商店呢？）

那么我们还需要担心过多的黑猩猩会被它们的天敌吃掉吗？绝对不用。任何关于猎物数量实质性和长期性的下降都会源于资源匮乏。换句话说，那些猎物可以吃的食物有上限，如果它们的数量太多以至于无法满足个体需求时，就会出现死亡。这种由资源导致的猎物种群下降会最终引发捕食者繁殖率的下降：当猎物种群下降时，求偶的捕食者更少，它们之间的交配行为也更少发生，而在更长的时间间隔内出生的幼崽会变得更少。当更少的动物降低了需求压力后，食物的供给会重新恢复，那些猎物的种群便会重新上升，并最终使得捕食者的数量产生同样的变化。捕食者的种群水平只是

---

[1] 种群生态理论来自 Bryden 1976, Kruuk 1986, Vezina 1985。

[2] Schaller 1972.

滞后于它们的猎物，并随着猎物种群的状态而改变，而那些猎物则是受食物数量的支配。

然而，捕食者需要对那些猎物的形态学特征（结构、身形和大小）以及行为方面负责。在捕食的防御手段和捕食者的挑战机制方面，这两者的进化速率存在着基本的非对称性。行为生态学家约翰·恩德勒（John Endler）将这种不平衡命名为"生命对抗晚餐原则"：一次失败的捕食救了猎物的命，但对于捕食者而言则仅仅损失了一顿饭，因此相对于捕食者的进攻手段，猎物选择的防御机制更为坚固。[1]

发生在捕食者和猎物之间的共同进化是一种"鹿在跑，狼在追"的情况。换言之，如果猎物进化出了一种逃避捕食者的新方法，捕食者就会朝着克服这一新策略的方向进化。在捕食者和猎物之间的平衡中，发生的任何重大扰动都是因为猎物进化出了多种逃避捕食的方式；捕食者随后不得不进行反向适应，或是放弃捕食重新变得难以捉摸的猎物。[2] 我们认为，当人类的祖先出现时，同样的自然法则也已经准备就绪。原始人类进化出了许多新的方式来躲避捕食者，而这些适应性包括了许多最基本的人类行为特征。捕食是进化发生改变的重要来源。

我们发现，发生在捕食者与它们那些非人类的灵长类猎物之间的共同进化，可以从某些猴子的行为与解剖学适应性上看到。适应性甚至可以追溯到特定的捕食者。例如，在许多新大陆猴和非洲森林猴当中，会出现两个或更多物种的聚合现象，几个物种共同进食、旅行或是休息。但是，这种"聚合特异性社群"只存在于被某些以猴子为食的猛禽占据的地理区域，这些猛禽包括南美洲的角雕（harpy eagle），以及非洲中部和西部的冠鹰雕（crowned hawkeagle）。

---

[1] Endler 1991.

[2] 捕食的原则来自 Bertram 1978, Bertram1979, Janzen 1980, Bakker 1983, Roughgarden 1983,Vermeij 1982。

猛禽的捕食给猴子提供了强大的进化动力，使得它们聚合成尽可能大的群体。[1] 角雕便给很多新热带地区（中美洲和南美洲）的灵长类动物施加了这样一种强大的选择性压力，由此带来的效应使得一些灵长类物种呈现出巨大的身形，而在行为上，则呈现出像群体生活和隐秘躲藏（静止不动以避免被发现）等方式。[2]

再次重申，作为对捕食者的反应，如果在那些猎物物种当中已经进化出了反捕食防御手段，那么在正常的环境条件下，猎物种群就不会受到捕食的过度影响。然而，如果这种共同进化的缓慢过程没有在捕食者和猎物之间发生（特别是当外来或是外国物种被人类引入一个生态系统中），猎物便会因缺乏合适的防御手段而遭受高死亡率直至灭绝。[3] 不幸的是，已经有成百上千个这类人为灾难的例子了。在夏威夷所有陆生鸟类目前都濒临灭绝，这一结果就是由欧洲移民引进猪、猫及猫鼬（mongoose）所引起的，在此之前，夏威夷岛上从未有陆生肉食动物生存。一个鲜为人知的情况是，在亚洲和南非的部分地区，灵长类动物承受着家犬（在某种程度上还有野生猫科动物）造成的高死亡率。

这些灵长类猎物是谁？

除了人类以外，目前世界上还居住着超过 250 种灵长类动物。这些非人类灵长类是外貌各异的群体；它们的生理差异是惊人的。灵长类动物的体重从几盎司到接近 400 磅（约 180 千克）。大猩猩，重达 390 磅（约 177 千克），与那种微小的、重量仅为 2 盎司（约 57 克）的鼠狐猴（mouse lemur）相比，看上去完全没有任何相似之处。一些灵长类实际上很像猫科动物；事实上，在动物园观察灵长

[1] 来自猛禽的进化效应来自 Gautier-Hion et al. 1983, Terborgh 1983, Peres 1990。
[2] Zuberbuhler and Jenny 2002.
[3] Terborgh 1983; Sussman and Kinzey 1984; Goldizen 1987; Caine 1993.

类时，你总会听到游客将环尾狐猴（ringtailed lemur）误认为猫科动物。有些灵长类和啮齿类动物很像，鼠狐猴乍看像极了大眼睛的沙鼠（gerbil）。有些灵长类则不像其他任何生物——那种微型的，只有 4 盎司（约 113 克）重的眼镜猴（tarsier）同时拥有巨大的眼睛（每只眼睛就和它们的脑袋一样重）和极其修长且充满力量的后肢。这种眼镜猴可以朝各个方向 180 度转动它们的头，并以此代替眼睛的移动，就像猫头鹰一样。也许最为奇特的灵长类就是马达加斯加岛上的狐猴（aye-aye）了，它们进化出了巨大的像啮齿类一样用来啃噬的门牙，与之相伴的是其他牙齿的退化和消失；另外，这种动物在每条前肢上都有长而弯的趾，可以用来从朽木中挖出虫子，这更像啄木鸟的生活习性。18 世纪伟大的植物和动物分类学家林奈（Linnaeus），就曾经将蝙蝠和猫猴（colugo，通常被称为鼯猴［lying lemurs］）都列入灵长目，而直到不久之前，树鼩（tree shrew）也曾被误认为是灵长类动物（图 3.2）。

图 3.2　一些具有代表性的原猴亚目（Prosimian）生物：(A) 厚尾夜猴（fat-tailed galago）；(B) 蜂猴（slow lori）；(C) 跳狐猴（sifaka）；(D) 环尾狐猴（ringtailed lemur）；(E) 鼠狐猴（mouse lemur）；(F) 领狐猴（ruffed lemur）；(G) 狐猿（aye-aye）（不按比例）。(C. Rudloff 根据 Napier 和 Napier 1985 重绘)

43　　的确，直到 20 世纪中期，英国解剖学家乐·格罗斯·克拉克（W. E. Le Gros Clark）才提出了一个灵长目动物的现代定义。[1] 克拉克将灵长类表征为：保留一般化的四肢并在其前端拥有 5 个能够抓取的指（趾）；指甲替代了一部分爪子；大脑的扩展和精细化；强调视觉作为主要感官系统，随后便不再强调嗅觉；失去一些从原始哺乳动物状态而来的牙齿；推迟的成熟期；将每次产仔数减少为每次单个后代，并从成年个体处接受高度的社会性。作为灵长类动物，人类和其他约 250 种动物一样符合这些描述。

　　6500 万年前，第一种近似灵长类的动物可能是瘦小、树栖、以昆虫和果子为食的夜行性生物，就像如今的树鼩。[2] 随着灵长类的进化，有些变成陆生的，有些变成昼行性的，有些变成以果子为食，有些更加特化了它们的食物并变成以树叶为食。在数百万年的进化过程中，独居的早期灵长类逐渐开始采用复杂的社会结构。最后但同样重要的是，身体尺寸也随着其他这些适应性而增加。现代的原猴亚目动物——最早开始进化的灵长类（狐猴、夜猴、懒猴）——被认为比现在的猴子和类人猿更接近 6500 万年前的早期灵长类动物。许多原猴亚目动物只有在马达加斯加岛上才被发现，尽管夜猴和其他一小部分原猴亚目生活在非洲，而懒猴生活在亚洲热带地区。这些原猴亚目动物比其他剩下的灵长类更依赖嗅觉。（实际上，它们湿润的鼻子，或者说鼻尖，与犬科动物和猫科动物共享同一种特质。）很多原猴亚目动物是夜行性和树栖性的，而它们的社会结构通常也不如其他猴子和类人猿那么大、那么复杂。

　　新大陆的猴子包括松鼠猴（squirrel monkey）和僧帽猴（capuchin）（想象一下演奏手风琴的猴子），小到能够放到手心的绢毛猴（tamarin）和狨猴（marmoset），还有大型的蛛猴（spider monkey）和吼猴（howler monkey）。所有新大陆的猴子，除了枭猴

---

[1] Le Gros Clark 1959.
[2] Conroy 1990; Bloch and Boyer 2002.

（owl monkey），都只在白天活动，它们很多都拥有一条适于抓握的卷尾，当这些猴子在树梢行进和进食时，那条卷尾就像它们的第五肢一样。

旧大陆的猴子遍布非洲和亚洲的热带地区。狒狒和猕猴是这些灵长类当中数量最多的。猕猴也已经成功扩展到日本和摩洛哥山脉的温带地区。常常上镜的日本猕猴（或称为雪猴）比其他非人类灵长类物种生活在更高的纬度，并已经进化出了诸如通过泡温泉来抵御寒冷的气候之类的行为。旧大陆猴子的另一个群体，吃树叶为食的疣猴（colobine），采用了和牛一样的方式。带囊的胃（像极了一头牛的四个胃）帮助它们消化食物中的粗纤维；相比以果实和种子为食的狒狒及猕猴，它们的生活方式显得更加慵懒。

44

除了那些大型的类人猿——大猩猩、红毛猩猩和黑猩猩——还有一些小型的类人猿，就是长臂猿（gibbon）和合趾猿（siamang）。作为只生活在东南亚的灵长类，长臂猿和合趾猿显得尤为独特：第一，和滥交的其他灵长类相反，它们通常是一夫一妻制的；第二，它们是真正的长臂者——抓住树枝，双臂交替摇摆，飞快地穿梭在雨林的树冠下（图3.3）。

图3.3 代表性的猴子和类人猿：（A）合趾猿；（B）疣猴；（C）绢毛猴；（D）鬼狒（dril）；（E）僧面猴（saki monkey）；（F）大猩猩；（G）蛛猴。（C. Rudloff, 根据 Napier 1985 重绘）

关于死亡的二分法

选择其中一面！关于对灵长类捕食的主题，在灵长类动物学家共同体中有着根深蒂固但截然相反的观点。这些观点从认为捕食的作用是最小的，到认为捕食是形成社会模式的强大动力的一些理论，不一而足。[1] 基于几乎没有被观察到和被记录的事件这一假设，捕食作为一个人口参数常常在灵长类研究者中被低估。[2] 我们注意到，当讨论灵长类作为猎物这一主题时，"捕食很少被观察到……"这一说法经常会被科学家们用来作为停止争论的信号。毫不夸张地说，这种说法已经在灵长类生物学家共同体内被视为公理，它有时也被用来简单地表达一个观点——对灵长类的捕食这一因素在进化中产生的结果无法计算，就和我们无从得知捕食的量级一样。此外，那些明显的（身体的、社会的和行为的）反捕食模式的重要意义也存在争议，因为这些适应性中的大多数看似也可以通过性选择（雄性之间对可生育雌性的竞争）或食物竞争进行解释。[3] 由于在科学文献中对捕食的观察报告往往是故事性的而非定量的，那种对灵长类捕食的可能频率，以及捕食对灵长类行为和生态上造成的普遍影响这两个方面极度看轻的倾向就出现了。

然而，钟摆的摇动可能会越来越慢。人们已经呼吁在实地研究

---

[1] Eisenberg et al. 1972, Bourliere 1979, Dittus 1979, Wrangham 1979, Wrangham 1980, Cheney and Wrangham 1987，Raemakers and Chivers 1980 代表的观点是：捕食的效应是最小的。Tilson 1977, Harvey et al. 1978, Busse 1980, Tutin et al. 1983, Sussman and Kinzey 1984, Anderson 1986a, Caine 1993, Terborgh 1983, Moore 1984, van Schaik 1983, Terborgh and Janson 1986，Dunbar 1988 代表的观点是：捕食是形成灵长类进化的强大动力。

[2] Hall 1966, Cheney and Wrangham 1987, Altman 1974, Hausfater and Hrdy 1984, Chapman 1986, Stanford 1989, Srivastava 1991, Peetz et al. 1992, Hrdy et al. 1995, Nunes et al. 1998, 以及其他数不胜数的著作已经提到捕食很少被观察到。

[3] Wrangham 1980.

方法论上做出重大改变，例如通过夜间观察法，以及对灵长类捕食者和灵长类本身进行研究，以便对捕食获得更准确的评估。[1]

詹姆斯·卡维尔的方法

还记得詹姆斯·卡维尔（James Carville）那个民主党战略家，在 1992 年和 1996 年的大选之前是怎么让克林顿吸引关注的吗？"关键是经济，笨蛋！"是一句成功的咒语。好吧，为任何无意的冒犯道歉，我们想再一次选择詹姆斯·卡维尔的策略，并重申："捕食者才是关键，笨蛋！"

捕食者－猎物的关系最好是从捕食者的视角进行研究，那是动物学家们已经发表的研究中的一种范式。这些他们都知道——但灵长类动物学家却偏偏选择在关于捕食的方面白费力气。"嘿，让我们假装它根本不算数。我们从来没见过它！"（这不足为奇，因为绝大多数捕食者在人类面前选择不去攻击那些猎物——它们的下一顿饭。）"实地研究的任何其他分支都会着眼于捕食者，但我们只会关注那些猎物。毕竟，我们研究的是灵长类。"当我们说将对捕食者的研究囊括进来也许会有助于部分解答灵长类的捕食问题时，我们并没有声称这是以一种全新的方法去处理问题。实际上，它是如此基本，以至于你可能会奇怪为什么我们要强调这一点。那么，我们谦卑地提出，从现有的捕食者研究的视角看灵长类捕食的问题，能拓展对这一灵长类生命史上重要方面的认知。许多其他的灵长类动物学家也一致认为，要在理解捕食对于灵长类的重要性这一问题上取得进步，唯有通过这种途径。[2]

---

[1] 狒狒的脆弱性来自 Cowlishaw 1994；生态模式来自 Isbell 1994；研究现状来自 Boinski and Chapman 1995；捕食率和风险来自 Hill and Dunbar 1998；树栖灵长类动物来自 Treves 1999；实地方法论的变化来自 Busse 1980 和 Isbell 1994。

[2] Anderson 1986a; Cheney and Wrangham 1987; Isbell 1994; Boinski and Chapman 1995; Busse 1980.

对单一物种的单一群体观察（灵长类研究的典型特征）只会提供有限的数据并常常会扭曲对捕食的看法，而对捕食者物种的实地调查则可以提供几种食物链层面的广阔视角。独居捕食者的活动区域通常会和多种猎物群体重叠；当捕食者进行必要的日常狩猎时，它可能只是出于偶然才攻击了正被研究的灵长类群体。[1]

47　举例来说，非洲森林里的一种长尾猴（guenon），比如青长尾猴（blue monkey），它的活动范围大约是 50 平方码（约 42 平方米）；在马达加斯加，红额美狐猴（redfronted lemur）的活动范围甚至更小；而一群熊狒狒（chacma boboon）可能只会在几平方千米的范围内活动。[2]

将这些相对微小的区域与捕食者的参照系进行比较，捕食性物种的活动范围很大。[3] 在典型的豹子活动范围内，并不只有一种灵长类的种群，而是有许多灵长类的许多种群，而豹子可能会捕食所有这些。据估计，豹子的最小领地范围约 4 至 8 平方英里[4]，最大可以达到 250 平方英里，而在喀拉哈里沙漠（Kalahari Desert）的一只雄性豹子甚至拥有 500 平方英里的活动范围。其他肉食动物同样在可能包含多种灵长类种群的广袤地区进行狩猎。老虎有 20 平方英里的领地，斑鬣狗家族需要 6 至 25 平方英里的领地，美洲虎在大约 30 平方英里的地区进行狩猎，而一群非洲猎狗（African hunting dog）的活动范围则超过 400 平方英里。当然，猛禽也同样在巨大的领域中

---

[1] Busse 1980.

[2] 灵长类动物领地：森林长尾猴的例子来自 Aldrich-Blake 1970；红额美狐猴的例子来自 Sussman 1974；熊狒狒的例子来自 Wolfheim 1983。

[3] 捕食者领地：一般猎豹的例子来自 Seidensticker 1991；喀拉哈里猎豹的例子来自 Bothma and LeRiche 1984；老虎的例子来自 Rabinowitz 1991；美洲豹的例子来自 Schaller and Vasconcelos 1978；非洲猎犬的例子来自 Fuller and Kat 1990；斑鬣狗的例子来自 Kruuk 1975；角雕的例子来自 Collar 1989；食猿雕的例子来自 Kennedy 1977；冠鹰雕的例子来自 Brown and Amadon 1989；马岛长尾狸猫的例子来自 Wright et al. 1997。

[4] 编者注：1 平方英里约 2.6 平方千米，该段不一——注明。

搜寻它们的猎物。一对角雕可能控制着 60 至 120 平方英里的领地，一对菲律宾雕（学名食猿雕，philippine eagle）的活动范围在 15 至 30 平方英里，而一对冠鹰雕的全部活动范围是 6 至 8 平方英里。

即使是一些相对小型的肉食动物，比如马岛长尾狸猫（fossa，香猫［genet］、麝猫［civet］和猫鼬的一种亲属），据估计拥有接近 3 平方英里（约 8 平方千米）的活动范围。它填补了马达加斯加野生猫科动物的生态位（ecological niche），而且它此前在分类学上曾被误列为一种猫科物种。得益于它像猫科动物一样的爪子、牙齿和下颌，这种马岛长尾狸猫看上去像极了一头美洲狮，并且能够杀死接近其自身大小的哺乳动物。来自杜克大学的帕特莉夏·赖特（Patricia Wright）及其研究团队曾在马达加斯加南部的雨林中追踪一只长尾狸猫，它当时正在对 4 个互相间隔至少 1000 米的跳狐猴社群进行常规袭击。跳狐猴是一种擅长垂直攀附和跳跃的杂耍性狐猴。它们在一个垂直的地方起跳，在空中潇洒地滑翔，并用四肢缠住预计好的树干或树枝，进行垂直降落。帕特莉夏·赖特的研究团队得出的结论是：这种特殊狐猴的活动范围是如此大，以至于那只马岛长尾狸猫需要花费 1 年时间才能够穿越它们的 4 个领地。

在本章前面我们曾提到过在坦桑尼亚的马哈勒山国家公园出没的狮子，以及作为它们食物的那些黑猩猩。研究人员推测，如果狮子想要永久地居住在这个公园中，它对黑猩猩的捕食就显得过激了，也许马哈勒山脉仅仅是狮子定期循环的活动领地中的一部分而已。

谁在吃谁？就像是建造一座金字塔，在我们能够讨论对早期原始人类的捕食之前，我们需要找到对所有灵长类的捕食的基础。除非我们能够得到对其他灵长类动物捕食的真相，否则，便无法提出"人类猎物"这一理论。如果非人类灵长类动物不是猎物，那么这将令人类及其近亲成为一个特殊的物种——如此特殊以至于自然法则和捕食都不曾影响到他们。

我们开始尽力寻找对灵长类动物捕食的全部资料。[1] 直到我们的研究之前，无论是发表的还是未发表的，经验的或是传说的，没有人曾试图收集并总结那些在野外真实发生的灵长类捕食事件。我们同时着眼于捕食者和猎物这两个方面的观点，考察了科学和自然的历史文献。根据数据，我们得出结论，灵长类动物通常都容易受到捕食者的侵害。事实上，某个灵长类物种成为饥饿捕食者的一顿美餐的可能性，就和那些更"典型"的猎物——比如瞪羚（gazelle）和羚羊——可能会被捕食者选中并吃掉的可能性一样大。

在所有对灵长类的捕食的争论中（以及引申的对我们的原始人类先祖的捕食），研究者们从未对观察到的灵长类物种捕食事件进行系统性计数。基于同行的逸事评论以及对那些 20 世纪前半叶博物学家著作的粗略概览，我们认为自己有理由挑战这个相当可疑的公理："捕食很少被观察到。"然而，我们自己的直觉判断，即捕食是灵长类动物生命中一个重要的特征，并不比那个捕食很少被观察到的观点更站得住脚。因此，我们决定做一件明显很特别的事：以一种系统性的方式，从那些观察到的以及在科学和自然历史文献中描述过的对于灵长类物种的捕食事件，对其数量和时间进行简单计数。我们收集了那些已发表的报告，它们来自那些真正目睹过对非人类灵长类动物的捕食的实地研究人员和博物学家。这些关于捕食事件的目击报告引人注目且数量巨大，从 1895 年一直持续到现在。（就像其他现存的灵长类动物，现代人类仍然深受捕食者之害，那些逸事描述同样是关于食人狮、豹子、鳄鱼和巨蟒。这些令人不安的事例强调了人类曾作为另一种灵长类猎物的悠久历史。）

在汇编了超过 550 起对非人类灵长类捕食的目击事件后，我们对灵长类是许多肉食动物食谱中的一部分这一判断相当有信心。从这个客观角度接近对灵长类的捕食这一主题，我们发现研究灵长类的学者和他们的反对者——就是那些研究捕食者的学者——在关于

---

[1] Hart 2000；对非人类灵长类捕食的元分析基于问卷、已发表的研究和目击实录。

捕食的稀缺性的观点上，存在着巨大差异。对于那些研究肉食动物的学者而言，灵长类动物出现在很多肉食动物、猛禽，以及爬行类食物中的证据可以说是无可争辩的。

从灵长类研究人员和捕食者研究人员那里分别收集到的数据，二者之间的差异引人注目。这从发放给这两个不同研究团体的调查问卷中便可以明显看到。在填写问卷的 227 名灵长类动物学家中，只有不到 10% 的人知道两起以上对他们所研究的灵长类群体的捕食。与之形成鲜明对比的是那些捕食者研究人员，他们所研究的捕食者平均每只被看到或是了解到曾杀死过的灵长类数量是 20 只，更有一名研究人员收集到一只豹子杀死 350 只灵长类动物的信息。[1]

由于在捕食这一问题上几乎无法获取可用的经验信息，作为灵长类数量的一个磨损系数，捕食曾经是最少被研究的领域之一。那么，我们关于捕食灵长类的研究到底获得了哪些确切的经验证据呢？我们在 4 个非人类灵长类动物居住的区域（非洲、马达加斯加、亚洲和新热带区）发现了 176 种被确认或是潜在的灵长类捕食者。[2] 这些肉食动物的种类包括从小型鸟类一直到大型哺乳动物和爬行类。灵长类动物会被隼、鹰、猫头鹰，以及其他猛禽捕食；也会被野生猫科动物及野生犬科动物如豺狼、鬣狗和熊捕食。它们也会被一些鲜为人知的小型肉食动物，比如灵猫、麝猫、猫鼬、热带鼬鼠、浣熊、有袋负鼠、大型和小型鳄鱼、蛇、巨蜥、泰加蜥蜴（tegus，新热带地区的蜥蜴），甚至鲨鱼所捕食！这些捕食者的体重范围从 2.5 盎司（约 70 克，如马达加斯加的钩嘴鵙 [hook-billed vanga]）到超过 500 磅（约 230 千克，如身长超过 9 英尺 [约 2.7 米] 的印度恒河鳄）。

我们回顾了这些科学文献，并对那些将灵长类作为猎物的捕食者做了定量和定性的标记。我们发放给实地研究人员的调查问卷用　　50

---

[1] D. Jenny 1996，来自私人间的信件。

[2] Hart 2000；有关捕食性物种和来源的完整清单参见附录 I。

来收集额外的一组定量和定性数据。这两个领域的数据都表明，灵长类动物就和其他大多数食草动物群体或杂食动物群体一样，是一种猎物。

在我们描述那些收集到的数据时，得到了对于我们论点的支持，即灵长类动物一直以来都是作为猎物的动物。我们研究的大多数数据来源于捕食者研究人员，他们通过分析肉食动物研究过程中定期收集的信息，包括粪便、胃内容物、反刍、巢穴遗迹、捕杀地点留下的骨骼组件，以及对捕杀的直接观察等，测定灵长类动物出现在捕食者食物当中的频率。

这些数据都来自鸟类专家、爬虫学者和哺乳动物专家的野外实地考察。我们对收集自问卷和文献搜索的数据进行了分析，并利用这些关于捕食者的信息来平衡那些由灵长类研究者提供的信息。本质上，这使我们能够在两个领域间反复核对，是一项有助于我们更精确地估计捕食水平及其影响的有用技巧。

已知的灵长类死亡、失败的袭击，以及疑似捕食被列入表格。接近 3600 个独立案例的数据都是从问卷以及科学和自然历史文献中获得。昼行性猛禽、猫头鹰，以及其他鸟类在灵长类的捕食者中位居榜首（占总数的 41%），随后是野生猫科动物（35%）、野生犬科动物和鬣狗（7%）、爬行动物（5%）、小型肉食动物比如马岛长尾狸猫（3%）。未知的捕食者占总数的 9%。进一步的研究对这些结论的扩展至关重要，因为在这 176 种捕食者中，许多物种在自然状态下还完全没有被研究过。

没有任何地理区域能够被标识出来，让栖息于此的灵长类免于被捕食。没有任何动物体形、晚上或白天的活动周期，或是地层（高的森林冠层、低灌木丛，或地平面）等变量能够被标识出来，使灵长类免于被捕食。

从问卷上获得的有限数据表明，成年灵长类比其他年龄组更容易成为猎物，而雄性也比雌性更容易被捕食。然而，很多研究人员都认为幼崽成活率很低，这种死亡率在很大程度上可能是由于捕食所致。

估计的捕食率高达 25%。（捕食率被定义为每年被捕食者清除的种群所占的百分比。25% 的捕食率意味着在一个种群中，每 4 个个体在一年之中就会有 1 个被捕食者杀害。）对估计捕食率的一个分析表明，小型的、夜行性的以及树栖性的灵长类物种可能会比那些更大的、昼行性的以及陆生性的灵长类物种遭受更高的捕食率。

在研究中我们分析得到，在捕食者食物中出现灵长类的频率范围从可忽略不计到 90%；在猛禽和野生猫科动物的食物中，灵长类的百分比最高。

11 种捕食者达到了我们定义的"灵长类专家"的标准，这个标准是根据物种在多大程度上依赖于灵长类作为食物而制定的。这些贪婪的超级捕食者是豹子、新热带区的角雕、冠鹰雕、马岛长尾狸猫、菲律宾雕、非洲短尾雕（bateleur eagles of Africa）、马达加斯加的亨氏苍鹰（Henst's goshawks of Madagascar）、马达加斯加的秃鹰（Madagascar buzzard）、马达加斯加的长耳鸮（long-eared owls）、非洲巨蟒，以及东南亚的网纹蟒（reticulated pythons of Southeast Asia）。在这 11 类物种当中，其中的 4 种——豹子、角雕、冠鹰雕和马岛长尾狸猫——是到目前为止最专注于捕杀灵长类的动物。[1]

当我们将所有捕食者的范围缩小到这 4 种专注捕杀灵长类的专家后，它们中没有一种会表现出我们称之为"严格狭隘的食物基础"的。没有任何一种哺乳类捕食者可以在食物选择性上和只吃白蚁的土狼或必须通过鲸须过滤食用小型甲壳类的鲸鱼相媲美。因此，灵长类动物是我们授予的"多面手"猎物。先不管从某些被认为是灵长类专家的捕食者那里发现的证据，从某种意义上说，我们将灵长类立为"多面手"猎物是因为，作为一个群体，它们有各种身形尺寸，从很小到很大；它们栖息的地理范围遍及热带、亚热带以及部分温带森林；它们的范围从完全树栖到完全陆生；它们也同

---

[1] Hart 2000.

时包括夜行性和昼行性物种。它们对许多生态区的成功辐射带给它们与那些机会主义地以各种各样的猎物为食的捕食者发生交互作用的潜在可能。

从更广的视角来看，我们也将灵长类和那些所谓的典型哺乳类猎物物种——比如有蹄类动物和大型啮齿动物——进行比较，来确定是否在捕食率上有任何相似之处。传统上，作为猎物的灵长类动物并没有被认为和那些同样作为猎物的有蹄类动物（鹿、羚羊和瞪羚）同在一个联盟。然而，当灵长类和那些生活在相同的生态群落，而且面临相同捕食者捕杀的其他物种（尤其是那些放牧的有蹄类动物）进行比较时，在捕食率上的一些相似性就变得明显了。灵长类动物对于捕食者而言，就和其他更典型的猎物一样，同样是捕食者的食物来源。

捕食毫无疑问具有重要的意义，而且可能是灵长类种群死亡率的主要来源。[1] 我们研究的主要结论是，灵长类物种由于捕食受到了不同程度的影响，重要的身体上、生态上和行为上的适应性作为对捕食者的反应已经得到进化。我们假设某些肉食性物种特别善于捕食灵长类，并将其作为一个资源库，而其他更多的捕食者则机会主义地捕杀灵长类动物。

捕食风险和捕食率

热带生态学家约翰·特伯格（John Terborgh）对捕食做了简明扼要的总结，我们很喜欢他这句话："成功的捕食是一件稀罕事——它在猎物的生命当中至多会发生一次。"[2] 无论成功的捕食对物种或种群的总体影响是什么，它并没有改变一个持续处于成功捕

---

[1] Terborgh 1983.
[2] Terborgh 1983, p. 197.

食危险之中的灵长类个体的行为策略。[1] 行为是基于捕食风险而非捕食率，因为动物们可以对失败的攻击做出反应，却会因一次成功的捕食而丧命。

动物们努力降低它们的被捕食风险，因为这代表着所有过去遭遇到捕食者失败的捕食，加上对未来攻击可能性的感知的总和。[2] 被捕食风险包括灵长类为抵消捕食所做出的全部补偿。研究人员的直接观察证实了被捕食风险在灵长类的日常生活中持续存在。[3][4]

另一方面，捕食率涉及一个灵长类种群每年被捕食者所致的死亡率。对灵长类的捕食率是可变的，但就像哈特威克学院（Hartwick College）的体质人类学家康妮·安德森（Connie M. Anderson）所指出的："如果一个事件完全消除了一个个体对下一代的基因贡献，那么该事件就会具有强大的选择效应，对于一个已经死亡的个体，任何高于零的捕食率都是高度显著的。"[5]

灵长类动物繁殖率低的潜在原因可能是怀孕时间长，每次只生一个幼崽而不是一窝，以及幼崽之间出生的间隔长。约翰·特伯格认为在整个灵长类群体中，捕食必然是一类罕见的事件。例如，他推测，由于置换水平（出生率）仅有每年一到两个幼崽，一个南美僧帽猴群体无法承受每年有多于一名个体被捕食的损失。[6]

---

[1] Dunbar 1988.

[2] Young 1994; Hill and Dunbar 1998.

[3] Terborgh 1983.

[4] Dunbar 1988.

[5] Anderson 1986a, p. 24.

[6] Terborgh 1983.

图 3.4　这种极小的鼠狐猴是最小的灵长类动物。它非同凡响的繁殖能力，使其能够经受住来自猫头鹰的高捕食率。(J. Buettner-Janusch)

　　在马达加斯加，每年有 25% 的鼠狐猴（图 3.4）被各种猫头鹰吃掉，这怎么可能呢？鼠狐猴的这一捕食率[1] 看上去和特伯格的警示性评论一点也不相符。然而，当且仅当物种的潜在繁殖率能够高到足以抵消因被捕食造成的损失时，更高的捕食率是可接受的。[2] 和其他原猴类、猴子或是类人猿不同，这种鼠狐猴能够承受高达 25% 的捕食率，是因为它具有很高的繁殖率来对被捕食进行补偿，这在灵长类动物中是罕见的。这种狐猴属（Microcebus，拉丁文"小猴子"的意思）生物在每个雨季都会产两窝后代，每窝都有 2 个幼崽，导致每个雌性平均每年繁育 4 个后代。即使幼崽成活率只有 50%，即平均每年出生的 4 个幼崽中有 2 个能存活下来，这一在产崽方面超乎预期的成就，使得鼠狐猴具有快速迭代其种群的能力。[3]

　　然而，你可能会合理地询问，对这些鼠狐猴的讨论和我们人类的进化有什么关系？我们发现这些捕食率和我们的核心主

[1] Goodman et al. 1993.

[2] Hill and Dunbar 1998.

[3] Martin 1972.

题——"人类猎物"而不是"人类猎人"相关，是因为一个广为人知的证据被用以支持人（只局限于我们人类中的男性）是天生的杀手这一猜想。这一特殊情况发生在坦桑尼亚的贡贝国家公园，那里的雄性黑猩猩实施成体系的屠杀。这些黑猩猩的猎物主要是另一种灵长类猎物——红疣猴（red colobus monkey）；据估计，红疣猴承受黑猩猩对其所造成的每年 17% 至 33% 的捕食率。[1] 鼠狐猴所具有的繁殖能力使它们能够承受由捕食者带来的每年可能高达 25% 的损失。而红疣猴却不具备如此高的繁殖率。

欧文·伯恩斯坦（Irwin Bernstein）是一位德高望重的灵长类动物学家，他对黑猩猩天生热衷狩猎的说法提出了挑战。

那些残忍的贡贝黑猩猩猎人据称每年会杀死 30% 的红疣猴，并已持续了近 20 年。假设这是造成红疣猴死亡的唯一原因，如果它们当中有半数是雌性，而其中的 60% 可以繁殖后代，那么每个雌性每年就会有一个幼崽存活下来，而这恰好可以满足那些黑猩猩的捕食。[2]

没有独一无二的高繁殖能力（这非常不像灵长类），贡贝出现的黑猩猩对红疣猴如此之高的捕食率（每年高达 1/3 的死亡率），除了是一个异常情况外，还意味着什么呢？显然，这种黑猩猩对猴子的捕食是一种最近才出现且非自然的现象。如果它是异常且非自然的，那么"杀人猿／人类猎人"方程式就会失去大部分解释力。

尽管如此，动物的反捕食行为是由被捕食风险驱动的，而非捕食率。当然，捕食水平的高低是相对而言的。科学家们已经对低、中、高三种捕食风险予以定义：低风险表示存在捕食者，但没有实质性或尝试性的捕食被观察到或被怀疑过；中等捕食风险和偶尔的捕食尝试有关，但是被观察到或是被怀疑过的捕食较少；高捕食风险包括频繁或常规的捕食，实质性或尝试性的捕食，被观察到或是

55

---

[1] Stanford et al. 1994.
[2] Bernstein 1996, p. 153.

被怀疑过的捕食。[1]

失败的捕食尝试，就是捕食者捕食猎物失败，是防御行为选择的基础。伦敦大学学院的盖伊·考利绍（Guy Cowlishaw）是少数试图实地测度捕食风险的学者中的一员。他构建了一个实地实验来测度熊狒狒对实际风险的感知。他发现小型群体中的雌性预期会受到来自捕食者的最大风险，而雄性却有着相同或更高的死亡率。这些结果表明，雌性实施更多的反捕食行为，例如警戒，而它们这种对捕食者的敏感性正是对其更小的身形，或怀有身孕，或携带幼崽等劣势的补偿。对这种捕食在灵长类个体上和进化中所产生影响的深刻见解，只能来源于日渐增多的复杂精巧的实地研究，而那些研究则强调灵长类猎物和捕食者之间的相互关系。[2]

谁在吃我们的原始人类祖先？

许多科学家为了进化论而反驳神创论时常常会争得面红耳赤，然而他们仍然固执地认为某些特别的分类如现代人类、早期原始人类、类人猿，甚至是一般的灵长类动物都由于太聪明而不可能成为猎物。当然，他们坚信，至少人类（也就是说，人类猎人）必须控制自己的环境——绝不能听凭那些"愚蠢的动物"摆布，让它们吃掉自己。如果我们相信自然选择和进化论，那么我们必须接受在捕食者和猎物的动物学框架中人类所处的位置。我们已经确定，对于灵长类物种而言，被捕食是生命中的事实。一个身材短小的两足原始人和其他灵长类一样，很显然是可以被吃掉的。

芭芭拉·埃伦赖希（Barbara Ehrenreich）在《鲜血仪式：战争激情的起源和历史》（ *Blood Rites: Origins and History of the Passions of*

---

[1] Hill and Dunbar 1998.

[2] Vermeij 1982 探讨了防御行为选择的基础；Cowlishaw 1997 对狒狒的捕食风险和捕食率进行了研究。

War）一书中写道：

> 我们人类并非生来就被赋予对地球的统治权力；我们的祖先经过与那些比他们更强壮、更敏捷、装备更好的生物所进行的漫长的、噩梦般的斗争后，才获得了这一切。那时候，被撕裂和被吞噬的恐惧从未远离温暖篝火边的黑暗……最初的创伤，就是被动物猎杀、被吃掉造成的心灵创伤。这当然不是一起单独的事件，而是一个长期存在的条件。[1]

在长达数百万年的时间里，我们曾经是脆弱的一顿美味。而我们对捕食者能够施加一定控制的时间则只有短短一瞬间。尽管我们不再需要对付捕食者，我们依然会像作为猎物时那样处理事情。

所有的灵长类都面临被捕食的风险，早期原始人类毫无疑问也同样如此。问题只是在于，捕食在多大程度上影响了个体的生命史或是塑造了物种的进化。这些捕食如何影响早期原始人类——那些居住在野外林地中的脆弱的灵长类？

现在，我们求助于石头讲述的故事——那些吃掉我们祖先的动物在数百万年前留下的证据。化石记录中蕴含丰富的故事，它能给我们讲述剑齿虎、犬熊、巨型鬣狗、快速行动的鳄鱼，以及那些激发我们足够恐惧去形成进化的捕食者。

---

[1] Ehrenreich 1997, pp. 46–47.

第四章　狮子、老虎和熊，哦，我的天呐！

57　　在非洲大陆，许多人仍然需要面对的一个事实是：被猛兽捕食可能是日常生活的一部分。在非洲最有名的食人兽就是传说中的察沃食人狮（Tsavo lion），1896 年，它们在 9 个月内造成逾 100 名铁路工人死亡。这也许是唯一一起单独的野生动物事件出现在英国国会声明当中。[1]1896 年的英国首相，索尔兹伯里侯爵（Marquis of Salisbury），被要求对乌干达铁路延迟完工做出解释。他的道歉是生硬且典型的殖民式的："所有的工人将暂停工作，因为一对食人狮在当地出现了，而我们的工人不幸地被它们捕食了。"[2]

　　由于食人狮的存在，肯尼亚察沃地区附近的铁路建设停滞了很长一段时间。当一切尘埃落定后，据称有 135 名工人遇害。英国工程师约翰·帕特森（J. H. Patterson）——这一电影《黑夜幽灵》中的不朽角色，和这两头食人狮进行了生理和心理上的殊死搏斗。在这场战争过后，芝加哥菲尔德自然历史博物馆接收了两头狮子的尸体。在 1898 年，帕特森成功地捕杀了这两头狮子；而 100 年以

58　　后，菲尔德博物馆的科学家们则开始在它们的残骸中寻找关于这些狮子为何猎杀人类的线索。他们的研究结果否认了狮子是出于年龄或健康原因而寻求猎杀人类，尽管在 19 世纪后期，狮子最爱的

---

[1] Chicago Field Museum of Natural History 2001.

[2] Patterson 1925, p. 90.

食物——非洲水牛——曾由于一种疾病的爆发近乎灭绝。菲尔德博物馆的一名研究人员朱利安·柯比斯·彼特汉斯（Julian Kerbis Peterhans）评估了每年在非洲被狮子杀害的人类数量。"在合适的情况下，"他说，"任何狮子都有能力攻击人类"。[1]

对如今一些人类而言，狮子和老虎（以及稍后我们将提到的熊）确实极其危险。狮子猎食人类的事件在非洲所有发现有狮子存在的地区均有记录。在 20 世纪，被狮子这一百兽之王袭击致死的事件已是数不胜数。其中最极端的一个例子发生在 20 世纪 20 年代，仅乌干达安科莱（Ankele，Uganda）附近的一头狮子就杀害了 84 人。

"在坦桑尼亚的马尼亚拉公园（Manyara Park）附近的狮子已经开始将人类列入它们的食物中。"乔治·夏勒在他 1972 年的著作《塞伦盖蒂的狮子》（*The Serengeti Lion*）中写道。在 1969 年和 1970 年间，一头年轻的雄狮曾导致包括游客和当地村民在内的 6 人死伤。一名助理在给夏勒的信中写道："在马哈里帕纳亚提（Mahali pa Nyati）[2]，那头名叫萨提玛（Satima）的年轻雄狮已被射杀，当时它正在公园总部附近啃食一个被其捕杀的人。"

在 20 世纪 90 年代早期，狮子们穿越莫桑比克边境，进入坦桑尼亚的坦达拉（Tundara）地区，并在 12 个月内杀害了 30 人。"姆富韦（Mfuwe）食人兽"——一头无鬃雄狮，于 1991 年在赞比亚南卢安瓜国家公园（South Luangwa National Park）被射杀。在两个月内捕杀并吃掉了 6 人（有可能更多）以后，这头雄狮的尸体也交由芝加哥的菲尔德博物馆永久陈列。

亚洲狮曾经在中东和印度次大陆的广阔天地四处游荡。而如今它们生活在印度吉尔森林（Gir Forest），仅存的种群数量也只有 250 头，受到新德里政府的严格保护。在这一地区，人类和狮群之间维系着一种不稳定的休战状态。动物学家的密集调查报告显示，吉尔

[1] Elliot 2003, *National Geographic*（《国家地理》），8/03，引用自 Kerbis Peterhans。
[2] 译者注：马哈里帕纳亚提，当地斯瓦西里语意为"野牛的天堂"。

森林的亚洲狮在 1978 年到 1991 年这 13 年间袭击了 193 人。有一年曾发生多达 40 起袭击事件，而另一些年份则仅有 7 起袭击事件。尽管并非所有的袭击都是致命的，但研究显示，在那段时间平均每年会发生至少 2 起狮子袭击并导致人类死亡的事件。[1]

59

老虎，毋庸赘言，在食人猛兽的传说中处于核心地位。英国贵族的整个职业生涯都致力于将食人老虎从印度诸邦驱除。吉姆·科比特（Jim Corbett），一名第一次世界大战后的巨兽猎人，猎杀了恰姆帕瓦特雌虎（Champawat Tigress，这头雌虎曾导致 436 人伤亡——在历史上的食人猛兽中排名第一）和博纳尔豹（Panar Leopard，致 400 人遇害）。科比特随后写了两本关于他和食人老虎斗争事迹的书。那两本书——《库蒙的食人兽》（*Man-Eaters of Kumaon*）和《寺庙中的老虎和库蒙更多的食人兽》（*The Temple Tiger and More Man-Eaters of Kumaon*）——中充满了血腥的死亡气息和英勇无畏的壮举。然而，他对于老虎由衷的钦佩也同样显而易见；他很可能是最早意识到需要保护印度野生动物的西方人之一。公正地说，他同样强调了那些由于大型猫科动物的捕杀而失去亲朋好友的印度村民的勇气；这从一些简单的举动中就可以看出——一位母亲甘愿冒着成为老虎另一顿盘中餐的危险，去寻找自己未归的孩子。[2]

食人老虎在殖民时期的印度南部十分罕见，而在北部却普遍存在。就如在本书第一章中提到的那样，在印度的孙德尔本斯地区和孟加拉国，老虎的捕食仍是当地现实生活的一部分。孙德尔本斯的红树林也是世界上最大的老虎保护区。尽管没有人类长期居住于此，这一地区仍然会不时地吸引部分采蜂者、渔民和伐木工。这些

---

[1] 安科列（Ankole）食人兽来自 McDougal 1991；马尼亚拉（Manyara）食人兽来自 Schaller 1972, p. 220; 坦达位（Tundara）食人兽来自 McDougal 1991；姆富韦（Mfuwe）食人兽来自 Chicago Field Museum of Natural History 2001；吉尔森林（Gir Forest）食人兽来自 Saberwal et al. 1994。

[2] Corbett 1954; McDougal 1991.

人常常会成为老虎捕杀的受害者，因此他们发明了一些创造性的方法来抵御老虎对于人类的捕杀。在船上巧妙地放置带电的人体模型就是方法之一。一旦触碰，这些模型就会释放出一阵强烈的冲击（图4.1）。生态环保人士希望这些来自仿真假人的负面条件强化，能够成为教会老虎及其幼崽从此避免捕杀人类的关键所在。[1]

　　孙德尔本斯地区的居民，以及其他印度人民，似乎对老虎有着难以置信的宽容。约翰·塞登施蒂克——史密森尼学会猫科动物专家，被授权在不伤及其生命的前提下驱赶一头雄性幼虎，后者已经在孙德尔本斯附近的居民区捕杀了一名妇女。在他的行动实施之初，当地民愤高涨，普遍呼吁将这头老虎处死，然而对此事的宣传却戏剧性地转移到了对老虎命运的兴趣。（塞登施蒂克收集了81份印度英文报纸上的文章。）当这头雄性幼虎死亡后（被当地一名男性居民攻击），人们对于这头叫"桑达尔"（Sundar）的老虎之死表达了真诚的哀悼。[2]

60

图 4.1　这些假人模型，一经触碰便会传导出强烈的电击，在印度孙德尔本斯地区常被用于防止老虎捕食人类。（Ragui Rai/Magnum）

[1] McDougal 1991; Jackson 1991.

[2] Seidensticker et al. 1975.

相比于其他野生猫科动物，尽管老虎致人死亡的数量更多，但与豹或是狮子不同，事实上，老虎似乎更不可能搜寻人类作为猎物并进行捕杀。它们很少进入居民区或是走出自身的栖息地去捕杀人类。"相反，人类往往是在老虎的领地上受到攻击，并且这些攻击几乎都发生在白天。这些受到袭击的人会在被老虎小心翼翼跟踪一段后，近距离地从身后被扑倒，或是在老虎自己的一处领地被伏击。有些偶然情况下，一个人蹲在茂密的植物丛中……也可能会被吃掉。"史密森尼学会的老虎专家查尔斯·麦克杜格尔（Charles McDougal）表示。[1]

体形更小的豹子对人类的捕杀造成了远超其身体比例的巨大伤害。"如果豹子像狮子一样巨大的话，那将会是十倍的危险。"约翰·泰勒（John Taylor）——一位声名卓著的巨兽猎人如是说。19、20世纪之交一头豹子时常出没于索马里的戈利斯岭（Golis Range in Somalia），它被认为已经猎杀了超过100人。在世界编年史上，最为臭名昭著的野生动物便是一头豹子，它在20世纪20年代时刻威胁着前往喜马拉雅山印度教圣地的朝圣者们。8年间，这头豹子夺走了125个人的生命。由于针对它的每一次抓捕最后都不了了之，紧随其后的便是英国媒体的极大关注。最终，还是这位因老虎而享有盛名的吉姆·科比特被派去对付这头"全印度最令人讨厌和恐惧的动物"。在20世纪30年代中期，有报告称另一头豹子在赞比亚东部的赞比西河猎杀了67人。另外，一份1961年的报告则声称一头非洲豹趁母亲在田里劳作时叼走了她躺在地毯上的婴儿；而在短时间内，这头非洲豹又袭击了其他5个成年人。

更近（1998年）的印度《周刊》（The Week）报纸上的一篇头版文章《潜行中的杀手——正当官方思考如何处理这一威胁时，豹子已经给当地居民带来噩梦》是极具煽动性的报道。根据当地林业部门的官方说法，从1988年到1998年，在印度北方邦的加瓦尔地区，

61

---

[1] McDougal 1991, p. 204.

豹子造成 95 名当地村民死亡，117 人受伤。而在当地人看来，这一伤亡数据应该更高；根据记者的调查，当地人近几十年来，每年都会有大约 17 人被豹子夺去生命。[1]

豹子对人肉的偏好也是一个值得进行学术研究的话题。一名研究人员表示，豹子持续挑衅人类对捕食者的规避行为，并在非洲东部的热带稀树草原和非洲中部的伊图里森林（Ituri Forest）捕食人类。相关研究已经提供了 152 头已知的食人豹子的性别。其中只有 6% 是雌性的，然而为什么雄性豹子更加偏好食人则不得而知。另一项关于 78 头食人豹子的研究发现，对人类的习惯性捕杀是未受伤病困扰的成熟雄性豹子的典型特征。[2]

在大型猫科动物的分类中，让我们不要忘记拥有诸多名称的北美野生猫科动物——the cougar, mountain lion, puma, 或是 American panther（名称的选取因地而异，但均是指同一个物种，即美洲狮[felis concolor]）——一种偶尔会登上报纸头版的动物。美洲狮是在美国—墨西哥边境以北的美国境内唯一可能遇上的大型野生猫科动物。由于在加利福尼亚和科罗拉多等地，城郊范围逐步向野外荒地扩张，美洲狮袭人事件也逐渐增加。（在美国，有记录以来全国范围内只发生了 41 起美洲狮袭击致人死亡的事件，而其中 10 起发生在 1990 年以后。）

由于美国媒体的极度迷恋，这些多少有些阴森可怖的事件常常会被连篇累牍地报道。发生在 2004 年 1 月的就是最近一起被全方位深入报道的美洲狮袭人事件。据播音员报道，在洛杉矶南部奥兰治郡（Orange County）的一个荒野保护区内，一头美洲狮将一名妇女从其自行车上拖下。美国国家公共广播电台、英国广播公司电

62

---

[1] McDougal 1991, p. 206, 引用自 John Taylor；戈利斯岭食人兽的例子，赞比西河食人兽的例子，以及叼走小孩的食人兽的例子都来自 Brain 1981；喜马拉雅山食人兽的例子来自 McDougal 1991；北方邦食人兽的例子来自 Uprety 1998, *The Week news magazine*（《周刊》），8/2/98。

[2] 食人兽的性别分布来自 Fay et al. 1995；Turnbull-Kemp 1967。

台、美国有线电视新闻网，以及其他各大网站和报纸均在黄金时段的新闻节目中予以报道。而这一故事的独特之处在于美洲狮的攻击及后续展开的一系列救援行动中的戏剧性方式。这名女士和同伴一起在山地骑行时被美洲狮攻击并被拖下自行车；她的同伴则一边拽住她的双腿一边疾呼救命。此时另一名骑行者抵达现场，他立刻招呼更多的骑行者不断向美洲狮投掷杂物，直到其松开那名女士的头部并逃离现场。这名被袭击的女士受伤严重，然而在这一戏剧性事件中，更让人惊愕的是从小道旁发现的一辆废旧自行车。它属于在 25 码（约 23 米）外找到的一名男性——已经死亡并且部分被吞噬——据称是这头美洲狮的第一位受害者。[1]

听完新闻广播和相关采访，不难发现那里似乎是一处异常拥挤的自然保护区，这或许可以部分解释这头猫科动物的反常行为。当然，这头美洲狮并未表现出一个正常掠食者的行为——它杀死并获取猎物，但却并未将其完全吃掉（正常的话这将会令捕食者吃饱喝足从而暂停狩猎）。肉食动物会消耗大量的能量用以追逐猎物并最终杀死它——关键在于吃掉捕获的食物，而非将其藏起来并立刻离去，进而消耗更多的能量用以捕获额外的食物。（之前的报告显示，在 1961 年，一只豹子吞噬了一个婴儿；随后立刻杀掉了另外 5 个人。这一事件显示出同样不合逻辑的行为。）是因为路边持续不断的交通严重干扰了它，使得加利福尼亚美洲狮无法食用它的第一个猎物，并且将其狩猎策略搞混了吗？难道当地有两头美洲狮吗？这在单一物种中几乎没有出现的可能，但也有可能发生在交配期间。

我们衷心希望研究美洲狮的生物学家能够听从要求将这一系列美洲狮袭人事件结合起来进行研究。的确，美洲狮会捕杀人类，但没有野生猫科动物会仅仅为了杀戮而杀戮。它们是通过捕杀猎物来养活自己。汉斯·克鲁克——知名的肉食动物生物学家，在其新书

---

[1] National Public Radio 2004; CNN.com, 2004.

《狩猎与被狩猎：肉食动物和人类之间的关系》(*Hunter and Hunted:*
Relationships between Carnivores and People)中阐述了关于过度捕杀
的话题。克鲁克认为所有食肉动物，在受限制和"非正常"的条件
下，都有可能进行过度捕杀。当机会自己出现时，肉食动物会本
能地捕杀猎物，这种获取（储藏食物）可能和过度捕食的意外
有关。在大部分时间里，自然环境下的猎物不会被动地行动，也
不会受限（比如圈养的绵羊），同时猎物的密度也不足以进行过度
捕杀。[1]

　　在两起 2001 年发生在蒙大拿州和科罗拉多州的美洲狮袭人致
死事件之后，一名科罗拉多斯普林斯野牛动物官员评论称，人们迁
往落基山脉地区的原因之一是为了亲近野生动物，但他们选择性地
遗忘了这同样也是美洲狮的栖息地。看似平常的事，例如儿童骑自
行车或是成年人进行慢跑，可能会触发大型猫科动物的捕食反应。[2]
汉斯·克鲁克讨论了肉食动物面对猎物的复杂反应：

> 　　捕猎行动本身并不会永远成功，很多时候猎物会逃跑。但
> 总体而言，肉食动物击穿其他动物防御——包括许多鸟类和其
> 他所有陆生哺乳动物——并将其作为主要的食物来源的能力是
> 一种完美的适应性行为模式……由于这种适应性的潜力，肉食
> 动物同样能够设法将人类当成猎物也毫不令人惊讶，就像我们
> 曾经是并且仍然是脆弱的一样。[3]

　　尽管现代人类仍会不时被现存大型猫科动物捕杀，但对于我们
的原始人类祖先而言，这些猫科动物意味着什么，则完全是另一个
故事。

---

[1] Kruuk 2002.

[2] Anonymous 1991, *St. Louis Post-Dispatch*（《圣路易斯邮报》），2/24/91, p. 13D。

[3] Kruuk 2002, pp. 52–53.

选择你的武器

弯刀、佩剑、匕首、短剑——到底会是哪一种？猫科动物的化石拥有又长又弯且锋利的牙齿，它们的上颌骨轻而易举地集成了上述所有的武器。

从一千万年前一直到近代，猫科动物和史前猫科动物以不可思议的数量游荡在地球上。各种灵长类——更不用说我们那些短小的两足原始人类——在众多大型巨齿猫科动物的捕杀中幸存下来简直就是个奇迹。图 4.2 标示了不同时期有哪些饥肠辘辘的猫科动物出现；重点仅限于在古人类进化过程中何时何地出现了大型猫科动物。整个猫科动物的记录将回溯到更加久远的时期，同时还包括许多早在人类出现以前便已经是北美和南美土著的巨型捕食者。

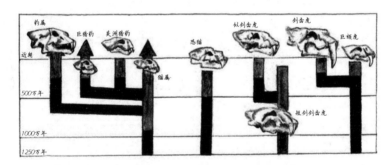

图 4.2　1250 万年以来栖息在非洲大陆的一系列广泛存在的包括已经灭绝成为化石和现存的猫科动物（浅色阴影部分表示成为化石记录）。（C.Rudloff，根据 Hartstone-Rose et al. 重绘）

支持灵长类和哺乳类捕食者长期共同进化（在超过 5000 万年的时间里）的化石证据是在偶然之中被发现的。尽管如此，现有的发现仍足够支撑我们形成如下推论：最初的灵长类起源深埋于远古肉食动物的掠劫之中。例如，假熊猴属（notharctus）曾是一种存在于距今 5000 万年前的始新世，与原猴亚目相似的灵长类动物。根据它们头骨上被刺穿的伤痕，这种生物的死亡得以重现，这些伤痕的尺寸与形状和拟狐兽（vulpavus）的牙齿完全一致——这种树栖捕食者是其他肉食动物的祖先，它看上去就像一只巨大的猫鼬。[1] 拟狐兽的尖牙完美吻合假熊猴这一灵长类头骨化石上的破洞。

原始肉食哺乳动物是一群以原始人类为食，如今业已灭绝的哺乳动物，但这些已成为化石的捕食者的行为像极了现代大型猫科动物。这些捕食者拥有多种剑齿类型，而这一特性——正如在后续其他类型的捕食者身上所反复呈现的那样，是其对于捕杀大型猎物的适应性表现。[2] 这些原始肉食哺乳动物及其猎物的化石都在一个叫作法雍（Fayum）的地方被发掘出土，这一地区位于埃及，距离开罗不远，被称为化石猎人的天堂。法雍出土的灵长类化石可以追溯到 3000 万年前到 2500 万年前的渐新世。当古人类学家观测法雍渐新世灵长类化石上的穿刺伤痕时，他们发现了许多在化石头骨和长骨上的齿孔，这些证据表明远古灵长类曾命丧捕食者的尖牙利爪之下。通过这一系列简单的证据，我们可以得出结论，即原始肉食哺乳动物曾捕杀这些灵长类并以其为食。

66

到目前为止，我们完全同意上述观点，但我们认为考古学家在这里迷失了方向。根据捕食者对于现存灵长类的捕杀是颇为罕见的这一基本假设（一个我们尽全力试图去推翻的范式），考古学家认为在 3000 万年前到 2500 万年前，这些现象也应当同样稀少。只有 9% 至 10% 的灵长类化石上呈现由于被捕食而致死的证据，而正是基于这一证据，他们反对我们关于原始肉食哺乳动物的论断。[3]

嘿，这在捕食当中可并不是一个小比例！正是现如今大型肉食动物对成群的食草动物 9% 至 10% 的捕食率造成的影响，才使得这

---

[1] Alexander 1992.

[2] Kruuk 2002;Turner 1997.

[3] Gebo and Simons 1984.

些食草动物迁往东非塞伦盖蒂平原。[1] 当然，塞伦盖蒂的生态系统就是捕食者－猎物之间相互关系的最典型例子。3000 万年前到 2500 万年前那些原始肉食哺乳动物对于灵长类猎物的种群数量影响就仿佛如今的狮子、鬣狗之于角马、斑马和瞪羚。

随着我们越来越接近 1000 万年前到 700 万年前的化石证据——这也是猿和人类从共同的祖先开始分化的时期，我们遇到更多以化石上的圆孔形式所呈现的捕食证据，这些痕迹完美符合那些捕食者的尖牙。引用一个例子：一个已经站在人类血统门口，生存于中新世（大约在 1000 万年前到 700 万年前）已经灭绝的灵长类头骨上也出现了类似的咬痕；而这些小孔再一次与现代豹子尺寸的远古猫科动物的犬齿相吻合。[2]

67

如果我们穿过海量的化石之门，进入原始人类的时代——始于 500 万年前并一直持续到 1 万年前的上新世和更新世——我们会发现越来越多有关捕食者猎杀人类及其他非人类灵长类的证据。在这一时期，许多猫科动物都有着长长的獠牙。你可以称其为猫科动物的鼎盛时期，事实上我们甚至还无法近似得知现存猫科动物的种类数量。而今现存的大型猫科动物仅仅是从 1800 万年前那次戏剧性的气候变化中幸存的一小部分。

那些伴随着早期原始人类、生活在他们周围、凌驾于他们之上的猫科动物捕食者是谁？[3] 首要的便是"真"剑齿虎。这些真剑齿虎就好像我们人类用手持刀并用力向下猛戳的方式一样，利用它们的牙齿刺穿猎物（图 4.3）。那些长长的牙齿太过脆弱，以至于它们无法像如今那些拥有强健利齿的野生猫科动物一样，切断猎物的脊髓或造成其他致命的撕咬。相反，这些超大的剑齿被用来将猎物柔

---

[1] Schaller 1972.

[2] Zapfe 1981.

[3] 猫科动物化石的描述来自 Ewer 1954, Maglio 1975, Leakey 1976, Brain 1981, Carroll 1988, Heald and Shaw 1991, Macdonald 1992, Turner 1997 和 Packer and Clottes 2000；关于刀齿虎来自 Kruuk 2002, p.110。

软的肉体切开一道口子，造成撕裂，使其因失血过多而死亡。

图 4.3 剑齿虎能像人类用刀向下刺的方式一样，利用它们的牙齿刺入猎物体内。(C. Rudloff, 根据 Turner 1997 重绘)

68

短剑剑齿虎——一种生活在非洲及欧亚大陆上的剑齿虎——拥有又长又粗且带有锯齿的上犬齿。它们十分健壮，站立状态下约 4 英尺（约 1.2 米）高。作为剑齿虎家族中最为成功的物种之一，在令人难以置信的一段漫长时间内（最早的化石可以追溯到 1500 万年前，而年代最近的化石则距今 200 万年），短剑剑齿虎的足迹遍布世界各地。

似剑齿虎，是一种和狮子差不多大小的剑齿虎，它拥有令人印象深刻的锯齿状上犬齿，如同刀一般锋利，正是由于它那宽阔的匕首状犬齿，似剑齿虎通常也被称为"弯刀牙虎"。为了适应追逐猎物的需求，它同样拥有又长又细的腿。而另外三种比似剑齿虎稍小的猫科动物（但仍然重达 200 磅［约 90 千克］，远大于现代豹子）则被称为巨颏虎。巨颏虎的犬齿又细又长，形如匕首，光滑且没有褶皱。这类剑齿虎在保护其锋利的犬齿方面具有一定的创新——一块正好位于下巴的骨质边缘从巨颏虎的下颌突起，其上还覆盖着一层肉垫，使得剑齿虎那脆弱的尖牙能够嵌入两边的保护装置中。巨颏虎的四肢短小强健，它前爪中蕴藏的极大力量也许会令其十分擅长爬树。如果说似剑齿虎是古代猫科动物中的"飞毛腿"，那么巨颏虎则是它们当中的相扑力士。

在北美，刃齿虎（[smilodon]，来自著名的拉布雷沥青坑 [La Brea tar pit]）可以说是剑齿虎家族的终极形态——它进化出的巨大牙齿在已知的真猫类生物中独占鳌头。那些牙齿到底有多长？超级长。给你一个对这种"超级长"的更直观感受，非洲狮的犬齿长度大约是 2.5 英寸（约 6 厘米）；而刃齿虎的犬齿长度则可达 6 英寸（约 15 厘米）。这种如雪豹一般大小的捕食者就像马克卡车一样结实；强健有力的四肢和低垂的后背表明它们并不追逐猎物，而是埋伏起来等待大型食草动物的靠近。刃齿虎的血盆大口使其能够用锋利如剑的牙齿撕开猎物的喉管。作为一种北美物种，刃齿虎（有时也被称作短剑剑齿虎）当然从未和早期原始人类接触。但是它一直幸存到 9500 年前，此时距人类踏足北美和南美大陆还有数千年。就如汉斯·克鲁克评论的那样："对于刃齿虎而言，它有足够的时间去看见大量的原始人类，反之亦然。"（业已灭绝的一种美洲猎豹和美洲狮也同样幸存至 2 万年前至 1 万年前。）

69

任何关于剑齿类生物的对比都会迅速沦落到荒谬的相关性：它们都有巨大的牙齿！然而，除此之外还存在一种被认为是伪剑齿虎的猫科动物群体。至少有四种恐猫（dinofelis）被称作伪剑齿虎，其原因在于它们的上犬齿不如真剑齿虎一样大到夸张的程度——当然它们的上下犬齿仍然比现代的狮子和老虎发达得多。恐猫的尖牙不如真剑齿虎那样弯曲；它们看上去更像是垂直的匕首。而从尺寸大小来看，伪剑齿虎属于重型动物。它们的前肢比后肢更重，其形体尺寸应当介于现代豹和狮子之间。在南非的克罗姆德拉曾发现一个距今 150 万年且特别完好的头骨，在这一地区同时发现了南方古猿的遗骸。一些古生物学家将巴罗刀齿孔恐猫（dinofelis barlowi）——伪剑齿虎的一种——列为特别擅长捕杀狒狒和原始人类的生物。

从大约 350 万年前起，现代狮子、豹子和猎豹（称作锥齿猫类）的直系先祖开始与剑齿类生物共同生存。豹属（Panthera）是一个包括当今所有除了猎豹以外的其他大型猫科动物的系统分类。在 500 万年前到 1 万年前的巨大时间跨度间，它包括了远远多于现存豹属的种类数量。最古老的狮子化石可以追溯到距今 350 万年前，它在坦桑尼亚的莱托里被发现——那条著名的附有南方古猿阿法种足迹的小路也是在那里被发现的。而第一块现存豹子的化石记录也同样出土于此。

多种狮子、豹子和猎豹并未幸存至今，其中之一便是欧洲洞狮。在法国南部肖维岩洞的壁画中共包含 73 头洞狮；由于当时用来作画的成堆木炭仍散落在洞穴的地上，就像那些艺术家才刚离开不久一样，通过碳衰变的方法，这些壁画的年份被精确追溯至距今 3.2 万年前。欧洲洞狮和如今散步在非洲大陆上的狮子是完全不同的物种；它在体积和重量上都超过现在狮子约四分之一。肖维岩洞中的一些炭笔画可谓细致入微，这些精致的绘刻呈现出对野生动物习性的深入了解，而另一些画则显然是关于野兽的超现实主义描绘，对于人类而言它即是危险的捕食者，同时也是人类猎杀大型食草动物——包括欧洲野牛（European bison）、猛犸象（mammoth）和巨型麋鹿（giant elk）——时的竞争者。

70

从南非到格鲁吉亚的漫漫长路

正如我们之前探讨的那样，"人类猎人"的范式来源于南非的洞穴。雷蒙德·达特在对超过 7000 枚化石进行分析之后得出了错误结论，认为南方古猿利用更早之前的猎物遗骨捕杀其他大型猎物；另外，由于发现了大量被损坏的古人类头骨，达特还认为这些南方古猿曾经冷漠无情地自相残杀。对于化石证据更严格的考察使得达特的食人猿理论被抛弃。尽管杀人猿的印象仍存在于人们的传统观念当中，我们已经看到越来越多的研究开始采纳与之相异的观点来看待早期人类，比如以下这段从关于灵长类的新书中引用的话：

> 讽刺的是，现在人们认为南方古猿，与其说是扮演捕食者的角色，倒不如说是其他大型肉食动物的一种最爱的食物。此前，达特曾将那些化石头骨上的损伤作为证据，用来解释挥舞大棒的猿人，而最终这些伤痕被证明与豹子和鬣狗对人类的捕杀完美契合。因此，很可能在我们人类的起源阶段，更多的是恐惧刻下的烙印而非自相残杀。[1]

毋庸置疑，很久以前的南非绝非是唯一一处人类被猫科动物视作美味的地方。坦桑尼亚著名的奥杜瓦伊峡谷，那个路易斯·利基和玛丽·利基发现古人类的地方，也同样发现了其他物种的化石。在更新世岩层中，蕴藏有丰富的大型肉食动物——鬣狗、如非洲猎狗一般大小的豺狼、剑齿虎，以及其他所有和古代原始人类共存的现代大型猫科动物——的骨骼化石。[2]

同样的情况也出现在其他著名的古人类遗址中。肯尼亚鲁道夫盆地湖（Lake Rudolf Basin）的东岸以及埃塞俄比亚南部的奥莫的岩层中蕴藏着大量肉食动物化石，然而这些地方的原始人类遗骸却一点也不丰富。在这些化石中，大型猫科动物尤其普遍，并呈现出极为广泛的多样性。这些猫科动物已经被大致归为以下几类：真剑齿虎，包括似剑齿虎和巨颏虎；四种伪剑齿类的恐猫，加上现代豹子和狮子的表亲（又或许是祖父），以及——如果这还不够的话——一种现代猎豹的加强版。[3]

更多类似的猫科动物化石堆在南非著名的斯泰克方丹、斯瓦特克朗斯和克罗姆德莱等岩洞中被发现。为什么南非在考古界中具有

[1] de Waal and Lanting 1997, p. 3.

[2] Petter 1973.

[3] Leakey 1976; Howell and Petter 1976.

如此强的阐释力度？究其原因便是这些洞穴中的化石不仅包含那些已经灭绝的捕食者，同样也包含那些遇害的猎物：数十只南方古猿以及成百上千的狒狒化石。第一位成功挑战杀人猿场景的是布莱恩，和雷蒙德·达特一样，他也是一名南非的古生物学家。布莱恩不同意达特的分析——南方古猿会残杀他们自己的同类和近亲狒狒。他认为这些南方古猿的化石是那些业已灭绝的捕食者所丢弃的食物残骸，包括剑齿虎、伪剑齿虎、善于奔跑的鬣狗，抑或是那些如今仍出没于非洲的豹子和鬣狗的祖先。布莱恩将同一时期那些肉食动物的遗骸以及原始人类和狒狒头骨上破损的痕迹进行了一丝不苟地比对，进而验证了他的理论，并为其赢得了大多数古生物学家的敬意。[1]

那么这些南方古猿和狒狒的遗骸是如何进入洞穴中的呢？假设由于地下水源的存在，这些南非的洞穴入口附近曾有树木生长，那么我们可以迅速描绘出如下画面：豹子将它们的猎物拖上树以避免其他捕食者的争夺；随着豹子开始啃食尸体，头骨和其他骨骼一起掉到树下；而后这些骨头最终掉入洞穴（图 4.4）。布莱恩提出了另一种解释，他认为这些狒狒和早期原始人类可能曾经在洞穴中睡觉；随后豹子或是其他猫科动物把它们吃掉，而它们的遗骸便堆积在洞穴之中。[2] 跳出惯性思维，布莱恩尝试了一项实验，来探究一群以洞穴为家的狒狒会对它们当中出现的捕食者作何反应。他亲自扮演了这一捕食者的角色，躲在洞穴中，并在那些狒狒入夜安顿下来之后突然出现。就和狒狒一如既往的行为一样，即使是危险已经侵入其中——尽管已经引发了完全和彻底的骚乱——也并未迫使它们在黑暗之中离开洞穴。那么一个深藏于洞穴中的捕食者能够轻而易举地捕获狒狒这一假设也显得合情合理。

---

[1] Brain 1970, 1978.

[2] "树"的解释来自 Cavallo 1991；"洞穴"的解释来自 Brain 1981。

图 4.4　一名画家展示了我们的一位古猿祖先的命运。化石中的古代豹子就像现代豹子一样，将猎物拖上树以避免来自狮子和鬣狗的争抢。可以推测，那些尸体的遗骸也许会掉入水坑中；而这些水坑随着岁月的流逝成为洞穴。（C. Rudloff, 根据 Turner 1997 重绘）

72

早些时候我们曾简单提及在如今的肯尼亚，有一些洞穴似乎能够重现数百万年前在南非发生的情形。[1] 苏苏瓦山上的洞穴是狒狒的避风港，但并非绝对安全的港湾。那里的狒狒将这些洞穴当作夜晚的栖身之处，在那儿群居群宿，而并非像普通的狒狒一样更喜欢待在悬崖和树上。然而苏苏瓦山上的豹子掌握了这些狒狒的过夜地点，从而能够实施轻松的捕杀，以至于几代豹子均以苏苏瓦山上的

73

---

[1] Coryndon 1964; Simons 1966.

穴居狒狒为食。我们在此猜测，但这一猜测——那些豹子对于捕杀狒狒的细节掌握得极其精妙——是有道理的。豹子可以冲入地下洞穴并制造混乱，以期能够捕获一只狒狒并饱餐一顿，而当那些狒狒最终离开这些赖以生存的洞穴后，豹子将不得不结束狩猎行动。然而，若是这些豹子巧妙地处理这一情况（就和它们捕食树上的狒狒一样），比如偷偷地靠近，然后迅速攻击处于群体边缘落单的狒狒，随后便带着猎物退回更深的地下通道之中。这当然会对狒狒造成损害，但并不会让狒狒（或是早期原始人类）时刻忍受豹子的威胁。布莱恩提出了一种替代性的假设，即豹子对灵长类的捕食是采用小心翼翼的"收割"方式，来解释为何原始人类和狒狒仍然留在南非的洞穴中。

我们必须强调，即使所有这些证据都表明在很久以前的南非洞穴中有肉食动物出没，我们内心仍然有些不太愿意接受会有如此众多的灵长类成为这些肉食动物的盘中餐。当布莱恩在斯瓦特克朗斯得出他关于南方古猿和狒狒的捕食者假说以后，他发现了一个很奇怪但却值得注意的情况：在一个脊椎化石遗迹堆中，超过 50% 的遗骸是原始人类或狒狒的。他诧异于这些已成为化石的豹子竟然如此专一、集中地捕食这类猎物，但却没有任何针对同期灵长类的研究提及它们曾在这些豹子的食物中扮演着如此重要的角色。

布莱恩关于捕食者猎杀现存灵长类的结论也许能够准确反映对原始人类的捕杀，这也能很好地契合我们的"人类猎物"理论。目前已知有三种旧大陆上的大型猫科动物将类人猿作为猎物：狮子捕杀黑猩猩（chimpanzees），豹子捕杀黑猩猩（chimps）和大猩猩（gorillas），以及老虎捕杀红毛猩猩。[1]

离开南非，我们转向东欧。德马尼西这个名字直到最近才时常被古人类学者们挂在嘴边。但这座位于格鲁吉亚共和国的小村庄却

---

[1] 狮子的例子来自 Tsukahara 1993；豹子的例子来自 Boesch 1991, Tutin and Benirschke 1991 和 Fay et al. 1995；老虎的例子来自 Rijksen 1978。

已经动摇了关于人类祖先做了什么，以及他们在何时何地做那些事的最根深蒂固的理论。德马尼西，坐落在高加索山脉的山麓，靠近因马可·波罗而闻名的丝绸之路。此处遗址由格鲁吉亚科学家大卫·洛尔德基帕尼泽及其古人类学团队发现。他们这个团队在德马尼西发现的化石正在改善人类最亲密的古代亲属之一——直立人的名声，拥有一双长腿和较大脑容量的直立人被誉为最早在非洲大陆以外开疆拓土的原始人类。洛尔德基帕尼泽发现的这些相对原始的人类头骨，时间上可以追溯至距今 170 万年到 180 万年前，这些头骨与迄今为止发现的其他任何直立人化石都不一样。[1] 从德马尼西出土的样本在许多方面都像是早期原始人类的一个分支——能人。这种具有小脑袋、长胳膊、短腿的能人会是第一种能够忍受四处流浪的原始人类吗？如果他们不具有跨步行走的能力，或是没有相当的大脑，没有复杂的石器，便离开非洲并且侵入欧亚大陆，那么我们现有的理论则亟待修改。对于这种不可思议的原始人类化石的另一种解释则认为，德马尼西人是在人类进化过程中介于能人和直立人的一个全新物种。我们只能等待那些与头骨相匹配的腿骨的发现，来了解更多关于这种很久以前就迁往格鲁吉亚的人类亲属的情况。

关于德马尼西人，为数不多的能说清楚的事情之一就是无论他们是谁，这群流浪的原始人类曾被许多大型肉食动物所捕食。这里有一份肉食动物化石的名单，它们和这种神秘的原始人类共享同一片遗址：欧亚狼（Eurasian wolves）、两种剑齿虎、一种熊以及一种豹子。从这些嫌疑犯的名单来看，其中一类曾猎杀德马尼西原始人的捕食者按照惯例已是显而易见的——其中一个德马尼西头骨上所具有的小孔与剑齿虎的尖牙完美相符。另外，其中一个原始人头骨下颌的咬痕也"表明一部分德马尼西的原始人最终沦为了猛兽的

---

[1] Gabunia et al. 2000;Vekua et al. 2002.

食物"。[1]

德马尼西出土的肉食动物和原始人类的化石，伴随着其他一些简单的切削工具，已经引发了一种猜测。这一猜测认为，早期人类可能会受到大型猫科动物（以及狼和熊）的攻击，但与此同时，他们也可以通过进食腐肉从捕食者那里获取现成的食物供给。这种早期原始人类主要是食腐性物种的理论，在我们看来，既不符合出土的化石证据，也不符合现存灵长类的生活模式。尽管如此，这一说法并不缺少杰出的支持者。[2] 这一食腐人理论，不同于"人类猎人"的学说，它与人类曾是许多巨大且危险的史前猛兽的事实并不矛盾。提出"早期原始人类的生活方式是食腐性的"这一构想的领军人物便是柯蒂斯·马利安（Curtis Marean）——一位主张剑齿虎在早期人类进化史上相当重要的人类学家。马利安认为，在一片拥有茂密森林的栖息地上，早期人类会在剑齿虎杀死大型食草动物（比如大象）后，摄取其剩余的腐肉。这种紧凑的环境使得偷取肉食动物的食物相当安全（跑得快，只偷取部分尸体，再返回密林之中，爬上树）。随后在至关重要的 180 万年前，一场气候剧变开始了。全世界变得越来越冷，越来越干燥……茂密的森林消失了，那些巨大的剑齿虎以及它们的猎物——巨大的食草动物——伴随着栖息地的消失也不见了。在 160 万年以前，非洲是完全不同的环境。在气候改变中幸存下来的大型肉食动物是那些生活在草原上，以所谓中型食草动物，比如水牛、瞪羚和斑马等，因此它们并不受潮湿的森林逐渐干涸的影响。它们曾经是食腐性的捕食者并且继续保留了这一特性，而对于原始人类而言，从这些捕食者手中偷取晚餐并顺利脱身却变得不那么容易！随着气候的改变，我们那些瘦小的祖先不得不在旷野中面对那些捕杀过中型猎物的大型猫科动物。在这样的情境下，成为这些捕食者的猎物就像从它们那儿偷取猎物一样顺

75

---

[1] Gore 2002; Wong 2003, p. 82.

[2] 参见 Shipman 1983; Marean 1989。

理成章。[1]

那么在环境改变后发生了什么？是规则发生了改变，还是一个物种受到了挑战？适应或是灭绝，摆在所有生物面前的只有这两个选项。马利安认为，正是可能会在开放的栖息地外遭遇大型猫科动物这一因素，促使原始人类的适应性得以提高。遭遇大型猫科动物使得人类的进化陡增，这不仅仅体现在行为适应性上，这种陡增的进化同样体现在生理结构上。直立人生活在 160 万年前，而此时能人似乎已经从地球上消失。根据马利安的理论，大型猫科动物的捕杀所促成的进化结果致使人类下肢的高度、块头和长度发生增长，双脚直立行走代替了爬树的能力，以上这些都是直立人的特征。直立人的化石证据也表现出显著的颅容积增长，以及包括复杂石器在内的新型工具的总体发展。在马利安的理论中，大脑尺寸从能人的650 毫升显著增加到直立人的 1000 到 1100 毫升，便是由气候变化和大型猫科动物的捕食这两方面因素共同作用而成的。

杀戮机器

猫科动物身上的每一处特征几乎都和它那侦察并捕捉猎物的能力息息相关，包括像皮毛的伪装色这类进化出的适应性、极其敏锐的视觉和听觉、能够提升速度和力量的骨骼结构，以及特化的牙齿和下颌。嗅觉——这种对气味的敏感哺乳动物都有，但相对于其他肉食动物，如犬科动物，嗅觉对猫科动物却是令人诧异的无足轻重。

相较于其他捕食者，猫科动物的身体尺寸同样是一个不那么重要的限制因素。许多野生猫科动物能够捕杀的猎物大小可达其自身重量的指数倍。一只小型野生猫科动物，例如平均重量为 30 磅（约 14 千克）的豹猫（ocelot），最多能够捕食重约 25 磅（约 11 千

[1] Marean 1989.

76

克）的猎物。然而，重约 40 磅（约 18 千克）的非洲狞猫（African caracal），便可捕杀两倍于其自身重量的动物，而老虎则可以杀死四倍于其自身重量的动物。另一方面，由于群体性所带来的额外优势，狮子能够捕杀的猎物大小可以随着参与捕猎的狮子数量而增加。[1]

所有这些肉食动物——猫科动物、野狗、鬣狗——在狩猎初期都会缓慢而隐蔽地接近目标猎物。当进行潜行跟踪时，它们的身体会比平时压得更低。利用大量的掩护，同时得益于猫科动物流畅光滑的身形和身上的保护色，跟踪对于猫科动物而言并非难事。在最后冲刺前，猫科动物会煞费苦心地慢慢潜近它的猎物；随后它们会蹲伏下来，时间短则几分钟，多则一小时。对于猫科动物而言，是否达到最后冲刺阶段时所需的最小距离与杀戮的成功息息相关。在跟踪时能够靠得更近，最后冲刺的距离越短，就意味着猎物用来逃命的反应时间越少。

猫科动物捕食的基本顺序是搜寻，跟踪，随后按兵不动。一旦发现心仪的猎物，大多数猫科动物都会进行一连串的潜行或是偷偷跑到可控的范围。猫科动物拥有进化而来的适应性优势，这使得它们能够用自己伸缩自如的利爪跳跃并抓住猎物。[2] 简单却精准的颈部撕咬（能撕裂猎物的脊髓）是猫科动物的杀手锏，这也使其能够捕杀比它们更大的猎物。如果这还不够的话，这些猫科动物的技能还包括其他三种致命撕咬（一种是咬住脖子令猎物窒息而亡；另一种是咬住猎物的鼻子和嘴让它们窒息；还有一种便是咬碎猎物的头骨）。

77

---

[1] 猫科动物的体态来自 Kitchener 1991；感官信息来自 Guggisberg 1975；尺寸来自 Kruuk 1986, Kitchener 1991, 和 Hoogerwerf 1970；狮子的社会组织来自 Kruuk and Turner 1967。

[2] 猫科动物的狩猎技巧来自 Kruuk 1972, Kruuk 1986, Sunquist and Sunquist 1989, Ewer 1973, Rautenbach and Nel 1978, Marean 1989。

在腐坏的年代以前

如果所有这些强大的野生猫科动物——芸芸众生的主宰——带着它们的尖牙利爪潜近我们，那将是一种怎样的感受？面对如此众多的捕食者四处寻找下一顿饭时，我们的祖先对此是如何处理的？本书的作者之一（DH）曾经在一两个小时内体验这一过程，这或许能够为我们提供一点当时那些人类祖先的心理感受。

"如果那些猫科动物没有吃饱喝足会怎么样？"当我和两名管理员一起在坦桑尼亚的米库米国家公园（Mikumi National Park）的一棵金合欢树下席地而坐时，这一想法浮现在我的脑中。在这棵树上，趴着12头沉睡的狮子，它们搭在树枝上就好像是挂在圣诞树上的巨大金箔。这棵树是狮子们在喂食后最喜欢来的居所（它们通常不喜欢在树上午休）。我的东道主朋友为以防万一带上了步枪，但没有人能感受到丝毫的危险。我想，当捕食者们明显没有进行狩猎时，那些猎物也一定是这样认为的。我甚至都无法想象，如果不是受到了严密的保护，面对周围这12头吃饱喝足、睡眼惺忪的狮子，我将会如何惊慌失措。后来，当我们开始撰写本书时，我才意识到我已经经历了和遥远的人类祖先差不多的事。显然，猎物们不能一直生活在极度恐慌的状态下，不然在捕食者猎杀它们之前，压力便会要了它们的命！在不常见的完全的恐怖之间必须要有一定的安全感。我和我的同伴在金合欢树下所体验到的这种安详平和的感觉，不正是和黑斑羚（impala）看到狮子在边上打盹时所表现出的那种镇静一样吗？是的，我们当时持有武器；但实话实说，如果一头狮子跳下或是掉到树下，没有人能够来得及做出反应，对眼前的情况进行评估，瞄好准星，并在狮子扑向我之前扣动扳机。（好吧，回顾往事，也许当时的那段旅行并不是个好主意。也许我会成为"愚蠢的黄石公园旅行者"……你懂的，就是为了拍一张绝妙的度假照片而把自家小男孩放到熊身边的那个家伙。）

对以上经历的回忆和探讨让我想到了几个问题：

1. 恐惧的生理基础是什么？

2. 为什么我们没有经历过被捕杀，却依然会对那些捕食者感到如此害怕？

3. 早期原始人类（或是其他那些被捕食的物种）是如何缓解因捕杀而带来的心理压力的？

对问题 1 的回答可能最为直截了当。[1] 对恐惧的生理解析包括：瞳孔放大（以获取更多关于危险的视觉线索），肺部细支气管扩张（增加耗氧量），血压升高和心率加快（为大脑和肌肉提供更多的燃料），肝脏中的糖原加速分解（提供即时的能量），在血液中注入肾上腺素（保证牢固的防御），脾脏收缩（抽出白细胞以备不时之需），清空膀胱和结肠（预计会有暴力行为），胃部和胃肠道的毛细血管开始收缩（将血液输送到肌肉），以及毛发直立（体毛竖立的奇怪的现象——也许是为了增大体积）。所有这一切都是通过杏仁核这一大脑原始区域来完成的。杏仁核向中枢和自主神经系统发送全面的系统警报，继而使得生理反应启动并运行。

问题 2 也不难回答，但这要归功于来自纽约大学的约瑟夫·勒杜（Joseph LeDoux）25 年来的研究。杏仁核也会储存关于恐惧、危险或是威胁的记忆。它可以作为一种完全无意识的记忆被保留下来，只有当看到、听到或是触碰到时才会被唤醒。"条件恐惧"是杏仁核所特有的。在你的大脑皮层处理那些让你害怕的事物之前，正是它令你呆若木鸡。大脑皮层的杏仁核部分同样能在许多脊椎动物的大脑中找到，并且其功能也差不多——当身处危险环境时，这是自然选择带给生物的最大利好。然而"条件恐惧"并非意味着一定起效，举例来说，你曾经在一头野生狮子的攻击下幸存，而下次当你

---

[1] Johnson 2003.

遇到一头狮子时，所有那些恐惧反应就一定会起效。它只是意味着那些无处不在的巨大捕食者（同样也包括一些听过或读过的类似恐怖故事），已经深深地停留在杏仁核中，并被认为是重中之重。对于这一适应性的解释如下：

> 我们的大脑机制似乎能够允许我们面对危险时，仍然控制自己的恐惧系统，并保护我们的意识免遭恐惧的支配。这也许是在充斥着捕食者的环境中的一种最优的设计机制，在那种环境下，每分每秒都需要想着如何才能活下去……杏仁核的基本结构反复出现在众多物种当中，这也是它在进化过程中极端重要的铁证：对于那些已被证明是基本生存所必需的部分，自然选择从不加以修正。当然，在这个世界上，捕食者在大多数时候已经不复存在，这些低等途径（非皮层反应）的保存也显得不那么具有适应性，但这也是人类文明的权衡取舍。[1]

对问题 3 的回答仅仅猜测，因为科学家也并没有搞清楚在间歇性的极端压力下，继续保持心态平衡的全部神经通路。战争地区为我们提供了一些线索，即使那些士兵在战争的短暂间隙内看上去似乎很放松，并且行为举止正常，创伤后应激障碍（又称炮弹休克）如今已被认为是一种经历战争后常见的后遗症。我们认为解答这一问题唯一可行的途径在于对那些猎物的持续观察。我们必须涉及其他生物的相关信息：这些生物是如何做到当有狮子在场的情况下，仍然能够愉快地进食（假设你是一只黑斑羚的话）。作为灵长类动物学家，基于野生灵长类动物的观察，我们坚信，那些猎物在捕食者进行狩猎的间隙，小心翼翼地维持着它们卑微的生命。在正常的生态条件下，在捕食者的攻击结束后，这些猎物的肾上腺素迅速消退，激素水平恢复到正常——除了那些不幸成为捕食者们盘中餐的

---

[1] Johnson 2003, p. 39.

可怜虫。当面临大型猫科动物造成的持续心理恐慌时，我们的祖先
是否也从中获得了喘息之机？我们可以响亮地回答"是"。我们灵
长类具有不可思议的弹性。捕食者的攻击威胁会引起极度的混乱，
而当捕食者离开后（无论其是否饱餐一顿），灵长类会立刻恢复它们
的生活，继续觅食以及社群的交互。野生灵长类生物不会在无止境
的战斗环境下生存，而对于被狩猎的人类而言，也同样不会永远处
于无休止的恐惧状态中。

完美的灵长类捕食者

我们此前的讨论并没有否认一个事实，那就是灵长类动物是许
多野生猫科动物经常捕杀的一种猎物。（在豹子的食物中，灵长类出
现的频率可高达 80%。[1]）与此同时，就像我们之前所表达的那样，
如果想要搞清楚在人类先祖身上曾发生过什么，我们只需要看看
如今那些非人类的灵长类动物就行，它们最终沦为大型猫科动物的
猎物。通常而言，猫科动物是机会主义猎手，猎物的可得性或是猎
物总数便是它们选择食物的重要标准。换言之，大多数猫科动物不
会搜寻某种特定的食物。它们捕杀那些偶然碰上的猎物，在它们附
近的某种猎物越多，这些猫科动物碰上这种猎物个体的可能性也就
越大。[2]

豹子广泛分布于非洲和南亚的大部分地区。它们对环境的需求
极其灵活多变，从干旱的草原到半荒漠再到茂密的雨林，从山区到
河边，它们几乎能够在任何地方生存。当豹子狩猎时，其策略极有
可能是潜伏在一处有可能捕获猎物的地方（水坑往往不错），悄无声
息地接近猎物，随即一跃而起，用它的利爪猛击猎物。（值得注意的
是，当豹子捕捉灵长类动物时，它们能抓住任何可能的地方，而不

---

[1] Srivastava et al. 1996.

[2] Emmons 1987.

是像捕食大型食草动物时那样，仅仅抓向颈部；相对于一头水牛而言，灵长类显然更为灵活。）豹子在狩猎中对于潜行的利用无论怎样夸奖都不过分。豹子对于悄悄潜近睡梦中的动物可谓得心应手；睡在石头上的狒狒经常会成为它们夜间狩猎的意外之喜。狩猎时的豹子如同幽灵一般悄无声息，以至于人类和狗都来不及叫醒旁人就在睡梦中被杀害。著名的博物学家乔纳森·金登（Jonathan Kingdon）曾写过这样一件事，一头豹子夺走了一名婴儿的生命，而当时婴儿正在他熟睡的母亲怀里。[1]

豹子以相对小型的猎物为食，比如灵长类动物，这是因为豹子通常独立狩猎，并且需要将猎物尸体带到树上使其免遭更大的猫科动物或是成群狩猎的野狗和鬣狗的抢夺。相较于其他更大的猫科动物，豹子捕食的猎物种类更多，这使得一切灵长类都有可能成为它们的食物。因此，被豹子当成食物的非人类的灵长类物种范围是如此广泛。在非洲，它们以捕杀倭黑猩猩（bonobo，也称侏儒黑猩猩[pygmy chimpanzee]）、普通黑猩猩、西部低地大猩猩、多种雨林长尾猴、长尾黑颚猴以及几种生活于草原和森林的狒狒等灵长类生物而为人所知。在亚洲，豹子也会捕杀叶猴（langur）、金丝猴，以及多种猕猴和长臂猿。[2]

81

82

---

[1] 豹子的狩猎技巧来自 Rosevear 1974, Turnbull-Kemp 1967, Kingdon 1974, Kingdon 1989。

[2] 豹子一般的猎物信息参见 Bertram 1982 和 Mills and Biggs 1993；在非洲，豹子会捕食狒狒（Badrian and Malenky 1984）、普通黑猩猩（Boesch 1991, 1992）、西部低地大猩猩（Fay et al. 1995）、多种雨林长尾猴（Hart et al. 1996）、长尾黑颚猴（Isbell 1990）、狮尾狒（Iwamoto et al. 1995）、狒狒（Stolz 1977）和鬼狒（Rosevear 1974）；在亚洲，豹子捕食叶猴（Srivastava et al. 1996）、金丝猴（Schaller et al. 1985, 1987）、多种猕猴（Seidensticker and Suyono 1980）和长臂猿（Hoogerwerf 1970）。

图 4.5 豹子捕食多种灵长类动物。(Peggy 和 Erwin Bauer)

在不同种类的猫科动物间，灵长类动物在其猎物中的占比大相径庭，但豹子会捕食的灵长类动物类型通常非常广泛（图 4.5）。在科特迪瓦的一项关于豹子的经典生态学研究中，伯纳德·霍佩－多米尼克（Bernard Hoppe-Dominik）发现 7 个不同种类的灵长类动物在豹子食物中的占比达到 16%。在印度某地，乔治·夏勒通过对豹子粪便的分析发现，长尾叶猴（hanuman langurs）几乎在豹子的食物中占到了三分之一。而在印度的另一处研究机构，研究人员报告了灵长类动物在豹子食物中达到的最高频率（大约 82%）。灵长类动物学家琳妮·伊斯贝尔（Lynne Isbell）发现，豹子的涌入造成了肯尼亚安博塞利国家公园（Amboseli National Park）中长尾黑颚猴的大量死亡，在短短一年时间内，她当时正在研究的长尾黑颚猴有接近一半被杀害。最后一个例子，在印度尼西亚梅里－伯蒂里国家公园（Meru-Betiri Park），由于鹿和羚羊的缺乏（很可能是由于偷猎），那里的老虎和豹子转而将灵长类动物当成它们主要的猎物。史密森尼学会的约翰·塞登施蒂克和印尼政府的苏尤诺（Ir. Suyono）估计，灵长类动物在老虎和豹子食物中的占比分别达 33% 和 57%。[1]

南亚的云豹（在解剖学上是一个单独的物种，它比真正的豹子要小很多）是猫科动物中具有最高树栖性的一种。它的外观介于大型的豹属猫科动物（豹子、狮子、老虎）和小型的猫属猫科动物（豹猫、狞猫、山猫）之间。云豹极其擅长捕捉灵长类动物，它们的头部相对较小，但却拥有巨大的犬齿和血盆大口。云豹以捕杀大型灵长类动物，如未成年的红毛猩猩和长鼻猴（proboscis monkey）而出名。[2]

与其他种类的野生猫科动物相比，猎豹常被认为是一种令人难以置信的捕食者。在所有猫科动物中，唯有猎豹无法将其爪子缩回。（准确地说，并不是它们无法将爪子缩回，而是缺少将爪子从中拔出的皮肤。）猎豹也具有比其他大型猫科动物更小的犬齿及更大的鼻孔，而在狩猎技巧上，它们也和其他猫科动物大相径庭。不像其他的猫科动物，猎豹的身体构造十分适合高速追赶猎物而非偷偷埋伏。和狮子或豹子相比，猎豹捕食的猎物更小，它们不同寻常的爪子使它们成为完全的陆生生物。相比于其他大型猫科动物，几乎不存在有关猎豹捕食灵长类的记录。[3]

老虎是一类独居的捕食者，它们在植被茂盛的地方拥有自己的领地，身上的迷彩条纹几可使其在猎物面前完全隐蔽。这些条纹令老虎的身形隐藏在长草丛中，如此一来便在狩猎的潜行阶段给老虎

83

---

[1] 参见 Hoppe-Dominik 1984 在科特迪瓦的研究，Schaller 1967 和 Srivastava et al. 1996 在印度的研究，Isbell 1990 在肯尼亚的研究，Seidensticker and Suyono 1980 在印度尼西亚的研究。

[2] 云豹的信息来自 Rabinowitz 1988, Seidensticker 1985, Rijksen and Rijksen-Graatsma 1975, Rijksen 1978, Boonratana 1994。

[3] 猎豹的信息来自 Lumpkin 1993, Sunquist and Sunquist 1989, Eaton 1974, Hamilton 1981。

带来了极大的优势。老虎通常被认为只捕杀大型猎物（比如体重超过 800 磅［约 363 千克］的水牛），但和其他猫科动物一样，老虎也是机会主义者，一只小巧的灵长类动物对它而言则是一顿美味的快餐。老虎已经被认为是长尾叶猴、红毛猩猩以及其他多种亚洲猕猴的捕食者。

在印度拉贾斯坦邦的森林中，叶猴是那里的老虎最主要的猎物之一，老虎会趁这些半陆生的猴子从树上来到地面时将其捕获。通过在拉贾斯坦邦的研究，尽管这种叶猴是老虎的常规食物之一，它们的残骸却十分罕见，其原因在于这种重量仅为 25 至 40 磅（约 11 至 18 千克）的猴子通常会被老虎吃得干干净净。在尼泊尔皇家奇特旺国家公园（Royal Chitwan National Park）中收集到的粪便样本确认了叶猴是老虎食物的一部分，而在印度甘哈，叶猴和恒河猴（Rhesus macaque）也常常被老虎捕获。[1]

除了狮子以外，其他所有猫科动物都是独立狩猎的。在其关于塞伦盖蒂狮子的专著中，动物学家乔治·夏勒估计狮子超过半数的狩猎是和至少一头别的狮子配对完成的。然而，当两头以上的狮子共同狩猎时，每头狮子每次捕杀的猎物数量事实上不升反降。群居生活使得狮子在维护领土和保护幼崽等方面获益，而这必须要归功于母狮，因为群体狩猎为狮子觅食带来的好处并不足以解释这一群体的形成。

在周围环境中随机搜寻猎物是狮子们狩猎的开始。一旦有猎物被发现，狮子狩猎的潜行阶段长短不一，蹲伏慢走和静止不动交替实行。若是猎物仍未意识到慢慢潜近的狮子，那么狮子便会最终发起迅速而致命的攻击。在非洲的一些地方，对粪便的分析显示灵长类动物在狮子的食物中占比极低（接近于 0 至 6%）。[2] 然而，从我

---

[1] 老虎的信息来自 Whitfield 1978, McDougal 1977, Sunquist and Sunquist 1988, Thapar 1986, Rijksen 1978, Seidensticker and Suyono 1980, Schaller 1967。

[2] 狮子的信息来自 Kruuk 1986, Schaller 1972, Packer et al. 1990, Kruuk and Turner 1967, Makacha and Schaller 1969, Pienaar 1969。

84　们的经验来看，有些狮子事实上可能更喜欢捕食灵长类动物。

我们曾经有机会观察两只堪称狒狒专家的狮子。托德·威尔金森（Todd Wilkinson）是津巴布韦马纳潭国家公园（Mana Pools National Park）附近的鲁基梅吉（Rukimechi）保护区的一名向导，他曾经告诉我们有两头最喜欢猎杀狒狒的母狮。托德对这片私人保护区的野生动物是如此熟悉，在短短一小时内，他便找到了躺在干旱河岸上的那两头母狮。"她们"是仅有的两头以嗜杀灵长类为荣的狮子。托德曾亲眼看见两次杀戮，他称这两位"狮子小姐"在小时候便对狒狒有着特别的偏好，这一习性也随着"她们"的成长被保留了下来。[1]4 年时间内的记录显示，这两头母狮曾被目睹共 6 次捕杀狒狒。考虑到狮子对于灵长类生物的捕杀相当罕见，这实在是一个令人印象深刻的数量。

给我们熊的真相

熊该如何契合"人类猎物"理论呢？猫科动物和原始人类化石之间所呈现的清晰关系对于熊科家族而言并不存在，但是现代的情境为我们引出了一个假设：当原始人类出现在其面前时，古代的熊科动物不太可能拒绝这顿美餐。作为一种巨大且聪明的捕食者，熊理应得到讨论。

熊科动物大约从 4000 万年前至 3000 万年前开始进化。[2] 实际上，熊科和犬科的关系比它和猫科的关系更近，那么为什么我们将它和狮子、老虎相提并论呢？我们将熊科和猫科动物放到一起讨论的原因在于，它们均在成年后采取独居的生活方式，也同样通过伏击或其他机会主义的方式进行狩猎。而野狗和鬣狗则截然不同，它们一般进行群体狩猎，并通过不断地追逐（换言之，使猎物精疲力

---

[1] T. Williamson 1997，来自私人间的信件。

[2] Macdonald 1984; Domico 1988.

尽）的方式捕获猎物。

可想而知，最壮观的景象便是野生的北极熊捕食。在努勒维特（Nunavut，位于加拿大北极圈内的因纽特人领地），唐娜曾亲眼看见过这种世界上最大的陆生肉食动物的捕食活动。当日阳光出奇地灿烂，海水就像一整块蓝色的冰块，当舷外摩托艇围绕着瓦格湾一块裸露的礁石（这块礁石太小，根本不能称之为岛）行驶时，我们看到那上面站着一头巨大的公北极熊，它正在把刚捕杀的海豹从水中拖上来。当北极熊开始吞食这只海豹时，它的嘴上沾满了鲜血。它冷冷地看着我们这些人类——在它愉快地用餐时，我们的闯入对它而言无关紧要。它决定喝点水，于是缓缓走下礁石前往水边。雄性北极熊身长可达 10 英尺（约 3 米），重量可达 1400 磅（约 635 千克，不计冬天的脂肪）到 1 吨（加上储存的脂肪）。[1] 它们的力量之大令人难以置信。我曾经见过一架小型飞机，机顶看上去就像是用钝器生生撬开。一头母北极熊已经带着它的幼崽"考察"了飞机内部，来看看有什么可以吃的。令人伤感的是，我们在营地得到消息，就在我们遇到那头公北极熊的当天，一位因纽特祖母为了保护她的孙子免遭北极熊的攻击而被其杀害。

由北极熊造成的死亡历来是因纽特人生活的一部分。即便到了今天，北极熊的数量由于全球变暖及其他与人类相关的环境因素锐减，每年还是会有一些事故发生。这些事故往往有些特定的因素，比如母北极熊带着嗷嗷待哺的幼崽，或是那些毫无经验又饥肠辘辘的接近成年的北极熊；在特定的地点，比如在人类居住的地方、狩猎区，或是气象站。不像现存的其他熊科动物，北极熊看上去似乎可以将一切哺乳动物都列入它的猎物种类，当然也包括人类。它们更愿意将人类当成食物，而当那些像北极熊一样大的动物向人类发起攻击时，人类几乎都会以死亡而告终。[2]

85

---

[1] Macdonald 1984; Domico 1988.

[2] Macdonald 1984; Domico 1988.

　　熊科动物从先祖血统到解剖学意义上都是绝对的肉食动物。除了北极熊以外，尽管其他的现代熊随着时间的推移，从功能上进化成了杂食性动物，非常喜欢吃草木和浆果，但也绝不会放弃能够品尝那些偶然游荡到它们身边的动物血肉的机会。[1] 熊科动物，就是我们所知的那些巨大的动物，出现于大约 600 万年前。最早的大型熊类和原始人类生活在同一时期，但它们是否和这些原始人类生活在同一地区则十分模糊。在大约 700 万年前的非洲，曾有一些巨大的像熊一样的史前动物存在，并一直持续到 300 万年前到 200 万年前，但是可能除了摩洛哥的阿特拉斯山脉（Atlas Mountains），在非洲大陆的其他地方就不再有熊科动物（真正的熊）栖息。当原始人类从非洲迁移到亚洲后，就有了关于熊和人类关系的明确记录。共有三支熊科祖先可以追溯：其中两支出现在亚洲，而另一支则出现在欧洲。

　　一种已经灭绝成为化石的欧洲熊科动物，通常被叫作洞熊，生活在 5 万年前到 1 万年前的时段内。这些洞熊的灭绝是一个未解之谜。在对欧洲中心的几个洞穴的考察研究中，发掘出土的洞熊遗骸数量成千上万，仿佛这些残骸是由人类用双手堆积起来一样。难道早期欧洲人猎杀熊？他们猎杀这些熊是出于宗教仪式的目的吗？或者，这些埋葬在底下的遗骸代表这里是一处天然的洞熊墓地？这当然是一个合理的理论，因为这些遗骸当中老年个体的数量多得简直不成比例。又或许，这些熊是在冰河时代冬眠时表现出致命的不活跃？在冰河世纪末期，洞熊和当时欧洲的许多大型哺乳动物一同灭绝，这可能表明正是气候原因而非人类的介入才导致了这些物种的灭绝。[2]

86

　　现代熊科动物的物种形成相当简单：北边的熊（北极熊、亚洲黑熊、美洲黑熊以及棕熊或灰熊）是足够巨大的人类捕食者。而南

---

[1] Herrero 2002.

[2] 熊的进化史来自 Martin 1989, Domico 1988。

边的熊（懒熊、马来熊和眼镜熊）相对较小且并不常见，尚未被发现会捕食人类。北极熊，就像在本节前面所描述的那样，是一种明确地将人类列入其菜单的捕食者。作为那个冰雪世界的主宰，它们的行为很可能与过去的熊一样。北极熊这一物种还没有足够长的时间来面对人类枪支以及有组织的狩猎，以至于它们还尚未进化出面对人类时需要极度谨慎的基因。

根据史蒂芬·埃雷罗（Stephen Herrero）——一名博物学家和熊类专家的说法，这一切恰好发生在黑熊和灰熊身上。他估计在北美洲大约有 60 万头黑熊和 6 万头灰熊，因此人类和熊遇上的次数数不胜数，但却并没有发生熊对人类的捕杀。根据美国和加拿大的警察局及公园管理处的记录，从 1900 年到 1980 年，仅有 23 人死于黑熊，而灰熊的致死人数则两倍于此。但在 20 世纪 90 年代出现了一波高潮：11 人死于黑熊，18 人死于灰熊。和美洲狮一样，这些伤亡数量的增长可能与人类越来越多地侵入熊的栖身之处有关，而不是那些熊变得更加凶猛。不幸的是，新千年伊始，一名来自阿拉斯加的野营者被一头灰熊杀死并吃掉，那头熊早已习惯了游客产生的垃圾。[1]

埃雷罗已经写了一本书《熊的攻击：究其原因及如何避免》（*Bear Attacks: Their Causes and Avoidance*）。他将所有熊的攻击分为两类：防卫性的和捕食性的。防卫性的攻击包括母亲对幼崽的保护、对食物的保护，或者仅仅是一头受到惊吓的熊感觉自己被逼入绝境，使其必须做出激烈的反应。对于此类攻击，埃雷罗给出了如何避免、如何将其最小化，或是如何逃离此类危险的建议。如果一个人蜷成一团装死，那么熊在咬上几口后可能便会离开。关键是要知道它到底是一头自卫的熊还是来捕食的熊，因为如果这头熊将你视为猎物，上述"装死"行为很可能只会让你更快地变成"真死"。87
《熊的攻击：究其原因及如何避免》一书中包含了埃雷罗对于 414

---

[1] Herrero 2002, p. 96.

起熊－人交互事件的分析。他发现在 1900 年到 1980 年间发生的那些致死事件中黑熊（在两种熊当中较小的那种）更有可能出于捕食的原因杀害人类。和常识相反，对比更大、更可怕的灰熊，黑熊却更有可能将人类视作猎物。事实上，在黑熊袭击致死事件中，多达 90% 都可以归为捕食那一类。更多的数据统计将这一情况勾勒得更为清晰，在这些黑熊的受害者中，有一半人的年龄在 18 岁及以下，四分之一的人年龄则是在 10 岁以下。在研究人员看来，熊杀人的动机毫无疑问是捕食：熊吃掉那些受害者就和它吃掉鹿的方式一样——先吃掉躯干和内脏，随后是其他部位的肉，比如上肢部分。尽管小孩子的大小很符合黑熊心里对于猎物的设想，它们有时也会肆意攻击成人。[1]

最骇人听闻的一个黑熊捕杀人类的事件却并未导致死亡。1977 年 8 月的一个早晨，一名为阿拉斯加州工作的地质学家辛西娅·杜赛尔－培根（Cynthia Dusel-Bacon），被她的直升机飞行员艾德（Ed）投放到费尔班克斯以南约 60 英里（约 97 千米）的地方。辛西娅将前往一个无人区采集岩石样本，但她深谙野外生存之道，并且在防范熊的行为方面也表现得很好，包括不时地叫喊好让熊知道它们应该离开她的地盘。一头黑熊却并没有把这种叫喊当回事，相反，它却将其视作"快到我这儿来"之类的邀请。这名地质学家已经感觉到有一头熊正在跟踪她，而她对此无能为力。当这头熊环绕着她并最终发起攻击后，她被抓住胳膊并拖入灌木丛中。随后她尝试了"装死"的建议；此时，黑熊则开始啃噬她的右臂和肉。"我完全能够意识到我的肉体被撕裂的感觉，它的牙齿和我的骨骼相撞，但相比于对每一次撕咬做出特定的反应，我却更多地对自己身上正在发生的事感到麻木。"[2]

当她讲到当时感觉到黑熊正在咬她的头，撕裂她的头皮，听到

[1] Herrero 2002, p. 96.

[2] Herrero 2002, p. 96.

熊的牙齿咬碎她头骨时发出的吱嘎声时，她的叙述变得格外有力。啊！她居然活下来了。趁着黑熊吃饭中途休息的间隙，辛西娅努力让自己保持冷静，并用她还没有被熊吃掉的那只手从背包中拿出了一台无线电广播。她激活了发射器并将广播拿到嘴边，竭尽所能地大声说道："艾德，我是辛西娅。快来，我正在被熊吃掉。"辛西娅后来解释说："我当时说'吃掉'是因为我已经确信这头熊并不仅仅弄伤我或是和我玩闹。我已经是它的猎物了，它丝毫没有让我逃跑的意思。"[1]

88

　　辛西娅的故事很长，我们很希望能说艾德和其他救援人员迅速赶到。但他们没有。直到一架直升机发出的噪音吓到了熊，才使其离开了它的猎物，在此之前，辛西娅原本完好的那条手臂也被熊吃了。辛西娅失去了双臂，但她治好了头上的伤并在阿拉斯加继续生活。

　　有些人说亚洲黑熊或是月亮熊（Moon bear，因其胸口的大型白色新月状花纹而命名），和北美黑熊相比，对人更加敏感和害怕。当地人则可以证明这种400至500磅（约180至230千克）重的熊科动物是多么令人讨厌。月亮熊可以说是所有亚洲熊科动物中最偏好食肉的。单独一头月亮熊由于能够通过弄断脖子的方式，捕杀像成年水牛一样大的猎物而为人所知。这一物种和人类之间有一段漫长且充满暴力的历史。在日本，每年有2至6人死于熊的攻击，另有10至25人则被熊所伤。大部分人和熊的遭遇发生在人们去野外挖掘竹笋时的温暖时节。然而，月亮熊这一物种对人造成的伤害和人类对它们的屠杀所造成的伤害完全不对等。在日本，每年有成千上万的月亮熊被猎杀，而中国人甚至已经建立起一个杀害月亮熊以获取熊掌和熊胆的产业。对野生月亮熊数量的维持不用抱太大的希望。

　　亚洲的棕熊和北美的灰熊是同一物种。众多棕熊种族中的其中一种栖息在中国西藏及西部的其他几个省份。这种由于其肩部黄色

---

[1] Herrero 2002, p. 97.

的马鞍形披肩而被称为马熊的物种，在这些地区较为常见。中国生物学家认为每年约有 1500 人被马熊杀害，其中绝大部分袭击发生在新近来到青藏高原的农民身上。在中国，不允许私人持有枪械，因此与这些巨大的熊发生的接触甚至冲突往往会以马熊的胜利而告终。在俄罗斯，没有熊捕杀人的记录，尽管一名声名显赫的日本野生动物摄影师在 1995 年被俄罗斯棕熊杀害。[1]

到目前为止，我们已经详细查看了几种原始人类捕食者，它们会小心翼翼地跟踪并伏击它们的猎物。那么对于另一种肉食动物——那些善于奔跑的成群犬科动物和鬣狗而言，又是怎么样的呢？它们会不会经常捕食原始人类呢？

---

[1] 亚洲熊的信息来自 Domico 1988, Prater 1971, Nowak 1991, Herrero 2002。

第五章　追逐鬣狗与饿犬

出人意料的是，作为大学教授的我们曾被一名本科生批评，并
进而引发了一段全新的思考。由于我们那些动物捕食的研究和所授
的课程主题有关，便经常在课堂上向学生们提起。当本书的作者
之一（DH）提出捕食理论可以类推到另一个人类学话题时，她收
到了一名女生的评论，这名女生曾在 2002 年前往克罗地亚拜访亲
戚，其评论体现出了非凡的洞察力。她的那些亲戚们讲了很多关于
狼的事，很多关于那里的人对狼的恐惧，说的时候那些狼简直就像
在他们跟前一样。当你发现你的学生们会傻乎乎地复述那些关于狼
的古老传说——在这类事情上，尤其是和捕食者相关的，即使是在
21 世纪的欧洲他们依然会对这类无稽之谈深信不疑，而你对此也只
能无奈地耸耸肩。恐怕在心理上我当时也将她的意见归为此类。现
在，我承认我错了：亲爱的学生，你并没有上当受骗，你的亲戚们
也并没有开玩笑，你只是远远领先于我们的研究。

那名学生提到的评论，即人类对狼的恐惧深深地困扰着我们，
因为这需要处理两个不可调和的事实，而这两者的来源都无懈可
击。大卫·梅奇（L. David Mech）毫无疑问是当今世界上关于狼的
行为和生态研究的权威。他是公认的研究狼的专家，早在 35 年前，
便发表了他第一个里程碑式的研究。[1] 梅奇仔细研究了所有发生在
北美洲的那些声称被狼袭击的记录。他的研究结论表明，在历史上

---

[1] Mech 1970.

北美洲从未有野狼（没有患狂犬病的）袭击过人类。

然而，汉斯·克鲁克——同样也是一位专门从事肉食动物行为研究的世界知名动物学家，他曾研究过两起发生在欧洲的狼捕食人类事件。这些记录涉及的就好像是两个完全不同的物种。北美的狼谨慎小心，避免与人类接触（除了它们喜欢吃阿拉斯加小村庄里的雪橇犬的嗜好），而从中世纪开始一直到现在，欧洲的狼被记录下来的历史则完全相反。

狼在门边

欧洲的狼会捕食人类，尤其在夏天，母狼会为了它们的幼崽寻觅额外的食物。[1] 我们意识到我们的理论十分大胆，但它却理应得到事实的支持。请仔细阅读后面几页，它将为该论点提供证据。我们认为人类，尤其是小孩，在过去可能是狼最容易抓到也最合适的食物之一。但在讨论这些之前，我们需要先讲一个故事。

汉斯·克鲁克曾于 20 世纪 90 年代在白俄罗斯研究貂的数量，这个国家与俄罗斯接壤，曾是苏联的一个加盟共和国。当克鲁克到达他的研究地点以后，便立刻沉浸在狼捕食人类的事件中。第一起事件的主人公是一名当地人，当时他正在一条林间小道上往家走去（在白俄罗斯的偏远山区，唯一拥有的机动车便是拖拉机——事实上，没有汽车）。他再也没能回到家中。并没有太多关于在他身上发生了什么以及他为何消失的猜测——在这个东欧的小村庄里，狼会吃人；就这么简单。在两个月之前，一名樵夫已经失踪了，顺着狼的踪迹找到了他的一些残骸。而在那之前的一到两周，一名在放学后被留校惩罚的小女孩再也没能回到家。顺着狼的踪迹，她的父亲找到了她的脑袋和她洒落在雪地上的鲜血。（这名父亲随后枪杀了校长。在他看来，这种人该死，因为正是老师对孩子的处分将其推

91

---

[1] Kruuk 2002；克鲁克对于 18 世纪法国狼袭击事件的分析可参见 Grzimek 1975。

向了危险的境地，让孩子独自一人在夜幕降临后回家。）

在这个欧洲的偏远地区到底发生了什么？克鲁克持续跟踪研究了这一主题，并找出了令其大感惊讶的档案信息。有些情况，即狼捕食人类，在近几个世纪里持续发生，而且并非只在这个东欧的偏远地区。他的家乡——荷兰南部地区，在 19 世纪也曾是狼捕食人类小孩的重灾区。1810 年到 1811 年，荷兰发生了一大批狼袭人事件，这些事件导致 12 名孩子丧生，5 人受伤（所有的遇难者都是年龄在 3 岁至 10 岁之间的小孩）。

就像那名去克罗地亚拜访亲戚的学生提出她的意见时所隐含的，狼对人类持续的捕杀贯穿于整个欧洲历史中。北美人对这些事件感到惊讶；我们对饿狼造成人类死亡的程度毫无认知。克鲁克对这一问题进行了深思：

> 这些事件都发生在一个小村庄附近，那儿正是我碰巧前去造访的地方。没有人去统计具体数据，当地政府也有其他事要做。而我却不禁纳闷，还有多少类似事件会发生在这片白俄罗斯和俄罗斯的无尽荒野中？除了一些小报，那些事件从不会被报道……一名对当地情况经验丰富的科学家告诉我，在这里狼对人的袭击非常普遍。这里生活着大量的狼，人们对西方人竟然会质疑狼对人类的捕杀而感到惊讶。[1]

我们认为这段话完全令人信服。西方人也许能够理解，在遥远的非洲荒野之中或是印度的某个地方，人类仍会遭受那些大型猛兽的捕杀。但是当代的欧洲人竟然声称"狼的袭击事件就这样发生了；这只是生活的真相"时，我们被彻底震惊了（就像给我们当头泼了一盆冷水）。[2]

---

[1] Kruuk 2002, p. 70.

[2] Kruuk 2002, p. 70.

可以预见的是，当克鲁克扩大了研究范围以后，他又发现了更多类似的情况。他曾经碰巧前往波罗的海三国之一的爱沙尼亚旅行，而他做出在爱沙尼亚进行调查的决定则完全是随机的。他最终发现的第一个确切证据表明，在东欧地区的观念中，狼是一种永无止境的危险因素。在爱沙尼亚，他看到了一种文化差异——精确的记录。当地的信义宗在几个世纪以来都保持着一个传统，他们将教区居民的信息一丝不苟地登记在册，他们每个人的死亡原因等信息也包括在内。而且，这些教区信息已经被当地的历史学家详细审查过。在这个小国中可以获取可靠的数据，而且若是将爱沙尼亚看作当代东欧的一个缩影，这将允许我们对总体情况进行推断。这里有一小部分收集到的数据：

爱沙尼亚从来不是一个拥挤的地方，在 19 世纪，它仅有不到几十万的人口总数。在这一总体人口中，从 1804 年到 1853 年，共有 111 人被狼所杀；其中的 108 人是小孩（平均年龄 7 岁）。

那些狼袭击人的事件一波又一波地出现，而非按照每年稳定的比率。爱沙尼亚发生的这些袭击事件中，75% 发生在塔图玛（Tartuma）的北部地区。（这是因为那里是人口数量最少的地区，还是因为那里是狼群数量最多的地区？和那里的一些生态情况，比如鹿的数量减少，有关联吗？这些都是很好的问题，但也许我们永远不会知道答案。）

这些伤亡事件呈现出明显的季节性。从 1 月到 6 月，平均每月有 10.7 人死亡；从 7 月到 8 月，平均每月死亡的人数上升到 25 人；从 9 月到 12 月，平均每月死亡的人数跌落到 5 人。作为一名肉食动物学家，克鲁格意识到在夏季这一数据达到了显著的顶点。狼的幼崽在早春时节出生，在最初的几个月中它们完全依靠母狼的奶为生；当它们长到 4 个月大时，它们便会需要固体食物作为母狼哺乳以外的补充。在大多数记录下来的事件中，死者都是被孤狼所杀，而非群狼所为，这便和母狼需要喂养自己那些成长中的后代这一假说具

92

有了逻辑上的相关性。[1] 这种需要给自己的幼崽带来额外食物的压力转化到母狼的狩猎过程中，可能让它们寻找那些弱小的猎物进行袭击。一些死亡事件的概述符合支持以上说法；小孩子是被狼选为猎物以后被杀害的。举个例子，有记载指出，一个正在放牛的小孩被狼所杀，但牛被单独留了下来。

当克鲁克翻阅荷兰的记录时，他一定发现了相似的情况——被狼吃掉的小孩数量在夏季达到了顶点。另外，在克鲁克进行研究的30年前，一位名叫克拉克（C. D. Clarke）的历史学家和博物学家，曾回顾过欧洲中部发生的狼杀人的记录，也同样发现绝大多数的遇难者是小孩。克拉克还专门查看了法国 Gévedaun 地区三年间（1764年至1767年）的记录。在这段时间，有100人（几乎全是小孩）在这片法国中部相对较小的地方被狼袭击并吃掉。这些狼（最终被杀死并进行检查）无论公母，据说都比一般的欧洲亚种大得多。克拉克推测它们有可能是第一代狼和狗的杂交物种。

在第三章我们曾经提到过一则1996年刊登于一向稳重的《纽约时报》头版的头条新闻（《印度正在抗击成灾的食人狼》），新闻讲述了印度北方邦正在经历狼群攻击的村民们的故事：

> 当乌尔米拉·提毗（Urmila Devi）和她8个孩子中的3个在村庄边缘的一片草地上如厕时，一头狼猛地扑向了他们。这只重达100磅（约45千克）的动物全身肌肉虬结，它抓住了最小的孩子，一名4岁的小男孩……并咬着他的脖子将他带进了靠近河边的一片长满玉米和象草的密林中。当警方的搜索救援队3天后在几百米外找到孩子时，他已经只剩下脑袋了。根据爪痕和齿印，病理学家确认他是被一头狼所杀，这头狼很可能来自游荡在这片区域的狼群，出于饥饿或是其他一些原因（比如某些寻求刺激的村民会去狼窝偷取幼崽）使得它们违反了狼

---

[1] Kruuk 2002.

93

躲避人类的天性，进而驱使它们杀害了那些小孩子。[1]

在 1996 年至 1997 年的 6 个月内，当地共有 76 名儿童失踪，他们的年龄都在 10 岁以下；这些死亡事故都归因于狼。（1878 年，在同一地区，英国官员记录下了 624 起人类被狼杀死的事件。）上面提到过的村民偷取狼崽的说法促使印度的一个保护组织出面解释道：
94 印度剩余的大部分狼都生活在野生动物保护区之外，在那些地方，它们很容易和贫苦农民发生冲突。毒杀狼或是杀死它们的幼崽是不合法的，但却常会发生。[2] 不管《纽约时报》上说了什么，狼崽被人类杀死才直接导致人类小孩被狼吃掉这一说法是相当荒谬的。相对于饥饿原因，复仇并不足以解释狼对人类的捕杀。

我们不断回到之前尚未解决的问题，那就是为什么同一个物种在两块不同的大陆上，它们的捕食行为会变得截然不同。汉斯·克鲁克同样试图解决这一问题：

> 在北美大地上几乎没有出现过狼对人的袭击事件，这是由一些……权威专家确认的。这应该是真实的，而并不仅仅是由于信息的缺失。这与欧洲近代史上所发生的形成了鲜明对比，小红帽的故事便源自欧洲。这个童话故事是根据可怕的真实事件而来，这在欧洲也并不罕见。为什么欧洲（也包括亚洲）的狼和美洲的狼表现得如此大相径庭仍然不为人知，但数据无可争议地显示，狼曾是（现在依然是）人类的常规捕食者，且通常是捕食小孩子。[3]

我们提出了以下理论用以解释这些看上去相互冲突的事，即北

---

[1] Burns 1996,*The New York Times*（《纽约时报》），9/1/96, p. 1。

[2] Defenders of Wildlife 2001.

[3] Kruuk 2002, p. 69.

美大陆上没有发生过狼袭击人的事件，而与之相对的是，在欧亚大陆上却发生了成千上万起这样的事件。我们的理论基于简单的逻辑和最新的古生物学证据：

- 北美地区不是原始人类的发源地；也许最先殖民新大陆的人类至多不早于 2 万年前。
- 当人类在 2 万年前抵达北美之前，他们已经掌握了火、武器、语言以及大规模狩猎的能力。
- 自从和人类有了首次接触后，北美的狼便认识到了这种群体性生活的人类是危险的竞争者，而后在某个未知的世代，这些北美的狼给它们的后代传递了一些遗传信息，这些信息告诉它们：尽可能地远离这些新的直立行走的生物才是明智的。
- 从欧洲人前来探索和殖民开始算起，北美那些有关狼和人有交互接触的历史记录只有 500 年的时长，但鉴于火器的使用，对狼而言，最好避开人类。
- 然而我们知道，欧亚大陆上的狼已经至少在 170 万年里都和原始人类有着千丝万缕的关系，因为在格鲁吉亚共和国的德马尼西遗址出土的化石证据显示，狼和原始人类在时间和空间上是共存的。

95

不可否认，在格鲁吉亚发现的那种狼与原始人类的关系和其在北美的情况完全不同。具体来讲，这种 170 万年前生活在德马尼西的"愚笨的"[1] 原始人类并非那种强悍的猎人，他们并不足以和当地的狼去竞争那些食草动物。我们也并不认为有证据表明这些矮小的德马尼西原始人"先生"或"女士"从狼杀死的猎物中偷取过残羹冷炙。在 170 万年前的欧亚大陆，对于被狩猎的人类而言，狼是捕

---

[1] Gore 2002.

食者的角色，我们能够从现存为数不多的狼那里看到证据，狼依然会尝试对人类的捕杀。而且，不像在北美地区，狼和人共同居住的时间跨度非常短暂，在欧亚大陆上，在绝大多数狼和人交互进化的长时期内，生杀大权都在狼那边。

正经点，不是闹着玩的

无论是生活在哪里的鬣狗，都会是当地文化中所鄙视的对象，它们在神话故事和民间传说中也代表着卑鄙的角色。然而，它们并非软弱、愚蠢或是低等的生物，而且，就像狼一样，鬣狗具有攻击人类的能力和对人类的捕食本能（图 5.1）。在 20 世纪 70 年代和 80年代，研究人员通过实地调查出版了著作以后——特别是汉斯·克鲁克，他曾写过一本题为《斑鬣狗》（*The Spotted Hyena*）的代表性著作，以及雨果·范·拉维克（Hugo van Lawick）和珍妮·古道尔合著的《无罪杀手》（*Innocent Killers*）——那些在古代神话中胆小怯懦、只能满怀希望地藏在一旁等待从其他高贵的捕食者那儿偷取食物的鬣狗形象便不复存在了。鬣狗是大型动物的高效猎手。不同于人们普遍认为的鬣狗主要是一种食腐性动物，事实上它们食物摄取的四分之三来源于狩猎，而只有四分之一来源于摄取其他捕食者的腐肉。它们的牙齿可以起到像锤子一样的作用，利用这些巨大牙齿，它们的大嘴能够咬死猎物，也能够咬碎大多数骨头。这里有一个统计数据可能会引起好事者的兴趣——每平方英寸（约 2.5 平方厘米）的斑鬣狗牙齿可以承受 11400 磅（这已经超过了 5 吨半！）的压力。

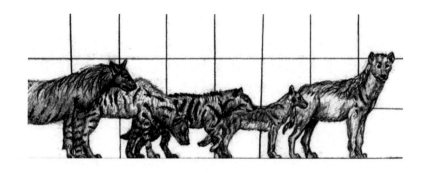

图 5.1　生活在 850 万年前到 100 万年前，如今已成为化石的鬣狗和犬科动物的相对尺寸。每块矩形的边长约 20 英寸（约 50 厘米）；3 块矩形等于 5 英尺（1.5 米）。从左至右依次是：上新鬣狗（pliocrocuta）；豹鬣狗（chasmaporthetes）；鬣形狗（hyaenotherium）；犬属（canis）；副鬣狗（adcrocuta）。（C. Rudloff, 根据 Turner 1997 重绘）

　　斑鬣狗是现存的 3 种鬣狗当中最大的，在同一社群中最多可以达到 80 名成员。它们大声吠叫和咯咯发笑的癖好就和我们人类对话的目的一样——给其他鬣狗传递信息。就像汉斯·克鲁克指出的那样，它们的呼叫声中有着巨大的词汇量，这使得一场杀戮会变得极度嘈杂。它们发出的许多噪音都是在争论谁可以获得多少食物。鬣狗是夜间的猎手，它们通常将斑马、野生角马或是羚羊等奔跑迅速的大型动物当作猎物，但是任何东西都会在鬣狗的菜单上，包括人类的尸体。在马塞族的传统葬礼中，人们会将逝者放到灌木丛中好让鬣狗处理，这并不是一个坏主意，因为这不用将死者埋到又干又硬的土地，而且使得死者能够被当地的生态系统回收。

　　非洲部落的人们并不是唯一利用鬣狗并将它们当作清道夫的人。早在第一次世界大战之前，成群的鬣狗生活在内罗毕的屠宰场附近，清理掉内脏和骨头以及其他一些不需要的残骸。当屠宰场关闭以后，它们开始食用一切没有永久附着在建筑物上的东西，包括扫把、自行车座椅、皮革制品，以及几个在附近田地里耕作的妇女。[1]

　　事实上，存在许多关于斑鬣狗攻击活人的报告。[2] 出于某种未知的原因，在非洲南部的马拉维似乎有相当多记录在案的类似事件。在 1955 年，斑鬣狗制造了 3 起独立的致人死亡事件。在每个案例中，熟睡中的成人或是小孩都从营帐里被拖走并吃掉。这 3 起死亡事件，仅仅 20 世纪 50 年代末马拉维的鬣狗持续 5 年大开杀戒的开端。共有 27 人（其中很多是小孩）被吃掉，这一切都发生在类似的情况下：在炎热干旱的季节，人们更喜欢睡在他们的门廊上，鬣狗从那儿抓住一名小孩或是成人，并将他们拖入灌木丛继而吞食。马拉维的历史记录显示，类似于这种鬣狗专注捕食人类的情况此前

97　已经发生过多次。

　　再往北一点的坦桑尼亚曾有报纸报道过，1968 年鬣狗的恐怖阴云笼罩着阿鲁沙附近的一片地区，那里的鬣狗会不定期地闯入屋子捕食妇女和小孩。邻国肯尼亚的《民族报》刊登了题为《女孩被鬣狗生吞活剥》的头条新闻。一名年轻的骆驼牧人在白天偷偷打盹时，因被一条饥饿的鬣狗将脸上的肉撕下而惊醒。那些牧人同伴从女孩的尖叫中反应过来，在她被彻底吃掉前将其救下。在 1995 年，塞伦盖蒂平原附近也发生了类似的事情：一条斑鬣狗将一名美国游客从帐篷中拖走，并弄伤了她的面部和手臂。她的马塞族向导用矛刺向鬣狗，从而救了她的命。[3]

史前夜晚的嗥叫

　　1000 万年前也许正是我们人类和黑猩猩从共同的祖先最早开始出现分化的时候，那些大型哺乳类捕食者是当时的主宰。大型剑齿

---

[1] 鬣狗的信息来自 Kruuk 1970, Grzimek 1975, Cooper 1990, Macdonald 1992。

[2] Brain 1981; Kruuk 2002.

[3] Kruuk 2002.

类猫科动物正在崛起（就像我们上一章中所讲的），巨型鬣狗和犬科动物也在单枪匹马或是成群结队地游荡。尽管这些鬣狗和犬科动物不像前面提到的史前猫科动物那样敏捷（就像现在的家犬一样，它们也无法控制自己的身体，使其能够像宠物猫一样做出类似瑜伽的动作），这类捕食者拥有 3 种在猫科动物身上不曾发现且有助于它们成功捕食的优点：巨大的下颌；能追逐猎物令其筋疲力尽的长腿；近亲形成群体进行合作狩猎。

让我们先来讨论鬣狗。如今，仅有 3 种鬣狗在非洲和亚洲生存，而古生物学家指出，这一食肉性动物家族曾有超过 100 种如今已经灭绝的物种。[1] 第一种真正的鬣狗出现在约 1700 万年前，而它们做得很好。我们甚至可以稍微再夸大一点，它们做得非常好。我们可以更进一步地承认并向它们致敬，在其统治时期，这些鬣狗是最主要的肉食动物。够清楚了吗？需要更多夸张的话语？那么我们就可以画一幅草图来简单勾勒一下：如果加里·拉森 [2]（Gary Larson）以那个特殊时期为主题创作一部卡通作品《远程》，我们可能会看到一个时尚的原始人声称："是的，伙计，鬣狗规则！"

拥有超过 100 种已经灭绝的物种，我们不会把所有可能已经吃了不少原始人的鬣狗一一罗列出来。我们只会草草指出主要趋势，并选择一些和原始人类的化石证据有关联的物种予以探讨。首先，鬣狗种类是如此丰富，以至于它们在进化之路上出现了两个不同的分支。其中一支鬣狗的适应性使其进化成了能够快速奔跑的动物——追逐型的。这一支的杰出代表包括那种擅长奔跑追逐的鬣狗，即豹鬣狗（euryboas）。这是一种拥有长腿，就像是基本鬣狗模型的猎豹版本。豹鬣狗是如此成功，它们的身影最终遍布欧洲，并逐步把足迹延伸至南非的斯泰克方丹和斯瓦特克朗斯洞穴，在那

[1] Brain 1981; Werdelin and Solounias 1991; Euryboas 是 chasmaporthetes（豹鬣狗）的同义词，这两个名字都是指一种在非洲原始人类遗址中发现的像猎豹一样的鬣狗。

[2] 译者注：美国著名漫画家，其作品充满创意，并极具黑色幽默。

里，这类鬣狗的化石和南方古猿遗骸一起被发现。另一种南非的狩猎鬣狗（hyaenictis）同样奔跑迅速、四肢细长，它们同样也追逐猎物，但是相比于豹鬣狗而言，它们看上去更像狼。归功于南非洞穴中的原始人类遗骸给我们带来的启发，这两种擅长奔跑的猎物被认为曾经捕杀过南方古猿，就像那些剑齿虎、伪剑齿类猫科动物、豹子的祖先，以及现代鬣狗的祖先那样。居然有如此多的刽子手！

当研究了现存的鬣狗家族以后，它们的第二个进化方向就变得十分明了。在这第二条道路上，它们的巨大下颌上进化出了越来越大、越来越重的牙齿，直到它们变成和现存的三种鬣狗一样，能够粉碎骨头的肉食动物。在这类具有巨大下颌的鬣狗分支中，有一类巨型物种被称为洞鬣狗。它生活在欧洲，并以洞窟为栖息地。居住的场所同时也是进食的场所，我们应当看到洞穴可以讲述很多故事，比如有一次，许多聒噪的鬣狗将那些直立行走的原始人类带回洞中就餐，这些原始人类并非作为客人，而是作为主菜（图 5.2）。

图 5.2　画家描绘史前鬣狗看到它们的猎物——直立人时的场景。(C. Rudloff, 根据 Boaz and Ciochon 2001 重绘)

　　我们要对另一种叫作硕鬣狗（pachycrocuta）的大型穴居鬣狗予以特别关注，它们也被称为"短面鬣狗"。它们在其他方面并没有什么弱点，除了没有细长的锥形鼻子，而之前描述过的擅长奔跑、看上去像狼的那一支鬣狗则都会拥有。硕鬣狗和狮子差不多大小，可能重达 440 磅（约 200 千克）。事实上，它们是曾经存在过的最大的鬣狗。

　　硕鬣狗的化石出土于埃塞俄比亚的哈达尔（Hadar）。（这些化石大约可以追溯到 350 万年前，与那个著名的"露西"及其亲属处于同一时期、同一地点。）显然，在南方古猿生存期间，硕鬣狗更多地居住在东非；最近，这种巨型鬣狗的化石也在肯尼亚北方的南图尔克维尔（South Turkwel）原始人类遗址中被发现。此外，这种巨型捕食者的生活范围也扩大到了非洲南部以及整个欧亚大陆的各个地方。它们利用洞穴作为休憩和进食的场所；它们极有可能像现代的斑鬣狗一样群体狩猎。我们知道这是一种能够捕食巨大的麋鹿以及中国的披毛犀等大型猎物的可怕的捕食者，因为很久以前被其抛弃的洞穴中包含了它们多次盛宴的成果，即那些尚未被硕鬣狗的臼齿磨成碎片的骨骼化石。哦对了，另外还有大量展现鬣狗轻松的宴会气氛的线索就是粪化石（已经变成化石的粪便）。这些鬣狗，就像它们的现代亲属，在紧挨着它们的巢穴处安置了厕所。

　　似乎 200 千克的块头还不够，硕鬣狗的兵器库中还包括其巨大的牙齿和巨大的下颌（说得形象点，它张开的嘴几乎可以把一个人的脑袋整个放进去）。事实上，这些巨大的牙齿和下颌是解决古人类学家最大的化石疑云的关键拼版。[1]

　　故事始于 20 世纪 20 年代的中国北京以南地区。这里的商贩售卖一种从当地的山上挖出来的叫作"龙骨"的药材。中国和欧洲的古人类学家鉴定发现，部分骨头来源于原始人类，周口店洞穴中的

100

---

[1] 对非洲硕鬣狗的讨论来自 Werdelin and Lewis 2000 和 Marean 1989；对周口店洞穴遗骸的讨论来自 Boaz et al. 2000, Boaz and Ciochon 2001, Boaz et al.（手稿）。

古老传说也就此展开。最终，在这片洞穴中，共发现了45具直立人遗骸，当时为了便于识别，将它们命名为"北京人"。当时最知名的古人类学家通过对这些化石的分析，认为这些早期人类以洞穴为家和狩猎基地，并在那儿从事一些野蛮行径，比如食人，特别是吃人类同伴的脑袋。

当时正处于第二次世界大战之中，当日本入侵中国后，此前发现的北京人化石被这些侵略者藏了起来，事实上，在此之后再也没有人见过那些化石。万幸的是，在这些化石被偷走之前，已经完成了部分早期研究，而后中华人民共和国成立，使得来自全世界的人类学家能够在随后的几十年里进一步对周口店遗址进行研究。这些早期人类是野蛮食人族的理论在当时被认为是无可争辩的事实，以至于连续几代的美国大学教科书中都大肆将周口店遗址作为最好的注解，进而推导出野蛮是人类的天性。

这些推导出原始人类是野蛮食人族的化石证据是什么？在周口店发现的遗骸大多是直立人的头骨，却没有等量的那些来自身体其他部位的骨头。除了头骨以及一小部分较大的腿骨碎片以外，在洞中便再没有其他原始人类的身体组成部分了。和其他部位的人类骨骼相比，这些头骨呈现出很大比例的倾斜，而且所有头盖骨以同一种方式被"修改"。

无可否认的是，这些处理头骨的方式十分怪异，它们显然是由某些不怀好意的行为所致。这些头骨的面部骨骼都不见了，头骨底部是被强行"破口而入"并弄大的缺口。食人行为，以及一种对脑部脂肪组织的特殊癖好，似乎是对这一情况的唯一合理解释。诚然，和周口店出土的其他生物化石相比，原始人类的遗骸并不多。但早期原始人在洞中被其他物种以及自己的同类猎杀这一常识，看上去似乎合情合理，这也使得"杀人猿"形象在学术界和通俗文学中甚嚣尘上。更令其符合逻辑的是，专家们断言，没有动物能够撞坏和粉碎这些头骨，而这种破坏则只能是人类通过石器工具所为。

你已经看到了我们要前往何处。中国学术界对周口店遗址进行了不懈的研究，并且最终西方科学家也加入其中。在第二次世界大战结束后，在南非的洞穴中又完成了很多关于南方古猿的研究。通过布莱恩等人对豹子捕食人类的分析研究，关于南非原始人类充斥着贪婪和暴行的误解被重塑，而鬣狗拥有远超咬碎人类骨骼的力量这一观点也最终被人接受。基于对现存鬣狗的观察，人们知道鬣狗能够啃噬猎物的头骨，这恰恰也是周口店化石所呈现出来的情景，面部消失以及头骨底部变大。最终，对于硕鬣狗的化石分析也显示，这种拥有巨大身形的动物能够轻而易举地咬碎原始人类的头骨并吃掉大脑，对它们而言这仅仅一块蛋糕（图 5.3）。

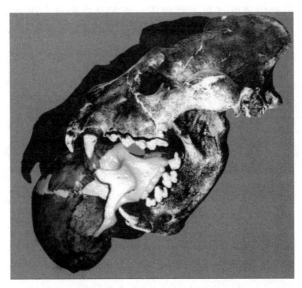

图 5.3　从中国周口店洞穴中发掘出土的被彻底"改造"的直立人头骨表明，巨大的鬣狗曾捕食这种早期原始人类。（版权归 Russell L. Ciochon and Noel T. Boaz 2000 所有）

诺埃尔·博阿斯（Noel Boaz）和罗斯·乔昆（Russ Ciochon）是破解这一谜团的两位美国科学家。他们提出周口店的直立人头骨呈现出被大型鬣狗啃咬、咀嚼和对骨骼进行处理的所有标志。为了得到关于周口店头盖骨的确切说法，接下来便需要对现存鬣狗的饮食习惯进行观察，了解它们啃咬、咀嚼及其他处理骨头的方式，这一系列步骤对理论的重构息息相关。第一步：剥落可食用的面部肌肉，随后对颧骨和上颌骨造成伤害；第二步：撕裂下巴中间，直达舌头；第三步：粉碎面部骨骼；第四步：破开颅盖露出大脑，鬣狗便可以尽情享用这些丰富的脂肪。

103 　　硕鬣狗在那片区域捕食原始人类，然后将那些猎物碎片带回洞穴。在那里它们咀嚼面部骨骼吸取骨髓，并破开颅盖获取脂肪。谜团被彻底破解。

　　很显然，在原始人类进化过程中，鬣狗曾有过一段美好时光，那么犬科动物家族又是怎样的呢？答案是它们有一些真正与众不同的特征。就像一名时尚设计师从今年的巴黎范儿中剽窃创意一样，犬科动物会去其他物种的衣柜中进行试穿，来看看到底什么样才合适。鬣狗怎么样？是的，有一群形如鬣狗的动物，它们有着肿胀的前额，叫作恐犬（osteoborus）。猫科动物怎么样？肯定的。在犬科动物中，有一类形如美洲狮，仿佛是犬科版的猫科动物，叫作海獭犬（enhydrocyon）。超大体形如何？当然！就像猫科动物和鬣狗一样，犬科动物同样进化出了无比巨大的物种，比如猫齿犬（aelurodon），它是能够咬碎骨头的一种犬。在为数众多的古代犬科家族中，猫齿犬的重量预计能够超过 250 磅（约 110 千克）。顾名思义，这种特别的肉食动物拥有着如此血盆大口，以至于古生物学家赋予其化石遗骸一个描述性称谓——骨骼粉碎机。结合其巨大的强健的体魄，这些动物和如今的野狗十分相似，奔跑迅速，力量十足，这也增强了它们成群结队进行狩猎的能力。[1]

　　曾经甚至出现过一类叫"熊犬"的物种（除了体形和如今的灰熊差不多，它们和熊毫不相关）。这种巨大的食肉型熊犬，曾经生存于 2500 万年前至 500 万年前。对在法国发现的熊犬化石进行重构

---

[1] Romer 1955; Macdonald 1992;Voorhies 2002.

后发现，它们是一种活跃的捕食者，兼具熊的力量十足的前肢以及大型猫科动物的后肢肌肉组织。猫科动物的运动能力再加上更像狼的尖利牙齿，使得它们在捕猎时显得十分高效。它们的食物据推测应该和现在狼的食物相似。[1]

　　我们最早的祖先与碎骨犬和熊犬身处同一时代，而这些远古犬科祖先却是起源并繁衍于欧亚大陆和北美大陆上。迄今为止，没有证据表明这些巨大的犬科动物曾在非洲大陆生存过。最终迁往非洲大陆的犬科动物是这些在其他大陆发现的巨型生物的微缩版本。尽管一种大型的犬属物种曾经在南非的克罗姆德莱被发现，我们甚至仍不清楚是否曾有巨型的狼散布在撒哈拉以南的非洲地区。同已知的南方古猿等原始人类生活在同一片郊野的大部分犬科动物，很可能与如今在其他大陆发现的非洲猎狗以及豺狼类似。在肯尼亚和埃塞俄比亚原始人类挖掘过程中，精确符合上述尺寸的犬科动物化石也被挖掘出土。[2]

　　不像猫科动物和鬣狗家族，迄今为止并没有无可争辩的证据可以证明野生犬科动物曾捕食早期的原始人类祖先，但根据我们对于豺狼、豺以及阿拉伯狼亚种捕食非人类灵长类动物所进行的研究，再加上狼的捕食所呈现的数据，我们得出以下结论：最早的原始人类祖先曾面临被野生犬科动物夺去他们年轻生命的极高风险。然后，随着原始人类从非洲逐渐分散到世界各地，他们会遭遇巨大残忍的犬科动物——真正可怕的捕食者。它们将是真正善于奔跑的动物，即使从这个词最严格的标准来讲——它们能够快速奔跑并依靠群体策略进行狩猎。我们不认为它们作为掠食者会网开一面。举个例子，就在附近，或许就在德马尼西遗址，化石证据也许能够证明，在成为人类最好的朋友之前，谨慎地说，它们也许并不那

104

---

[1] Turner 1997.

[2] 对非洲犬科动物化石的讨论来自 Maglio 1975, Leakey 1976, Marean 1989, Werdelin and Lewis 2000。

么友好。

群体中的领袖

在针对非人类灵长类动物的捕食行为研究过程中，基于类似的生态地位和社会行为（尽管从分类学上讲，相对于犬科而言，鬣狗更接近猫科动物），我们把野生犬科动物和鬣狗放到一起考察。犬科动物和鬣狗均采用完全陆生的生活方式，它们大多采用合作性（群体性）的狩猎策略，这使得它们能够捕杀体形非常巨大的猎物。斑鬣狗和非洲野犬在狩猎过程中的合作效率体现在捕获率上。一个物种的捕获率可以通过计算成功捕杀的猎物数量除以它们尝试捕杀的猎物总数进行估计。大多数捕食者并没有一个很高的捕获率，然而，经研究人员计算，斑鬣狗的捕获率达到了 35%（对角马幼崽时这一数据能够上升至 74%），而非洲野犬的捕获率则达到了惊人的50% 至 70%。[1]

非洲野犬和斑鬣狗也可以根据它们同样具有的尾随、追逐，并从猎物身后发起攻击的习性来定义。尽管它们缺乏猫科动物所具有的利爪和爆发力十足的前肢，但却从大幅提升的嗅觉能力中获得了105　补偿，与此同时，长腿和深胸则赋予其追逐猎物时所需的超强耐力。这种肉食动物的最快速度令人印象深刻：斑鬣狗的速度能达到每小时 40 英里（约 65 千米）；非洲野犬可以保持每小时 44 英里（约 70千米）的速度；即使是小型的豺狼也可以达到每小时 37.5 英里（约60 千米）。若是不小心遇上了野生犬科动物或是鬣狗，灵长类猎物——除了非洲热带草原上的赤猴（patas monkey），它们是灵长类中独一无二的短跑家——通常跑不了多远便会被捕获并杀死。[2]

---

[1] Bertram 1979; Caro and Fitzgibbon 1992.

[2] 犬科动物和鬣狗的形态学研究来自 Estes 1967；速度研究来自 Schaller and Lowther 1969。

非洲猎犬

非洲猎犬是一种极度依赖视觉的日间捕食者。对于这种犬科家族成员而言，精心隐蔽自己并潜近猎物显得毫无意义，因为居住在短草平原中的猎物可以轻而易举地看到捕食者的一举一动。慢慢靠近潜在的猎物不会有任何好处，它们在狩猎中回避了技巧，没有过渡阶段，一旦开始狩猎便会全速冲刺进行追逐。非洲猎犬在它们最擅长的领域堪称惊人的专家——一旦将一头角马或是斑马视作狩猎目标，它们便会展开高速的"接力"奔跑，最终使得那些猎物筋疲力尽。这种接力更应该看成是结果而非这一群体的意图。领头的猎犬总是试图在整个追捕阶段保持领先，但那些被追逐的猎物采取转向牵制的策略，这常常意味着那些落在后面的鬣狗有时会忽然发现自己比头领更靠近猎物。

非洲猎犬的社会组织是，呃，非常具有社会性的。所有的成年猎犬都会从捕杀中分到自己应得的一份。随后，它们还会进一步展现其高尚的风度，幼崽先吃，成年猎犬就在一边耐心等待，直到那些年轻人吃饱喝足。

猎犬是非洲捕食者中最为罕见的一种，它们的整个种群正濒临灭绝。幸运的是，由于它们的天然栖息地短草平原变成了耕地，它们仍然能够在沙漠和沼泽等极端环境下生存。当猎狗独自进行狩猎时，它们也许会偶尔捕食灵长类动物，但考虑到这种猎犬出现时，不常见的灵长类已经灭绝，那么诸如此类的可疑情况可能只会存在于逸事之中了。[1]

106

---

[1] 非洲猎犬的信息来自 Estes and Goddard 1967, Kingdon 1974, Fuller and Kat 1990。

豺

　　豺是亚洲一种漂亮的赤褐色野生犬科动物。它们的大小和驯养的中大型家犬差不多，其生活习性和非洲猎犬极其相似。它们是以大家庭为单位，白天狩猎的动物，每个家庭约由 4 到 10 名成员组成。作为群体性捕食者，尽管豺被认为专注于捕食大型的亚洲鹿（比如水鹿），但在印度的班迪普尔老虎保护区，豺杀死的猎物中，几乎有一半是重量小于 50 磅（约 23 千克）的动物。和历史中它们广泛的栖息地相比——印度次大陆，东到中国，北至俄罗斯，南达印度尼西亚——如今的豺是如此罕见，以至于人类对它们的食物构成尚未有真正明确的认知。尽管如此，印度的两项研究和印度尼西亚的一项研究发现，灵长类动物残骸仍然出现在豺的粪便中。[1] 从 20 世纪 30 年代一位博物学家的笔记中也发现了同样的观点（使用了相当时髦的语言），即豺是灵长类动物的捕食者：

　　　　当遭受豺的攻击后，猴子会离开树林这一奇怪习惯……也常常出现在尼尔吉里黑叶猴当中……而对这一奇怪特性的一个很好的解释应该被找到……出版于 1876 年；然而对于这一奇怪的行为没有任何解释。这种野狗能从这一缺点中获益是显然的，因为我曾不止一次在昆达尔（Kundahs）的野犬粪便中发现过黑色的猴子皮毛。[2]

　　豺被控诉成（和其他大多数野生犬科动物如鬣狗一样）一种放肆残暴的谋杀犯，因为它们会通过剖腹挖肠的方式杀害猎物。任何

---

[1] 豺的信息来自 Hoogerwerf 1970, Johnsingh 1980, Johnsingh 1983, Macdonald 1984, Rice 1986, Seidensticker and Suyono 1989, Paulraj 1995, Srivastava et al. 1996。

[2] Phythian-Adams 1939, p. 653.

被豺群捕获的猎物会被活生生地撕成碎片。但专家们认为，由于这些肉食动物撕开腹部导致的大量失血，猎物很快会发生休克，尽管这群野犬的攻击看上去乱哄哄的，从猎物最初被捕获到最后的死亡耗时，很可能会少于一只大型猫科动物对猎物的快速撕咬所需要的时间。豺就是具有减少受害者痛苦这类行为特征的一种动物：它们在一场杀戮当中的竞争更多地通过加快进食速度，而非彼此争斗来体现。举个例子，一只水鹿幼崽可能会在死后几秒钟内被肢解并被吞食。

107

豺狼

豺狼是非洲和亚洲的一种小型野生犬科动物，它们生活在亲密的家庭中，父母和其他帮手不论性别都会对幼崽悉心照顾。所有四种豺狼都是通过气味追踪并向猎物发起突然袭击，而非组团将猎物追至筋疲力尽。动物学家推测，在一片缺少大型肉食动物的地区，通过三三两两的合作狩猎，豺狼往往会成为大小和灵长类相仿的动物的主要捕食者。计算结果显示，一群豺狼共同狩猎的捕食效率是一只豺狼独自追捕猎物的 3 倍。

已公布的数据支持了豺狼是灵长类动物捕食者这一说法。[1] 在亚洲，在研究人员的注视下，金豺利用成对狩猎的方式成功捕获了栖息在树上的叶猴和半陆生的哈努曼叶猴。一位名叫克雷格·斯坦福（Craig Stanford）的灵长类动物学家在孟加拉国先后记录了两起金豺猎杀叶猴的事件。在第一起事件中，两只金豺正在耐心等待一只无家可归的叶猴幼崽穿过 15 英尺（约 4.5 米）的森林地被物，去寻找它的母亲。当这只幼崽最终用尽全力向前猛冲时，两只金豺同时从藏身之处突然出现，但它们的捕食并没有成功。在第二起事件

---

[1] 豺狼的信息来自 Estes 1967, Struhsaker and Gartlan 1970, Nagel 1973; for Kummer observation, Lamprecht 1978, Newton 1985, Stanford 1989, McKenzie 1991。

中，一只老年母叶猴像往常一样在森林地被物附近觅食时，被 3 只豺狼袭击并捕杀。

捕获一只很老或是很年幼的叶猴是一回事，但追逐一只狒狒则是另一回事。豺狼体重约 24 磅（约 10 千克），而成年的雄性阿拉伯狒狒（hamadryas baboons）则重达 40 至 45 磅（约 18 至 20 千克）。这对于豺狼这种小型犬科动物而言并非一个最佳对局，即使它们是成对狩猎的。也许豺狼会小心翼翼地挑选它们的狒狒猎物，以免和某些"大家伙"发生缠斗，比如说那些明显处于上风的雄性狒狒。汉斯·库默尔（Hans Kummer）已经研究了阿拉伯狒狒超过 40 年。他曾目睹过一对豺狼骚扰一只生病的母狒狒，当时它落在了大部队后面。当那些成年公狒狒回来查看这只母狒狒时，这对豺狼便匆匆离去。

一种更小的生活在热带草原上的灵长类——赤猴，会利用分散注意力的方式，而非绝对的体积优势，来智取捕食者。公赤猴会朝母赤猴和小赤猴藏身之地的反方向奔跑，以此将捕食者从大部队引开。显然，豺狼倾向于悄悄跟踪赤猴这种灵长类动物，因为所有在西非观察到的豺狼和赤猴的遭遇战本质上都是激烈的。

鬣狗

说来也怪，现存的三种鬣狗从外形到生活习性都和它们的祖先有着巨大的差异。所有这三类鬣狗都有着肌肉发达的前肢和倾斜的后背，它们的颈部都环绕着鬃毛，都具有肛窝用来标记气味。但除了这些基本形态以外，它们就没有其他相似之处了。

斑鬣狗一直以来都是比褐鬣狗以及黑纹灰鬣狗更受关注的研究对象。这种斑鬣狗具有一种哺乳动物世界中罕见的特性——更大、更占主导地位的雌性。哺乳动物两性异形的标签通常表示雄性要比雌性大得多。斑鬣狗也是两性异形的，但它的雌性要比雄性重 4%至 12%。另外，雌性斑鬣狗在社群中占主导地位，它们也具有一个模仿雄性阳物的更大的阴蒂。显然，这增添了鬣狗的神秘色彩。同宗的雌性鬣狗会将它们的幼崽安置在一起，尽管每只雌性鬣狗只照顾自己的后代。年轻的鬣狗在捕猎时没有优先地位，它们也会被完全排除在餐桌之外，因此幼崽的哺乳期长达 18 个月。

　　我们对现代斑鬣狗捕食狒狒和其他居住在热带草原的灵长类生物的回顾表明鬣狗是机会主义者，它们有时会单独捕食一些小型猎物，比如灵长类动物。由于和它们的典型猎物，即非洲的大型有蹄类动物（比如羚羊、斑马和瞪羚）相比，猴子的身形相对较小，鬣狗群无法以灵长类动物大小的猎物作为主食。相反，灵长类动物吸引着那些单独的狩猎者，比如一只正在寻觅一顿快餐的落单的斑鬣狗。灵长类动物作为其食物，在所有这三个物种，即斑鬣狗、黑纹灰鬣狗和褐鬣狗当中均有记录，但真正被观察到的鬣狗捕食灵长类的事件却很稀少。尽管如此，研究人员曾经在肯尼亚的安波塞利国家公园目睹过一只成年雄性非洲黄狒狒被一只斑鬣狗捕杀；另外，在冈比亚的阿布可保护区，发现鬣狗抓到了一只闯入它们领地的红疣猴。

　　关于野生褐鬣狗和黑纹灰鬣狗的研究比斑鬣狗少得多。就像所有现存的形式一样，这三个物种都被认为具有粉碎骨头的能力。但从某些方面来看，褐鬣狗和黑纹灰鬣狗彼此相似，而和它们那些带斑点的亲戚不同。首先，在褐鬣狗和黑纹灰鬣狗当中，尺寸偏差更倾向于雄性而不是雌性；其次，在狩猎时，褐鬣狗和黑纹灰鬣狗都会将鼻了凑近地面来获取气味。关于下一顿会吃什么就像是掷一次骰子，正是在这样的机会主义情况下，它们才会去捕食灵长类动物。

109

　　褐鬣狗目前只在非洲南部被发现。这一物种（这种动物看上去永远有一个糟糕的发型）在同族之间共享一片领地，并表现出和斑鬣狗几乎一致的社会组织。然而，斑鬣狗通常群体狩猎，而褐鬣狗则是独居的捕食者。另外，由于它们并非集体狩猎，相对于斑鬣狗而言，褐鬣狗会更多地食用其他捕食者的腐尸。褐鬣狗喜欢独自狩猎的倾向可能意味着它们会更有可能捕食灵长类动物。对褐鬣狗巢穴中堆积的骨头进行的分析也证明了这一点。褐鬣狗对狒狒的捕食似乎尤其普遍，特别是当幼崽开始长大时。同样有大量未经证实的报道称，褐鬣狗曾经捕捉过人类小孩。[1]

家犬

当我们讨论犬科动物家族对现存灵长类动物的捕食时，我们不能忘了大量遍布在非洲大陆、马达加斯加岛、亚洲，以及新热带区的那些野生或是半野生的狗。野狗对于野生动物数量造成的破坏性影响绝不可被低估。在一次对野生动物捕食者的评估中，曾发现家犬杀害过七种不同的南亚灵长类动物的记录。在印度和斯里兰卡的人口稠密地区，野狗比其他任何肉食动物都更频繁地袭击和捕杀叶猴。[2]

只是说句题外话，在美国，宠物狗每年会造成 20 万人受伤，但这并非出于捕食的原因。狗对家庭成员或是街坊邻里的误伤，更有可能只是因为把他们视作生活中的伙伴，出于恐惧或是表达支配欲才表现出侵略性。[3]

野生犬科动物追逐人类的祖先，随着它们越来越近，它们呼出的热气清晰可知。多么可怕的事啊，看着我们心爱的宠物狗，很难想象它们在很久以前曾是残暴的捕食者。接受了这一点，在下一章我们直接并快速地将活的蟒蛇、鳄鱼或是科莫多巨蜥和过去那些原始人面对的冷血爬行类捕食者联系起来，应该不是什么特别的难事。这非常有趣，不是吗？几乎任何巨大或是蜿蜒蛇行的爬行动物都会使我们的大脑深处发出尖叫："危险！别靠近！"

110

[1] 三种鬣狗的信息来自 Pienaar 1969, Kruuk 1975, Skinner 1976, Bearder 1977, Owens and Owens 1978, Mills 1978, Mills 1989, Brain 1981, Cooper 1990, Kerbis Peterhans 1990, Werdelin and Solounias 1991；捕杀狒狒的描述来自 Stelzner and Strier 1981；捕杀红疣猴的描述来自 Starin 1991。

[2] 对家犬的描述来自 Oppenheimer 1977, Barnett and Rudd 1983, Anderson 1986b。

[3] Kruuk 2002.

第六章　传教士的处境

现在，我们已经徒步穿越了剑齿虎、巨鬣狗捕食人类祖先的战场，也钻研了多种现代肉食动物的攻击。然而，最经常攻击人类的脊椎动物群是爬行动物。朱利安·怀特（Julian White）是一名澳大利亚的毒理学家，他估计毒蛇咬人的数量每年超过 300 万起，并在世界范围内造成每年 15 万人死亡。[1] 蛇的咬伤可能是致命的，但几乎不和任何捕食行为有联系——事实上恰恰相反，大多数蛇害怕人类，并通过防御性反应来保护自己不被人类捕食。[2]

尽管如此，六种所谓的巨蛇可能是例外。

食人巨蛇的故事并不缺乏。因此，这一章我们将从一本早期杂志上的指南说起，它是为在非洲工作的传教士提供的，写得优美、低调，但又非常严肃。它说当遇到非洲巨蟒时，请按如下方法操作：

> 记住不要逃跑，巨蟒跑得更快。要做的是仰天平躺在地上，双脚并拢，双臂放于身体两侧，头部放好。然后，巨蟒会试图将它的头部推到你的身体下面。在每一个可能的点位进行试验。

在这一点上，几乎所有人都会推断直立行走作为一种适应特性显然演化成了掩盖逃离巨蛇的可能性。好吧，回到指南。

---

[1] White 2000.

[2] Murphy and Henderson 1997.

保持冷静，一个扭动间它就会到你身下，用它的身体把你缠绕并且将你推向死亡。一段时间后，巨蟒会厌倦这一点，可能会决定毫无准备地将你吞下。它很可能从你的一只脚开始。保持冷静，你必须让它吞下你的脚。这一点都不痛，而且会需要很长时间。

嗯……"一点都不痛"吗？……只是有点恼火，因为这将会"需要很长时间"？它很可能会用你的一只脚开始无痛吞咽过程？如果巨蟒想从另一端——头部——开始无痛吞咽它的美食呢？但是，还有更多……

如果你失去理智并且挣扎，它会很快再次将你缠住。如果你保持冷静，它会继续吞咽。耐心等待直到它吞下你的膝盖。然后可以小心地把你的刀拿出来，插入它嘴扩张的一边，迅速将它撕裂。[1]

有多少传教士接受了这个建议值得怀疑，而又有多少人在接受这个建议后幸存下来，则更是充满疑问。不管怎样，任何一个小心遵循这些指导的传教士——"在巨蟒吞你的时候保持冷静！"——绝对拥有超常的信念。究竟是谁写的指南，或是根据谁的个人经验编写的指南？可悲的是，这仍然是一个谜。

蛇形路线

一般而言，灵长类动物（包括人类）普遍对蛇有所恐惧，这或许可以通过统计分析来证明。在非人类灵长类动物中，对蛇的躲避

113

---

[1] Rose 1962, pp. 326–327.

是一个证据充分的行为，尽管在看似反常的行为中，灵长类有时会出于好奇而接近蛇。[1] 灵长类对蛇的本能性的避让，意味着与蛇的某些进化关系——无论是作为捕食者或作为热带和温带地区危险的共居者。

个人经历总是比任何描述都能击中要害，任何在野外与大而危险的蛇的亲密接触都特别难忘。在森林里研究灵长类动物的时候，你大部分时间都花在观察树木，而不是注意自己的脚放在了哪里。你习惯于踩在大树裸露的树根、树枝、岩石上面，甚至被这些东西绊倒。本书的作者之一（RWS）在马达加斯加研究狐猴的时候，常常会被潜藏在田野研究人员周围的角角落落所震惊。"踩在一根大树枝上，我觉得它开始动了。发出一声尖叫，我跳得几乎把鞋子甩掉了。显然，我并没有踩在树枝上，而是踩在一条巨大的马达加斯加蟒蛇（Malagasy boa）身上。令人欣慰的是蛇没有毒（马达加斯加没有毒蛇），但当地面在你脚下移动而你向下看去竟是一条活生生的巨蛇时，这仍然是一个很大的冲击。"

无意中遇到致命性毒蛇的埋伏，比如蝰蛇（viper），这可能更令人震惊。在非洲、亚洲和新大陆的大多数森林中进行灵长类研究时，毒蛇十分常见，人们必须时刻注意它们出没，并时刻准备好避免攻击。预防计划显得十分必要，以防有人被咬伤。在灵长类动物研究的大多数地区，毒蛇是在研究中可能遇到的最危险的东西。

在哥斯达黎加拉塞尔瓦森林保护区（forest reserve of La Selva）做灵长类动物普查时，一条 10 英尺（约 3 米）长的矛头蛇（fer-de-lance）迎面而来，当时我和一个学生正走在一条小路上。这是新热带地区最可怕、最危险的蛇之一，比任何其他大型的毒蛇更倾向于咬人。从西方的角度来看，与其他蛇类相比，它们的长相也极其可怕。（因为讨厌落入拟人化的陷阱，除了彻头彻尾的丑陋，很难将这

---

[1] 确认灵长类避蛇行为的研究参见 van Schaik and Mitrasetia 1990, Vitale et al. 1991 和 Nunes et al. 1998；对好奇行为的研究参见 Dittus 1977。

些平头、塌鼻的蛇形容为任何东西。）那条蛇正从小路上朝我们移动
而来。由于我们需要从它身边经过并继续前进，我们最终决定由我
尝试进入森林绕过矛头蛇走，而与此同时该学生则监视蛇的一举一
动。在进入浓密的灌木丛并开始在蛇周围采取一些动作时，我听到
蛇在移动的声音。幸运的是在最初的肾上腺素冲动之后，那条蛇正
从我身边转移到另一边的森林去。这一事件是如此令人不安，以至
于研究小组中没有一个人在那天剩下的时间里返回森林。

　　上面的小插曲可以用两种不同的方式解释：第一，研究者真的
非常胆小，因为与蛇相遇而结束一天中剩下的活动；第二，我们无
意中发现了一个有趣的话题——人类和非人类灵长类动物对蛇的恐
惧，是出于本能和习得的，还是只是习得的？

　　基于对南非大狒狒（chacma baboons）、松鼠猴，以及几种绢毛
猴和狨猴的研究，对蛇的回避是灵长类动物的本能行为这一理论得
到了科学支持。但也有研究支持对蛇的恐惧和回避是一种学习行为；
这方面的证据主要通过对松鼠猴、猕猴和狐猴的研究得到。到目前
为止，双方都没有决定性的证据证明自己的观点。[1]

　　人类对蛇的恐惧或躲避的控制性研究并不是一个多产的研究领
域。1928 年，两位心理学家哈罗德（Harold）和玛丽·琼斯（Mary
Jones）在《儿童教育》（*Childhood Education*）杂志上发表了题为
《成熟与情感：对蛇的恐惧》的研究报告。他们发现，2 岁以下的儿
童对一条无害的 6 英尺（约 1.8 米）长的北美蛇和一条小蟒蛇没有
恐惧；但到了 3 岁时，孩子们在蛇的周围显得格外谨慎；对蛇明显
的恐惧出现在 4 岁以后。20 世纪 60 年代的另一项研究要求孩子们
认清自己的恐惧，在这项研究中，467 名 5 至 12 岁的儿童中有 50%

---

[1] 对蛇的恐惧是一种本能行为的证据是基于 Bolwig 1959, Masataka 1993 和 Ziegler and
Heymann 1996 的研究；对蛇的恐惧和躲避是后天习得的行为的证据是基于 Osada
1991, Joslin et al. 1964, Bertrand 1969, Mineka et al. 1980, Cook and Mineka 1990 和
Bayart and Anhouard 1992 的研究。

选择动物作为最可怕的东西，而被提及最多的动物就是蛇。[1] 从这一个小样本中，关于人类或非人类灵长类动物对蛇的躲避是"先天与后天"这一问题上，并没有确切的答案，但事实上，年幼的儿童接触大蛇时具有好奇心的任何证据都使得灵长类动物基本固定的恐惧反应极其难以置信。

有或没有先天的恐惧……有或没有后天习得的恐惧……我们想解决的相关问题仍然存在：有没有任何证据表明蛇是早期原始人类的捕食者？

因为蛇总是整个吞食猎物，我们只需要考虑那些足够大——即拥有足够大的下巴裂口——到一餐能够吞下原始人类的蛇。克利福德·蒲伯（Clifford Pope）是第一批为公众真实描写巨蛇的两栖爬虫学家之一，他描述了巨蛇和蟒蛇的猎物："几乎任何不过于强大的，体重小于 125 磅（约 57 千克）的生物都是潜在的受害者，即使有角、盔甲和刺。"[2] 已经灭绝的原始人类如著名的南方古猿化石露西的大小——据估计存活时站立高度为 3.5 英尺（约 1 米），体重约 60 磅（约 27 千克）——对于今天所谓巨蛇的远古近亲来说，吞噬这样大小的动物根本没有任何问题。

确切地说，有 6 种蛇拥有巨人般的称号：非洲蟒（the African python）、印度蟒（the Indian python）（图 6.1）、亚洲网纹蟒（the Asian reticulated python）、澳洲紫晶蟒（the amethystine python of Australia）、南美巨蚺（the South American boa constrictor）和南美水蚺（the South American anaconda）。它们被贴上"巨蛇"标签的原因是显而易见的。南美巨蚺是这其中最小的，它最长为 18.5 英尺（约 5.6 米）；其余 5 种真的很大——最长可达 33 英尺（约 10 米）——是现存最长的陆生生物。

---

[1] Jones and Jones 1928; Maurer 1965.

[2] Pope 1980, p. 77.

图 6.1　印度蟒（the Indian python）是六种巨蛇之一。（Mark O'Shea/Krieger 出版公司）

　　与巨蟒的长度相比，我们对巨蟒的重量知之甚少，这是因为让一条相当长的蛇配合盘旋在刻度盘上称重，从逻辑上讲就是一个极其困难的挑战。（这就是为什么你看到的猛犸蟒或巨蟒合影是由 5 或 6 人举着那条蛇的不同部位。）现有文献中对巨蟒重量的两个可靠估计都令人印象深刻——19 英尺（约 5.8 米）的印度蟒蛇重达 200 磅（约 90 千克），而 25 英尺（约 7.6 米）的网纹蟒则重达 305 磅（约138 千克）。[1]

　　依靠嗅觉以及从某种程度上说的热敏感性，巨蛇可以同时在夜间和白天捕食猎物。它们在水中就和在陆地上一样行动自如。它们搜寻哺乳动物为食，并能够吞食与其自身体重一样大的猎物（饱餐一顿可能相当于其日常能量需求的 400 倍）。最常见的误解之一是认为巨蛇会粉碎猎物。这不是真的！克利福德·蒲伯解释说："当用虎钳般的上下颌抓住猎物后，蛇将其身体卷起来进行挤压。肌肉压力

117

[1] 重量和长度来自 Pope 1980 和 Shine et al. 1998。

足以保持猎物的胸部不会膨胀，使其失去呼吸能力。因此，破坏性的行为没有必要。"[1] 巨蛇的嘴——事实上，是整个消化系统——经过了错综复杂的修改以便能够消化巨大的食物。将近 50 颗尖锐弯曲的牙齿在上下颌向后闪现，一些弯曲的牙齿甚至出现在腭骨上。一次精准的攻击与锤子的击打一样有力；攻击的力量足以让弯曲的牙齿深深插入，形成慢慢衰减的锯齿状撕裂伤。[2] 一条巨蚺或蟒蛇的下颌铰链位于颅骨背部最远处，为其庞大的嘴裂提供了极大的便利；嘴裂使蛇能够整个吞下比其头部大得多的猎物。一旦吞咽完成，一条可伸缩的、宽敞的肠道将会接纳这一巨大的食物（图 6.2）。

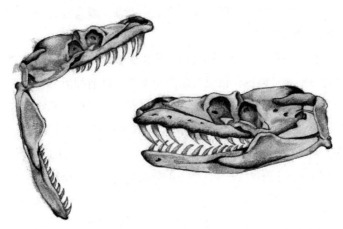

图 6.2 巨蟒或蟒蛇的嘴裂使得它们能够整个吞下远远超过其头部大小的猎物。（C. Rudloff，根据 Whitfield 1978 重绘）

蟒蛇、巨蚺和水蚺依靠多种感官输入的组合来定位其猎物。这些感官包括视觉、震动、热和气味。[3] 许多其他爬行类肉食动物的捕食则需要通过猜测，在猎物周围徘徊直到它们进入合适的狩猎范

[1] Pope 1980, p. 12.

[2] Branch 1984.

[3] Murphy and Henderson 1997.

围；但是蛇比较特别，它们的成功捕食往往是通过隐蔽地埋伏在某处等待猎物靠近。[1]

因为巨蛇捕食几乎所有活动的动物，它们捕食主要通过静坐等待埋伏，虽然在夜间网纹蟒也会积极寻找猎物。巴拿马研究项目中的一条红尾蚺（boa constrictor）每 3 或 4 天进入一个不同的中型哺乳动物洞穴，等待猎物进入攻击范围的时间最长可达 96 小时。当遇到猎物时，这些蛇通常会缩回头部和颈部，然后快速出击，立即将猎物束紧固定住，然后进行吞咽。巨蛇捕食各种各样的脊椎动物，一般来说，这导致它们在选择猎物时非常机会主义，不放过几乎任何适当大小的潜在猎物。 成年的亚洲、非洲和澳洲蟒蛇，以及新热带区的蟒蛇和巨蚺，仅限于陆地或水中栖息，因为它们的重量限制了他们的树栖性。[2]

所有巨蛇都有一个特别可怕的神秘面纱，所有这些神秘之处都被认为可能是危险的，但是在东南亚发现了目前和历史上保存相对较好的关于超大型网纹蟒捕食人类的记载，大多数权威认为这是世界上最长、最重或至少第二重的蛇。这种蛇在成年期长度超过 25 至 30 英尺（约 7.5 至 9 米，雌性大于雄性，成年以后伴随它的寿命会继续增长），15 英尺（约 4.5 米）的蟒蛇被认为是很小的。[3]

20 世纪初期，在印度尼西亚的摩鹿加群岛（Moluccan Islands）一名 14 岁的男孩被一条较小的网纹蟒杀死并吞食。同一地区，1926 年，一名成年男子被一条蟒蛇抓住并被缠死，这条蛇在盘着它的食物时被杀死，尽管还未将这名男子吞下去。在苏门答腊岛，还是在 1926 年，一条 15 英尺（约 4.5 米）的蟒蛇将受害者——一名成年

118

[1] Cloudsley-Thompson 1994.

[2] 静坐埋伏的例子来自 Mattison 1995；主动搜寻的例子来自 Uhde and Sommer 2002；进洞行为的例子来自 Montgomery and Rand 1978；攻击行为的例子来自 Greene 1997；食物多样性的例子来自 Murphy and Henderson 1997；树栖性的例子来自 Grzimek 1975。

[3] 重量和长度来自 Pope 1980 和 Shine et al. 1998。

男子——拖入森林，将其尾巴紧紧地包裹在据说已破碎的头骨上。而在新加坡，1937 年，15 名男子被要求从长度为 22.5 英尺（约 7 米）的蟒蛇的口中救出一名男子。[1]

最近的一些报道都有些小报耸人听闻的意味。有两个网站——"食人蛇 I"和"食人蛇 II"——通过揭穿篡改照片而质疑一些消息，例如一张照片显示蛇的中部有一个超级庞大的隆起（有一个十分肥胖的人在里面？）；又如另外一张照片显示一具人类尸体从蛇的胃中解剖出来（尸体仍旧穿着在这种情况下还相对平整的衣服）。世界各地报纸上刊登了另一张"最新"照片报道了一个人被蟒蛇吞没的"最新"事件；事实上，这张照片是日本士兵在第二次世界大战期间入侵东南亚时拍摄的。[2]

"食人蛇 I"网站的确记录了近年来 8 例确认的因非洲、缅甸和网纹蟒圈养造成的人类死亡的案例。在这些案例中，蛇都没有试图吃掉被它缠绕窒息的人类。

过去 20 年来发生的几起事件也得到了证实，可靠的事件调查还原了大量细节。1979 年 11 月 22 日，星期四，在南非北德兰士瓦，一个十几岁的牧牛人被埋伏在长草中的非洲蟒蛇抓住并杀死。这条蛇缠绕在尸体上，直到部族长老们用一堆石头才使其松开了尸体。比尔·布兰奇（Bill Branch）博士是南非最受尊敬的爬行学者之一，他对这次攻击进行了以下确认：

119

　　这里所报告的这件案例，几乎能够肯定是一次真正捕食攻击，确实有一切迹象表明，如果没有受到干扰，蛇将继续吞咽这个男孩。我们知道蟒蛇主要通过埋伏在路边捕食羚羊等猎物。受害者所牧养的牛群，以及受害者沿着路径的突然奔跑，

---

[1] Hoogerwerf 1970.
[2] "食人蛇 I"和"食人蛇 II"。

可能引发了蟒蛇本能的捕食反射。[1]

布兰奇博士及其同事审查了其他几起看起来是非洲蟒蛇捕食人类的事件。其中一起发生在 1973 年的安哥拉，照片中是包裹在蟒蛇消化道中的人体。毫无疑问，摄食行为发生了，但这名成年男子在他身体被吞下的那一刻是否还活着仍然存在疑问，因为一场血腥的内战正在进行，而战斗中的伤员可能会被饥饿的蛇清理掉。[2]

到目前为止，我们一直在讨论巨型蛇捕食成年人类，但正如一位来自巴西的大学教授提醒我们，在农村地区蟒蛇从吊床上偷走婴儿的事情也时有发生。[3] 据报道，澳大利亚北部发生了一起创伤事件，一位母亲伸手到婴儿床时发现一条蟒蛇（可能是紫晶蟒）开始用它的下巴包住婴儿的头。[4] 在东南亚，网纹蟒捕食婴儿和儿童的事件几乎多到难以单独叙述。可以说，"巨型蛇吃婴儿"要么是真的，要么是整个热带地区最常见的都市传说之一。

不幸地，蛇的化石记录是稀缺的，没有太多的证据可以推断出任何一种大蛇作为捕食者和早期人类作为猎物的这种关系。我们可以明确地说，有一个相关的事实是蛇——爬行动物中最新的一种——在哺乳动物多样化的同时开始扩散到许多生态位。古生物学家认为蛇的演变跟它与哺乳动物之间"捕食者 – 猎物"的关系密切相关。蛇亚纲的早期成员是相对大型的陆地肉食动物，在进化过程中呈现的适应性——颌骨的移动，使它们能够吞下整个猎物。[5]

120

虽然蛇是爬行动物类最新进化的群体（the most recent of the reptilian groups to evolve），但是这一群体家族——蟒蛇、巨蟒和水蟒（the pythons, boas and anacondas）——与原始蛇最为相似。有记载

[1] Branch and Haacke 1980, p. 306.

[2] Branch 1984.

[3] J. McNamara 1995，来自私人间的信件。

[4] Murphy and Henderson, 1997.

[5] Carroll 1988.

的最古老的蛇存在于始新世（约 55 万年前至 35 万年前）。这些早期标本大而粗壮，巨蟒和蟒蛇（boas and pythons）似乎是它们略有改进的后代。[1]

约翰·墨菲（John Murphy）和罗伯特·亨德森（Robert Henderson）在巨蛇的故事中提出了古代"超级蛇"这个既诱人又常受吹捧的观点，但他们得出结论认为，如果史前"超级蛇"存在，古生物学家应该能发现一些线索。在现实中，从古新世到更新世时代的化石记录中发现的长而庞大的古代蛇（最大可达 27 英尺，约 8 米）比当前现存的一些巨蛇更小！

巨蛇和早期原始人类之间关系的另一个窗口是这些爬行动物与非人类灵长类动物之间的"捕食者–猎物"关系。我们对捕食灵长类动物的研究发现，爬行类动物的攻击失败的次数不多，占总数的2.5%，验证性捕食 4%，疑似捕食（suspected predations）约 13%。尽管如此，基于与爬行动物学家的讨论，我们认为这些低百分比的结果是由于缺乏对非洲、马达加斯加、亚洲和新热带地区蛇的实地考察，而不是蛇有任何避免捕食灵长类动物的倾向。尽管研究存在不足，但我们仍然可以将非洲蟒蛇和网纹蟒识别为"灵长类动物捕食专家"，这是因为当研究逸事证据和定量数据时，这两种巨蛇类物种在我们的数据集中反复出现。[2]

由于对热带蛇的实地研究极少，灵长类动物和这些捕食者之间相互作用方面数据也较为稀疏，然而，记录蛇捕食的描述性逸事相当充分。如果我们从灵长类动物作为蛇的猎物的书面记录开始，那么必须回到 19 世纪末发表的第一个记录。钱纳先生（O. Channer）1985 年在《孟买自然史学会杂志》（*Journal of Bombay Natural History Society*）上发表了题为《蟒蛇的食物》的简短报告，该篇报

---

[1] Romer 1955.

[2] Hart 2000；基于在捕食者食物中灵长类比例的记录，有 11 种灵长类捕食专家，除此之外的 2 种是非洲蟒蛇和网纹蟒。

告以精湛的木刻画简要介绍了哈努曼叶猴（印度的神圣猴子）被一条印度蟒捕获和杀害的场景（图 6.3）。

图 6.3　1895 年一幅印度蟒缠绕在哈努曼叶猴周围的木刻画刊登在一本自然史学杂志上。

非洲蟒蛇捕获狒狒也曾被观察和报道。[1]20 世纪 60 年代的一位田野自然学家记录了这样一场戏剧性的生死挣扎的整个过程：

> 我目睹了一条蟒蛇捕捉一只半成年的狒狒。我被狒狒群的噪音吸引来，刚好在蛇缠绕其猎物之后不久。狒狒群的其他成员拥挤在这个悲剧现场，其中有一部分更是冒险、无助地努力着，偶尔冲向前压住蛇的蜷曲，试图吓到它，让它留下自己的同伴。[2]

埃里卡·斯塔林（Erica Starin）在冈比亚阿不可自然保护区（Abuko Nature Reserve）对红疣猴进行为期 5 年的研究显示，爬行动物（非洲蟒蛇和尼罗河鳄鱼）的捕食是成年猴子死亡的主要原因。

---

[1] White 2000.

[2] Isemonger 1962, p. 12.

根据她对杀戮的直接观察和尸体检查结果，40%的已知死亡归因于蟒蛇和鳄鱼。随后，她怀疑研究组中失踪的另外13只红疣猴也是蟒蛇的受害者——除非有人目击到或对蛇的胃内容物进行检查，否则蛇的捕食不会有任何证据。蟒蛇在阿不可自然保护区令人吃惊地随处可见——被旅游摄影机拍到、吃掉保护区动物园里的灵长类动物、被人类允许靠近。斯塔林和一位同事发现，6英尺（约1.8米）长蟒蛇（这个长度被认为是成年的）的密度在83英亩（约30万平方米）地区约有20至25条。研究人员推测，这种密度的蟒蛇对小型或中等大小的哺乳动物，如灵长类动物有相当大的影响。[1]

122

　　两位德国科学家几年前在印度尼西亚发现，巨蛇也捕食小型、夜行性、树栖灵长类动物。[2]一项对中懒猴（slow loris，一种行动缓慢的夜行性猴子）的研究中，在森林地面的一堆浓密的蕨类植物丛里追踪到了来自佩带无线电颈圈的中懒猴的微弱信号。当这些信号在这样一个树栖性灵长类动物不太可能出现的地方持续了3天，田野研究人员进行调查并发现了一条网纹蟒。他们证实，这些信号正在从蟒蛇的内部发射出来，毫无疑问，它食了中懒猴。利用这个意外的机会，他们使用无线电追踪了蟒蛇一个多星期，直到它将无线电颈圈排泄出来。然而，粪便中没有中懒猴的痕迹。这次行动得出一些结论：灵长类动物研究人员必须耐心，这不像等待油漆风干，等待蟒蛇排便可以说是一个悠闲的工作。另外，蛇捕食小型灵长类动物几乎是不可能被观察到的，即便是间接的。这条"捕食者－猎物"链条仅在研究人员在场的情况下才能被揭示。

　　在场上目击大多只能靠运气——在正确的时间和正确的地方。马达加斯加的通珀罗（Tampolo）森林的研究人员收到了鸟类和狐猴的召唤而目击了蛇捕食事件。他们在一条大型马达加斯加树蟒的盘

---

[1] Starin 1991; Starin and Burghardt 1992.

[2] Wiens and Zitzmann 1999.

绕中发现了一只竹狐猴，整个收缩窒息过程花了 60 分钟。[1]

对大型热带蛇食性的第一项定量研究直到 1998 年才出版。巨蛇或许没有引起科学界的广泛关注，但它们已经并将继续被皮革行业大量利用。野生并被俘虏的蟒蛇经常在工厂里被屠杀，它们的皮肤被鞣制成皮革。蟒蛇在印度尼西亚苏门答腊市南部巴邻旁的工厂被剖开之后，澳大利亚的爬行动物学家里克·希恩（Rick Shine）检查了胃和肠内容物，以识别其食用的东西。在蟒蛇消化道中的 417 种可识别的食物残留物中，灵长类动物少于 4%——它们是 11 磅（约 5 千克）重的长尾猕猴和两种重量约 15 磅（约 7 千克）的叶猴。[2]

原始人类祖先和巨型蛇之间的任何关系都将因地缘原因而涉及亚洲和非洲的蟒蛇，而不是新大陆的巨蚺和水蚺。即使是今天，旧大陆的巨蟒比巨蚺和水蚺有更广泛的大型陆地哺乳动物可供选择——例如灵长类。因为在新热带区，大型陆生哺乳动物物种的演变相对较少。[3] 因此，可以预计亚洲和非洲蟒蛇饮食中的灵长类动物和其他中等大型哺乳动物的种类和绝对数量将大于新热带巨蛇的饮食中发现的数量。

鉴于这一事实，仍有许多蛇类捕食灵长类的事件在新大陆被实地人员目击。德国灵长类中心的埃克哈德·海曼（Eckhard Heymann）在秘鲁东北部目击了巨蟒捕获狨猴。[4] 海曼研究的这个狨猴家族经常使用落下的树干横渡狭窄的湖泊。在其中一次远足中，成年雌性狨猴被巨蟒抓住，猴子立即就被缠绕了 3 圈。海曼推测，水蟒很可能藏在水面下，并被水生植被进一步遮蔽。水蟒是一种卷尾猴的捕食者之一[5]，但是这些灵活的、善于使用工具的小型新热带

123

---

[1] Rakotondravony et al. 1998.

[2] Shine et al. 1998.

[3] Murphy and Henderson 1997.

[4] Pope 1980, p. 77.

[5] 重量和长度来自 Pope 1980 和 Shine et al. 1998。

猴具有大量反捕食技巧用以钳制住蛇。他们围攻水蟒相当狠毒，一只猴子被观察到用一根枝条敲击一条毒蛇。[1]

在我们离开蛇的主题之前，除了 6 种巨型种类之外的其他蛇不得不说几句。蝮蛇和响尾蛇（pit viper），眼镜蛇（cobra）和曼巴蛇（mamba），拟蚺蛇（mussuranas）和鼠蛇与大型蛇类具有不同的捕食模式。它们很多会注射毒液，这一适应性策略有助于它们制服和摄取非常大的猎物。[2] 例如，在眼镜蛇攻击之后，它们继续抓住猎物，直到挣扎停止；然而，大多数蝮蛇采取快速咬住，然后放开猎物，并在猎物死亡后将其重新移位。在印度的一个研究地区，毒蛇是沉睡的恒河猴死亡的重要原因。[3] 此外，与我们的灵长类动物近亲有着惊人的相似之处，现代人每年经历 300 万次蛇咬伤。蛇和灵长类动物，蛇和原始人类，蛇和人类存在一种长期的关系。

124

吐火：科莫多龙

首先不得不说，我们中没有任何一个人愿意亲自遇到野生的科莫多龙，这是一个蜥蜴家族中最大的，并使几个印度尼西亚小岛上的居民担惊受怕的物种。但是，作为人类，我们屈服于可能在灵长类动物脑中已经产生数百万年的恐惧。真的没有什么比一条流着口水的 9 英寸（约 23 厘米）长的灰色叉舌通过气味跟踪你并将你推向不可避免的死亡更糟糕的噩梦。拥有分叉舌头的这种生物是目前最大的捕食性蜥蜴，这是一种快速而贪婪的肉食动物，从鼻子到尾巴能够轻松达到 9 英尺（约 2.7 米）长。[4] 除此之外，它还能够通过两个有效的步骤击倒半吨重的水牛：第一步，通过切断后腿肌腱固

---

[1] 巨蟒的例子来自 Heymann 1987；水蟒的例子来自 Chapman 1986；棍棒敲击行为的例子来自 Boinski 1988。

[2] Greene 1997.

[3] I. Malik 1999，来自私人间的信件。

[4] Astill 1999，*The Jakarta Post*（《雅加达邮报》），11/9/99。

定大型猎物；第二步，撕开肠道给予致命一击。

科莫多龙是陆生动物，主要捕食哺乳动物，包括猴子。最初，探险者报告说他遇到了一个 30 英尺（约 9 米）长的几乎出自神话的野兽（因此以龙命名）。直到 1912 年，科学家才正式认识了这个物种。实际上，无须点缀，现实就足以令人印象深刻：雄性科莫多龙的长度平均为 9 英尺（约 2.7 米），一些成年雄性的长度可能达到 10 英尺（约 3 米），但这是最大值；雌性为 6 英尺（约 1.8 米）。一个 9 英尺标本的重量估计高达 550 磅（约 250 千克），但有些专家猜测，饱腹时的科莫多龙与没有进食时的同种相比可能有数百磅的差异。无论长度或重量如何，当早期的自然学家都报道说科莫多龙的撕咬是致命的，并且"偶尔捕食人类"时，这一点也不夸张。[1]

在现代，这个物种的范围被限制在印度尼西亚苏达岛（Sundas）。这座岛屿最著名的是科莫多火山，季节性气温可以达到120 华氏度（约 50 摄氏度）。科莫多龙在炎热的白天并不特别活跃。然而，它们是非常敏捷的生物，这种巨大的蜥蜴被认为是陆生和水生的（有人看到它们游泳到更小的小岛，以便捕食圈养的绵羊），幼年时甚至是树栖的。

与其他捕食灵长类动物的爬行动物相比，所有巨型蜥蜴的狩猎策略相对较为活跃。强大的捕食者科莫多龙狩猎更像是大型猫科动物。它们隐藏在捕猎路线的一边，在大型哺乳动物经过时迅速出击使其猝死，抓住腿部或喉咙将不幸的受害者扔到地上。像许多爬行动物一样，科莫多龙同样具有吞食整只大型猎物的特点。一只重约101 磅（约 45 千克）的小科莫多龙能够吞下一只 90 磅（约 40 千克）的野猪。它们的颌骨非常坚固，牙齿像鲨鱼一样，能够撕裂、切碎和撕咬，对猎物的取脏过程十分迅速，例如一只 40 磅（约 18千克）重的猪，从攻击到撕成碎片 15 分钟就能完成。除了埋伏的策

[1] Pfeffer 1989; Auffenberg 1981; Minton and Minton 1973.

略，巨型蜥蜴用长长的叉舌记住气味，跟着气味追踪猎物。它们的舌头是高度分化的——一个分叉，高度灵敏的尖端连接到一个富有弹性的底部。本质上看，它们的舌头就像一个巨大的灰色湿橡胶表带，具有弹性卡扣并且能够伸缩。[1]

沃尔特·奥芬贝格（Walter Auffenberg，被认为是世界顶级巨型蜥蜴专家的美国爬行动物学家）为了他的博士论文，在 20 世纪 70 年代后期对科莫多龙进行了为期 13 个月的研究，这是迄今为止对该物种最全面的实地研究。奥芬贝格认为，科莫多龙攻击人类并不是出于挑衅。这是有道理的，因为这种凶猛的肉食动物可以攻击、杀死并吃掉一头 1000 磅（约 450 千克）的水牛，而且会吞食猴子，那它们肯定会发现人类是一种合适的猎物。奥芬贝格报告称在他项目中的本地工人在灌木丛中工作以及睡觉时都受过伤。远征队员在帐篷里受到攻击，甚至是在暗处尝试观察这些动物时。奥芬贝格的一名工作人员当场被科莫多龙杀死；其他死亡病例均来自感染——毒性感染，因为它们嘴里布满细菌，如果人类受到蜥蜴伤害极有可能出血引起感染。[2]

科莫多龙的侵略性归功于它是其所在岛屿上唯一大型肉食动物的地位。科莫多龙同时也是食腐动物，一个流行的观念认为它们会发掘并吃掉尸体——那些战争遗留下来或是埋在浅坟墓中的尸体。这种残酷的场景很可能是基于腐肉对巨蜥的吸引力；它们倾向于聚集和吞噬动物死尸。[3]

探索频道播放的关于科莫多龙的电视纪录片[4]强调，当地人已经学会与大型爬行动物共存，采取预防措施，而不是生活在恐惧中或要求消灭捕食者。仅有 9 位岛民被蜥蜴杀死。大多数受害人是游客，一名伤员鲁道夫男爵，可能是科莫多龙的第一位欧洲受害者。

[1] Pfeffer 1989; Auffenberg 1981; Minton and Minton 1973.
[2] Pfeffer 1989; Auffenberg 1981; Minton and Minton 1973.
[3] Bennett 2003.
[4] Discovery Channel 1996.

一部相机、一顶帽子和一双血迹斑斑的鞋子是男爵于 1974 年在科莫多岛神秘地消失后的仅存遗物。男爵与一群人结伴旅行，但在一次艰苦的攀登之后落在了后面。有一刻他看到了他的伙伴，他的伙伴也看到了他；但下一刻他就不见了。[1]

尽管强调科莫多蜥蜴的侵略性，但个别个体行为的智慧和多变也不止一次被提起。一张从 1929 年保存至今的照片显示，一名幼儿在伦敦动物园与不受拘束的成年科莫多龙玩耍。[2]

研究涉及巨型蜥蜴的捕食 – 猎物关系如此之少，以至于不可能评估它们对灵长类动物的一般影响，尤其是对原始人类。这一群组的化石记录——巨蜥（varanid）——起源时间比蛇更早，可以追溯到 6500 万年到 1 亿年前。[3]巨蜥与蛇的近亲关系是爬行动物进化研究学界普遍达成的共识，它是基于两组动物类似的分叉和伸缩舌而得出的。[4]

巨蜥中最大的化石被命名为古巨蜥（megalania），长达 20 英尺（约 6 米），曾在亚洲和澳大利亚游荡。化石证据支持了古巨蜥存在于澳大利亚直至不到 100 万年前。[5]

虽然我们聚焦于仅仅一种巨蜥——科莫多龙，但巨型蜥蜴家族十分多样。亚洲水巨蜥是生活在斯里兰卡、印度、中国南部，东到菲律宾和印度尼西亚的大型捕食性爬行动物。水巨蜥的测量长度约为 4.5 至 6 英尺（约 1.4 至 1.8 米），重约 100 磅（约 45 千克），但 1983 年在马来西亚曾经观察到 7.5 英尺（约 2.3 米）的水巨蜥。[6]水巨蜥拥有强大的爪子和尖锐的牙齿，以及发达的嗅觉和敏锐的视力（但它们没有科莫多龙的体型）。此外，它们是游泳健将，在陆地上

[1] Blair and Blair 1991.

[2] Bennet 2003.

[3] Carroll 1988.

[4] Pfeffer 1989; Auffenberg 1981; Minton and Minton 1973.

[5] Carroll 1988.

[6] Anonymous 1983.

也能高速移动（据说它们能够超越男子），并且十分灵活。可以推测，水巨蜥及其身形庞大的科莫多表兄弟在遥远的过去可能是潜在的人类捕食者。

我的天，你的牙齿好大！

蛇和蜥蜴不是灵长类动物面临的唯一爬行动物掠食者。大型咸水和淡水鳄鱼在捕食许多种类的灵长类动物上获得了当之无愧的声誉，尤其是捕食人类。

1993 年 3 月 24 日《圣路易斯邮报》的头条引起了我们的注意，这样的说法其实并不足以表达我们看到 1 英寸（约 2.5 厘米）大小的 "女子因为非洲鳄鱼失去手臂" 字样时的感受。我们已经深入对灵长类动物捕食者的研究，所以这个故事具有很强的吸引力。事实上，本书作者之一（DH）在头条报道前几个月遇到了这个女人，听说她因为个人和情感方面的原因打算搬到扎伊尔（现在刚果民主共和国）。桑德拉·罗西（Sandra Rossi）女士刚刚结束在密苏里州作为参加美国参议院的候选人格里·罗斯曼·塞洛特（Geri Rothman-Serot）的竞选协调员工作。经过紧张刺激但失败的竞选后，在选举之夜罗西告诉我她计划在 1 月份前往非洲，开始全新的生活，为在扎伊尔内部研究野生动植物的一对夫妻的孩子担任家庭教师。在她投入工作两个月后，一次近乎致命的事故发生了；在与她的学生——一名 8 岁的女孩一起涉水时，她被鳄鱼袭击。扎伊尔的医生被迫将罗西的手臂截肢到肘部，因为鳄鱼口中血肉模糊的肢体无法修复。附近的一名男子从鳄鱼强大的下颚咬合（约 80 颗尖锐的牙齿）中将她拽出，救了她。男子受到割伤和擦伤。那个小女孩则完全逃脱了伤害。[1]

罗西证明了她是乐观的、不屈不挠的。当她回到家里进行手术

---

[1] Brasch 1993，*St. Louis Post-Dispatch*（《圣路易斯邮报》），3/24/93, p. 3A。

时，她的幽默让她受到当地电视台和报刊记者的钦佩。在随后的报刊采访中，她只表现出对新假肢的热情。也许她意识到自己是多么幸运。祖鲁兰北部和莫桑比克南部调查到的 43 起鳄鱼袭击事件中，有 23 人死亡。鳄鱼是具有侵略性和凶猛的；抓住受害者后，不是棍棒、刀、石头或矛就可以让它们放弃猎物。一个未知的因素是在鳄鱼袭击终止之后受害者遭受什么。死亡可能会因为感染随时发生。在攻击和救援后，很可能得败血症；鳄鱼尖锐、突出的牙齿可以将致病细菌深入到受害者的肌肉。[1]

研究人员了解到生活在爬行动物附近的人群被鳄鱼所激发的敬畏和恐惧。在马达加斯加西南部蒙戈基（Mongoky）河沿岸的研究中，本书作者之一（RWS）的马达加斯加向导和助理叫弗洛·埃曼纽尔（Folo Emanuel）。弗洛在岛上东部雨林海岸的一个小村庄出生长大。在这些雨林的河流中，生活着许多鳄鱼，爬行类动物则时常会袭击和杀害人类。然而，他被告知，很久以前，鳄鱼曾从蒙戈基河沿岸地区灭绝，那里没有什么可怕的东西，至少在他正在做研究的地方。有一次沿着河边调查时，弗洛听到巨大的水花飞溅声；从那时起，这名向导就确信鳄鱼还在。当他在露营地附近游泳时，弗洛会坐在附近的岸边，摇头说道："鳄鱼！死得很快！"

作为人类的捕食者，对鳄鱼宿命论般的接受程度广泛存在于整个热带地区。这是有理由的。这种古老的爬行动物族群对今天的人类物种仍然有着非常惊人的影响。一个现实的案例是，1975 年至 1988 年的 13 年间，在澳大利亚北部因咸水鳄鱼而死亡的人数为 12 名。巨大且富有攻击性的尼罗河鳄鱼（图 6.4），可以在非洲很多地区发现，据估计每年在整个撒哈拉以南地区的非洲可杀死数以千计的人。[2]

---

[1] Pooley et al. 1989; Alderton 1991.

[2] Alderton 1991, p. 22.

　　每年受到鳄鱼袭击的受害者人数不可估计。事实上，在某些案例中，受害人根本没有留下明显的痕迹，他们的失踪仍可能是一个谜。居住在鳄鱼周围的人们，利用湖泊和河流进行例如洗涤这样的日常活动，往往会寻求各种各样的魔力和咒语的保护。但风险仍然存在，也许每年有3000人被抓捕、残害，大多数情况下被鳄鱼吃掉。

图 6.4　鳄鱼警告标志存在于整个澳大利亚北领地，但死亡事件仍十分普遍。(C. Rudloff, 根据 Conservation Commission, Northern Territory, Australia 重绘)

130

　　鳄鱼捕食的许多故事来自印度洋。有一份报告记载格外恐怖。第二次世界大战期间当英国在重夺缅甸的战役中迫使大约1000名日本士兵撤退时，他们进入缅甸与拉姆里岛之间的红树林，寻求海军派遣的疏散船。英国的封锁阻止了日本海军舰艇的到来，一整个晚上，那些士兵都被困在沼泽地里。鳄鱼进入了红树林，英军在封锁中可以听到伤员被鳄鱼巨颌碾碎而发出的尖叫声。有人写道："旋转的鳄鱼发出的模糊而令人担忧的声音（鳄鱼在水中迅速扭动，将猎物分解成可食用的大块）简直就是地球上无法复制的地狱之音。"[1]
到了白天，只有 20 名日本士兵幸存下来并描述这一恐怖之夜。幸存者认为绝大多数人被鳄鱼杀死，尽管有人溺水也有人被枪杀。对于鳄鱼来说，其猎物大小与单个鳄鱼的大小之间存在直接关系。大型鳄鱼的饮食超过 60% 由哺乳动物组成；成年鳄鱼不会在非常小的猎物上消耗能量，即使它们唾手可得。[2] 与其他大型爬行动物一样，对非洲鳄鱼食性的综合研究也不多。尼罗河鳄鱼胃内容物研究发表于 20 世纪 50 年代；在 444 个标本中，人类猎物的总体占比很小，只有 1% 的鳄鱼胃中有人类遗骸。[3]

鳄鱼和短吻鳄的化石记录比蛇或巨蜥完整得多。它们在最严格的定义中也是一个进化成功的案例。任何一个在数亿年内只改变结构细节的群组，都必须有一个有效的模式。自侏罗纪——近 2 亿年前恐龙的全盛时期——以来，鳄鱼几乎没有改变。（"最不进步的"是对它们持久力的一种赞美；"唯一幸存于爬行动物时代的远古种群"是另一个赞美。）在此之前，鳄鱼祖先经历了更长的腿适应性，这提高了它们离开地面的高度，并让它们在陆地上更容易呼吸。这增加了它们成为可怕捕食者的能力，因为较长腿的鳄鱼实际上能够在陆地上冲刺以掠夺猎物。它们可以合理地被称为"善于奔跑的"动物，会像野狗一样将猎物追赶致死。这些祖先也比现代鳄鱼更具陆生性；今天的现代鳄鱼已经回到水面，很少在陆地上跋涉。[4]

鳄鱼至少经历了 3 次主要的适应性辐射（adaptive radiation），它

[1] Pooley et al. 1989, p. 172.

[2] Pooley et al. 1989; Alderton 1996.

[3] Cott 1961.

[4] Pope 1980, p. 77.

们目前是广泛热带食物的主要捕食者。鳄鱼是水生生物，这使得它
们在捕食的攻击阶段出类拔萃。它们无法在陆地上追捕猎物，因此
必须利用猎物对饮水的依赖。对于灵长类动物大小的哺乳动物猎
物，成年鳄鱼会潜伏在捕食路线和饮水区附近。猎物进入视线范围
后，鳄鱼静静地沉没，然后鬼鬼祟祟、出其不意地向上冲。现代鳄
鱼可能被误以为迟钝，但只有当你看到鳄鱼在追捕猎物中的爆发，
才能意识到它们的爆发力有多强。[1]

132

　　除了依靠单只鳄鱼——尼罗河品种可以达到 21 英尺（约 6.4
米）——的力量，尼罗河鳄鱼往往合作狩猎，甚至可能在群体成员
之间瓜分猎物。这些"迟缓"的动物也能够在短时间内以每小时 10
英里（约 16 千米）的速度在陆地上追逐猎物（图 6.5）。[2][3]

图 6.5　尼罗河鳄鱼在捕食非人类和人类灵长类动物方面享有盛誉。（S.C.
Bisserot /《自然》杂志摄影师）

这可能就是为什么低地大猩猩和其他非人类灵长类动物在河边

---

[1] Pooley et al. 1989, p. 172.

[2] Cloudsley-Thompson 1994.

[3] Ross 1989; Pooley and Gans 1976.

时格外谨慎。在刚果民主共和国，有两次鳄鱼似乎是在跟踪银背西部低地大猩猩。[1] 在这两个案例中，雄性大猩猩在意识到鳄鱼的存在后就匆忙离开了。

埃里卡·斯塔林，我们之前提到过，她在冈比亚研究红疣猴时观察到两只幼年和一只成年猴子被鳄鱼捕食。在阿不可自然保护区穿越河流时，猴子经常使用一个狭窄的地面桥梁，而鳄鱼往往会躺在草地上伪装。在南非捕食者食性的另一项研究中，尼罗河鳄鱼胃内容物中发现狒狒和猕猴的遗骸。在印度尼西亚，马来长吻鳄——一种长鼻子鳄鱼——之前被认为只吃鱼类，也被观察到在这些灵长类动物游泳过河时，对食蟹猴和长鼻猴进行捕食。[2]

在具有讽刺意味的一个物种对抗另一物种的场景中，鳄鱼对灵长类动物的嗜好成为一种可以用来遏制恐怖食人行为的不寻常的策略。在 1933 年，一些爪哇居民成为一只印度洋–太平洋海域鳄鱼的受害者。当地政府管理人员向首都雅加达写信，要求允许根据爪哇的观念，将 8 只长鼻猴作为诱饵捕获捕食者，因为他们认为这些灵长类动物是鳄鱼最青睐的猎物。[3]

没有直接的证据揭示鳄鱼是古代人类的捕食者。然而，这将表明科学的傲慢忽视了所有指向原始人类与作为捕食者的鳄鱼斗争的间接证据。让我们来阐述这样一个事实：早期原始人类居住在湖泊或河流附近的林地里；后来在稀树草原上的原始人也依赖水洞。鳄鱼就在这样的地方等待猎物。原始人类刚好是鳄鱼大小合适的食物。（实际上，除了小物品，几乎任何东西都是成年和接近成年的鳄鱼大小合适的食物。）一只大型的成年尼罗河鳄鱼大小可能超过人的

133

---

[1] C. Olejniczak 1999，来自私人间的信件。

[2] 对红疣猴捕食的例子参见 Starin 1991；对狒狒和猕猴捕食的例子参见 Cott 1961；对马来长吻鳄的信息来自 Pooley et al. 1989；马来长吻鳄捕食灵长类的信息来自 Galdikas and Yeager 1984, Galdikas 1985 和 Yeager 1991。

[3] Hoogerwerf 1970.

14 倍。[1] 最后，在今天非洲和东南亚的部落文化中，仍有一个宿命论般的承认，那就是鳄鱼的捕食仍然是一种现实。

除此之外，<u>鲨鱼</u>也一样？

本章包括对鲨鱼攻击的讨论，因为它们像爬行动物一样，是会攻击和吃人的冷血脊椎动物。它们还攻击并捕食除人类以外的其他灵长类动物。毫无疑问，它们只要有机会就会攻击并食用人类的祖先。

<u>鲨鱼</u>和<u>鳄鱼</u>对日本士兵的攻击和屠杀肯定都属于捕食人类的范畴，但这两种情况可能不是寻常的案例。人们往往注意到，<u>鲨鱼</u>经常将游泳的人误以为是海豹或海狮。有人猜测，咸水鳄会抓住任何一只不幸在红树林沼泽地的浅水中蜷缩很长时间的大型哺乳动物（包括人类）。无论如何，在这两种情况下，猎物（即人类）都在无疑是非灵长类元素的海洋之中。一些灵长类动物——包括人类——会游泳，并且能够利用河流和沿海栖息地。海洋已经超出灵长类动物栖息的正常范围，当然也不是灵长类动物进化的环境。

我们遥远的人类祖先最不可能进入或倾向于进入海洋。在与我们血统更近一些的第一种解剖学意义上的现代智人中的一部分种群，可能在海滨觅食贝类，从而遇到鲨鱼。此外，在非洲散居的现代人类可能已经劫掠过海峡，并被鲨鱼吞食。

同样，恒河猴的种群——多样化栖息地的迁徙物种，和现代人类一样——利用印度孙德尔本斯的红树林沼泽，并成为鲨鱼的猎物。除了印度蟒蛇和河口鳄鱼之外，狼鲨（wolf sharks，也称为普通脱盐鲨）和真鲨（requiem sharks）也会在猕猴在退潮渡过河口时将其捕食。狼鲨足足有近 18 英尺（约 5.5 米）长，身体的一半是用来打晕猎物的细长尾巴。狼鲨通常是在近海发现的，但不是在极其深

134

---

[1] Pooley et al. 1989; Alderton 1991.

的水域。真鲨在热带和温带海域被发现，最大长度达到 12 英尺（约 3.7 米），但对它们的自然历史知之甚少。[1]

鲨鱼造成的死亡不是人类或其他灵长类动物的主要死亡因素，但鲨鱼的攻击是发生在海洋中最可怕的事件之一。没有任何鲨鱼攻击的故事可以与澳大利亚渔民罗德尼·福克斯（Rodney Fox）幸存的故事相媲美。[2]1963 年，福克斯在南澳大利亚海岸的一场比赛中潜水。在潜入水下 50 英尺（约 15 米）后，他突然感觉到一阵寂静；几秒钟后，一股巨大的力量击中了他的左侧，打掉了他的面罩，将矛枪从他手中打飞。当他将手臂从鲨鱼嘴里扯出，浮出水面，他的手臂被锯成锯齿状。为了避免再次被咬伤，他用双腿抓住鲨鱼的背部，最后被拉到海床上，如同牛仔竞技般，鲨鱼在那里试图把他解决掉。福克斯挣扎回到海面，又被抓住，但第三次把它踢到了海面上。幸运的是，一艘船离他只有几米远，将他拉出水面。他的伤势十分可怕：肋骨裸露，肺和胃暴露，腿部和手臂粉碎。事实上，他的湿套装被保留下来，因为这件衣服是能够使他保持完整的唯一东西。经过 4 小时手术，缝合 462 针，他脱离了危险。他之所以能够幸存是因为身体条件好，也没有惊慌失措，最重要的是，鲨鱼没有试图吃掉他。

现在我们已经考察了陆地和海洋的掠食者。为避免认为现在已经注意到我们原始祖先所面临的一切危险，让我们不要忘记危险发生的另一个层面——天空中。

---

[1] 鲨鱼捕食猕猴的例子参见 Mukherjee and Gupta 1965；狼鲨和真鲨的信息参见 Lineaweaver and Backus 1970, Ellis 1996 和 Stafford-Deitsch 1987。

[2] Ellis 1996.

第七章　来自天空的威胁

不论是现在还是很久以前，体形足够庞大到可以攻击并杀死一个成年人的猛禽是很少的。虽然不多，但确实有少数猛禽可以做到这一点。

几年前，我们采访了一位美国国家研究员，他曾经有一段在乌干达的森林里逗留的经历。他的一个目的是到那里研究一种独特的猛禽冠鹰雕（crowned hawk-eagle）。该研究使他有机会和当地居民接触，他们告诉他一些关于与猛禽相遇的悲惨故事。甚至其中有一位只剩下一条胳臂的幸存者——据说当他还是小男孩的时候，一只老鹰把他的手臂从身上生生扯了下来。对这位科学家来说，他先是对这些故事保持某种程度上的怀疑，接着逐渐变成惊讶并开始信服这些故事。他从田野调查中回来的时候就有了这种想法：许多关于冠鹰雕攻击和伤害人类的故事并不是凭空捏造的。

在和他进行交谈之后，我们发出了一连串的"哇"。我们觉得刚刚从他那里得到了一些令人兴奋的信息。人们已经知道冠鹰雕能成功地捕杀大型灵长类，如未成年的山魈（mandrill，这种森林里的狒狒的成年个体体重可达 60 磅［约 27 千克］）和年轻的倭黑猩猩（成年雄倭黑猩猩体重接近 100 磅［约 45 千克］）。而且对于老鹰来说，这种灵长类看起来可能和另一种灵长类也没什么差别。因此，下一步就是我们能否进一步找到证据，证实在乌干达流传的这种鸟类捕食幼年人类的传说。我们决定跟进这个研究，进行大量的文献查阅、网络搜索工作，并请教鸟类学专家。

最后的那个选项（指请教鸟类学家）并不是一个好主意。鸟类学家们激动并生气地说："老鹰不会杀人！""我们知道（老鹰不会杀人），"我们回应说，"当然我们也并不认为老鹰对人类是一种威胁，但是我们正在寻找一种老鹰会捕食早期人类的可能性。你难道不知道 60 磅（约 27 千克）重的南方古猿吗？"当我们使鸟类学家们相信我们纯粹是出于学术兴趣而进行研究之后，他们的情绪慢慢缓和下来并承认，就捕猎而言冠鹰雕看起来是独一无二的高手。确实，冠鹰雕捕食人类的谣言被广为流传。老鹰带着婴儿飞走的谣言是很多民间传说的来源，这些传说在 20 世纪晚期以前都被用来支持之前人们在欧洲对老鹰进行的屠杀行为。直到最近 30 年左右，生态环境保护者的宣传才慢慢使得大众的心理产生了对于保护濒危猛禽的认同。

我们研究中的第二项：求助于万能的网络搜索引擎谷歌（google.com）。尽管搜到的冠鹰雕照片很雄伟，但是这并没有提供什么帮助。这种猛禽有着钢铁般坚毅的眼神和高傲的姿态，它们不会在"瞪眼比赛"（staring contest）中眨一下眼睛！

在文献搜索中我们发现了宝藏。在一部经典的 1983 年由彼得·斯泰恩（Peter Steyn）写的名为《南部非洲猛禽》（*Birds of Prey of Southern Africa*）的书中有以下的段落描述：

> 著名的野外生物艺术家大卫·莫里森·亨利（D. M. Henry）在津巴布韦的一个鸟巢里发现了恐怖的东西——一个非洲小孩的部分头骨。这种捕食幼年人类的情况可能偶尔会发生，这被发生在赞比亚、经过了仔细验证其真实性的一次意外事件——一名 7 岁的小男孩（体重 44 磅［约 20 千克］）在去学校的路上被一只未成年的冠鹰雕袭击了——所证实。它残忍地用爪子抓他的头部、手臂和胸部……这个小男孩被袭击的地点周围没有鸟巢，所以这次袭击只能是一次捕猎的尝试。[1]

---

[1] Steyn 1983, p. 111.

这段文字的作者斯泰恩是一位著名的鹰类学术权威，他提供的引用文献书目都是无误的。对原始资料的进一步深入研究（来自一位资深的赞比亚兽医与舌蝇控制服务部门［Department of Veterinary and Tsetse Control Services］的生物学家）揭示出这个不幸的小男孩的完整故事。故事如下：当时年幼的达马斯·康博莱（Damas Kambole）像他的哥哥一样正在骑车去学校的路上，一只老鹰从一棵树上俯冲向他，在他的头部、手臂和胸部撕开了很深的口子（他当时穿了一件卡其布校服，很可能就是校服救了他的命，避免了致命的伤害）。男孩抓住老鹰；一名妇女正走在平常去田野的路上，她跑过来帮助他。她拿着一把锋利的园艺锄并用锄头杀死了这只鹰。男孩被送到当地一家医院并得到了来自当地修女医疗服务使命团的紧急救治。那只鹰即将成年，翼展超过 6 英尺（约 1.8 米），经测量其脚爪有 7.5 英寸（19 厘米）宽，其中的一只爪子有 2.5 英寸（约 6.4 厘米）长。调查该袭击的生物学家猜测这只鹰把小孩误认为是猎物，因为从其袭击的方式看是标准的冠鹰雕的捕猎行为。3 个月以后，这个男孩的伤口愈合了，但是这无法消除他的父亲由于这次意外而产生的担心。达马斯的父亲把这次袭击理解为一个不好的兆头，因此送他到了另外一个地方去读书。[1]

138

轻量级对手 [2] 及其利爪

从我们搜集的大量关于猛禽捕食灵长类的数据和分析中可以了解到，在世界范围内，老鹰和白头鹰是主要的、最有能力的灵长类

---

[1] Stjernstedt 1975.

[2] 译者注：此处的标题与第八章第 183 页中的"重量级的对手"标题相对应。羽毛本身就意味着重量很轻，而猛禽相对于陆地上的捕食者来说也确实是人类面对的长着羽毛的轻量级对手。

捕食者（图 7.1）。[1] 我们的研究表明，公布的捕食灵长类的目击事件中有 46% 和猛禽有关。这些对于灵长类的猎杀很大一部分是由冠鹰雕造成的。表面上看，至少从我们的研究来看，一只冠鹰雕非常"典型"的攻击是，它先向上飞到距离其食物长尾黑颚猴（vervet）大约 500 英尺（约 150 米）的地方。它利用树冠接近而不易被发现，然后突然用尖利的爪子抓住一只猴子，接着离开树冠飞向天空。另外一个例子是，一只冠鹰雕从一棵树上一把抓住一只疣猴（colobus）——猴子当时距离一名目击者的头顶不超过 5 英尺（约 1.5 米）——在这个过程中老鹰的爪子抓穿了猴子的头盖骨。[2]

图 7.1　老鹰和白头鹰是有能力捕食除人类以外的其他灵长类的主要捕食者。非洲冠鹰雕（被喻为"带翅膀的豹子"）会攻击小孩已为人熟知。（已获得圣地亚哥动物协会授权使用该图片）

---

[1] Dittus 1975; Struhsaker 1975; Charles-Dominique 1977; Rettig 1978; Terborgh 1983; Wright 1985。

[2] 长尾黑颚猴的例子来自 Steyn 1983；疣猴的例子来自 Clifton 1977。

我们发现猛禽中的 81 个种类被认为是捕食灵长类的。在猛禽的目录中，我们需要加入包括老鹰、白头鹰和隼这些日间捕食的物种，还要加上猫头鹰（类似于日行性猛禽捕猎行为的夜行性猛禽）和其他各种食肉的鸟类（乌鸦、巨嘴鸟和百舌鸟）。

鸟类最奇特的特征就是它们的羽毛。动物世界中的很多成员会飞翔，如蝙蝠、蝴蝶、蚊子，但是只有鸟类有羽毛；值得一提的是，很多鸟类——企鹅、鸵鸟、几维鸟——不会飞翔，但它们都有羽毛。许多猛禽很大程度上看起来就是"全身背覆羽毛"；有效的猎杀器官却不那么明显，并且几乎没有例外的是，鸟类一般捕食小于其自身体重一半的猎物。[1]冠鹰雕（包括其他的一些大型猛禽）是个例外——它作为一种猛禽会捕杀体形非常大的猎物，甚至捕食丛林羚羊（forest antelopes）和成年雄性疣猴。老鹰必须通过它们羽毛的不均等结构来帮助它们把大型猎物抓回鸟巢。羽毛——一件包含航空动力学的奇异事物——通过保证翅膀上方表面有平缓的气流来避免任何的"熄火"和翅膀提升力量的突然衰竭。[2]大部分猛禽有 10 根初级飞羽（位于身体翅膀的最远端）和 12 根次级飞羽（这些更接近身体）。初级飞羽的任务是当它拍打翅膀时推进身体在空中飞行；次级羽毛产生升力，使得鸟在拍打翅膀的飞行中保持高度。[3]

夜行性猛禽（猫头鹰）往往在栖息地附近捕猎，而不像日行性猛禽那样有令人印象深刻的适应多样性。[4]不过，猫头鹰一个特殊的适应性正如其朴素的外表一样令人印象深刻。日行性鸟类羽翼上的羽毛是轮廓鲜明的，而猫头鹰的羽毛具有能够减少噪音的柔软粗糙的边缘。这样的好处是猫头鹰可以无声地飞行，当它在夜空中俯冲时，其捕猎行为根本就猝不及防。[5]这可能是为何许多非洲文化

139

[1] Brown and Amadon 1989.

[2] Whitfield 1978.

[3] Meshach 2004.

[4] Brown 1971.

[5] Everett 1977.

中将猫头鹰作为不好兆头的原因。一位著名的鸟类学家写道："人类像狒狒一样害怕黑夜是因为他们在夜晚处于不利地位；因此人们不喜欢并且害怕夜间出没的动物。"[1]

对于日行性猛禽，在所有的感官中视力是最重要的。速度快、视觉高度敏锐并且异常准确，使它们成为令人惊叹的捕食者。它们拥有全彩的视力和在高速飞行中快速调整眼睛焦距的能力。真正非凡的是猛禽眼睛的"处理能力"——大体上，这是一种透镜投射在眼睛视网膜表面的对画面的高度处理能力。[2] 猛禽眼睛的处理能力是人类眼睛的 4 至 8 倍。即使我们用低一些的估计（4 倍）也意味着一只飞翔的老鹰可以看到一只 2 千米以外的兔子。已故的莱斯利·布朗（Leslie Brown）——一位写了本关于大型猛禽作品的肯尼亚鸟类学家——在其众多的卷册中给出了现实生活中一个猛禽视力的例子：如果一只蚱蜢被放在对照背景中，摆放的人（虽然知道它的方位）在 35 码（约 30 米）以外无法看见它；然而另一方面，一只猛禽可以在其事先不知道那个方位有一只昆虫的前提下，在 110 码（约 100 米）之外的绿色草地上发现这只绿色的蚱蜢。[3]

健壮的腿和有力的脚配上尖利弯曲的爪子，加上一只钩状的喙——这就是对所有猛禽所下的定义。鸟的上喙——尤其是一只老鹰——可以达到 4 英寸（约 2.5 厘米）长，有着一个凶狠的钩状突起并覆盖住平坦的下喙。钩状弯曲的鸟喙不是用来获得猎物的，而是老鹰、白头鹰甚至秃鹰通常用来把已经杀死的猎物或寻觅到的尸体上的肉撕开的工具。[4] 不过冠鹰雕再次打破了这个准则。当科学家看见一只巨大的冠鹰雕攻击一只未成年的山魈时，他们被惊呆了——它把山魈扔在地上，用爪子踩住猎物，并用喙不断击打山魈的头部。[5]

140

---

[1] Brown 1971, p. 268.

[2] Kemp 1990.

[3] Brown and Amadon 1989.

[4] Tarboton 1989.

[5] Jouventin 1975.

不过，猛禽的脚确实是杀戮的工具。猛禽的双脚是危险的武器，并且它们异常有力。关于其作用，利爪天然拥有三种功能：第一，它们可以插入猎物的身体；第二，它们可以收缩和锁闭；第三，它们可以施加重重的压力。所有这些动作都能协调一致，而由脚在袭击中的击打和冲击的力量至少和利爪的刺透、抓住和压碎的力量同等重要。并且在猛禽之间，根据其捕食食物的种类不同，它们的爪子的相对大小、弯曲度和厚度——包括脚趾的长度——都会有差异。[1]

以大型哺乳类动物为食的猛禽拥有很厚的脚趾、适当弯曲的爪子和庞大的跗骨（猛禽的跗骨在解剖学上等同于人类的脚踝）。正是这种结合使得猛禽的腿如此强健有力。猛禽爪子被当作匕首刺入已无法动弹的猎物身体中时，其作用很可能是提供有力抓握的支点。里面隐藏的脚趾是最有力的，其各自的作用力相反，主要是用来抓握猎物。冠鹰雕有特别厚实有力的腿和短而厚的脚趾，脚趾末端是非常强壮刚硬的爪子。它们的爪子可以绕着脚掌分叉部（和一个人的大腿骨一样粗）的顶部卷起来，而它们致命的隐藏着的脚爪可以达到一个人的小指头的直径那么粗。[2]

汤姆·斯特鲁萨克（Tom Struhsaker）——一位灵长类动物学家——不断将相关的捕食行为加入其非洲森林猴子的生态学研究中去，他讲述了一次冠鹰雕攻击的极端精确性。这幅图景是：那只冠鹰雕不仅仅拥有力量和冲击力，有突然的袭击和速度，并且有巨大的爪子能够用来非常准确地刺向猎物的心脏。斯特鲁萨克和他的同事检查了刚刚被杀死的猴子们，发现猴子的心脏毫无例外地都被刺穿了。一只幼年猴子的心脏在一次致命打击中甚至被三次刺穿；爪子从心脏的一面刺入，从另外一面刺出，然后再绕回来，再一次刺入心脏——这只能是由于老鹰的爪子有那样的弧

---

[1] Brown and Amadon 1989.

[2] Brown et al. 1982.

141 度才能完成（图 7.2）。[1]

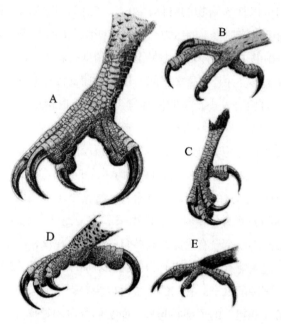

图 7.2 脚和爪子是猛禽的捕杀装备。该图显示了大量美洲角雕和冠鹰雕的腿、脚和爪子与其他大型老鹰的对比：（A）美洲角雕；（B）白腹隼雕；（C）非洲海雕；（D）冠鹰雕；（E）林雕。（参考 Brown 1977 重绘）

带羽冠的"狮吼鹰"

"猛禽"（Raptor）这个词来自表示"掠夺者"的拉丁文。根据词源学家对语言来源的研究，"猛禽"这个词表示一种在人的脑海中由猛禽引起的害怕与敬畏的综合情感。历史上来看，三种大型猛

142 禽被认为是最凶猛的（我们叙述时按照体形从大到小排列，但凶猛度并不必然按此顺序由高到低）：在新热带的美洲角雕；只生活在

[1] Leland and Struhsaker 1993.

棉兰老岛（Mindanao）的菲律宾雕；在中部、东部和南部非洲都有分布的冠鹰雕。美洲角雕被形容为"飞翔的狼"。（然而《韦氏新大学词典》对"哈耳皮埃"[1] 的定义看起来总是对女人不友好；最好的解释如下："一个希腊神话中愚蠢的、擅诽谤的半女人半鸟类的怪物。"）冠鹰雕被发现非洲的那些欧洲探险者称为"空中的豹子"，前比属刚果乌桑巴拉（Usambara）的人们称冠鹰雕为 kumbakima，即"猎猴者"。[2] 在这三种猛禽中，雌鸟都要大于雄鸟，并且每种都炫耀其头上标志性的羽冠，该羽冠会随着其心情的变化而竖起来或耷拉下去。我们一开始称它们为"恐怖的三人组"，并且认为"狮吼鹰"——《韦氏新大学词典》将该词定义为地位高贵、有力量和勇气的专横女人（在这些老鹰中，雄鸟同样拥有这些气质）——是目前为止最好的综合性的称呼。

捕食树冠里的灵长类的大型老鹰，例如美洲角雕、菲律宾雕和冠鹰雕，拥有短而宽的翅膀和相对长而突出的尾巴。这样的剪影并不是当我们想到一只翱翔的老鹰时常常所设想的；我们倾向于想象一只强壮的猛禽拥有巨大的翼展和一条相对较短的尾巴。这种长翼和短尾的组合对于翱翔的老鹰在开阔地捕食十分奏效。不像翱翔的老鹰，我们的这些"狮吼鹰"在浓密的热带雨林里捕食，因此进化出了可以在它们的生态环境中给其带来最大收益的组织结构。长尾巴是一个关键的特征；尾翼的长度对翼展的比例可以用来预测老鹰的机动能力。因此当其生活在雨林中时，一只猛禽的尾巴和其翅膀同等重要。一只"狮吼鹰"的尾巴长度是其翼展的 85%。[3] 当你看到一只猛禽的身体拥有这个比例时，那表示它是一只非常健壮的鸟。

翼荷载——体重与翅膀的表面积之比——对于猛禽的飞行表现有重大的影响。这同样是一个最好由空气动力学专家去讨论的课题。

---

[1] 译者注：美洲角雕英文词组为"哈耳皮埃鹰"（harpy eagle）。

[2] Chapin 1925; Brown 1953.

[3] Brown 1977.

143 我们只能简单地说美洲角雕、冠鹰雕或者菲律宾雕的体重、翼展和尾长，存在这种巧妙的组合。老鹰的翼尾适应性的改变使得它们能够在空中拥有更好的控制能力，在瞄准猎物时能灵巧地在茂密森林的树木和其他障碍物之间穿行。在某些情况下，冠鹰雕可以完成看似不可能的事情，能够几乎垂直地从森林地面上抓起它所捕获的猎物。[1]

科学研究已经支持甚至扩大了美洲角雕和冠鹰雕作为凶悍的非人类灵长类捕食者的名声。美洲角雕——几乎是世界上最大的和无疑是最有力量的老鹰——是许多新热带猴子的主要捕食者（图 7.3）。美洲角雕重达 15 至 20 磅（约 7 至 9 千克）并有大约 8 英尺（约 2.4 米）的翼展。美洲角雕展现出和冠鹰雕相同的经典特征。一只美洲角雕拥有和一个小孩的手腕一样粗的踝骨；它的脚长达 9 至 10 英寸（约 23 至 25 厘米），而它巨大的匕首状爪子则接近 3.5 英寸（约 9 厘米）长。[2]

图 7.3 美洲角雕是新热带（Neotropics）最主要的猛禽。

---

[1] Brown and Amadon 1989.

[2] Brown and Amadon 1989;Voous 1969; Brown 1977.

那些和被捕获的美洲角雕一起打猎的人们说一个成年男性必须为这些老鹰降落到其肩头做好安全准备。这不是一个令人吃惊的发现，因为美洲角雕拥有 40 至 50 英里（约 65 至 80 千米）的时速，当它们冲向猎物时能施加 13500 英尺·磅（约 18000 牛·米）的压力；那几乎是一颗子弹从来复枪中射出时初能的 3 倍。美洲角雕低空翱翔并像导弹一样掠过雨林树冠，从背后用有力的爪子打击它的猎物，在对方毫不知情的情况下抓住猎物。在一只美洲角雕初次冲击其猎物后，其动量能使它继续飞行并把猎物抓到巢穴或要进食的树上。要么是在爪子穿过猴子的身体时立刻就杀死了猎物，要么是这只猴子被如此大的力量冲击而掉到地上摔死了。[1]

那些足够幸运能够看到难得的、濒临灭绝的美洲角雕捕食行动的人们，对这种雄壮猛禽进行描述时充满了诗意："猛禽中的王……从那些枯死的巨大树木的最高枝上，审视着下面的森林，寻找着移动的痕迹。突然如晴天霹雳，它万无一失地准确俯冲向一只沉睡的树懒或者一只跳跃的猴子，并带着猎物胜利离开。"[2]

另外一种大型的捕食灵长类的猛禽菲律宾雕，拥有一个巨大而窄的喙（这可能是对于提高其双眼视野的一种适应）和几乎与美洲角雕一样重的跗骨。菲律宾雕的学名——Pithecophaga jefferyi——强调了它们的猎物是猴子。Pithecophaga 来自希腊单词 pithekos，表示猴子；phagein，表示捕食者。由于吃猴子的称呼看起来是对这种高贵鸟类和其所代表的国家的一种贬低，所以在 1978 年，它的常用名被总统费迪南德·马科斯（Ferdinand Marcos）用一种公关手段正式从"吃猴子的老鹰"改为"菲律宾雕"。[3]

当然，名字并不永远是准确无误的。关于菲律宾雕捕食灵长类频率的数据十分稀少，其中有 3 个研究估计其食物中只有 3% 至

144

[1] Brown 1977.
[2] Hanif 1970, p. 24.
[3] Kennedy 1981.

6% 是短尾猴。这个比例被认为是低于美洲角雕或冠鹰雕捕食灵长类的频率。成对的菲律宾雕被人发现在一起猎食，当配对的鸟合力时，其能够成功捕食猴子的概率就会显著升高。但是实际上，菲律宾雕更多地以一种猫猴（colugos）——具有松鼠般的体型、会滑翔的哺乳类，又叫飞翔的狐猴（flying lemur）——作为其主食，而非灵长类。[1]

冠鹰雕是以上这 3 种猛禽中体形最小的。雌性冠鹰雕——该种鸟中雌性体形大于雄性——拥有不到 6 英尺（约 1.8 米）的翼展和 8 至 9 磅（约 3.5 至 4 千克）的体重，大约比美洲角雕的体重轻50%。[2] 然而结实的跗骨和异常强壮爪子的组合使得冠鹰雕拥有一个形象的"长翅膀的豹子"的名声。这个比喻一点也不赖，因为豹子是猫科动物中相对体形较小的成员，却拥有攻击大猩猩的力量和勇气。和豹子一样，冠鹰雕是捕食灵长类的专家；在乌干达基巴莱（Kibale）森林公园对于这种猛禽的研究显示，其大约 85% 的猎物是 3种猴子——疣猴、白眉猴（mangabey）和长尾猴。另外一个在坦桑尼亚的基文戈玛（kiwengoma）保护森林的研究点，一只冠鹰雕鸟巢中的食物残渣里接近 90% 是长尾猴中的一个种类——青长尾猴。[3]

冠鹰雕是所有非洲老鹰中体形第二大的（仅次于猛雕 [martial eagle]），但它有能力杀死最大的猎物，是无可争议的这片大陆上最强大的猛禽。尽管它的平均体重为 8 至 9 磅（约 3.5 至 4 千克），它常常杀死重达 40 至 44 磅（约 18 至 20 千克）的羚羊——体重是其自身的近 5 倍。有记录的被一只冠鹰雕杀死的最大的猎物是一只 66磅（约 30 千克）重的未成年薮羚羊（bushbuck ram）。[4] 这只是一个较为保守的陈述，但它们确实是不可思议的鸟类。

145

---

[1] Gonzales 1968; Alvarez 1970; Kennedy 1977, 1985; H. Miranda 1999，来自私人之间的通信。

[2] Chapin 1932; Maclean 1993.

[3] Skorupa 1989; Struhsaker and Leakey 1990; Leland and Struhsaker 1993; Sanders et al. 2003, Msuya 1993.

[4] Tarboton 1989.

冠鹰雕活动的地理范围横跨撒哈拉沙漠以南非洲浓密的热带雨林。它们的捕猎策略包括在森林的树冠上长时间安静地注视，最后以迅速和异常准确的俯冲向那只不幸的猎物作为结束。大部分的猎杀是在地上，猎物的尸体当场被肢解并被部分食用。而冠鹰雕拥有如此强大的力量以至于当一只猴子在森林的地上被杀死后，它能够几乎垂直地带着整个猎物起飞。[1] 以下是另外关于它们力量和机动性描述的第一手资料：

> 在令人惊讶的事情发生之前不久，雄鹰（冠鹰雕）突然在一阵落叶中冲过猴子们当时正在进食的树冠，头下脚上双翼合拢，而两只脚爪之间已经牢牢地抓住了一只猴子。换句话说，它必须从下往上在高速中接近并抓住其猎物，在其展开双翼之前，它需要拥有如此的动力能够将自己向上提升离开树梢足足有 15 英尺（约 4.5 米），转身，使劲抓着其猎物飞回其悬崖边的栖息处。[2]

冠鹰雕对于聪明的灵长类动物的不停捕食得益于一些捕猎行为上的进化，如形成老鹰配对合作来配合捕食猴子的行为。一对配对的老鹰形成团队捕猎似乎是冠鹰雕常用的一种策略。这对老鹰中的一只会低空俯冲过森林；当其飞走后，一只猴子可能会从树叶丛中爬出来看着其害怕的天敌是否离开。此时，另外一只老鹰会从其栖息处起飞，从背后俯冲向这只猴子。有些观察者们已经发现，捕猎的老鹰会发出轻声的哨子来引起天生具有好奇心的猴子们的注意。[3]

人们已经证实冠鹰雕有着延长至两年的养育周期。这种适应

146

---

[1] Brown and Amadon 1989.

[2] Clark 1970, p. 77.

[3] 团队捕猎来自 Daneel 1979；轻声的哨子来自 Maclatchey 1937。

性——两年繁殖一次而不是一年一次——同时存在于美洲角雕，这可能是其与灵长类猎物之间特有的共同进化。当一对美洲角雕或者冠鹰雕正在养育一巢的幼鸟时——值得一提的是鸟巢非常巨大，有6英尺（约1.8米）深，6英尺宽——被捕食种群的压力（在老鹰的例子里是繁殖缓慢的灵长类）加倍了。老鹰进化出了非常明智地对猎物的有效利用；将一只幼鸟额外的食物需求间隔开来到两年一次，使得猎物可以在老鹰的下一次繁殖周期来临前有一个缓冲来恢复其种群数量。[1]

当两只或更多不同种类的猴子在一起进食、迁徙或者休息时，在这种多物种的联盟中人们可以明显观察到猛禽和它们的灵长类猎物之间的共同进化。什么会提供一种形成这种多物种联盟的强烈动机呢？证据指向猛禽，因为这种由不同种类的美洲和非洲猴子组成的多物种联盟，只局限于新热带美洲角雕和中部非洲的冠鹰雕活动的地理范围内。[2]

美洲角雕很可能对许多新热带灵长类物种施加了如此强烈的选择压力，以至于其捕食不仅使得猴子形成了群居和多物种联盟，而且使猎物进化出了更大的体形。新热带灵长类学家约翰·特伯格研究了在秘鲁的科恰喀什（Cocha Cashu）的灵长类体形大小与逃脱被捕食的关系。通过增大体形来逃跑被确认是一种新热带灵长类防止自身被捕食的十分明显的进化策略。最小的灵长类绢毛猴（tamarin）和狨猴（marmoset，1至3磅［约0.4至1.4千克］）每天在安全的庇护所待上数小时。稍大一些的种类，例如僧帽猴（capuchin monkey）和松鼠猴（squirrel monkey）选择群体的保护。通过增加体形来逃跑的策略适用于大型种类的成年猴子，如蜘蛛猴（spider）、绒毛猴（woolly）和吼猴（howler monkey）。这些灵长类经常被发现在显眼暴露的树冠上的栖息地休息。从这些占优势的地点，大型灵

---

[1] Brown 1966.

[2] Gautier-Hion et al. 1983; Terborgh 1990.

长类可以监视美洲角雕和其他一些大型鹰类，这些是少数几只猛禽高度分散在广大的领地中的老鹰物种。增加的体形加上群居生活和灵活敏捷的身手可以使得大型的新热带灵长类非常难以捕捉，甚至对于美洲角雕来说也是如此。吼猴曾被观察到在躲避和驱赶一只攻击其群体成员的美洲角雕，不过也有目击者观察到了一只美洲角雕成功捕获了一只成年的雄性吼猴，虽然当时在该群体中，角雕有机会捕食比那只更小的个体。重约 4 至 8 磅（约 1.8 至 3.6 千克）之间的中等体形的猴子，例如僧帽猴、狐尾猴（saki）和丛尾猴（bearded saki）构成了美洲角雕最常见的食谱。[1]

虽然在雨林里中等体形的猴子是有记录的冠鹰雕最常见的灵长类食物，广泛的体形更大的种类也是这种猛禽潜在的猎物。冠鹰雕的地理范围延伸到东部和南部非洲草原的广大区域，在那里它主要捕食各个种类的羚羊和偶尔出现的狒狒。

"阿尔弗雷德·希区柯克"[2] 时刻

我的一位同事古生物学家塔伯·拉斯穆森（Tab Rasmussen）在位于圣路易斯市的华盛顿大学办公室里有一件骇人的宝贝。那是曾经生活在马达加斯加（Madagascar）现已灭绝的一种猛禽的利爪。这种猛禽没有通用名。正如许多化石物种一样，它只以其学名 Stephanoaetus mahery（以下简称 S. mahery）为人知晓。

最近，我们有机会对该利爪进行检查研究。它属于一只约 2000 年前至 1500 年前灭绝的大型老鹰。该爪来自该猛禽的脚掌前端。经测量，该爪有 1.5 英寸（约 4 厘米）长，非常健壮并且令人印象深刻。这种爪子能够对任何种类的猎物造成致命伤害。这只老鹰化

[1] Peres 1990;Voous 1969;Terborgh 1983; Eason 1989; Sherman 1991.

[2] 译者注：阿尔弗雷德·希区柯克（Alfred Hitchcock），原籍英国，是一位闻名世界的电影导演，尤其擅长拍摄惊悚悬疑片。此处所要表达的意思为"惊悚时刻"。

石长长的后爪和现代冠鹰雕标本的后爪一样巨大，而其跗跖骨实际上要大于现代冠鹰雕。S. mahery 和现代冠鹰雕属于同一个属。这种灭绝的猛禽和现代的冠鹰雕是亲戚——冠鹰雕是该属中唯一存活下来的成员。最早出版的对该灭绝老鹰的描述——作者为史蒂夫·古德曼（Steve Goodman），芝加哥田野博物馆（Chicago's Field Museum）的一位鸟类学家——其中提到其体型和比例"异常健壮"并且拥有"异常突出"的肌肉附着面。他将冠鹰雕能够制服非常大的猎物归功于其长长的后爪。由于 S. mahery 的后爪和其现代的表亲在长度和周长上都相似，他认为 S. mahery 曾经对于狐猴来说是可怕的掠食者，正如现在的冠鹰雕是非洲森林中猴子的主要威胁一样。[1]

148

我们开始将自己置身于这种已灭绝老鹰的猎物的角度。我们知道它和现在非洲拥有 6 英尺（约 1.8 米）翼展的冠鹰雕一样大小，甚至体形更大。灵长类学家莱莎·利兰（Lysa Leland）和汤姆·斯特鲁萨克写道：看到冠鹰雕在森林中向下俯冲——当你站在它们伸展羽翼的阴影之下时，就仿佛回到了翼龙时代。[2]

本书的作者之一（RWS）有着曾成为一对老鹰的捕猎目标的经历——它们决定俯冲向一名侵入其领地的人类。"我回忆起在马达加斯加西南一个落叶林中的树下跟随一群褐狐猴（brown lemurs）时，我打扰了一对小型老鹰，很可能是亨氏鹰（Henst's goshawks）。它们很可能刚刚筑了巢或者正在孵一窝小鸟，因为我之前多次来过这块狐猴的领地都没有发生任何意外。两只鹰开始俯冲向我，如此接近以至于我可以感受到它们飞过时带来的风。几周来它们持续这么做，甚至越来越接近。我试着远离这个区域，但是当我不得不跟着狐猴进入该区域时，我需要朝着老鹰挥舞棍子，阻止它们要粗暴地把我的头拧下来的企图。有一次，其中一只在其飞过时竟然掠过了

---

[1] Goodman 1994.

[2] Leland and Struhsaker 1993.

我的前额。已成为化石的 S. mahery 很可能比俯冲向我头部那只老鹰的 3 倍还要大。我可不愿意在马达加斯加森林里遇到那种巨大的已灭绝的老鹰俯冲向我！"

以下是实际发生在已故的研究冠鹰雕的世界权威莱斯利·布朗身上的事情。布朗在其一本书中有一张令人印象颇深的照片，这要胜过任何关于老鹰攻击所能引起的疼痛的文字描述。在他背上的一条 3.5 英寸（约 9 厘米）宽延伸至 8 英寸（约 20 厘米）长的难看的伤疤是冠鹰雕爪子力量的证据。一只雌雕曾在几年的时间里在他监测其鸟巢时对他表现得很有攻击性。最终，在一个繁殖季节，它受够了这个人类入侵者而全力发动了一次攻击。这只雕从 300 码（约 270 米）之外直接高速飞向他，用一只张开的脚爪完成了一次猛烈的向下冲击。他声称这感觉像是来自一根沉重木棍的粉碎性打击；如果他没有穿着衬衫——它的爪子大部分抓在了衬衫上——他很可能会受更严重的伤。（不由得使人想起那个赞比亚的小学生，他的卡其布校服救了他的命！）毋庸置疑的是，布朗在勇敢和谨慎之间选择了后者，在该意外发生之后，他选择远离它的鸟巢。[1]

149

大型猛禽的记录

S. mahery 的爪子是在马达加斯加发现的。至今为止，在那个岛上还没有发现历史悠久的化石，所以需更准确地指出，这种老鹰只是存在于几千年前，所以只是一种亚化石 [2]。在距今 2000 年前至 1500 年前的马达加斯加岛上有多种现已灭绝的巨型动物群，包括侏儒河马（pygmy hippo）、巨型象鸟（giant elephant bird）和巨狐猴（large lemur），从人类的到来的那刻起开始了一波灭绝——至少 17

---

[1] Brown et al. 1977.
[2] 译者注：亚化石指保存于较新地层、石化程度较低的生物遗体化石。

种狐猴在人类入侵后不久就消失了。[1] 许多亚化石种类和现存的狐猴种类非常不同，填补了生态龛[2]，而现在只能留着空白。最大的狐猴有着大猩猩的体形，甚至更强壮，这样就极可能体形太大以至于老鹰不容易将其抓走。然而很多是和小狒狒一样大小，其他的和现存的种类差不多大或者更大。这种尤其强壮的猛禽很可能是专门捕捉喜欢晒太阳的大型狐猴的。[3]

现已灭绝的这种老鹰在这些现存的跳狐猴的行为中留下了印记。今天的环尾狐猴（ringtailed lemur）和跳狐猴（sifaka）还保有对于猛禽的非常强烈的模式化反应[4]，但是现在生活在马达斯加会引起这种反捕猎行为的日行性老鹰是黑鸢（black kite）、马达加斯加猎鹰（Madagascar harrier hawk）和短翅鵟（Madagascar buzzard）。它们和那种亚化石老鹰相比体形较小，对于它们来说要制服和杀死一只成年的狐猴就异常困难。

冠鹰雕可能有多少种已经灭绝的老鹰亲戚还不清楚。象鸟（rokh）传说的起源——在《辛巴达的第二次航行》（*Second Voyage of Sindbad*）中提到的"用大象来喂养幼鸟"并且"它飞过天空时遮住了太阳，使得岛上看不见阳光"[5]的巨鸟——可能是源自 S. mahery 或者其他类似的灭绝鸟类的传说。识别出这种已经灭绝的亚化石老鹰的鸟类学家史蒂夫·古德曼认为象鸟的原型可能是基于一种在马达加斯加已经灭绝的鸟类，很可能就是上文提到的这种亚化石老鹰。[6]

另外一种已灭绝的猛禽——从新西兰的古生物遗址中发掘出来而为人所知——叫作哈斯特鹰（Haast's eagle）。它的头骨化石从前到后有 6.5 英寸（约 17 厘米）长——与同类老鹰相比长了好几厘

[1] Tattersall 1982; Simons et al. 1995; Simons 1997.

[2] 译者注：生态龛包括物种在环境中所处的地位以及食物、行为等细节。

[3] Clark 1970, p. 77.

[4] Sauther 1989; Macedonia 1990.

[5] Burton 2001.

[6] Goodman 1994.

米。在 3 万年前至 1000 年前这个时间范围内它生活在新西兰，可能捕食当地数量充裕的不会飞的巨大鸟类，这些鸟类在该岛被人类殖民以前广泛分布在新西兰。由于这种老鹰的头如此巨大，我们可以推测它比现存的任何老鹰体形都大；头骨的尺寸，结合其他化石部分——健壮的腿和爪子可与老虎的爪子相匹敌——告诉我们存在另一种可怕的已灭绝老鹰。[1] 哈斯特鹰和 S. mahery 都是在最近才灭绝的，发生在人类到达一个大岛生态系统——新西兰和马达加斯加后不久。它们作为顶级猛禽的相似性和它们的灭绝显示出一种关联性，这种关联不可能完全是偶然的。

事实上，古代猛禽化石非常充足，这些化石代表了生活在约 5000 万年前至 3000 万年前，直到更近一些时代的种类。由于猛禽类鸟在这一时间范围内被发现，古生物学家估计猛禽一定是在鸟类演进树上进化较早的一个古群体。尽管有 62 种不同的已灭绝种类的大量化石，我们没有在猛禽的家谱中发现一种清晰的、可辨识的亲属或世系关系。最早的形态学上的现代猛禽是在可追溯到约 1300 万年前的欧洲岩石层中被发现的。唯一现存的与其类似的猛禽是非洲的蛇鹫（secretary bird），那是一种和火鸡体型类似的猛禽，拥有特殊的外表，使人联想到古代的鸟，并显露出一些更像爬行类的特征。[2]

人们在化石记录中找到了大量的异常庞大、可怕的猛禽。泰乐通鸟（teraorn）是秃鹰在古代的表兄弟，它们一直存活到约 180 万年前。它们外形上像鹳，但是除此之外没有任何一点和今天温顺的鹳相像。它们的翼展达到 23 英尺（约 7 米），重达 260 磅（约 120 千克）！一位鸟类学家评论说："它们过着活跃的、令人惧怕的猛禽生活。"[3] 泰乐通鸟最早出现在南美化石记录中；不过当我们试图去理解猛禽的地理源头时必须格外小心。这种小心的提示在以下事例

---

[1] Kemp 1990.

[2] Olson 1985; Carroll 1988.

[3] Kemp 1990, p. 22.

中被证实——类似秃鹫的化石被认为来自 4000 万年前至 3500 万前被遗弃的法国古迹中，然而到目前为止，所有现存的秃鹫都只在151 美洲被发现。[1]

另一个地域性的传说包括了窃鹿毛鸟（phorusrhacus）——另一种庞然大物，是一种不会飞的食肉鸟类。这种鸟站立时高达 4.5 至 9英尺（约 1.4 至 2.8 米）。其中的一些拥有 20 英寸（约 50 厘米）的头颅，头上有凶猛的钩状喙。整个种群被归为源于南美洲，但是法国古生物学家找到化石证据证明该种群的一支曾在距今 2200 万至5500 万年间在法国生存过。另外一种巨大的不会飞的食肉鸟名叫不飞鸟（diatryma），在距今 5500 万至 6500 万年前生活在亚洲和欧洲。不飞鸟和它的亲戚有 6 英尺（约 1.8 米）高，有一个硕大的头颅，强健的腿由粗逐渐变细到两只拥有巨大爪子的脚。[2] 这些庞大的不会飞的食肉鸟化石的发现，产生了一些有趣的目前为止未被回答的问题：这些生物在旧大陆存在了多久？它们只局限在亚洲和欧洲还是分布在世界各地？特别是，它们也曾出现在非洲吗？当原始人进化时它们还在人类周围吗？

汤恩幼儿讲述他的故事

现在是时候暂时离开理论上的讨论，来谈谈猛禽捕食古代人类的例子。巧合的是与其他一些同类的化石证据一样，最早的老鹰捕食人类的证据显示人类起源自非洲。就是这个在 1924 年被雷蒙德·达特小心翼翼地从矿化的地壳中取出的小孩头骨和大脑化石提供了猛禽捕食人类的线索。

经过过去十年中大量的科学探讨和科学研究之后，现在人们认为这个最早由雷蒙德·达特发现的南非人类化石——汤恩幼儿，学

---

[1] Kemp 1990.

[2] Carroll 1988; Mourer-Chauvire 1981.

名为 Australopithecus africanus——很可能是被一只至少达到冠鹰雕力量和体形的猛禽捕食的结果。[1]

　　一个密歇根大学的包括了灵长类动物学家、古生物学家和地质学家的三人团队检查了一堆在现代冠鹰雕巢穴下找到的骨头，然后将这些信息和特征标记与汤恩幼儿化石做了对比。被冠鹰雕捕食的特殊标记不断在非人类的灵长类残骸中被发现，其中包括刻痕、刺痕和在薄的骨头例如头骨和骨盆上"开罐器"般的穿刺痕，以及重重的类似被耙打过并碎裂的肩胛骨。相同的是，骨头损坏的明显模式同样可以识别大型猛禽捕猎后留在猎物化石上的"签名"。达特从其角砾岩地壳中取出的汤恩幼儿化石，呈现出这些猛禽利爪的痕迹（图 7.4）。[2]

152

图 7.4　汤恩幼儿头骨上的"开罐器"般穿刺痕显示这个已经成为化石的人类，是被一只非常像现代冠鹰雕般猛禽捕猎的受害者。
（C. Rudloff 根据 Zihlman 2000 重绘）

153

[1] Berger and Clarke 1995.
[2] Sanders et al. 2003.

尽管冠鹰雕有着令人印象深刻的以爪和喙为形式的武器装备，它们在饮食习惯上还是非常挑剔的。和现代和古代的食肉哺乳动物嘎吱嘎吱咬着骨头相比，猛禽更倾向于精细地肢解猎物的躯干，并且以一个有修养的就餐者的精致来享用猎物身体空腔中的器官部分。头骨总是被完整地保留下来，但是当老鹰试图穿过薄薄的面部骨头啄食大脑时会施加明显的刻痕、穿孔和裂口，展现出该猎物是被猛禽凶猛地吃过了。爪子巨大的压力很可能留下标志性的痕迹——尖利的爪子可以像开罐器切进钢片中一样穿过一些薄的骨头。小的骨瓣是由开罐器般爪子的每一次转动造成的。

一位富有名望的古生物学家菲利普·托拜厄斯（Phillip Tobias），也是南非金山大学雷蒙德·达特教授的继任者，推测那只捕杀汤恩幼儿的老鹰应该有超过 5.5 英寸（约 14 厘米）长的后爪。[1] 冠鹰雕作为生活在约 250 万年前的猛禽的现存最佳代表，它可以突袭并造成在汤恩幼儿头骨上发现的打击痕迹。[2]

汤恩幼儿是至今在该古生物遗址中发现的唯一的人类化石，不过这里发现了超过 33 只狒狒的头骨，正如我们之前所预示的，对于一只猛禽来说，灵长类之间很可能看起来都很像。汤恩幼儿死亡时周围的情况是如何？他是否是在其母亲的怀里被夺走？她是否将其放在地上一小会儿，在决定性的短短几秒钟内走开了？这位母亲和幼儿是否离开他们的社会群体太远了以至于没有其他人在附近帮忙来避免小孩被劫走？

我们永远不知道真实的情况，但是也有一些细节可以帮助我们还原这个场景。首先，汤恩幼儿很可能是在 3 至 4 岁之间，重约 20 至 24 磅（约 9 至 11 千克）。这是从其头骨的尺寸大小对比现代的未成年大猩猩的尺寸得来的。[3] 一个三四岁的小孩很可能

---

[1] Cambridge Educational Films 1999.

[2] Sanders et al. 2003; Berger and Clarke 1995; Cooke et al. 2004.

[3] Berger and Clarke 1995.

处在这样一个发展过渡阶段，即他并不需要一直被大人抱着。如 154
果对于年幼人类来说，被猛禽捕食是无法改变的现实的话，那么
自然选择就会有利于那些对小孩提供更长时间精心保护的父母们。
这种能够促进群体对每个小孩有着更多投入的社会组织模式很可
能是应对猛禽对其后代进行捕杀的一种适应性结果。也许以上两
种习性都被自然选择保留下来了，今天在很多采集 – 狩猎社会中
还存在这些习惯。

同时，我们必须解释这个小孩的头骨如何会进入汤恩的采石
场。这可能是该事件拼图中最容易解释的部分。人们做了很多工作
来分析在汤恩采石场地区发现的非人类遗骸。在汤恩发现的从小型
到中型的动物残骸与现在还存活的冠鹰雕鸟巢中的残骸是一致的。
汤恩幼儿完整的下颚骨在人类化石中是非常少见的。只有在猎物
是被猛禽捕食的时候，残骸中保存有完整的下颚骨化石才较为常
见（图 7.5）。因为老鹰会很讲究地将猎物头骨的底部或者面部骨 155
头移开，而非根本不从头骨中移除下颚骨就嘎吱嘎吱地咬整个
头部。[1]

我们可能已将一些拼图方块拼好了，不过仍有一些问题存在。
由于这些早期人类并不住在拥有浓密隐蔽树叶的森林里，这些大型
凶猛鹰雕的祖先是否仍然有能力俯冲下来而不被人发现呢？有大量
大型陆生捕食者在周围，是否早期人类最不担心的就是猛禽呢？

我们可以把汤恩幼儿看作一起不同寻常的意外，或者他可以被
看成是猛禽范围广泛的捕猎中的一个代表性例子。后一种观点提出
了关于猛禽捕食年幼人类是否存在进化效应的问题。例如，这一类
型的捕猎是否促进了人类对于幼儿进行照顾这种适应性？

---

[1] Sanders et al. 2003.

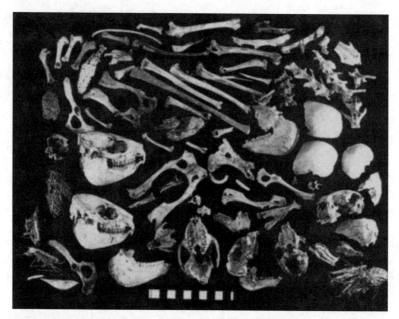

图 7.5 在非洲南部一只林雕〔black eagle〕的鸟巢下搜集到的骨头。其中包括蹄兔〔hyrax〕、野兔〔hare〕、鸟类和狒狒的残骸。注意那些有下颌骨的头骨——老鹰捕食的鲜明特征之一。〔Berger 和 Clarke 1995, 使用该图片已征得 L. Berger 的许可〕

奔跑的老鹰、饥饿的巨嘴鸟和巨大的猫头鹰

基于本章节已经呈现的内容，我们可以得出结论：很少有猛禽物种足够大和强壮，以至于通过捕食影响到人类进化的程度。在得到更多古生物发现之前，当我们试图预想一只巨大的食灵长类者（类似于冠鹰雕）捕食早期人类所产生的影响时，我们只有汤恩幼儿和现今逸事趣闻般的调查可供研究。幸运的是，与那些人类进化的其他方面一样，我们可以从人类的远亲（那些长期经受了猛禽凶猛捕食的灵长类）中找到线索。它们的任何经历都可能揭示人类过去的情景，以及在人类幼年还存在着被猛禽捕食风险的情况下，这种经历意味着什么。从我们对于非人类灵长类的研究，可以看出由于

猛禽捕杀所导致的不断累加的行为是怎样的。例如，从树上扑到地面只能是针对猛禽的反应。猴子们正在树上进食，一抬头看见一只老鹰，它们马上跳出树冠，纵身跳向地面以躲避捕杀。另外，当灵长类穿过树冠逃到树干上时，大约 75% 的情况是因为附近有猛禽出现。

凶猛的捕杀被猜测是导致在金狮面狨（lion tamarin）——一种仅重 1 磅（约 0.45 千克）的新大陆猴子——身上观察到的很多行为模式的原因。它们始终如一的警觉状态，随时准备迅速逃跑，以及当嗅到危险时下降到更低的森林树丛中去，可能意味着有大量捕食狨猴的日行性猛禽存在。早早地退回到晚上的庇护所以及庇护所的开口直径很小暗示着夜行性猛禽，例如大角鸮（great horned owl）也会使金狮面狨陷入危险。[1]

有一种小型老鹰在中部和南部美洲森林中繁衍生息。新热带区老鹰物种数是旧大陆物种数的两倍，主要是由于新热带区普遍存在的林隼属（Micrastur）中的小型森林猎鹰。在冠鹰雕和美洲角雕中发现的长尾－短翼的比例模式在更小种类的新大陆猎鹰中同样存在。此处仅举几例，其中包括双色鹰（bicolored hawk）、灰鹰（grey hawk）、阔嘴鹭（roadside hawk）、黑鹰雕（black hawkeagle）、丽鹰雕（ornate hawk-eagle）、黑栗雕（Isidor's hawk-eagle）、斑林隼（barred forest falcon）、灰背林隼（slaty-backed forest falcon）和领隼（collared forest falcon）。小型雨林老鹰的捕猎技巧包含了一种有趣的活跃行为与不活跃行为的混合：它们一动不动、毫不起眼地栖息着，但是在静止期之间它们偶尔快速而又无声地在树丛间飞行。一些种类进行活跃的捕猎，例如领隼，它实际是在树枝上奔跑，穿过灌木丛，甚至跑到地上追逐猎物！[2]

田野研究者休·波恩斯基（Sue Boinski）在哥斯达黎加的科科

---

[1] Coimbro-Filho 1978.
[2] Thiollay 1985.

瓦多（Corcovado）看到 29 例这些种类的老鹰试图捕食新生的松鼠猴。松鼠猴生活在平均 20—75 只组成的社会群体中，尽管有报道说一些群体超过了 300 只。怀孕的雌猴们总是同时生产，也许该行为就是对于频繁被猛禽捕食的一种适应。肉食鸟类盘旋在新妈妈们的群体周围，试图从雌猴身上抢走新生的幼猴。与此同时领隼正在捕猎新生幼猴，波恩斯基同时看到灰鹰和阔嘴鸢也在做尝试。此外，栗嘴巨嘴鸟（chestnut-mandibled toucan）也加入了混战并试图将新生的松鼠猴用它们夸张的喙抓走。波恩斯基报告说巨嘴鸟们和一只丽鹰雕对新生猴的攻击成功了，而一只领隼杀死了其中一只成年母猴。[1]

许多其他研究也支持了小型新热带灵长类有着由猛禽带来的高水平捕杀的压力。美国杜克大学的约翰·特伯格记录了在秘鲁玛努国家公园（Manu National Park）其以 3 周为周期的研究中，几乎所有的周期里都有不少于一次的猛禽攻击。这些攻击更频繁地针对松鼠猴和绢毛猴，而不是更大的灵长类如僧帽猴。在另外一个同样在玛努的研究中，绢毛猴的群体每 1 至 2 周就会遭受猛禽的攻击。在巴西的亚马逊，猛禽以每 9 天一次的频率攻击一个由两种绢毛猴组成的混合群体。其他研究者计算出日行性猛禽在科科瓦多和玛努以每 6 至 7 天的频率攻击松鼠猴。[2]

由于鸟类学家认为一般来讲猛禽发动的攻击成功的次数要多于不成功的次数 [3]（当然，尽管研究者无法每次总能看到攻击的结果），基于以上所列举观察到的攻击，我们认为新热带灵长类面对来自猛禽的捕杀压力甚至可能比田野记录所显示还要大。

除了冠鹰雕和美洲角雕能够优雅地穿行于密林之间，还有许多捕食灵长类的大型老鹰从栖息处或在翱翔时扫视寻找地面上的猎

---

[1] Boinski 1987.

[2] Mitchell et al. 1991; Terborgh 1983; Goldizen 1987; Peres 1991.

[3] Brown and Amadon 1989.

物。人们知道在南非的黑鹰雕（black eagle）捕食狒狒和长尾黑颚猴，但是人们不清楚它们捕食体形达到狒狒那么大的动物是否仅仅是一个反常现象。当同样大型的黑鹰雕在厄立特里亚（Eritrean）高地在 4 天中 4 次攻击了阿拉伯狒狒（hamadryas baboon）的记录发布后，这个问题有了答案。[1]

马达加斯加猎鹰有特殊形态学上适应的脚可以增强它们捕食灵长类的能力。它们腿上的骨头有节，可以使其弯曲并在白天刺入窄小的树洞或刺穿树皮，找到正在休息的鼠狐猴（mouse lemur）。[2]

猴面鹰（barn owl）以及马岛草鸮（madagascar red owl）和马岛长耳鸮（madagascar long-eared owl）也是夜行性原猴类，尤其是鼠狐猴的捕食者。直到史蒂夫·古德曼在芝加哥菲尔德自然历史博物馆的研究完成之前，没有人猜到地理上广泛分布的猴面鹰是一种如此主要的灵长类捕食者。古德曼突破性的田野研究已经成为界定猫头鹰捕食狐猴范围的特殊工具。猴面鹰是马达加斯加最常见的广泛分布的夜行性猛禽。它有着无与伦比的听觉，能够在完全的黑暗中探测、定位和抓住猎物。鼠狐猴是小型独居的夜行性觅食者，它们非常容易遭到猴面鹰的捕杀。

我们如何能知道一只猫头鹰到底吃了什么食物呢？当然，它们提供了非常可靠的方法来确认其食物的成分。有规律的周期内（例如每 2 至 3 天）猫头鹰会反刍吐出一个压缩了未消化的骨头和毛发的小球。由于它们整个吞下猎物（而不是和其他日行性猛禽那样撕碎猎物），这些猫头鹰吐出的小球对于其猎物的鉴定十分方便。在一个马岛长耳鸮的鸟巢里，从小球中鉴定出 50% 的猎物是鼬狐猴（sportive lemur）。当评估了另外 4 个鸟巢后，我们发现鼠狐猴占了这些成对的马岛长耳鸮所杀死猎物中的约 17% 至 44%。当在百加

158

---

[1] 南非的黑鹰雕的例子来自 Vernon 1965 和 Gargett 1971, 1990；厄立特里亚的黑鹰雕的例子来自 Zinner and Peláez 1999。

[2] Goodman et al. 1993.

（Beza Mahafaly）自然保护区中考虑到由猴面鹰和长耳鸮对于鼠狐猴的综合捕杀压力时，古德曼保守估计每年鼠狐猴的数量因此减少了四分之一。[1]

那么那些可能会捕食小型或幼年人类的大型猫头鹰物种又如何呢？黄雕鸮（Verreaux's eagle owl）——一种大型的非洲夜行性鸟——不同年龄会有不同的捕猎策略。成年猫头鹰独自站在高层的栖息处，拥有宽广的视野。未成年的则比成年的猫头鹰更多地到处漫游，通过从一个栖枝滑翔到另外一个栖枝来积极寻找猎物。尽管它是非洲最大的猫头鹰，但是黄雕鸮不如大型非洲老鹰那么强壮。虽然黄雕鸮的主要食物是夜行性灵长类，例如婴猴（bushbaby），它们捕捉的日行性猎物也可达到长尾黑颚猴那样的尺寸。[2] 猫头鹰体形很大，但是它们没有老鹰的力量。尽管它们体形很大，有着近乎艺术的捕食机制，并且有着对灵长类的独特偏好，但我们推测即使猫头鹰对于人类的进化有影响，那种影响也是很微小的。

我们观念中的老鹰可并非如此。冠鹰雕有能力杀死 66 磅（约 30 千克）的猎物——这和那个成年雌性南方古猿（australopithecus afarensis）露西的体形一样大了。

如果我们基于化石和现存灵长类的证据做一个有根据的推测的话，会毫不犹豫地说拥有现在冠鹰雕般力量的老鹰是年幼人类的主要捕食者，甚至在人类为了保护幼儿的适应性进化中起了作用。对于这个话题我们将遵从专家的意见，让莱斯利·布朗用他自己的话来说：

> 我现在甚至对之前听到的老鹰带走小孩的传说所下的判断有所保留了——不是说它现今发生了，而是它可能曾经发生过。我不会忘记一只老鹰抓走并杀死了一个留在外面的婴儿，

[1] Rasoloarison et al. 1995.

[2] Newman 1970; Pitman and Adamson 1978; Gillard 1979; Steyn 1983; Andrews 1990.

也许没有襁褓并且还在扭动爬行……一个幼儿体形没有一头薮
羚牛（bushbuck calf）或者一头小羚羊（duiker）那么大，而这
两种动物大型老鹰都能杀死它们。尽管我不会现在就相信一个
蹒跚学步的在婴儿车里的瑞士小孩会被一只并不存在的髯鹫
（lammergeier，即巨大的髭兀鹫）抢到空中去，我会接受说在人
类记忆中某个暗淡的遥远的时代，类似寓言的现实基础可能确
实发生过。[1]

捕食现存灵长类猛禽的名单上现有超过一百个物种，它们很可
能重演对于早期人类的捕食压力——将灵长类撞到地上，伏击它们，
在灵长类喝水时从水中袭击它们，从空中俯冲攻击它们。但是到此
为止，我们仅仅讲述了猛禽的故事。人类的祖先作为一个物种很好
地存活了下来，因为所有捕杀的尝试都不成功。我们的祖先不是
等着被吃掉的被动生物——他们有一些自己的技巧来避免被吃掉。

---

[1] Brown 1971, pp. 270–271.

第八章　我们并非坐以待毙！

　　猛禽将人类变成它们菜单上的一道特色菜是很容易的事情吗？即使有证据，化石的历史能传达的人类过去的行为非常稀少，尤其是对付猛禽的防御行为实际上就不存在。我们可以找到在捕食者-猎物对抗中失败者的化石遗迹，但是没有足够的化石来总结出人类被捕食的频率或者人类智取猛禽的成功策略。显而易见的是，如果人类曾经是被动的受害者，那么将不可能作为物种存活下来。当然，兔子和其他小型哺乳类确实是所有肉食动物、蛇和猛禽菜单上的食物，它们仍然作为物种存活下来了，但是像兔子这种动物，可以依靠快速逃跑和快速的繁殖力（短的怀孕周期加上同时生大量的幼崽）的策略。然而人类不能非常迅速地逃跑：两足的个体根本无法跑过四肢快速移动的捕食者，在人类的设计中也没有高频多产的生殖能力。

　　行文至此，我们已经强调了猛禽如何成功地将远古人类变成餐桌上的食物。然而我们的祖先并非是在那里坐以待毙。能够生存下
　来是所有生物的目的，而那些做着有利于生存的事情的个体可以将他们的基因传给下一代。我们只能通过研究人类的灵长类亲戚来发现那些已有的用来挫败捕杀的策略。

　　在阿姆斯特丹大学的亚德里安·科特兰特（Adriaan Kortlandt）1967年经典的田野实验中，他让吃饱了的美洲豹出现在野生黑猩猩面前。黑猩猩会做什么呢？它们显然意识到美洲豹并不是在捕猎，因为它既没有隐蔽也没有移动。它们甚至已经觉察到一头不动的、

注视着它们的美洲豹显然是不寻常的，它们应该利用这种有利形势。它们互相发出声音，针对这种奇特的情况进行交流。然后其中一只捡起一根树枝冲进来使劲打这头豹子。另外一只黑猩猩拔起一棵小树作为武器。它们一个接一个都用树枝和小树攻击豹子，尖叫着呵斥着来继续它们激烈的集体突袭。[1]

这种设计的场景实验已经在田野和实验室环境下，在针对许多不同的灵长类物种时一次次被证实是有效的。当捕食者可以被击败时，许多灵长类会先发制人地进行攻击。[2] 例如，狒狒在表现出典型的"恐惧并逃跑"行为的同时还会朝人类观察者扔石头。被捕获的僧帽猴——南美洲那种街头手风琴师（organ-grinder）养的伶俐小猴——被发现能够较为准确地用石头扔中目标。

那么非设计场景的、与猛禽遭遇的真实情况是怎样的呢？防御行为的最终结果——杀死捕食者——是不寻常的，不过也不是没有发生过。一只野生的前额有白斑的僧帽猴居然用棍棒打死了一条毒蛇，田野研究者休·波恩斯基目击了这一发生在哥斯达黎加安东尼奥国家公园（Parque Nacional Manuel Antonio）的勇敢事件。人们知道狒狒和黑猩猩都会拼死一战打败捕食者。西坦桑尼亚马哈勒山的大猩猩多次被人们发现反复袭击一头雌美洲豹并最终成功地杀死了它的幼豹。（尽管这些攻击发生在白天，研究者认为在晚上情形会对美洲豹更有利一些。）

一只单身雄性狒狒是一个强劲的对手。拥有近 2 英寸（约 5 厘米）长的犬齿和重达 70 磅（约 32 千克）的体重，一只有敌意的雄性狒狒是令人敬畏的。卢卡斯·施笃兹（Lukas Stoltz）和沙亚曼

---

[1] Kortlandt 1967.

[2] 狒狒的例子来自 Hamilton et al. 1975；捕获的僧帽猴的例子来自 Westergaard and Suomi 1994；野生僧帽猴的例子来自 Boinski 1988；黑猩猩的例子来自 Hiraiwa-Hasegawa et al. 1986，以及 Byrne and Byrne 1988；狒狒攻击大型犬来自 Stoltz and Saayman 1970，Turnbull-Kemp 1967；狒狒杀死美洲豹的特例来自 Altmann and Altmann 1970, Saayman 1971 和 Goodall 1986。

（G. S. Saayman）这两位在南非德兰士瓦省（Transvaal）工作的动物学家，观察到一只占统治地位的雄性狒狒使得 3 头攻击其狒狒群的大型犬非死即伤。当我们查阅科研文献并编辑整理狒狒对美洲豹的攻击性反击事例时，我们发现 11 起类似的战斗，其中的 4 例中美洲豹被杀死了。这当然只是一个小样本，但是它向我们展示了当狒狒感到是在其能力范围内时，它们的攻击不仅会挫败捕食者，而且在近三分之一的情况下能够杀死对手。

对于那些有着被猛禽捕食的巨大压力的灵长类来说，应对猛禽的多层次防御组合是必要的。[1] 灵长类物种采用名副其实的多种策略应对猛禽的一个例子是分布在热带草原的赤猴（patas monkey）的防御策略（图 8.1）。由于这种猴子的雄性有白胡子、华美的红色表皮和军人的姿势，它们也被叫作军事猴（military monkey）。赤猴是一种非洲草原上居住在地面的灵长类。它们由于以下几点而闻名：

1. 它们躲避猛禽时逃跑的速度超过每小时 30 英里（约 50千米）；

2. 它们通过双足站立来监视干旱草原上的猛禽；

3. 安静的、秘密的、高度分散的小群体生活形态；

4. 一只显眼的雄猴站在群体的边缘来分散任何潜在捕食者的注意力——类似一种利他的诱饵，让捕食者的注意力从该社会群体的中心（雌猴和幼猴身上）移开；

5. 雌猴和婴幼猴身上有伪装保护色——它们在干旱的草原上几乎是隐形的；

6. 改变灵长类在夜间生产的常规，改为在白天生产幼猴。

关于最后一点，赤猴在白天生产是因为它们的小群体组合以及开放的草原栖息地环境使得它们在夜间尤其易受攻击。9 种赤猴潜

---

[1] Sussman 2003.

在的捕食者是夜行食肉动物：狮子、美洲豹、两种小型的非洲野猫
（狞猫［caracal］和薮猫［serval］）、金毛豺（golden jackal）、黑背豺
（blackbacked jackal）、侧纹豺（side striped jackal）、斑鬣狗和黑纹灰
鬣狗（striped hyena）。为了对付这一系列夜间捕食者，赤猴发展出 164
了增加其行为的不可预测性、高度的分散化及其睡眠模式的隐蔽性
等适应性行为。夜间生产幼猴可能会给众多饥饿的夜间捕食者提供
气味上的线索——在黑暗中追踪到雌赤猴的地点，因此会破坏其他
防御策略的效果。所以白天生产的防御策略被演化出来。[1]

图 8.1 由于它们生活在开放的树木稀少
的草原栖息地，赤猴采用了多层次的应付
捕食者的策略。（H.Kummer）

165

尽管灵长类在自身防御行为中能够表现出"多才多艺"，甚至
会有很强烈的反抗，我们不能否认它们也会在绝望、倒霉、惊魂

---

[1] Kummer 1971; Hall 1965; Chism and Rowell 1988; Chism et al. 1983.

未定的情况下被抓住。在 20 世纪 40 年代后期，史蒂文森 – 哈密尔顿（Colonel J. Stevenson-Hamilton）——一位南非克鲁格国家公园（Kruger National Park）的看守人报告说有一次他看到了两头母狮对狒狒的"大屠杀"。用他自己的话说："一群狮子正在一个饮水点旁午睡，此时一群狒狒正往此地进发。"大部分狮子刚刚醒来躺在原地，除了两头母狮将它们自己埋伏在狮群所隐藏的植被带尾部区域。这些狒狒没有发现它们并且走进了由这两只母狮设下的"陷阱"。当狮子跑出来时，狒狒万分惊恐并直接跑向了正在休息的狮群大部队。他说："接着发生的是彻头彻尾的大屠杀。狒狒很显然太害怕了甚至试图爬上树来逃避，而当狮子轻松地用爪子将它们七零八落地打下来时，狒狒们将脸埋到爪子里。"[1]

通过观察现存的非人类灵长类我们可以搜集到哪些关于早期人类的信息呢？以下是早期人类首次登场时，灵长类如何抵御捕食者的一个策略纲要：通常和早期小型的原始灵长类相比，它们的体形显著增大，社会群居是其遵循的准则，警报信号使得群体成员间能互相交流，灵长类还被激发出更好的认知水平来用计划打败捕食者，而最后一招就是垂死挣扎。当早期人类出现时，这些行为和改变已经作为一种适应性植入了灵长类的基因中。

所有这些策略——体形、社会性、发出声音、智力增长、恐吓行为——都有其各自的广泛影响，但是它们都作为终极有效的防御适应性起着作用。原始人类带着这些作为防御的硬件设备走来，继续使用并改善着这些策略。

如果你是一只小型的灵长类渴望走出森林，走出一条新的进化之路，你到底应该做些什么来保护自己呢？我们建议两条特殊的人类轨迹——两足行走和语言，这两样也都是灵长类主义的内在延伸。这两条是被捕食者的捕杀所激发的，并在人类应对捕食者时非常有效，因此这些源自灵长类防御体系的、进化而来的直立行走和语言

[1] Stevenson-Hamilton 1947, p. 262.

成为人类的特质。你可以说早期人类的"策略包"，包括体形、多雄性群居、语言交流、双足行走、复杂的恐吓行为和认知技巧，在某种意义上是源于谨慎的天性和被天敌捕杀的磨炼。在以上策略集合里有的尤其有效；有的其他灵长类没有而为人类祖先所独有（直立行走）；有的内容是同时进化的，没有哪两项是互相排斥的；并且有的还被人类彻底地重新发展和定义了（语言由警告信号发展而来）。让我们逐项来分析这些包含在人类抵御天敌策略集里的各项策略的有效性。

重量级的对手

哦！所有捕食者都正在等着吃掉早期人类。如果考虑到很多小型的灵长类比大型的猴子和猿类有更多的捕食者这一事实，人类祖先是幸运的，因为他们的体形如此大以至于那些以比人类更小的灵长类远亲为食的动物，像猫鼬、麝猫、香猫、白头鼬（tayra）、长鼻浣熊（coati）、浣熊（raccoon）、负鼠（opossum）和小型猛禽都不能吃掉人类。

是否增加体形是灵长类的一种适应性来最小化其被捕食的危险呢？看起来最早的灵长类体形较小并是树栖动物，增加了体形是之后适应性的结果。[1] "大的体形可以被看作是一种应对增加的被捕食风险的进化性反应，结果导致低的被捕食率。"加州大学戴维斯分校的灵长类研究学者琳妮·伊斯贝尔（Lynne Isbell）写道。[2] 确实，大型树栖灵长类的出现可能部分是应对树上捕食者的一种进化反应。本章节中所列举的观察报告与随着体形增大是应对捕食者的一种进化反应（起码部分是）这种假设相一致。当然，避免被捕食不会是灵长类的体形变大的唯一解释，因为体形增加只能在一定程度上避

---

[1] Conroy 1990.
[2] Isbell 1994, p.68.

开捕食者。

运用灵长类和捕食者的体重数据，我们对于体形之间的关系以及体形增大是作为一种抵抗捕食者的策略这个假设进行探讨。我们的数据库包括了大约 2000 例通过问卷调查和科研文献搜集的捕猎事件记录（包括超过 100 种不同的物种），这些问卷调查和科研文献同时记录了捕食者的体重和作为猎物的灵长类体重。[1] 非人类的灵长类体重范围为 2 盎司（60 克）到近 400 磅（约 180 千克）；它们的捕食者的体重范围为 2.5 盎司（约 70 克）到超过 500 磅（约 230千克）。我们在调查研究中问了以下问题：如果存在某种关联的话，灵长类及其捕食者之间相对应的体形是什么样的联系？我们对于灵长类体重和其捕食者体重的检测预示着大部分的"获益"（通过增大体形逃脱捕食者）是在体重介于 2 至 12 磅（约 1 至 5 千克）之间的灵长类。低于这个范围，小的体形拥有比容易被捕食者捕获更重要的优势（可能更容易获得在细小树枝上的水果和昆虫，或者小的体形使其更容易躲藏？）。高于这个范围，由于此时捕食者的体形也更大，那么这种出于安全考虑的获益就很小，因此体重大于 12 磅之后的体形增长似乎是由其他方面的获利所导致的。

不过体形更小的灵长类仍然比大型的更容易被捕食。毕竟，许多捕食者杀死和吃掉猎物能力的极限是基于相对的体形大小差异。因此，随着灵长类体重的增加，其捕食者的数量就会减少。[2]

有 81 种猛禽、猫头鹰和其他食肉性鸟类已经被确认或者疑似是以灵长类为食。[3] 许多小型的鸟类体重低于 2 磅（巨嘴鸟 [toucan]、小猫头鹰 [small owl]、鸢 [kite]、布谷鸟 [cuckoo]、钩嘴鵙[vanga]、乌鸦、小鹰 [small hawk] 和隼 [falcon]），只捕捉最小的

---

[1] Hart 2000.

[2] Struhsaker l967;Terborgh 1983;Vezina 1985.

[3] Hart 2000.

灵长类。[1] 关于大部分树栖灵长类增大体形的进化，一个非常明显的结果是它们对于那些在其树林栖息地中最活跃的捕食者——小型猛禽来说都太大了，并不具有吸引力。24 种体重低于 5 磅（约 2.3千克）的灵长类物种会被 32 种鸟类捕食者所捕食，然而 24 种体重超过 12 磅（约 5 千克）的灵长类物种就只有一半（16 种）的鸟类捕食者。

因此，答案是肯定的，在灵长类进化中增大体形从一开始就是一个优势。但是，坦率地讲，不论原始人类体重是 35 磅（约 16 千克）还是 135 磅（约 61 千克），他们都仍然是大型捕食者的猎物。灵长类，包括我们的祖先，能够体形大于大部分的猛禽（除了冠鹰雕类型的猛禽可以杀死数倍于其自身体重的猎物），但是那仅仅消减了一小部分的潜在攻击。

与鸟类捕食者不同，尽管哺乳类捕食者的体重因种群不同而各异，大部分陆地上的捕食者的体形还是比大部分的灵长类要更庞大。我们把猫鼬、麝猫、香猫、白头鼬和长鼻浣熊叫作"小型食肉动物"——它们的体重比许多灵长类要轻。在这个目录中唯一能够比许多灵长类重的是长尾灵猫（fossa），马达加斯加岛最大的捕食者。我们的研究显示许多树栖灵长类的体形能超过小型肉食性哺乳动物，从而通过增大体形保护自己。

很少有灵长类物种的体形比野生猫科动物大，甚至最大的灵长类——大猩猩——也处在一头美洲豹能够攻击的体形范围之内。实际上，我们的统计可以发现 94% 的野生猫科动物物种比除了灵长类中前 10% 之外的所有灵长类的体形都要大，何况是猫科动物能够杀死比它们自身体形更大的猎物。人类在过去（包括现在）对于很多猫科动物（不论是现存的还是已灭绝的）都处于一个适宜被捕食的体形范围之内。美洲豹就是一个例证：一个美味的 100 至 120 磅

168

[1] Terborgh 1983; Boinski 1987; Mitchell et al. 1991; Goodman et al. 1993; Hart 2000，附录 1。

（约45至55千克）重的人对于一头美洲豹来说是适合它们攻击、杀死并且叼到一棵树的枝杈上享用的最佳体形。

同样，很少有灵长类能够仅仅通过体形来躲避野狗和鬣狗的捕食。犬科和鬣狗科的体重分布和猫科类似：85%的犬科和鬣狗科比除了灵长类中前10%之外的所有灵长类的体形都要大，况且这些家伙经常成群结队捕猎。

爬行类的体重分布同样和野生猫科和犬科动物类似，严格来说，爬行类捕食者包括了非常庞大的动物。所有的蛇类都会爬树；然而只有小型的蛇（那些长度小于6英尺［约1.8米］的）是真正的树栖动物。此外，大部分蛇类和大部分捕食者一样，倾向于捕食体形显著小于自己的猎物。这种体形的限制有一个非常合理的原因：蛇类无法吃掉大型的猎物，因为它们必须整个吞下猎物，并且由于在消化了比其自身体重大出某个特定比例的猎物后，可能会发生"过于饱足而无法移动"。毫不夸张地说，蛇类被喂饱后会无法移动。大部分灵长类对于小型的树栖蛇类来说都太大了，不是有吸引力的猎物，不过大型的陆生蛇类，例如网纹蟒（reticulated python）和非洲蟒（African python）是陆生灵长类的主要捕食者。[1] 大部分灵长类的体形同时也在巨蜥（monitor lizard）的捕食范围内，所有的灵长类都在鳄鱼的捕食范围内。

栖息地对于任何关于灵长类和其捕食者体形的讨论都是一个决定性的考虑。关于栖息地与体形大小的效果及其相互影响有着不同的理论解释。一种理论主张陆生的灵长类比树栖灵长类更多地受制于其捕食者，因为陆生种类不仅仅在开放性的陆地上受到来自猛禽、蛇、树栖肉食者和大型陆生肉食者的威胁，而且它们还远离了本可以用逃跑来获得安全的树林。[2] 树栖性本身被假设能够提供给

169

---

[1] 蛇的体形引自 Grzimek 1975 和 Pfeffer 1989；蛇的行为引自 Shine 1991 和 Mehrtens 1987。

[2] Crook and Gartlan 1966; Dunbar 1988.

灵长类一些保护来躲避其捕食者,因为所有的灵长类(除了最大的灵长类大猩猩和现代人类)都能在树上、悬崖上或者以某种方式离开地面睡觉。[1]

总之,脑子里带着树栖性的概念来考察灵长类和捕食者体形之间的关系,结果显示灵长类可以通过比它们的捕食者体形更大来躲避许多的树栖性捕食者,但是只能躲避很少的陆生性捕食者。虽然总的捕食者数量减少了,但是数据分析结果显示体形增大可能提供给灵长类的保护只限于某些类型的捕食者。对于灵长类有一个要比大部分树栖鸟类和小型捕食者体形更大,但是要比大部分陆生捕食者的体形更小的明显的倾向性。更人体形的进化在树栖灵长类中可能提供了保护,以免被猛禽和小型捕食者所捕杀,但是在树栖和陆生灵长类中,体形增大似乎无法影响由猫科、鬣狗科、犬科动物和爬行类带来的猎杀。

人类显然除了猛禽和小型捕食者以外并不比其他的捕食者体形更大。增大的体形似乎并不是我们为避免被捕杀而选择的进化路线。我们的体形逐渐增大——著名的南方古猿化石露西仅仅重达60磅(约27千克),已经成年,站立时可能只有3.5英尺(约1米)高——但是我们体形的不断增长没有给我们逃避捕食者带来什么好处。

不过在你说出"等等!露西可是雌性个体!"这句话之前,我们将提供一些关于雌猿类和远古人类的雌雄个体体形差异的信息。在一个物种的雄性和雌性之间是存在两性差异的。成年雄性动物一般都更大,但是也有一些例外:鬣狗、猛禽、一些香猫和麝猫以及巨蟒都是雌性个体明显更大的物种。不过在灵长类中,两性之间几乎是相同的体形或者成年雄性体形稍大一些。如果成年雄性灵长类(或者人类)大于雌性,那么雄性是否作为保护者扮演着特殊的角色呢?这个问题很难给出一个确定的答案。艾莉森·乔莉(Alison

---

[1] Busse 1977; Isbell 1994.

Jolly）是美国最受人尊重的灵长类动物学家之一，她认为灵长类的防卫有两种类型：一类是当雌性和幼崽躲藏时，雄性试图引开捕食者（例如赤猴）；另一类是当有危险迹象时雌性和幼崽将捕食者引向雄性（例如狒狒）。[1] 雄性赤猴大于雌性这一点很可能不重要——因为它的工作最终是代替雌性被捕食者吃掉。在狒狒的例子中，有许多关于成年雄性是将自己置于整个群体保护者的位置，还是匆忙地从捕食者面前跑开、只留下雌性去保护她们自身和幼崽这个问题上的争论。雄性灵长类个人骑士精神的伟大事迹已经被记录下来，但是两性差异究竟是一个抵制捕食者的手段还是吸引雌性的一种谋略，这个问题还没有最终的定论。

我们从化石中发现露西的雄性同伴的体形可能比她要大得多。使这个问题更加复杂化的是，露西作为一个个体，处在发掘出的南方古猿阿法种（Australopithecus afarensis）中较低的那一端；那些处在较高一端的是高达 5 英尺（约 1.5 米），体重可能已经超过 100 磅（约 45 千克）的个体。不论是在如露西化石的两性之间，还是在相同性别的个体之间，都存在着显著的差异性。[2] 除了更新季灵长类动物（australopithecine），两性差异同样在大猩猩、黑猩猩和红毛猩猩中存在；然而在狒狒和侏儒黑猩猩中却没有发现这一点。

为什么离群索居是怪异的

生活在社会群体中是人类共性——所有的文化都来自社会群体。社会是自然的，社会让人感到舒适。但是为什么？这个问题的答案可能基于这个事实：社会群居就意味着大量的人群在一起所带来的安全感。在我们进化历史的很长一段时间里，如果没有群体的保护，人类毫无疑问早就已经灭亡了。更多眼睛、耳朵和鼻子意味着

---

[1] Jolly 1985.

[2] Johanson and Edey 1981.

你没有看到、没有听到或者没有嗅到的捕食者潜伏过来吃掉你的风险大大降低。并且，更多的牙齿和手可以击退那些来袭的捕食者。[1]

当研究一个灵长类群体中个体数量和相应的被捕食概率时，我们可以发现被捕食已经在灵长类基本特性的进化如群居中扮演了关键的角色。[2] 住在小群体中的灵长类，尤其是很小的新大陆绢毛猴和狨猴有着较高水平的被捕食率[3]，就像小型夜行性原猴亚目（prosimian）的猴子一样，如鼠狐猴。许多讨论集中在群体大小和这些不寻常的多物种联盟群体的话题上。读者应该还记得，多物种联盟是永久的或者较持久的灵长类混合种群的组合。举例来说，存在着一些绢毛猴种群的混合群体；松鼠猴和僧帽猴的混合群体；名为长尾猴的有着多个物种的非洲森林里的猴子们，常常在一起迁移和互相喂食；长尾猴联合疣猴和白眉猴组成大型群体。

还有的研究关注于捕食压力是一个灵长类群体中存在着多于一个常驻成年雄性的一种解释。例如对于狒狒来讲，有很多能够用它们庞大体形和巨大犬齿保护群体的成年雄性个体的存在，可以让该群体在面对捕食者时有优势。然而在某些情况下，雄性个体实际更有可能被捕食者所捕食而遭到淘汰——类似于群体的殉道者。在每个群体中有许多雄性的优势显示出一个混合的结果；其中的一个研究发现群体中雄性的数量和被捕食水平有相关性，但是另外一个研究没有发现这两者存在数据上的关联。[4]

直到最近几年才有一项研究揭示了特殊的捕食者对其灵长类猎物的进化所可能产生的影响。苏格兰圣安德鲁斯大学（University of St. Andrews）的克劳斯·祖贝布勒（Klaus Zuberbühler）和瑞士伯尔

171

---

[1] Jolly 1985.

[2] Alexander 1974; Terborgh 1983; Stacey 1986; Terborgh and Janson 1986.

[3] Terborgh 1983; Sussman and Kinzey 1984; Goldizen 1987; Caine 1993.

[4] 例如 Crook 1970, Leutenegger and Kelly 1977 观察到当雄性个体在时群体有优势，但是 Stacey 1986, Boesch and Boesch 1989, Struhsaker and Leakey 1990 发现雄性似乎更易被捕食。Anderson 1986a 发现了群体中雄性个体数与被捕食率的关系，但是 Cheney and Wrangham 1987 并未发现这种联系。

尼大学（Universität Bern）的戴维斯·珍妮（David Jenny），已经在西非的科特迪瓦塔伊森林中工作了许多年。他们正在进行研究的重点是美洲豹捕食与灵长类进化之间的关系。[1] 祖贝布勒和珍妮研究的结果是没有一种之前提出的进化适应性，即之前提到的多雄性群体、大型群体和增大的体形，可以对某一特定的捕食者有效。他们的研究发现美洲豹实际上喜欢捕杀那些生活在活跃着许多成年雄性的大群体中的大型灵长类。这似乎违背了我们的直觉，但是由于捕食有这么多不同的方面，常规的直觉可能是大错特错的。

对更加脆弱的未成年个体进行保护当然需要由大型社会群体来进行加强。长尾叶猴的未成年猴子已经被人们发现，它们会避免睡在树的边缘上并会紧紧地挤在一起。在狒狒群体中，年轻的狒狒睡在最接近树顶的位置，而最强壮的成年狒狒睡在树干上来避免美洲豹爬上来。白掌长臂猿（white-handed gibbon）在树上睡觉时也是如此，幼猴在树上更高的位置和更细的树枝上。黑白疣猴（black and white colobus）被发现在月圆之夜当捕食者拥有更好的视野优势时，会更加紧密地聚集在它们的栖息树上来相互保护。[2]

群居生活的一个巨大好处就是扫视预警，因为扫视观测者越多，那么在捕食者发现它们之前就有更高的概率能够先发现捕食者——更多的眼睛意味着更多的捕食者会被看到。这种依赖于扫视观测的预警与灵长类更多地依靠视觉线索而不是气味线索的事实是相符的。

扫视观测的能力同样是在人类行为中打下深刻烙印的一个方面。为什么一些场景，不论在现实生活中还是在绘画里都总是让人愉悦并给人一种宁静的感觉？ 18 世纪的欧洲绘画大师们在其有温和起伏的田野、山麓和分散灌木丛的艺术绘画中捕捉到了这种经过升

---

[1] Zuberbühler and Jenny 2002.

[2] 长尾叶猴的例子来自 Sommer et al. 1998；狒狒的例子来自 Verschuren 1958；长臂猿来自 Uhde and Sommer 1998；疣猴的例子来自 von Hippel 1998。

华的情感。康奈尔大学的尼古拉斯·尼卡斯特罗（Nicholas Nicastro）调查了人类对于开阔远景——眼前很少有障碍物的景观——的偏好，认为开阔的区域使我们能够在猛禽来到之前发现它们，否则到时再选择逃跑就来不及了。[1] 确实是很奇妙，我们对于大自然的广大宏伟所产生的审美愉悦竟然是一项指向那些想要吃掉我们的捕食者的功能（图 8.2）！

173

图 8.2　当我们看到广大开放的景色时产生的审美快感是否和应对捕食者的保护机制有关呢？开放的区域使得早期人类可以在来得及做出反应之前发现捕食者。（C. Rudloff）

灵长类生命中最脆弱的时期就是当它们离开其出生时所在群体的时候。（取决于其物种，雄性或雌性，或两者都可能会离开它们双亲的群体——就像贯穿在人类文化中的不同模式一样。）能够待在出生时所在的群体直到成年对于灵长类是一个巨大的优势，因为这样个体对于家园的范围完全熟悉，并且不需要学习在一个新的领地里

[1] Nicastro 2001, p.153.

躲避捕食者。[1]

　　甚至在陆生灵长类群体的家园范围里，当群体迁移到不同的觅食地点时，群体成员都可能会面临着风险。早在 20 世纪 60 年代先行的灵长类领域研究中，狒狒的迁移秩序能够最大化地保证安全，它被认为是一种防御策略。和我们讨论过的增大体形策略中雄性的防御行为类似，居统治地位的雄性一开始被认为是在保护聚集于群体中心的成年雌性和幼崽，而低等级的雄性和年轻的成员居于群体前面和后面的第一道防御线上。这种"理想化"的秩序被之后的研究所质疑，后来的研究发现在群体前进中只是随机的秩序排列。但是这可能是由于群体的行进更加富有变化，不是完全程式化的。我们认为当捕食者在附近时，在行进中不同年龄或性别决定了一只狒狒在什么时间什么地点处于什么位置，回答该问题的关键在于大型雄性成员和雌性成员之间的关系；不管群体分散成什么样，这些成年雄性将待在它们的雌性伙伴和它们的幼崽身边。尽管没有年龄或者性别上的特殊布置的记录，当大猩猩在塞内加尔开阔的没有森林的栖息地中处在潜在捕食者视线之下时，它们形成了更大的包括成年雄性的群体作为一种防御策略。[2]

　　除了布置和秩序，大型社会群体的存在提供了另外一个优势：迷惑捕食者。当整个灵长类群体从一个捕食者面前逃跑时就会发生所谓的饱和效应，捕食者的感官由于有这么多的选择而呈现出饱和与超负荷状态。狒狒群体立即飞快地奔向四面八方使得一头美洲豹在错过其第一个预定目标后很难再去抓另外一只狒狒。在一头美洲豹攻击一群长尾黑颚猴后同样会导致这种"四散爆炸"。[3]

174

---

[1] 回家的冲动（留在出生的群体中）是一种优势，这可能作为一种对抗捕食的适应性被自然选择留了下来；参见 Isbell et al. 1990, 1993; Isbell 1994。

[2] 狒狒行进中的"理想化"秩序来自 DeVore and Washburn 1963；狒狒行进的随机秩序来自 Altmann 1979；塞内加尔黑猩猩的例子来自 Tutin et al. 1983。

[3] 狒狒的例子来自 Altmann and Altmann 1970；长尾黑颚猴的例子来自 Struhsaker 1967。

正如我们所见，夜间出生——除了之前提到的赤猴以外，所有的日行性灵长类均是如此——同样与在社会群体中可以提供保护有关。那些独居者，夜行的原猴亚目的猴子（懒猴［loris］、夜猴［galago］和狐猴）往往在白天在它们睡觉的安全庇护所中生产，而大部分雌性灵长类在其群体在晚上休息时生产。[1] 夜间生产使得雌性能够在不得不随着它的群体再次迁徙之前有时间临产、产仔和给新生幼崽提供最初的照顾。它没有被落下，也没有成为易受捕食者攻击的猎物，它可以在第二天早上觅食的艰苦跋涉中重新加入它的伙伴队伍中。大部分人类的婴儿同样在夜间出生。人类出生的实例样本显示出一个清晰的凌晨 2 到 3 点钟的夜间高峰。信不信由你，人类夜间临盆的生产时间在统计上要比那些白天临盆的生产时间更短。[2] 很可能这是源自我们遥远的过去——那时非常有必要在群体的安全保护下生孩子的一种延续。

一个社会群体并不能阻止一切捕食者（例如美洲豹更喜欢从大型群体中捕杀灵长类），但是成为一个群体中的一员对于灵长类个人（以及人类）来讲有数不清的社会学和生态学上的优势。毫无疑问，群体增加了个体避免被捕食的能力是我们过渡成为社会动物的最重要因素。

我们看到食物，我们从树上下来，我们克服了重力

可以称之为"人类"的边界在哪里？首先，这个边界不断在缩小。仅仅在几十年前，我们认为自己之所以称为"人"是因为我们是"人类－猎人"。但是许多灵长类物种也能打猎，因此这并不能作为我们和其他动物之间的分界线。于是这个定义转变为"人类－工具制造者"，但是珍妮·古道尔观察到黑猩猩也会制作和使用工具，因

---

[1] Jolly 1972.
[2] Jolly 1985.

此这条边界线也被抹去了。然后边界成了"人类－分享食物者"，但是狒狒和黑猩猩也分享它们的食物。那么"人类－语言使用者"如何呢？哦，又是这些烦人的黑猩猩、倭黑猩猩和大猩猩，它们可以被教会美式手语！当然，用"人类－文化拥有者"能够描述我们自己吗？也不行，许多灵长类至少可以满足拥有史前文化的定义（学到的行为通过代际传递下去）。最终，我们选定"人类－双足猿"，这最后看起来是一个"真正"的我们自己和其他灵长类远亲之间的边界。

让我们来处理这个大问题——直着站立、行走和奔跑的问题。所有的古生物学家都相信人类远在大脑变得更大或者手的灵敏度变得更高之前就已经是双足动物了，因为原始人类化石揭示了这一点。我们提出有大约六种不同的"模型"对直立行走作为一种人类的适应策略进行解释。[1] 这些模型（排序不分先后）分别是"拿东西模型"（carrying model）、"警惕模型"（vigilance model）、"散热模型"（heat-dissipation model）、"能量效率模型"（energy-efficiency model）、"展示模型"（display model）和"觅食模型"（foraging model）。

每个模型的正反两面分别是什么呢？"拿东西模型"主张直立行走把双手从帮助移动中解放出来，使得人类的祖先可以抱小孩（后代能够更好生存下来）、拿食物（将其运回安全的地方享用）、拿武器（防御捕食者）。然而这种解释双足行走的一个重要缺陷来自化石记录的证据。在现代人中发现的有利于扛重物的下脊椎特征并不存在于早期人类的进化特征之内。

"警惕模型"呢？确实，抬高了头部使人类有更好的视野。但是很多灵长类和其他许多哺乳动物例如松鼠，会站立观察周围的环境——但是它们不能用站立的姿势到处走动。

"散热模型"呢？直立的姿势（也就是垂直站立）使得身体接受太阳光照射的部位更少，身体更多的部位可以接触到凉快的微

---

[1] Park 2002；对于双足行走模型的讨论在 pp.237–239。

风。当人们认为早期人类最初是草原动物时，该模型有更大的影响力。然而新近的理论认为我们是从开阔的林地和森林的边缘进化而来，在那些地方太阳光的照射和热量将不是影响人类的一个主要因素。而且，有很多四足哺乳类（包括灵长类）生活在草原上。那么为什么只有人类这一个物种为了对付太阳发展出了双足行走呢？

"能量效率模型"呢？当行走时双足比四足需要更少的能量。不过专家认为解剖学上的变化使得双足行走更有效率是在人类完成了用两腿走路之后才发生的。并且，用双足运动在奔跑时是使用能量效率很低的，而面对捕食者时奔跑着进行逃避是一件非常重要的事情。

"展示模型"呢？对于雄性黑猩猩来说，站立起来是增加了其优势性和性展示。显然，不论是遇到潜在的交配对象、竞争对手还是捕食者，看起来更高大总是一种优势。站立起来同样让该动物可以挥舞前肢来引起注意或者恐吓其他动物。

"觅食模型"呢？该模型认为树丛或者树木上一簇簇成熟果实在人们用站立姿态和直立行走时更容易采摘到。我们人类的祖先和黑猩猩理论上来讲是完全能够不用直立行走就能胜任树上或地上的环境，但是树上的食物可能很难或者无法用攀爬来获得，这种情况下双足行走会有些优势。

以上模型的任何一个都有某些优点，但是没有一个理论看起来抓住了从四足行走到双足行走转变的关键。这不是一个普通的转变，尽管也有先例——鸟类开始飞翔，而一些鸟类重新开始陆生。鲸鱼和海豹曾经是陆生四足动物，然后变成了拥有退化后肢的游泳健将。但是这些改变都不是迅速完成的。我们的直立行走似乎是一个相对快速的转变。我们共同的祖先和黑猩猩曾经是树栖，然后是转瞬之间——人类成了双足动物。既然这并不是一个瞬间的变异，以上的这些理论也都存在漏洞，那么能否对直立行走这件事来一个崭新的解释呢？

以下问题曾经困扰着那些学习人类进化的学生："哪个因素或选择压力导致了直立行走？"最初这些早期人类为什么用后肢站立起

176

来，而不是像其他陆生灵长类一样四足行走？我们认为这是一个没有实际意义的问题。有不少灵长类的物种，因为它们整体上的移动构造和移动行为，导致不论在树上还是地上都是保持直立姿势的。

在马达加斯加，物种关系很近的大狐猴（indri）和跳狐猴会用它们长长的后肢发力在垂直的树干间纵跃。它们被称为攀抓者和跳跃者。当在地面时，由于形体上的特性（长腿、短臂和直立姿势），这些原猴类都不能四足走路，它们用直立姿势双足跳跃。蜘蛛猿及其生物学近亲十分擅长于用其长臂和相对较长的腿直立着进行攀缘式移动。在粗大的树枝和地面上，它们将手臂举在空中（这样手臂就不会拖在地上）双足行走，就像空中飞人在进行高空走钢丝表演一样。小型猿像长臂猿和合趾猿（siamang）拥有完美的悬挂式移动方式，它们用迅速的双手交互摆动作为动力进行移动（叫作臂力摆荡），就像在树之间"飞行"一样。在地面上，常常是蜘蛛猿，它们举起长臂双足行走。

将结果从原因中区分出来不是一件容易的事情。我们无法下结论说以上六个模型中的任何一个"导致"人类成为双足动物。我们不赞同任何一个理论可以作为原因，反而认为以上所有理论都是结果，对于一个已经预适应成为双足动物的灵长类来说毫无疑问是有利的结果。人类并不比黑猩猩、大猩猩、倭黑猩猩或红毛猩猩更加天生注定会成为双足动物。所有的类人猿（great ape）是预适应和预先有双足行走倾向的。当我们的祖先从树上下来时，因为身体的结构和适合悬挂的特性让直立行走成为可能；这些特性是指使得长臂猿、红毛猩猩和黑猩猩能够悬挂在树上摘水果的，即更长的手臂和更短的腿。大猩猩和黑猩猩是半直立的指关节行走者，换句话说，当它们行走时其长臂固定住身体，体重放在了指关节上。所有的猿有程度各异的保持直立姿势的能力，可以短时间内直立行走。尤其是倭黑猩猩在拿着食物、抱着幼崽和显示其优势性时可以用类似人类的姿势直立大步行走。实际上，所有的猿类都适合直立的姿势，因为它们有普遍的适应悬挂的特性。

然而，所有这些类人猿进化出了惊人的又大又重的上身，当它们在地上行走时，就很"自然地"将它们的一些体重放在其长而巨大的前臂上。我们相信现代猿的祖先和人类最早的祖先都适应于悬挂式的移动方式，而且并不拥有如此长且巨大的上身。它们想要在地面移动时并不需要从四肢着地的姿势站立起来。不如说它们是"预适应"于直立行走——由于它们适应于悬挂的方式和适应于直立的解剖构造，双足行走就是它们自然的姿势。

178

其他物种和人类的区别在于人类是被迫（面临挑战？被引诱？）来到地上面对未知多变的环境，包括气候的变化。我们从树上下来是因为我们和黑猩猩共同的祖先住在森林的边缘，当气候从赤道到高纬度逐渐变得干燥和寒冷时，那里有整整一大片地面植物可以食用。四足动物也可以吃到这些美味的食物，但是如果你同时能够有好的视野，看起来更庞大，走路更快且有效率，能够将食物背回到安全地带，可以用双腿走路手中抱着小孩而不是四足走路，那么被捕食者骚扰的概率就小得多了。

是否捕食者的捕杀"导致"直立行走？我们只能推理说直立行走使得生活的"安全性"增加了。直立行走使得人类解放了双手从而成为成功的防御者。因为人类可以看起来更庞大，直立行走也是一个成功的策略。直立行走使人类如现在的黑猩猩那样通过站立起来、扔东西、上蹿下跳看起来暴躁而又吓人。其他灵长类和哺乳类（例如家猫）通过树立起毛发使自己看起来更高大。我们则使用了双足行走。引用艾莉森·乔莉的话说："进化出一种特征有两三个理由总比一个要好。"[1]

人类为什么双足行走这个问题，当其答案异常简单时就会被弄得尤其复杂。如果灵长类谱系上黑猩猩的那个分支随机而又偶然地走了人类祖先的道路，那么它们也会双足行走，因为整个类人猿群体都有着适应双足行走的能力。然而，只有当你离开树木来到地

---

[1] Jolly 1985, p.77.

面，大部分的行动都在地上时，双足行走才有优势，如果在你离开树木之前想直立行走，你只能进化出巨大的身躯和手臂。

如果我们的理论是正确的，与其去寻找人类祖先跨出双足行走最初步伐的背后因素，不如简单地认为在最初人类特殊栖息环境中众多因素综合作用下，双足直立行走具有进化优势。这些诸如能携带食物、工具或者武器，当进食时能直立地坐着，可以够到高大树丛中的食物，能捕猎，能透过高高的草丛拥有一个更好的视野，或者保持体温的需要，都没有导致在干旱草原边缘生存的其他灵长类放弃其四足行走的姿势。直立行走之后的成功或者附加的优势都仅仅是直立行走的副产品（图 8.3）。这些优势，加上能利用树林和陆地栖息地的能力使得我们远古的祖先——那些多才多艺的生物获得了成功。

179

通向爱因斯坦之路

智力的发展到达现代人类这种大脑相对身体相当庞大的程度，在整个人类进化中是一个连续的过程。黑猩猩有 400 至 500 毫升的脑容量；人类的是约 1300 至 1400 毫升。（不过我们不要过于趾高气扬，因为尼安德特人甚至拥有更大的大脑。）拥有这样的大脑可能完全是为了比捕食者更聪明。灵长类是聪明又足智多谋的动物，它们同样进化出了面对捕食者先发制人和后发应对这两种应对策略。之前提到在塔伊森林中研究过的美洲豹，它们更加喜欢捕食庞大群体中的大型灵长类。瑞士团队的科研成果中对此有一个更加诱人的研究重点——他们认为美洲豹捕食的主要作用是在非人类灵长类认知能力的进化上产生影响。[1] 对付一个巨大又强壮的捕食者可能刺激其大脑变得更大和更复杂，因为生存唯一的出路只能是比捕食者更聪明。我们推断变得更聪明对于早期人类来说同样是避免被美洲豹和其他捕食者吃掉的最好的一种进化适应性。

---

[1] Zuberbühler and Jenny 2002.

图 8.3 重绘的两只南方古猿阿法种。直立行走的成功，或者说直立行走的优势，只是适应直立姿势的一个副产品。(经美国自然历史博物馆授权)

行为学家约翰·恩德勒将所有捕食行为分为六个连续的阶段：遭遇、侦察、识别、接近、制服和进食（encounter, detection, identification, approach, subjugation, and consumption）。[1] 灵长类的捕食者——任何一个捕食者——就捕食而言都拥有这六个捕食阶段。猎物有大量可实施的行为、策略和避免被捕食的适应性；这些尤其来自特定的捕食阶段，因为不是所有的反捕食防御策略对于每一阶段都有效。灵长类作为一个群体，仅仅在这六个中的四个阶段通过采用一整套的反捕食防御行为来干扰捕食进程：遭遇、侦察、接近和制服。试举几个之前的例子，预警是常见的灵长类反捕食策略，来消除与捕食者的遭遇；保护色（静止不动）是人们在小型灵长类中发现的一个典型反捕食策略，用来避免捕食者的侦察；雄性狒狒采用攻击性的威胁行为来挫败接近或攻击阶段的捕食。化学防御机制，例如有毒，可能导致捕食者吐出不好吃的猎物，这同样在一小部分原猴类中进化了出来，使得捕食者在制服阶段就打消了念头。[2] 在研究中，我们调查了灵长类遭遇捕食者时使用的行为防御和形态学防御；换言之，我们将灵长类的防御策略放入针对其捕食者所发起的一连串捕食行为的反应之中。当我们将灵长类的反捕食策略和其捕食者的捕食行为放在一起时，特殊的防御模式就变得十分明显。不断被驱使着发展出更高认知水平的灵长类，尤其适合通过预警、群居和经常对周围环境进行扫视来对付捕食者。作为聪明的哺乳类，灵长类将重点放在捕食行为的最初阶段就避免了被捕食。我们能说明为什么对于猎物来讲在捕食的最初阶段中断捕食行为是有优势的，因为：第一，减少了被捕食者成功吃掉的风险；第二，保存现有的能量较少被消耗在后续的防御行为中；第三，通过节省能量用于成长和繁殖可以提升未来的适存度；第四，基于早期阶段的

181

---

[1] Endler 1991.

[2] 遭遇阶段来自 Cheney and Wrangham 1987；侦察阶段来自 Charles-Dominique 1974, Charles-Dominique 1977, Terborgh 1983，以及 Caine 1987；接近阶段来自 Altmann and Altmann 1970 及 Stoltz and Saayman 1970；制服阶段来自 Alterman 1995。

捕食频率相对要比晚期阶段的捕食频率更频繁的事实。[1]

被捕食者面临着不止一个物种，或者说不止一群捕食者的捕食威胁。它们的困难在于如何进化出在一切情况下都有效的防御策略。捕食的较早阶段更加一般化；因此，如果被捕食者在最初阶段就做出反应，那么用很少的防御策略就能应对更多不同种类的捕食者。灵长类反捕食的适应性一般是集中在当猎物遇到捕食者时捕食行为的第一阶段。预警、经常扫视、社会群居和为了提高警觉性的多物种联盟都能达到恩德勒所定义的"胜人一筹"，也就是在捕食者发现其猎物之前使猎物能够发现捕食者。灵长类试图通过在捕食者发现它们之前看到对手而获得优势。

完全逃避捕食者是"胜人一筹"游戏的最终目的，因为这样可以在遭遇阶段就完全阻止捕食行为。在有关灵长类的文献中，完全规避捕食者作为一个策略有很多例子被记录下来。在印度，恒河猴（rhesus macaque）在听到老虎的吼叫后就迅速跑到 36 英里（约 58 千米）之外。在埃塞俄比亚，人们观察到在 34 次危险情况中，有 33 次阿拉伯狒狒悄悄地从捕食者活跃的领地跑开。[2]

好吧，如果灵长类总是成功地胜过捕食者一筹，那么它们就永远不会被吃掉了。当一只灵长类偶尔懈怠，或者当捕食者更胜一筹时会发生什么呢？于是捕食过程的下一个阶段发生了。捕食的侦察阶段包括缩短捕食者和猎物之间的距离；猎物此时被锁定却没有觉察或者对捕食者的警觉处在最低状态。尤其对于野生的猫科动物，这是捕食的关键阶段。一旦猎物被猫科动物锁定，如果该目标猎物有任何互惠性的觉察，猫科动物几乎都不得不放弃此次捕猎。[3]

该阶段猎物使用的方法（例如扫视预警）属于主要的防御策略，因为它们在捕食者发起潜在的追逐或攻击前就开始生效。这对于猎

182

---

[1] Endler 1991.

[2] 恒河猴的例子来自 Lindburg 1977；阿拉伯狒狒的例子来自 Sigg 1980。

[3] Schaller 1972; Bertram 1978.

物来说是一个关键的反抗阶段，因为初步的防御减少了被捕食者将面临的需要剧烈地反抗来击退捕食者猛攻这种情况的发生。当哺乳类捕食者被潜在的猎物发现时，它们一般只有低于 50% 的成功率，而蛇类当其猎物在这个阶段发现它们时则毫无成功捕猎的机会。[1]

接近和攻击阶段最大限度地增加了猎物和捕食者一对一碰面的机会。在此时刻，捕食者试图忽略掉其已被猎物发现的事实。捕食者会使用潜行，不过也可能在被猎物发现后尾随到底。猎物警觉的确切时机将会影响到捕食者是开始追逐、继续追逐还是选择放弃。[2]

如果继续追逐而猎物被抓住了，很少有受害者——包括灵长类——能够在制服阶段击退捕食者。那么这对于现实生活中的小型直立行走的灵长类来说意味着什么？我们有充分的理由相信原始人类和其他灵长类一样，在它们持续的生存斗争中运用了相同的防御策略（尤其是在捕食早期阶段的"胜人一筹"策略）。

日间脱口秀

很久很久以前——在奥普拉（Oprah）上电视之前——我们就开始说话了。许多人类学家认为语言能力发源于预警声，一个原始人对其同伴发出的声音报警是用于防御的行为。发声预警可以警示社会群体里的其他成员，告诉他们发现了捕食者。他们同样警告捕食者，它已经被发现了，这阻止了许多捕食者（例如野生猫科动物和蛇类）的捕食过程并回到捕食的起点（即在四周随机选择那些还未发现捕食者的猎物）。语言能力是后来才出现在我们的进化中，这不仅仅拥有在原始人之间发声预警带来的那些优势；同样允许人类事先说出如何对付捕食者的计划而不是事到临头时应付捕食者。

183

---

[1] 关键的反抗阶段来自 Kruuk 1986；哺乳类捕食者的例子来自 Vermeij 1982；蛇类的例子来自 Owen 1980。

[2] 潜行的例子来自 Elliot et al. 1977；猎物警觉的例子来自 Curio 1976。

　　显然，在捕食者发现你之前你已经发现了捕食者是一个巨大的优势，因为越早发现捕食者往往就意味着成功的逃脱。但是，以发出警告信号的形式出现的"胜人一筹"策略是一个在自我保存和利他主义之间的微妙平衡。警告信号一般是在发现捕食者之后发出。当警告信号使得猎物能够应对捕食者的出现时（而不是在不知不觉中被抓住并被迫进入惊恐的挣扎），这同样将注意力导向了发出警告的个体。灵长类的发声预警——对个体没好处而对群体有好处——在高度社会化的物种中，例如灵长类中，要比其他形式的反捕食行为更为重要，这也不足为奇。

　　我们将调查问卷发给田野研究者，其中包括一个关于灵长类表现出反捕食行为的调查。发声预警是最常被观察到的灵长类使用的防御策略（研究者统计出的例子占了 31%）。根据调查问卷的反馈，那些有效数据中，发声预警被所有类型的灵长类使用并被用于应对所有类型的捕食者。在我们的调查中，扫视预警是频率仅次于发声预警的防御策略（16%），它同样被用于对付所有类型的捕食者。然后按频率从高到低的是群起围攻（mobbing）（群体展示和虚张声势）（14%），逃入树林或逃向悬崖（13%），冲撞或者攻击捕食者（8%），保护色（静止不动）（5%），防御姿势（5%），被捕食者追逐所导致的地上奔跑（5%），从树冠中逃到树干上（1%），折断或者扔树枝（1%），从树上冲向地面（0.2%），捶胸（0.1%），发出臭味（0.1%），破坏队列和睡觉行为（0.1%）。

　　约 40 年前，杜克大学的汤姆·斯特鲁萨克鉴别了长尾黑颚猴针对不同类型捕食者的特殊发声预警信号；这些可以被区分为与不同的空中和陆地上捕食者相对应的独特声音。[1] 其中有"美洲豹预警叫声"，可以被翻译为："快到树上去！"有"老鹰预警叫声"，意思是："躲一下！""蛇预警叫声"的意思是："所有人出来往蛇身上扔东西！"在斯特鲁萨克发现了这些特殊的警告信号之后，来自宾夕

184

---

[1] Struhsaker 1967.

法尼亚大学的多萝西·切尼（Dorothy Cheney）和罗伯特·赛法特（Robert Seyfarth）及其学生，在肯尼亚安博塞利保护区（Amboseli Reserve）开展了一个关于长尾黑颚猴叫声的长期研究。一整套学到（如同代代相传）的关于捕食者的报警叫声信号被鉴别出来。长尾黑颚猴用不同的叫声来表示美洲豹、小型肉食动物、老鹰、蛇、狒狒和不熟悉的人类出现时的信号。这种对于特殊种类发声的预警能力不限于长尾黑颚猴。被捕获的日本猕猴同样表现出在声音预警上的特性，而放养在巴拿马附近岛屿自由自在的恒河猴对于不寻常捕食者的出现会发出警告声，而对于其他没有攻击性的大型鸟类则从来不会报警。很多新大陆的猴子同样表现出能区分捕食者的警报信号声。这种惯用的防御策略不仅局限于猴子和猿类，因为这种特异的预警信号声同样在环尾狐猴发现潜在捕食者时被人们记录了下来。[1]

声音警报同样可能在不同物种之间发生并被解读。环尾狐猴在听到维氏冕狐猴（Verreaux's sifaka）关于捕食者的警报声时能做出反应；长尾黑颚猴能对栗头丽椋鸟（superb starling）的警报声做出反应；捕获的杰氏狨（Geoffroy's marmoset）能够识别出猛禽叫声和其他非肉食性鸟类叫声的录音。[2]

猎物在前面跑而捕食者紧随其后是我们用来阐述共生演化原理的措辞。在猎物和猎手之间不断的进化适应中，一些猎手学会了通过猎物发出的预警声来定位猎物的能力以对付这种抵抗。作为一个灵长类的例子，克氏长臂猿（Kloss's gibbon）发出的报警声音是宽频的，尤其响亮和持续的，使人推测捕食者会将注意力集中在它们

---

[1] 长尾黑颚猴的内容来自 Seyfarth and Cheney 1980, Seyfarth and Cheney 1986, Seyfarth et al. 1980,Cheney and Seyfarth 1981；日本猕猴的内容来自 Fedigan 1974；被捕获的恒河猴的内容来自 Chapais and Schulman 1980；狨亚科的内容来自 Pola and Snowdon 1975, Moody and Menzel 1976,Vencl 1977, Neyman 1977；卷尾猴科的内容来自 Norris 1990, Fedigan et al. 1996；狐猴的内容来自 Sussman 1977, Sauther 1989, Macedonia 1990, Pereira and Macedonia 1991。

[2] 环尾狐猴的内容来自 Oda and Masataka 1996；长尾黑颚猴的内容来自 Hauser 1988；捕获的杰氏狨的内容来自 Searcy and Caine 1998。

的声音上。这是一个"胜人一筹"策略两难抉择的主要例子。克氏猿的吼叫声是进化用来警告相邻的亲戚（很可能是其成年的后代所占据的领地）有危险。然而这种警报的颤音响亮到能够被直系亲属家族外的动物听到，同样能够方便捕食者找到和锁定吼叫的克氏猿个体。[1]

不过警报声为什么以及如何变成语言能力呢？我们知道语言能力是一个相对近代的现象。语言能力不仅是关于此时此地的交流，即当下面对的问题。它是关于过去和未来的，以及抽象的概念。它同样是将毫无意义的子单元语音结合成充满了无限含义组合的过程。

字典对"指示对象"的定义为："一个符号（例如一个词或者一个手势）所代表的东西。"一个来自尼古拉斯·尼卡斯特罗的新理论将指示对象作为预警声进化为语言能力的核心。[2] 来到一个更加开阔的环境——森林的边缘，那里看起来很可能是直立行走人类的出生地——给人类提供了许多值得讨论的内容。这可不是一个无意义的阐述。逻辑上来讲，你在哪里能够看到更多的事物？你可以在开阔地看到更多和更远的东西，因此对于在开阔环境中的居民来讲，听到预警声不必像它们以前在丛林中那样马上做出反应。我们人类和猿类的共同祖先在森林中不断地扫视到厚厚的植被却几乎只是偶尔发现一两个捕食者，而发现时危险已经迫在眉睫。当时几乎没有时间来计算距离或者有其他什么选择——只是疯狂地大声报警并迅速逃离！直立行走的人类有视力能够分辨出那些在 100 码（约 90 米）外的那几个捕食者是很饥饿还是仅仅出门遛个弯。尼卡斯特罗找到证据证明当指示对象（看到的东西）上升到一个临界值时，人们就需要概念化的语言能力。如果需要是发明之母，尼卡斯特罗就能推理得出语言能力在原始人有足够复杂的事物需要交流时进化出来。

185

---

[1] 理论来自 Harvey and Greenwood 1978；克氏猿的例子来自 Tenaza and Tilson 1977。

[2] Nicastro 2001.

语言能力——复杂的思想可以被分享——随着时间而进化，但是我们作为人类以种种的声音组合成语言的形式出现的真正的语言能力还是相对新近的事情。当然，尼安德特人用仪式来埋葬死者意味着 5 万年前的宗教萌芽，他们是有一定程度的语言能力的。但是尼安德特人不能像现代人那样发声；他们可能已经有语言能力但是不像我们一样讲话。

两个解剖学上的条件决定了现代人类的喉咙可以发出声音：第一，头颅的底部是平的还是成角的；第二，喉头（共鸣腔）中声带的位置。第一个条件指头颅的底部是如何构造的：它可能几乎和上颚在同一条直线上（例如黑猩猩），或者底部可以有较深的角度和下颚相连（例如现代人类）。这种有角度或直线轮廓，反过来决定了喉头的位置。第二个条件——喉头的位置——指的是其在咽喉中位置的高低。黑猩猩有比人类平坦的头骨底部；它们的喉咙里同样有比现代人类位置更高的喉头。一个人类的婴儿同样有高位置的喉头——当小孩长大后就下移了，这就是为何他们直到 18 个月到 2 岁以后才会说话。尼安德特人的头颅底部角度介于现代人类和黑猩猩之间；他们可能因为其喉头的位置过高而无法像我们一样发出一些元音字母的声音。我们最成功的祖先之一——直立猿人（Homo erectus）占据了地球长达 100 万年之久，拥有一个更像现代人类的有角度的头颅底部。谁知道他们的语言能力可达到什么程度呢。非常奇怪的是，当我们喉头的低位置对于发出更大范围的声音来讲毫无疑问是一个好处时，同时也导致我们容易被食物噎住。而如果拥有一个更高的喉头，你既能说话（或者像婴儿一样哭）又不会有食物偏离食道而滑入呼吸道的风险。

然而，正是这种警告他人、与人打招呼、通过交换声音信息将人们团结在一起的能力保护了人类。解剖学上来讲，现代人类的语言能力可能不仅仅是捕食竞争的结果，但发声交流毫无疑问是捕食竞争的结果之一，而这被所有的灵长类，包括人类，用作一个保护自身的工具。

最后的机会：反击和垂死挣扎

如果其他的一切策略都失效了，灵长类最后的努力就是垂死挣扎。在特殊情况下，早期人类保护他们自己，很可能会用坚硬的石头和木棍作为武器。当情况有利于早期人类时，他们很可能像现代狒狒和黑猩猩那样成功地降服捕食者。发掘人类化石长达 30 年的蒂姆·怀特，有一天正在检查露西及其亲属化石时，若有所思地说："尽管我比黑猩猩更大，但我不如黑猩猩强壮。我可不愿意手上没有武器而跟一只黑猩猩单独关在一起；它很可能在我杀死它之前就杀死我了。我们人类指望着至少能和黑猩猩一样强壮。"[1]

187

积极的防御已经有很长的进化历史了。一些原猴类甚至能很好地完成保护自身的工作。一种小型的非洲树熊猴（African potto）会用其瘦骨嶙峋的肩胛骨猛刺捕食者，被称为肩胛骨防御。另外一种非洲原猴金熊猴（angwantibo），当其处于防御姿势时，会盘成一个紧绷的球，抬起腿将其头刺出去咬攻击者的鼻子。甚至很小的鼠狐猴在其走投无路时也会咬人。

积极防御的目的在于对捕食者造成严重的伤害。这种最后的方式是以"防御性攻击"的形式，准备将捕食者彻底地赶走或者有效地阻止对方捕食的尝试而让猎物能够逃脱。[2]

群起围攻是一个常用的灵长类反抗策略。这可以被描述为群体中的一些或所有个体聚集在一起，发出警报叫声，接近甚至冲击或击打捕食者。群起围攻一般是嘈杂和有对抗性的。已有记录显示绢毛猴、叶猴和狐猴类会群起攻击蛇。另外，有关灵长类的文献包括关于叶猴群起攻击美洲豹和长臂猿群起攻击老虎的资料。（说回到垂死挣扎！）好吧，小型的狨猴会群起攻击小型的夜行性野生猫科动

---

[1] Johanson and Edey 1981, p.274.

[2] Archer 1988.

物，而僧帽猴会群起攻击似黄鼠狼的狐鼬（weasel-like tayra）。[1] 灵长类和捕食者遭遇时群起攻击的例子在我们调查研究的目击证据中占了 14%。

在我们调查问卷的反馈中，人们观察到灵长类反抗捕食者的行为中有约 8% 可被归类为真正的冲击和攻击。在某些情况下，尤其是成年雄性灵长类会用它们更大的身体和更长的犬齿冲击和攻击猛禽、野生猫科动物、野狗或家狗，以及小型肉食动物。成年的银背大猩猩（silverback gorilla）是一个保护型雄性的很好例子。乔治·夏勒记录了一只银背大猩猩和一头美洲豹被人发现由于相互造成的重创而双双死亡。[2]

总是有特殊的情况导致那些通常谨慎小心的动物和人类突然有令人难以置信的勇敢行为，而导致最温顺谦恭的女性变成"母老虎"的因素中，保护幼儿肯定是排在最前面的。成年雌性灵长类会对捕食者充满了攻击性，尤其是当其在保护一个幼崽的时候。乔治·夏勒在其书《塞伦盖蒂的狮子》中如此评论道："猎物和猎手之间的体形相关度是决定一个动物是否会保护其幼崽的关键因素。简单地来讲，如果猎物与捕食者体重的比例至少达到 3 比 1，那么它可能会感到有足够的把握去进攻。"[3] 夏勒此处说的是其对于塞伦盖蒂羚羊（antelope）、水牛（buffalo）和犀牛（rhinoceri）的理解。是否早期人类也遵守这一比例？如果是的话，他们只会在其面对很

188

---

[1] 绢毛猴围攻蛇类来自 Bartecki and Heymann 1987；叶猴围攻蛇类来自 Srivastava 1991；狐猴围攻蛇类来自 Colquhoun 1993；叶猴围攻美洲豹来自 Ross 1993；长臂猿围攻老虎来自 Uhde and Sommer 1998；狨猴围攻新热带区野生猫科动物来自 Passamani 1995；僧帽猴围攻狐鼬来自 Phillips 1995。

[2] 攻击猛禽的例子来自 Gonzales 1968, Boggess 1976, Eason 1989, Gautier-Hion and Tutin 1988，以及 Struhsaker and Leakey 1990；攻击野生猫科动物的例子来自 DeVore and Washburn 1963, Hamburg 1971，以及 Baenninger et al. 1977；攻击犬类的例子来自 DeVore and Washburn 1963；攻击小型食肉动物的例子来自 Klein 1974；银背大猩猩与美洲豹冲突的例子来自 Schaller 1963。

[3] Schaller 1972, p.388.

小的，只能达到其自身体形三分之一的捕食者时会从容地保护其幼崽。或者说，是否整个人类群体（包括更大体形的雄性）会团结起来对付捕食者来保护婴儿呢？

在草食动物中，保护幼崽的任务是局限于动物母亲的，这有时也反映在灵长类对抗捕食者的画面中。例如，雌性狒狒大部分的威胁和攻击行为包含了保护幼崽的因素；一只雌性大狐猴（狐猴中最大的种类之一）被发现成功地阻止了一次由马达加斯加猎鹰对其幼崽发起的进攻。有时雌性甚至领导了群体的日常防御。在杜克大学灵长类中心，一只被捕获的雌性领狐猴（ruffed lemur）头领经常攻击进入狐猴领地的食肉动物，而一只被移居到塞内加尔阿西里克山（Mt. Assirik）野外的雌性黑猩猩领导群体冲击了一头在其隐蔽处冲出的美洲豹。[1]

尽管在我们的调查中，最常见的类人猿的防御行为仍然是预警声，野生猫科动物也会引起类人猿的冲击和（或者）攻击，猫科动物和爬行类捕食者也会同等概率地受到黑猩猩和大猩猩群起攻击。大猩猩用三种完全特殊的行为来对付捕食者——捶胸、散发强烈的体味、中断睡眠和游荡行为。[2] 捶胸，同时伴随着吼叫这种警告方式一般是由野狗和鬣狗引起；散发强烈的体味似乎是和恐惧以及虚张声势相关；而当捕食者已在附近时，西部低地大猩猩的中断睡眠和到处游荡行为是出其不意或者随机活动来迷惑和混乱捕食者的一个例子。

如果我们假设原始人类使用群起攻击和冲击——袭击策略作为积极防御的频率和现存灵长类一样的话，那么捕食者可以直面挑战原始人类的机会就不到四分之一。

---

[1] 狒狒的例子来自 Hamburg 1971；大狐猴的例子来自 J. Powzyk 1999 中的私人信件；雌性领狐猴的例子来自 Macedonia 1993；雌性黑猩猩的例子来自 Gandini and Baldwin 1978。

[2] 捶胸行为来自 Zahl 1960 和 Schaller 1963；强烈的体味和紊乱的行为模式来自 C. Olejniczak 1999 中的私人信件。

不过在灾难来临的时刻总是有一路咆哮着冲出去的策略。防御姿态或采取威胁的立场，在我们的调查统计中占了目击事件的约5%。在这个竞技场中，直立行走给了我们人类祖先一个独特的优势，尽管威胁立场的目的是使自己看起来越大、越恐怖越好。直立行走同样解放了双手，能够用来表现出混乱、狂暴和威胁的姿态。这让我们回忆起那些在狮子和狗熊攻击下的幸存者故事——有时候站立不动、上蹿下跳、挥舞手臂和大声叫喊是有效的吓退捕食者的方法。"嘿，猎物不会做出这种行为！"它们对自己说。当然，我们只是听到了幸存者的故事；也许一部分的捕食者被其目标猎物的怪异行为吓住了，反正我们从没有听说那些扑倒并吃掉上蹿下跳、挥舞手臂、大声喊叫的猎物的故事。

大规模杀伤性武器

这些就是在人类的大部分进化中所使用的防御策略：增加体形、社会群居、预警发声、直立行走、增加大脑的复杂性、迷惑和积极的防御行为。灵长类的积极防御可能就局限于一般哺乳类动物的范畴，那就是使用牙齿、指甲和爪子，例如金熊猴（一种缓慢不动的原猴）会去咬捕食者的鼻子，或者特殊的灵长类使用木棍或树枝作为武器。

灵长类最擅长的反击就是用武器来对付捕食者。折断或者扔下树枝是在我们的调查反馈中——所有这类攻击性的反击都是针对野生猫科动物和爬行类的——唯一被观察到的新大陆僧帽猴群体成员的行为。不过我们了解到在研究报告和文献杂志中也有猕猴和其他种类的灵长类经常使用原始武器的例子。

某种意义上，人类成为武器的使用者。但是最早的武器不可能超过木棍和带刺的树枝。人类学家丽莎·罗斯（Lisa Rose）和菲奥娜·马绍尔（Fiona Marshall）认为早期人类使用集体防御（就像非人类灵长类一样），"可能在面对捕食者的捕杀威胁时通过类似加

189

强合作的行为来应对，很可能使用树枝和石头作为简单的防守武器"。[1] 没有证据证明早期人类制作或使用了石器——最古老的人类化石和任何工具之间存在的联系到目前为止都还未找到。就像之前所述，石器在接近 500 万年的时间里并没有出现在我们的进化中，并且它们在那时也不是武器。

木棍和树枝或者偶尔是石头被用作武器对捕食者来说并不是什么威胁——这仅仅是灵长类尽可能保护自己的方法（尽管木棍和石头可以打断骨头）。我们并不是在进攻，而是在防守。而且，我们不能将工具，甚至说将武器和避免被捕食的能力混为一谈。人类在 230 万年前才拥有石器，但是那不是用来使其避免被捕食的，因为在中国的山洞里，在鬣狗的食物中就找到了明显的直立人遗骸。

思考以上所有的证据，那么为什么那么多的科学家、学者，那么多的普通民众对于我们的祖先有这样的认识，认为他们是嗜血的野蛮人，不仅仅是为了保护自己，还富有攻击性地和其他所有的生物进行战斗呢？我们感觉这个关于早期人类的图景是基于三个我们将在下一章要讨论的因素：西方对于现代人类的扭曲视角、基督教的原罪思想和简单草率的科学。

190

---

[1] Rose and Marshall 1996, p.314.

第九章　优雅的原始人还是
嗜血的野蛮人?

　　现在盘点一下有关早期人类我们得出了什么结论:他们是猫科、犬科、熊类、鬣狗类、猛禽类和爬行类的美食;他们直立行走;他们通过声音相互交流;他们群居;他们的大脑在超过百万年的时间里变得更大(尽管这不是一个连续的过程——在早期更新世时期有很长时间的停滞)。但是他们是怎么活动的?如果我们开始了解早期人类,我们能认出自己的模样吗?那些普通、矮小、直立行走的原始人究竟是什么样的?

　　许多人类学家和生物学家推测出了早期人类的行为,以及这些行为如何能与现代人类行为存在生物学基础上的联系。不过这些似乎仅是对原始人的极端描述。人们对于该问题采取了激进的态度;很少有较为客观中立的观点。在这个理论分歧的一端,我们的人类祖先被描绘成温柔版本的让-雅克·卢梭般的优雅原始人;另外一端,则被描绘成嗜血的恶魔。正如我们所言,没有中间缓冲地带!

　　在之前的章节中,我们解释了在 20 世纪中叶杀人猿理论轻松地
推翻了优雅的素食猿理论。以下是现代人类体格学和美国田野灵长类动物学创始人之一加州大学教授舍伍德·沃什伯恩关于这一两极分歧的看法:

　　　　早期肉食性人类的世界观肯定和其素食性远亲有很大的差

异。对于肉类的渴望引领这些原始人认识更大范围的动物并了解很多动物的习性。人类的领地习性和心理从根本上就与其他的猿类和猴类不同。[1]

在 20 世纪初,人们认为最早的人类肯定有硕大的脑袋和原始的、类似猿的身体。在 1912 年,有着像人类的头骨和像猿猴那样的下颚的皮尔丹人就很容易为人们所接受,因为人们对于人类硕大的脑袋预先有一种偏见,很容易接受这种人类和猿类之间的"过渡物种"。[2] 这样一个关于早期人类特征的先入之见同样阻碍着对南方古猿非洲种——我们最早的祖先,于 1924 年被雷蒙德·达特发现——的认可和接受。然而,在 20 世纪 50 年代早期,随着人们发现皮尔丹人是伪造的——并且伴随着更多的更新纪灵长类动物化石的发现——科学家开始意识到我们最早的祖先更像非人类灵长类动物,而不是更像现代人类。这种认识反过来导致一系列重构最早人类祖先的尝试,这些尝试常常以灵长类为模型。

自从人们在人类进化的历史领域接受了南方古猿之后,几乎每隔十年,那个重复的主题——关注打猎的重要性及其与人类内在暴力倾向的联系——会一次次地出现。基于《人类猎人》(*Man the Hunter*)这本书,许多关于现代人类暴力行为演变的场景及对现代人类的生物学偏见被构造出来。

在 20 世纪 60 年代,舍伍德·沃什伯恩是最早对人类进化及其行为发展出狩猎人主题的研究者之一。在 70 年代,社会生物学的主要创始人爱德华·威尔逊(E. O. Wilson)解释说,现代人类的很多行为是人类过去打猎的结果。在 20 世纪 80 年代,随着埃塞俄比亚早期人类化石的发现,解剖学家欧文·拉夫乔伊(Owen Lovejoy)

---

[1] 来自 1956 年舍伍德·沃什伯恩在普林斯顿大学的一次阐述,在 Ardrey 1976,pp.10–11 被引用。

[2] Sussman 2000.

和唐纳德·约翰森（发现露西的那个人类学家）用男性打猎和供应补给品的改进版本解释了许多人类进化的特征。这一重复主题新近的版本是哈佛教授及灵长类动物学家理查德·兰厄姆（Richard Wrangham）和科学作家戴尔·彼得森（Dale Peterson）的著作《雄性暴力》（*Demonic Males*）。兰厄姆如此阐述其理论，将人类的狩猎行为与其内在的人类与普通黑猩猩共有的暴力倾向联系起来。同样，克雷格·斯坦福在《打猎的猿人》（*The Hunting Ape*）中，还有迈克尔·吉格莱利（Michael Ghiglieri）在《人的阴暗面》（*The Dark Side of Man*）中都强调了类似的观点。[1]

为何有如此多关于人类狩猎和人本质是暴力的理论？巧合？真正科学的理论？民族中心论？我们的观点是，不断出现的关于"人类猎人"的观点更多地和基督教神话传说有关，而不是客观的科学。

让我们再次回到雷蒙德·达特，看看"人类猎人"如何成为西方社会对于人类起源的范式观点。达特对于人类进化的观点是加入了道德判断的。达特相信最早的人类用他们创新的生存方式（打猎），同样创造了一种全新的毫无利他主义的道德准则。该理论常常被叫作狩猎假说，由一位研究人类打猎历史的人类体格学家马特·卡特米尔进行了解构。他称狩猎假设是一个"将人类及其祖先看成是本质上嗜血和富有侵略性的暗淡悲观观点"。[2]

达特用诗歌夸张地表达其关于更新纪灵长动物原始欲望的观点："确定的杀手……食肉动物，它们用暴力抓住猎物，猛击杀死猎物，撕开它们的身体，肢解它们，贪婪地吞食青紫色扭曲的猎物的肉。"他已经到了如此程度，认为"人与人之间可憎的、残酷的行为可以在人的肉食性和同类相食的起源中得到答案"。[3] 我们的祖先被标上了该隐[4] 的标签，被认为更多地和嗜血的肉食动物而非与其灵长类

193

---

[1] Wrangham and Peterson 1996, Stanford 1999, Ghiglieri 1999.

[2] Cartmill 1997, p.511.

[3] 均引用自 Dart 1953, p.209。

[4] 译者注：出自《圣经》中该隐和亚伯的故事。

远亲同属一系。

　　然而，达特关于早期人类道德的版本对于西方传说、宗教或哲学来说不是什么新鲜的东西。卡特米尔在其 1993 年的书《清晨死亡的观点：狩猎和贯穿历史的本性》(*A View to a Death in the Morning: Hunting and Nature through History*)中表明，这是早期希腊人和基督徒对人类道德观点的一个追忆重现。[1] 达特自己在开始其《人类猎人》初稿中引用了一个 17 世纪加尔文教牧师的话："在所有的野兽中兽人(man-beast)是最坏的，这家伙对他人和对自己都十分残忍。"在 1772 年，詹姆斯·伯内特(James Burnet)重申了"人类是嗜血野蛮人"的理论，认为"当人类被迫去狩猎时，人的野性就占了主导，战争随着打猎而来，而当不被法律和礼节所约束时，人类变得比其他任何动物都更凶残"。[2] 如卡特米尔所描述，早期基督教哲学家相信自由能给人类选择成为好人还是坏人的机会；然而，一些特殊的基督教哲学思想认为既然自然本身已经朽烂了，那么人类也是会堕落的。这个关于人类天生会堕落的观点是和人类失乐园以及基督教的原罪观念相关联的。正如我们将看到的，这些中世纪的神话仍然弥漫在许多现代关于人类行为的进化、人类天性和人类道德的所谓科学解释中。

　　虽然比同时代科学家的观点更加惊人，将达特的理论普及开来的作者罗伯特·阿德雷对于人类本性所持的观点和那些科学家没什么大的不同，和古代基督教关于失乐园和原罪的信仰也没有什么差别。对于阿德雷来说，不管怎样，原罪都是好的。这强化了"该隐的后代"拥有由硕大的大脑带来的优势以及拥有肉食性的生活方式："人类是一种天然本质就是用武器进行杀戮的捕食者。"阿德雷认为人类不是神创论的产物；人类继承的是天然的、正当的、高贵的、

194

---

[1] Cartmill 1993.

[2] James Burnet 的话引自 Bock 1980, p.202。

拥有"时代疤痕"（scars of the ages）的基因。[1] 对于阿德雷来说，是战争和对于领地占有的本能带来了西方人的巨大成就。

打猎神话和社会生物学

阿德雷的阐述可以被看作进化伦理学[2] 的开端，随着下一个关于狩猎在人类天性形成中的重要性的科学陈述，这一流派得到了发展。这个理论在 20 世纪 70 年代中期由著名的哈佛生物学家爱德华·威尔逊及其他社会生物学的支持者引入。威尔逊描述了一系列的行为特征，他认为这些特征普遍可以在人类身上找到，并且它们从基因上来讲是基于人类的共性。这些特征包括：第一，领地性；第二，富有侵略性的支配等级化；第三，男性统治女性；第四，一夫一妻制；第五，母系制度（雌性后代与其出生时的群体在一起，而雄性后代在其性成熟后需要离开去寻找新的社会群体）；第六，延长了的母性关怀。[3]

这些特征在生物学上是不变的，它们在人类的灵长类远亲中是相对稳定的，并且始终贯穿于人类进化和人类社会中，威尔逊以此作为支持其观点的论据。然而，除了最后一项——延长了的母性关怀以外，其他的行为特征既不是普遍的灵长类特征，也不是人类的共性。让我们逐个看看前面提到的五个因素。

领域性是人类的共性吗？

"领地"的概念最早是在对鸟类的研究中被提出来的。这个概念的本质是一只动物或者一群动物"防御"其所拥有的领域。因此

---

[1] Ardrey 1961，分别引自 p. 316 和 p.326。

[2] Ruse 1994.

[3] Wilson 1975.

有两个主要的组成部分：空间本身和对于该空间的积极防御。然而，很多动物仅仅通过叫喊、炫耀或者其他一些形式发出信号告诉潜在的入侵者，以此来保护其独占的领地，而很少真正在边界进行搏斗。[1] 领地性的概念无论如何都不是简单的，要将不同物种所使用的众多空间策略总结成统一精确的概念，这确实有很大的难度。总之对于灵长类群体来说，空间机制尤其多种多样。长臂猿群体和南美洲的芦苇伶猴（titi monkey）可以被看作是领地性的，因为它们确实在其几乎完全排他的领地边界会有仪式化的"打斗"。很多其他的灵长类特殊的叫声大概可以帮助它们保护排他性的领地（其中包括红毛猩猩、吼猴、非洲疣猴和马岛最大的狐猴——大狐猴）。然而，灵长类的大部分种类有一个相互交叠的群体范围，并且常常共享资源。对于许多热带树木稀少的草原上的动物，例如狒狒和黑猩猩来说尤其是如此。对于环尾狐猴和大猩猩，几个群体可能有几乎重叠的家族范围。因此，从严格意义上讲，灵长类很少有领地性。[2]

对于人类，如果用鸟类保护其领地的方式定义，则完全不适用。大部分的狩猎者和采集者没有排他的需要防御的领地范围。农耕的人们有多种多样利用土地的方式。将这些揉进一个简单的领地性概念是荒谬的。最后，现代战争通常也和直接的边界防御没什么关系。让我们想一想——一个政治决策将军队派往索马里、波斯尼亚或者伊拉克，和一只鸟或者一只长臂猿在其领地边界的炫耀行为有相似之处吗？

196

富有侵略性的支配等级化是人类的共性吗？

我们又一次需要处理一个非常复杂的概念。在动物中支配等级的定义有一系列的标准，包括优先获得食物、空间或者交配权，并

[1] Waser and Wiley 1980.
[2] 灵长类物种的家族范围的讨论参见 Fedigan 1992 以及 Sussman 2003a, b。

且由如此微妙的社会情境来决定谁来照料、谁被照料、谁是群体发展的领袖，以及谁是攻击性遭遇中的赢家。以上这些常常不是正相关的——也就是说，打斗的优胜者并不总是群体的领袖。[1] 实际上，用这些标准中的任意一条来定义群体的等级制度，总是无法帮助我们理解灵长类群体组织和结构的复杂性。

此外，有许多灵长类物种中的支配性等级制度不清楚或者完全不存在。例如，大部分的原猴、许多新大陆和旧大陆的树栖猴子、陆生的赤猴还有长臂猿群体中，都没有证据显示存在支配性等级制度。它似乎存在于狒狒、猕猴和黑猩猩群体中。但即使在它们的群体中等级制也常常不稳定，其对基因的影响和其结果也未知。例如在一群狒狒中，雄性的等级变化约每两周就可能发生一次；在许多对狒狒和猕猴（研究者清楚小猴的父亲是谁）的研究中，没有发现等级和生殖成功率之间有什么联系。一般而言，等级和生殖成功率之间的关系比较模糊。[2]

当我们考虑人类时，基于攻击性而出现的支配等级制度显得更加有问题。在动物行为学（研究动物行为）中，攻击性的支配等级制是取决于在有攻击性的面对面遭遇中谁是胜者、谁是败者，并且这种制度一般定义在一个封闭的社会群体之内。你可能会问自己下一个问题：你的社会地位是基于你的打架能力或者你的攻击性吗？正如你走在大街上、学校的大厅或工作场所，你是否有攻击性地"展示"给路上的那些人看，因此他们会畏惧你？或者说，同样的情况下，你会被迫给他们让路吗？在你的生活中经历过多少面对面的打斗呢？基于这种攻击性的遭遇，你在你的社会群体中的社会地位会是如何呢？而且，顺便说一下，你知道封闭的自我社会群体的界限在哪里吗？在人类社会中，这些问题有意义吗？我们不认为有意义。

197

---

[1] Bernstein 1981.

[2] 支配性等级制度的讨论来自 Walters and Seyfarth 1987；狒狒等级制度的讨论来自 Hausfater 1975；等级和生殖成功率的讨论来自 Bercovitch 1991。

男性统治女性是人类的共性吗？

男性统治女性绝不是贯穿在灵长类秩序中的特征之一。研究狒狒中雌雄关系的田野研究人员芭芭拉·史末资（Barbara Smuts）在非人类灵长类中识别了五种主要类型的成年雄性–成年雌性的支配关系。[1] 五种之中有三种，雄性对于雌性并不处于支配地位。这包括不同性别之间体形差异不大而那些雌性明显支配雄性的物种（例如很多狐猴）；那些不同性别之间体形差异不大而雌性和雄性都是同等支配地位的物种（例如许多婴猴、懒猴、狐猴、狨猴、绢毛猴和其他许多新大陆的猴子以及长臂猿）；雄性比雌性体形更大但是雌性有时通过雌性之间的联合来支配雄性的物种（例如松鼠猴、侏长尾猴 [talapoin]、长尾黑颚猴、许多猕猴以及赤猴和一些长尾猴）。实际上，雌性很少支配雄性的物种是那些雄性体形比雌性要大得多的物种。这些物种包括狒狒和类人猿（除了倭黑猩猩——侏儒黑猩猩）。这些物种同样都恰巧是大部分社会生物学家很了解的，不会如此巧合吧。当然，体形差异（雌雄二态）在人类中是很小的，而且女性联合也比较普遍。如果这是人类的共性，我们可能就需要相信雄性支配雌性是普遍存在的；换句话说：“女人在任何地方都被证明是公共和政治领域的二等公民。”[2]（把这个告诉撒切尔夫人，希拉里·克林顿，奥普拉·温弗瑞，以及挪威、巴基斯坦、斯里兰卡、印度、以色列和印尼的前任总理，不知她们是否会同意该观点。）也许雄性支配地位在有些文化中是近乎普遍性的存在，但是很多传统社会更多的是对权力的平等分配。例如赤道地区的狩猎者和采集者，像卡拉哈里沙漠的科伊桑人（!Kung San）[3] 和中非的俾格米人

---

[1] Smuts 1987.

[2] Brown 1991, p. 91.

[3] 此处的名字 Kung San 前面的感叹号“!”意思是“咔咔”的声音。

198 男女之间对家庭事物和公共权力有一个非常平等的分配。

一夫一妻制和核心家庭是人类共性吗？

一夫一妻制和核心家庭在非人类灵长类中十分少见，大部分的灵长类有杂乱的交配体系。在《民族志地图集》（*Ethnographic Atlas*）这本文化百科全书中列出的 862 种文化里，仅仅有 16% 是一夫一妻的婚姻制，而 83% 是一夫多妻制（一个男性拥有不止一个妻子）。总之，一夫一妻制并不是现存美国和加拿大对于婚姻体系的代称。所谓的系列婚姻——一系列离婚后的一系列结婚——才是美国现在婚姻制度的社会科学分类。

母系制度（或者说入赘）是人类的共性吗？

对于人类，母系制度（通过母亲到女儿来追溯家族的传承）和入赘（已婚夫妻和妻子的家族住一起）是不寻常的。在大部分文化中，女人会离开她的家族搬到丈夫的住处或者加入丈夫的家族。因为这些前农业、前城镇模式的民族常常比其他现代文化更加平等，我们回过头去试图在狩猎－采集民族中寻找这种人类共性的例子。参考上述这本文化图集，我们发现在 179 个狩猎－采集社会中只有 16 个是母系制度的。

因此，不得不说这些支持了进化和"基因上保守的共性"的特征既不保守也不普遍。然而据信所有这些特征都是我们过去狩猎的结果。威尔逊指出在 100 万年前人类是猎手，"这种生活方式极大地塑造了我们先天的社会应对方式"。[1] 社会生物学家对于这个古老的先天－后天问题的解答并不完善，因为他们没有比维多利亚时期的社会达尔文主义者有任何更好的标准来阐释这个关于人类天性的答

---

[1] Wilson 1976.

案。社会达尔文主义宣称人类道德应该基于适者生存的进化过程。[1]
最适合的个体、族群、人种或者社会将存活下来，而那些弱小的将
消失。这很好！竞争——尤其通过竞争获胜——是人类伦理和道德
的基础。与达尔文同时代的赫伯特·斯宾塞（Herbert Spencer）——
社会达尔文主义的创始人，认为我们应该珍惜这个适者生存而不适
者被残酷地淘汰的进化过程。罗伯特·阿德雷对于战争好处的宣称
就是对这个思路的重现。

　　社会生物学家没有发现此处存在的错误。事实是社会达尔文主
义者简单地将进化和道德联系在一起，当社会达尔文主义流行时，
进化的机制都没有被人们正确理解。按照社会生物学的原则，他们
声称我们现在可以通过"已知事实"来达到道德规范，而不是仅仅
通过理论。此处有两个"已知事实"：第一个是每一个生物体的目
的是不顾一切地将其基因遗传下去；第二个是一个生物体只会和那
些与他或她拥有共同基因的其他个体合作（亲缘利他理论），或者
和那些可能在未来支持、援助他的其他个体合作（互惠利他理论）。
然而，因为动物无法做出这些有意识的计算，进化赋予了我们基因
道德规范来方便亲缘利他和互惠利他，因为说到底，这些有可能帮
助我们保存和复制自己的基因。用威尔逊和其合作者迈克尔·鲁斯
（Michael Ruse）自己的话来解释：

　　　　人们通常认为，在社会达尔文主义那艰难困苦的往昔，进
　　化几乎不为人所知，生活是一种无间断的挣扎——"大自然是
　　残酷和无情的"。但是这不是自然选择的唯一一面，同样的过程
　　也能导致利他主义和互惠。道德仅仅是一种正在实施的、为了
　　我们更好地繁殖下一代的适应性……道德规范起作用是因为能够
　　使我们对抗每天的自私冲动，有利于长期的群体生存……因此，

199

---

[1] Ruse and Wilson 1985.

终其一生，我们多次复制自己的基因（强化了自己的道德）。[1]

跟着这个逻辑，道德进化最终使我们建立起的群体凝聚力是为了成功地和陌生人竞争并传播我们的基因。我们不应该看不起自己的好战与残酷的天性，而是应该明白与这些个体或者群体"搞好关系"——而不是与另外一些个体或群体"搞好关系"，是因为这样在进化意义上是通向成功的。其中的"搞好关系"部分是由基因控制的，而且是人类道德的真实基础。

威尔逊的观察报告呈现了一个令人不安的想法："人类最'绅士'的特征，包括团队合作、利他主义、爱国主义、在战斗中的勇敢等等，从基因上来讲是战争的产物。"如果一个注定和平的社会是试图引导其成员远离"冲突——那些曾经给人类这种毁灭性的表现型带来达尔文主义优势的冲突"，我们可能就是在给婴儿洗澡后把婴儿和澡盆一起扔掉了。换句话说，通过观察基因序列，我们"因为"祖先的战斗、冲突和嗜血的经历而得到了好的特征。[2]

让我们停下来说清楚，我们并不认为人类的行为完全没有生物学基础。但是正如法兰兹·鲍亚士（Franz Boas）——一个在社会达尔文主义理论的时代中理智的声音——在70年前说过的："我们必须假设所有这些复杂的行为是社会决定的，而不是遗传决定的，除非该命题的反命题被证实了。"[3]

爱德华·威尔逊自己批判社会达尔文主义者，指责他们用基于动物的小样本，宽泛地进行推测性、误导性的解释。然而社会生物学最喜爱的孩子——亲缘选择和互惠利他——总是被打扮起来，被推崇为友善的社会交往的唯一解释。再一次，用社会生物学家迈克尔·鲁斯的话来说：

[1] Ruse and Wilson 1985.

[2] Wilson 1975，分别引自 p. 573 和 p. 575 。

[3] Boas 的话引自 Degler 1991，p.148 。

每当亲缘选择理论失效了，互惠利他主义理论就提供了一个备选。尽管当一个人在其社会关系中生活得越久，这种感觉就会越消减……假设我们的跨国交易行为意味着结成了亲密的朋友关系或超越了个人利益的驱使，这是愚蠢的……耶稣没有暗示说撒玛利亚人 [1] 做慈善实际上是针对陌生人的一种生意行为。[2]

这听起来和比他早些时候的社会达尔文主义者达特和阿德雷的论调非常像。并且，关于人类共同特征的科学证据以及社会生物学的原则，和阿德雷与达特用来支持他们关于人类道德理论的证据一样软弱无力。这些理论又如何与西方欧洲基督教的道德观点相联系呢？鲁斯承认，尤其是互惠利他主义一开始听起来就像在"炒基督教教义的冷饭"。他同样将 1 世纪初基督教的流行归因于其非常契合我们由基因所设计的行为。[3]

201

嗯……那么基督教的盛行是因为它如此好地契合了人类普遍的生物学本能吗？那么这里有另外一个角度来看这个问题，我们觉得有必要展示出来：是基于生物学道德的科学证据"产生了"所谓的基督教道德，还是我们认为它们在生物学上是普遍的，因此它们碰巧符合了我们自己的基督教道德标准呢？鲁斯继续说他不是一个相对论者——他和其他人一样谴责"发生在南斯拉夫的强奸犯罪行为和希特勒的暴行"。[4] 但是我们认为，道德常常是旁观者眼中的道德。西方的道德标准可以非常有弹性，从那些在南斯拉夫实施了强奸的、主要是基督徒的士兵以及实施了暴行的希特勒的眼中看，这种弹性标准尤其明显。

---

[1] 译者注："好撒玛利亚人"是基督教文化中一个著名成语和口头语，意为好心人、见义勇为者。

[2] Ruse 1994, p.102 .

[3] Ruse 1994.

[4] Ruse 1994, p.106.

黑猩猩和男人是魔鬼般的杀手

另外一个关于杀戮及道德生物学的基础——关于这二者重要性的新观点是由理查德·兰厄姆和戴尔·彼得森在其书《雄性暴力》中提出的。他们的观点基于 20 年至 25 年前人们的认识，当时认为人类的攻击性是独特的，因为类人猿的研究已经发现那些物种基本上都是无攻击性的、温和的生物。尽管早期理论家提出狩猎、杀戮和极端的攻击性行为是从我们早期狩猎的祖先那里继承下来的生物学特征，很多人类学家仍然相信攻击模式是由环境和文化决定并习得的行为。我们的"原罪"大部分人认为是获得的而不是继承的。这些"原罪"并不比其他那些被证明是人类所获得的文化传承的特征来得更加原初。兰厄姆和彼得森提出，有新的证据说明杀戮的本性不是人类独有的——人类及其生物学上最近的亲戚黑猩猩共享这一特性。实际上是这种继承的杀戮倾向使得人类和黑猩猩成为如此优秀的猎手。

这里是魔鬼般杀手理论的概述：人类和黑猩猩之间的差别发生在至少 800 万年前。那时人类可能已经继大猩猩之后从黑猩猩——倭黑猩猩（侏儒黑猩猩）进化谱系中分离出来了，而倭黑猩猩则仅仅在约 250 万年前与黑猩猩成为两个物种。一个像黑猩猩的生物可能是以上所有形式生物的共同祖先，因为最早的南方古猿就像黑猩猩，兰厄姆推测："现在最有可能的观点是黑猩猩是……一个不可思议的人类祖先的好模型……（如果）我们知道我们的祖先是什么样的，自然就有了关于其如何行为的线索……那就是像现代的黑猩猩。"[1] 最后，如果现代黑猩猩和现代人类有哪些共同的行为特征的话，这些特征是"长期进化的本源"，很可能被固定下来，成为生物学遗传的人类天性的组成部分，而不是由

202

---

[1] Wrangham 1995, p.5.

文化所决定。

　　进一步支持雄性暴力理论的还有一些早期人类和黑猩猩共有的文化特征。然而人们感兴趣的不是这些文化特征，而是一种假设，即这些文化特征是人类和黑猩猩共享的攻击性模式。《雄性暴力》的作者声称唯一的两个物种——黑猩猩和人类——生活在父系的、雄性关系为主的社区里，显示出紧张的领地攻击性，包括寻找脆弱的敌人给予致命的袭击。兰厄姆问道：

　　　　这是否意味着黑猩猩天生就是暴力的？十年前这还不清楚……在这个文化物种里，雄性间激烈的竞争以及伤害和杀死那些阻碍它们达到目标的对手，这种意愿可能是所有黑猩猩行为中最缺少多样性的行为，它们用这种暴力攻击对付陌生者……随着黑猩猩社会的图景进入人们的焦点，现在我们知道这些行为还包括杀婴、强奸和经常发生的雄性殴打雌性。[1]

　　由于黑猩猩和人类共享这些暴力冲动，雄性暴力假说强调黑猩猩和人类同样共享一种与生俱来的道德。这些杀戮欲的长期进化根源、这些攻击性的冲动、这些陀思妥耶夫斯基式的魔鬼，竟是长达600万年的人类与黑猩猩共享的诅咒！我们的本质是猿猴！

　　哇！让我们冷静片刻，在进一步跟随魔鬼黑猩猩和邪恶人类的进程之前看看一些细节。当然人类会进行狩猎，而黑猩猩同样是猎手，它们在特殊的地域群体中——例如在不同文化环境影响中——会拥有特殊的捕食策略。但是人类和黑猩猩不是唯一的为了食物而狩猎的灵长类。一些原猴（一些特定的狐猴、懒猴和眼镜猴［tarsier］）常常捕食昆虫，而许多会捕捉和吃掉小型蛇类、蜥蜴等两栖类。不论人类还是黑猩猩都不是唯一的捕食哺乳动物的灵长类猎手。非洲的狒狒和南美的僧帽猴是小型哺乳类的捕食者。而且人类

203

---

[1] Wrangham 1995, p.7.

和黑猩猩也不是唯一会打猎的"高等"猿类。黑猩猩是我们灵长类近亲中最肉食性的，但是红毛猩猩也被人发现会出去进行成功的狩猎突击，同时还有倭黑猩猩和长臂猿。

人类和黑猩猩甚至都不是唯一的猎杀和捕食其他灵长类的灵长动物！红毛猩猩捕捉懒猴和长臂猿作为食物；狒狒吃婴猴和长尾黑颚猴；青长尾猴捕食婴猴；僧帽猴捕食芦苇伶猴和枭猴（owl monkey）；红领狐猴（red ruffed lemur）吃环尾狐猴的幼崽；倭狐猴（dwarf lemur）曾被人发现捕捉并吃掉小型的鼠狐猴。[1]

但是只有很少的关于灵长类捕食其他灵长类的例子被仔细地研究过，并且只强调了黑猩猩的捕杀行为。自从该研究开始，人们发现在坦桑尼亚的贡贝国家公园里的黑猩猩捕食了大量的红疣猴，依此推测每年可以导致六分之一到三分之一的红疣猴死亡。（我们甚至都不会去讨论这样的事实——如果这种猎杀的上限比例持续较长时间的话，最后那里就将没有红疣猴了。）其他一些地方也存在黑猩猩捕食红疣猴（最高纪录是黑猩猩捕食了二十种不同的灵长类物种），但是不如贡贝有如此高的比例。克里斯托弗·伯施（Christophe Boesch）及其妻子海德薇格（Hedwige）研究西非国家科特迪瓦的黑猩猩，他们相信在贡贝，人类的出现对于黑猩猩猎食红疣猴的影响要比在他们的调查地塔伊森林中的影响更大。尽管如此，伯施夫妇已经将红疣猴列为塔伊森林中黑猩猩最重要的猎物。[2]

那么似乎毫无疑问的是，很多灵长类物种会吃肉和为了肉食而狩猎——有时候是投机取巧，有时候是有意为之。我们与兰厄姆、彼得森、克雷格·斯坦福以及迈克尔·吉格莱利（还有雷蒙德·达特、舍伍德·沃什伯恩以及他们之前的爱德华·威尔逊）之间的不

204

---

[1] 参见 Hart 2000，附录 2 "灵长类捕食灵长类的名单"。

[2] Uehara et al. 1992, Stanford et al. 1994, Stanford 1995, 以及 Stanford and Wrangham 1998 中有对黑猩猩狩猎的描述；Stanford et al. 1994 尤其包含贡贝的黑猩猩以红疣猴为食的详细内容；Boesch 1994 讨论了人类的出现作为黑猩猩狩猎的一个变量因素；Boesch and Boesch 1989 中有一个黑猩猩在塔伊森林捕食红疣猴的讨论。

同之处是我们不赞成这个理论，即认为杀戮和暴力是从人类的远古灵长类远亲那里遗传过来的。我们更不赞成他们关于杀戮和暴力是人类和黑猩猩共享特征的论证——他们认为这些特征并不是狩猎的副产品，而是相反：正是暴力和嗜血天性（例如社会生物学家就这样认为）导致了人类和黑猩猩成为如此优秀的猎手。

倭黑猩猩（"温顺的"侏儒黑猩猩）帮助他们得到了这个结论。（图 9.1）社会生物学家宣称倭黑猩猩已经失去了杀戮的欲望，同时也失去了狩猎的欲望；它们抑制个人的攻击性和捕食攻击性；虽然倭黑猩猩从类似黑猩猩的既捕食猴子也捕食自己物种的祖先进化而来，但是在倭黑猩猩的进化中，雄性失去了杀死彼此和杀死猎物的欲望；最终，倭黑猩猩和黑猩猩告诉我们杀戮和狩猎是非常相似的。

图 9.1 倭黑猩猩——我们生物学上最近的亲戚之一，被作为一个"失去了"狩猎和杀戮欲望的猿猴特例。(N. Rowe)

兰厄姆相信嗜血性将杀戮和狩猎紧紧捆绑在一起，但是在他的剧本中是杀戮的欲望导致了狩猎的能力。像其他社会生物学家一样，他相信这种杀戮的欲望是基于"自私的基因"。

"自私的基因"是一个"优雅的"社会生物学理论，因为理查德·道金斯的同名书《自私的基因》而得到普及。[1]（科学家用"优雅的"这个词来形容那些能够用非常优美简洁的形式来解释复杂自然现象的理论。）道金斯的理论是如此优雅以至于它被人们接受和吸收了，现在达到了成为生物界普遍看法的程度。道金斯的"自私的基因"确实用优雅的形式解释了动物的行为，因为它提供了一个能够解释动物所做的任何事情的涵盖性解释——所有的行为最终都为自私服务。自私基因理论可以被用来解释为什么那些憎恨和杀死其敌人的人活了下来。自然选择会偏爱这些人，他们杀光了其他还在犹豫中的人。

自私基因理论同样被用于解释为什么倭黑猩猩不杀死它们的敌人。这是一种普遍性的优雅，还是一种让人绝望的过分简化？对我们来说，这种理论拥有和 18 世纪哲学家杰里米·边沁（Jeremy Bentham）提出的人类行为仅仅由快乐和痛苦支配的"道德哲学"一样的解释力。自私的基因和边沁的道德哲学都试图解释所有东西——所以几乎什么都解释不了。

就这些社会生物学的理论来说，我们发现不论是用来支持该理论的证据，还是理论本身都存在着一些问题。《雄性暴力》声称人类和黑猩猩可能共享以生物学为基础的行为是基于两个假设：一是人类和黑猩猩比黑猩猩和大猩猩在生物学上关系更近；二是黑猩猩是我们早期祖先的一个好的模型，它们拥有所谓的彼此共享的保守性特征（"保守性"在生物学意义上主要是指"在最近的进化中相对来讲没有发生改变"）。

第一个假设仍然是一个热议的话题，因为黑猩猩、大猩猩和人

206

---

[1] Dawkins 1976.

类在基因上如此接近，以至于很难说出三者具体的分离时间和模式。[1] 第二个假设也不正确。黑猩猩、人类和大猩猩进化了同样长的时间，没有理由相信早期的黑猩猩和现在的黑猩猩高度相似。类人猿的化石证据也非常稀少。很可能许多猿类在数百万年的时间里已经灭绝了——就像很多"人类"已经灭绝了一样。并且，即使黑猩猩是人类和黑猩猩共同祖先的一个好模型，它们在进化丛的该特殊进化分支上是一个"保守的"代表，那么就不能得出人类必然共享这种特殊行为特征的结论。正如《雄性暴力》的作者强调，黑猩猩、大猩猩和倭黑猩猩在各自行为和杀戮本物种中其他成员的愿望方面都是有很大差异的。实际上正是因为这些差异，该书作者认为仅靠保守性行为特征残留不能解释巨大的行为相似性和差异性。

让我们看看兰厄姆和彼得森理论中的"证明"，我们必须重申，其证明并没有基于理论依据，而仅基于偶然的证据，这些证据是黑猩猩和人类的暴力和杀戮是相似模式的、拥有远古共享的进化根源的、遗传而来的行为。"人类和黑猩猩杀死自己物种中邻近群体的成员"——我们承认这确实发生过，尤其是人类。"对于动物中的准则这是一个惊人的例外"——实际上有很多例外，例如狮子、狼、斑鬣狗和其他一些捕食者。"几乎所有物种的成年打斗通常在胜利后就停止了：它们不会继续杀死对手"——实际上是大部分物种没有能够杀死其他成年个体的武器。许多物种成年个体之间在不同情况下富有攻击性的不友好行为是常见的[2]，如打斗的成年松鼠、兔子或非洲食蚁兽，但是毫无疑问这需要耗费它们非常多的能量。杀死对手是不值得的，赶走对手就够了。它们只是没有工具这样做。黑猩猩和人类有，尽管黑猩猩与人类使用的工具非常不同。

207

---

[1] Marks et al. 1988; Marks 1991a; A. Templeton 1997；私人信件。

[2] Small 1997.

黑猩猩的攻击性

黑猩猩杀死其他黑猩猩，这种事情的发生有多么常见？这可能是真正的争论所在。在最初历时 14 年的坦桑尼亚贡贝国家公园（1960—1974）的研究里，黑猩猩被描述成一种和平的没有攻击性的物种。实际上，在有一年的集中研究中，珍妮·古道尔发现了 284 起好斗的（攻击性）事件。其中，66% 是对于引进（也就是人类提供的）香蕉的争夺，而只有 34% 可以被界定为"发生在'普通'攻击性环境的袭击"。[1] 并且，珍妮·古道尔记录如下：

> 284 起攻击中只有 10% 可以被界定为"暴力"，甚至那些折磨着我的攻击最后常常以双方没有明显受伤而结束……其他的攻击仅仅包括简单的重击，之后攻击者常常马上触碰或者拥抱被攻击者。[2]

在 1974 年之前，黑猩猩的攻击性被认为和在其他灵长类物种中观察到的攻击模式没有差别。古道尔在其专题《贡贝的黑猩猩》（*The Chimpanzees of Gombe*）中解释说，她主要用 1975 年以后的数据是因为之前的数据显示出和贡贝黑猩猩相违背的行为，之前描述的黑猩猩"比人类要和平得多"。[3] 其他早期的博物学者对于黑猩猩行为的描述是和古道尔在 1975 年之前的描述相一致的，这证实了她前面 14 年的观察。人们甚至观察到不同的黑猩猩社群走在一起，举行和平仪式似的互相打招呼（图 9.2）。[4]

然而，在 1974 年到 1977 年之间，一个子群体中的 5 只成年雄

---

[1] Goodall 1968, p.278.

[2] Goodall 1968, p.277.

[3] Goodall 1968, p.3.

[4] Goodall 1965; Reynolds and Reynolds 1965; Sugiyama 1972; Ghiglieri 1984.

性被攻击并从该地区消失了，大概是被其他黑猩猩杀死了。为什么在 14 年之后攻击的模式发生了改变呢？

图 9.2　关于黑猩猩攻击性的说法可能被极度夸大了。雄性黑猩猩和兄弟、朋友之间关系非常密切。(C. Sanz)

　　这是因为更强的群体看到了另外群体的弱点而决定提升自身的基因适存度（社会生物学的解释）吗？在这个特殊时刻之前当然存在强壮些和瘦弱些的动物和亚群体。我们可以从古道尔自己的观察中找答案。在 1965 年，古道尔开始提供"限制性的由人类控制的喂养"。几年以后她发现：

　　　　定时的喂养对黑猩猩的行为已经产生了显著的作用。它们开始比之前更频繁地成群走来走去。它们睡在人类的营帐附近，在清晨吵吵嚷嚷地成群到来。最糟糕的是，成年雄性变得越来越有攻击性。当我们最初提供香蕉给黑猩猩时，雄性很少为食物而争吵……（现在）不仅是比之前有更多争斗，而且许多黑猩猩整天在营帐边上闲逛。[1]

209

此时，动物的社会行为和活动模式都已经被打乱了，而增加的攻击性最终导致如此多的问题以至于在贡贝的观察几乎被终止。[2]

一本调查翔实的名为《平等主义者人类和黑猩猩：社会组织的人类学观点》[3]（ *The Egalitarians-Human and Chimpanzee: An Anthropological View of Social Organization* ）的学术作品，作者是玛格丽特·鲍尔（Margaret Power），该书的主题是讨论人类的干扰是否是贡贝黑猩猩不寻常行为的主要因素。在《雄性暴力》中，兰厄姆和彼得森基本上忽视了这本书，他们说当然，如果没有"非洲其他地方"的与1977年后发生在贡贝相似行为的新证据，这有可能是非自然的行为。那么这些证据是什么？我们将概括他们提供的四个例子：

证据一：在1979年到1982年之间，贡贝群体向南扩大了其范围并和一个南方的群体起了冲突（该群体被研究者称作"卡兰德"［Kalande］）是值得怀疑的。1982年的一天，一个所谓的雄性突击小组到达古道尔的营帐，"其中一些袭击可能致命"。然而，古道尔在其《贡贝的黑猩猩》中描述"唯一有记录的"袭击如下：一只雌性"被一只卡兰德雄性追逐并遭到温和的攻击。它4岁的雄性幼崽……遭遇另外一只雄性攻击——但是只被嗅了嗅"。兰厄姆和彼得森暗示这些遭遇和之前发生在贡贝的致死攻击类似，但是在这个观察到的简单的袭击里没有暴力。顺着对袭击的讨论，他们同样报道了在1981年一只叫汉弗莱（Humphrey）的雄性成年黑猩猩的死亡，其尸体在其领地的边界附近被发现。他们没有提到汉弗莱已经大约35岁

---

[1] Goodall 1971, p.143.

[2] Wrangham 1974.

[3] Power 1991.

了，而野生黑猩猩很少活过 33 岁。[1]

　　证据二：在 1970 年到 1982 年之间，有 6 只同一个社群的成年雄性在日本的研究基地——坦桑尼亚西贡贝的马哈勒山脉失踪了。它们是在这 12 年里一只接一只失踪的。这些失踪的动物没有一只被看到受到了攻击或者被杀死，有一只后来被发现独自在漫步。汤姆·西田（Tom Nishida）和其在马哈勒研究大猩猩的同事，为成年雄性黑猩猩的接连失踪感到困惑。他们进一步推测至少这些雄性中有一些是被其他群体中的黑猩猩杀死了。[2]西田研究团队唯一能准确描述其他黑猩猩是行凶者的证据，是贡贝著名的 1974 年至 1977 年间导致 5 只雄性黑猩猩死亡的群体间冲突。（正如此书之前已经提及的，我们现在知道狮子经常经过马哈勒地区并且吃掉黑猩猩。对于失踪的黑猩猩，一个更符合逻辑的解释是被狮子吃掉了。）

　　证据三：在西非科特迪瓦的塔伊森林，兰厄姆和彼得森报告说研究者克里斯托弗和海德薇格·伯施相信："（这里）黑猩猩之间的暴力攻击和在贡贝发生的同样重要。"[3]关于伯施夫妇的原文，我们发现作者仅仅描述说在他们的研究区域，相邻黑猩猩社群的相遇比在贡贝的更加普遍，这可能导致更庞大、更紧密联系的群体结构和"雄性在社会生活中有更多的参与度"[4]——文中没有提及这些相遇中的任何暴力或者杀戮行为。

　　证据四：在理查德·兰厄姆 1984 年开始研究的一个地区，1991 年一只成年雄性黑猩猩被发现死掉了。这个事件在《雄性暴力》中被如此戏剧化地描述："在 8 月的第 2 个星期，鲁伊宗尼（Ruizoni）[5]被杀死了。没有人看到这场激烈的争斗……在它失踪的前一天，这些雄性黑猩猩们一起在靠近边界的地方移动，它们和另外一个社群

210

---

[1] Goodall 1986.

[2] Nishida et al. 1985.

[3] Wrangham and Peterson 1996, p.20.

[4] Boesch and Boesch 1989.

[5] 译者注：人们给这只死掉的黑猩猩起的名字。

的雄性互相呼叫，明显是害怕和它们碰面。在它最后被目击到的 4 天之后，我们的团队在一个小坡的坡底发现了它蜷成一团的腐烂尸体。"[1] 在该区域，在此事发生之前的 7 年以及发生之后的 6 年内，没有其他暴力事件被提及。

以上就是一队田野灵长类动物学家 37 年间关于雄性黑猩猩相杀的所有证据。而黑猩猩之间的杀婴和强奸的数据甚至还不及这些证据令人印象深刻。现实中黑猩猩这些行为的数据如此稀少以至于《雄性暴力》的作者被迫使用来自其他类人猿大猩猩和红毛猩猩的例子。猜猜怎么样？正如成年黑猩猩中的杀戮证据，关于大猩猩和红毛猩猩中的强奸和杀婴行为的证据和解释都是存疑和有争议的。[2] 关于黑猩猩暴力的报道中，在黑猩猩成为长期研究对象的 9 个研究地点里，有 4 个地点存在黑猩猩之间的杀戮行为，而这些杀戮案例目前已经上升到 10 起已证实而另外 10 起存疑。在 9 个地点研究者们所有的观察报告加起来的 170 年内，总共只有 10 到 20 起案件，也就是平均 8.5 到 17 年中有一起杀戮。[3]

211

我们脱离主题进入了所谓黑猩猩和早期人类的"魔鬼主义"，这并不意味着我们争论说黑猩猩和人类在特定情况下不是暴力的，这些我们都清楚。我们仅仅是说与生俱来的魔鬼主义可能是一个极大的夸张，正如之前声称的优雅的原始人和和平的王国一样。并且，研究似乎暗示着物种之间攻击性（换句话说，捕食与被捕食），在神经生理学上跟人类种内攻击性相关的自发暴力（即谋杀）是非常不同的。甚至如果狩猎是一种早期人类的普通生存技能的话，这并不必然在人类社会交往中导致无法自控的攻击性。

---

[1] Wrangham and Peterson 1996,p.20.

[2] Bartlett et al. 1993; Galdikas 1995.

[3] Sussman 2004.

从我们的基因中走出来

至此，你可以说我们成了魔鬼的支持者，或者说是反对者，这取决于你看问题的角度。但是你可能会问，如果《雄性暴力》中关于人类自身和人类的表兄弟黑猩猩的描述是对的，黑猩猩和人类都是天生的罪人吗？因为这种模式是由基因决定的，人类注定会永远很暴力吗？原罪是一种与生俱来的固定的模式，将会最终毁灭我们自己，或者说我们能超越我们的过去吗？——可以比喻为，从我们的基因里走出来。根据兰厄姆和彼得森的理论，我们可以看看倭黑猩猩，将它们作为我们从恶魔般雄性基因中解救出来的潜在救星。

倭黑猩猩尽管与人类相比跟普通黑猩猩的亲缘关系更近，它们已经成为一个爱好和平的、不喜欢制造战争的、黑猩猩－人类暴力模式的反面典型。这是怎么发生的呢？在雄性暴力场景中，黑猩猩和人类的雌性个体选择暴力的雄性作为伴侣。"当人们进化成为恶魔般的男性时，似乎女性已经进化出偏爱恶魔男的偏好……因为恶魔般的男士能够有更高的繁殖成功率，任何与其婚配的女性就会生下同样拥有更高繁殖率的儿子。"[1]毫无疑问，在倭黑猩猩的非恶魔世界里，雌性形成了联盟，降低了雄性的权力，因此就会选择与攻击性低的雄性配对。因此归根到底，不是暴力导致人类和黑猩猩中的雄性成为与生俱来的不道德的个体，而是由于人类和黑猩猩中雌性没有什么选择权！

无论如何，人类在百万年的进化后能够摆脱自身与生俱来的邪恶吗？兰厄姆相信是可以的，而且这很简单。我们看黑猩猩就像看到了自己过去最坏的一面，我们看倭黑猩猩就像看到了摆脱邪恶的出路。换句话说，人类可以通过观察倭黑猩猩来学会怎么做。但

212

---

[1] Wrangham and Peterson 1996, p.239.

是——我们不得不问——如果人类可以如此轻易改变遗传下来的行为，为什么无法在雄性暴力理论的提出者点醒我们之前就这样去做呢？当然，在不同的人类文化和个体之中的暴力多种多样。如果有能力通过学习榜样进行改变，那么我们的行为就是被日常的社会实践和文化历史所决定的，而非单纯地由我们的生物学本性决定。无论这些例子是来自仁慈的倭黑猩猩，还是和平主义者和在战争中有良心的反对战争者，这都同样可以成立。

雄性暴力理论尽管将黑猩猩作为我们会谋杀的生物学上的表亲，该理论和过去《人类猎人》提出的理论很相似。而且，该理论并没有和早期的欧洲基督教信仰对人类伦理道德的认识有很大的区别。我们不得不问：这些理论是由好的科学产生的呢，还是仅仅是"这样想很好"，因为它们重申了我们的传统文化信仰呢？这些科学是用来加强传统欧洲基督教关于伦理道德的神话吗？这些理论是由数据支持的，还是这些数据被操纵用来契合关于人类伦理道德的预想概念？既然支持这些理论的数据都很无力，仅仅是很多故事不断地在自我重复，我们倾向于相信"人类猎人"这个神话可能仍然在用西方欧洲的旧观点来看人类本性的未来。

与兰厄姆和彼得森关于人类狩猎和杀戮的天性类似的理论，最近正由黑猩猩研究者克雷格·斯坦福和迈克尔·吉格莱利兜售（尽管他们三人观点之间也存在着相互矛盾之处）。斯坦福相信不是狩猎本身对于黑猩猩或早期人类很关键，而是对于肉类的分享很重要。对于斯坦福来说，是这种肉食分享导致人类大脑的发育（黑猩猩的大脑却没有发育），导致人类熟练地使用工具，导致复杂社会交往模式和社会结构，以及男人掌握权力并控制女人。他说人类的圆滑与对权术的操控行为的根源是来自我们祖先们的食肉行为。斯坦福说："这并不是说因为人类祖先过去吃肉，所以我们就有天然的攻击天性……人类不是天生的魔鬼……尽管我们对于人类的暴力十分关注。"[1] 因此，看着来自兰厄姆和彼得森以及来自斯坦福的基于黑猩猩的剧本，我们会得到完全不同的结论。在关于人类进化是基于人类与黑猩猩相似性的这些"正是如此"的故事中，缺少的是对人类真正的早期生物学亲属化石证据的仔细分析。我们应该赞同斯坦福（及其共同作者约翰·阿伦［John Allen］）之前的一个说法：现在关于人类进化的模型"要么是绝对参考黑猩猩的模型，要么是重复、更新和改进了 20 世纪 50 至 60 年代的'人类猎人'假说"。[2]

吉格莱利相信人类暴力——强奸、谋杀、战争、种族灭绝，甚至抢劫——都仅仅是性策略和传播基因欲望的延续。不止人类和黑猩猩，所有的有性生殖个体都是如此。他将吸取树木营养的绞杀榕（strangler fig）和冥顽不化的重罪犯的生命史特征等同起来了。两者都被包含在普遍的基于性策略的抢劫里。他说："劫掠不是人类的专利……蚂蚁也如此，鸟类也如此，甚至绞杀榕也如此。将这些劫掠叫作'反社会'失去了其要点，是自然赋予这些生物一种非常有用的策略来用暴力攫取资源。"[3] 对于吉格莱利来说，大部分的劫掠在如此情况下发生，即谁将得到"吸引可供交配的性伴侣的关键资源"。[4] 我们无须表达我们的反对意见了吧？

蜻蜓中的"强奸"、绞杀榕和蚂蚁中的"劫掠"、黑猩猩中的"谋杀"可能听起来像科学，但是正如乔纳森·马克斯（Jonathan Marks）在其书《成为 98% 的黑猩猩意味着什么》（*What It Means To Be 98% Chimpanzee*）中所述："这是一个科学的比喻，不是生物学上的联系。"[5]

---

[1] Stanford 1999, p. 217.

[2] Stanford and Allen 1991, p.58.

[3] Ghiglieri 1999, p.47.

[4] Ghiglieri 1999, p.48.

[5] Marks 2002, p.104.

另外的 50%

雄性暴力！人类猎人！那么该物种的另一半呢？人类中的女性，她们也是杀戮猿吗？

食肉可能在晚期人类进化史中非常重要，但是甚至在这些人类进化的晚期，仍然有大量的关于狩猎和腐食哪个更重要，或腐食和采集哪个更重要的争论。许多女权主义人类学家更加强调女人作为采集者的角色，而不是男人作为猎人的角色对人类进化的影响。[1] 经验性的调查仍在继续。

阿德里安娜·齐尔曼（Adrienne Zihlman）是一位加州圣克鲁兹大学的人类体格学家。她除了因倭黑猩猩的研究而国际驰名，对人类化石的研究及其以女性视角来描述人类进化，给原来沉闷的、带有男权偏见的该领域带来了一个全新的视角。齐尔曼同样拥有师从舍伍德·沃什伯恩的特殊身份背景——舍伍德·沃什伯恩是美国田野灵长类动物学之父，他是人类猎人观点坚定的支持者。她严格地运用沃什伯恩教她的在人类古生物学领域的现代科学途径和研究方法，但是她得出一些和其导师的人类猎人概念非常不同的观点。齐尔曼是一位帮助我们了解人类进化中女性角色的先行者——对于早期人类化石记录的一个整体的、令人激动的全新诠释。

研究倭黑猩猩的行为、解剖学和生态学以及当代原始部落觅食文化的齐尔曼，构造了一个我们相信是最站得住脚的早期人类利用草原和森林边缘环境的特征。她通过比较人类使用其手、臂、背、腿等的方法和众多在其他亲缘上与人非常近的猿类，尤其是其他非人类灵长类动物身上发现的行为模式来构建早期人类特征。

在一篇名为《进化中的女性》（*Women in Evolution*）的文章中，齐尔曼及其合作作者南希·坦纳（Nancy Tanner）研究对比了现代原

214

---

[1] Dahlberg 1981.

始部落中的原始人和黑猩猩如何使用工具。研究发现工具并不是
用来狩猎的，大部分黑猩猩使用的工具是用来收集例如白蚁和蚂
蚁等东西（长长的细枝和挖掘的木棍），或者砸开坚果（石头或
者木棍），或者从水坑中收集水（卷起来的树枝）——并且雌性
黑猩猩比雄性更多地使用工具。大部分食物是通过采集植物获得
的；狩猎几乎总是一种过渡和偶然现象并且只占黑猩猩食物中很
小的一部分。[1]

　　化石记录中最早的石器在约 230 万年前出现，但这只是一个相
对较晚的事件，因为我们的人类祖先很可能早在至少距今 700 万年
之前就已经出现了（并且，既然黑猩猩可以使用各种材料制成的工
具，那么人类和猿猴的共同祖先很有可能早在 700 万年前就开始使
用工具了）。那么它们使用的是什么？谁在使用这些工具？

　　我们在此处重申，在现代人类的狩猎 – 采集文化中，大部分工
具不是用来狩猎大型猎物的，而是为了采集植物、蛋、蜂蜜、小型
昆虫和小型穴居动物。女人的工具包括挖掘的木棍，打下水果或坚
果的竿子，砸开坚果或坚硬的水果壳的石头。容器也可以是工具：
篮子和吊索可以用来背孩子以及采集树根、坚果、浆果和谷物。并
且再次重申，这些工具的大部分是"由女性制造和使用的"，不是
男性。我们 40 年前就已经知道，大部分在赤道的现代原始部落中的
原始人使用和收集的 60% 至 90% 的食物是由女性提供的。尽管人
类猎人假说可能仍然是传统观点，但是该假说无法和黑猩猩以及现
代以狩猎采集为生的原始人证据兼容。

　　在我们看来，齐尔曼已经开始接近关于早期人类社会组织最合
理的理论了。简而言之，人类猎人的范式假设男人出门狩猎，把肉
食带回家给女人和孩子。为了该目的并避免喂养其他男人的小孩，
一夫一妻制在早期人类进化中发展了出来。然而，这跟我们已知的
其他灵长类和现代原始部落中原始人的内容不兼容。通过一个大范

[1] Zihlman and Tanner 1976.

围比对分析，齐尔曼预想了一个灵活的早期人类社会，其中女人带小孩、管理大部分小孩，她们有群体知识的储备，有对于家庭范围及其资源的认知地图，是社会的中心和群体稳定的核心，她们通过群体和下一代来传播新方法、技术和知识。最后她提出了一种理论，认为雌性选择性伴侣是存在的，并非通过雄性强迫和攻击性来进行交配。（长毛的穴居人一手拿着一根棍棒，一手抓住简直被吓坏了的配偶的头发，请丢弃这种陈旧的观念吧。）成功的交配行为包括对雌性有吸引力，这导致雌性选择更少攻击性的雄性进行交配，而不是更多攻击性。

阿德里安娜·齐尔曼是最早提出在人类进化中存在雄性偏见理论的研究者之一，她提供了一个可行的替代理论——一个兼容了所有证据的最佳理论。但是她的"女人–采集者"理论仍然被忽视、误解，不被同时代的许多古生物学家所欣赏。杀戮猿和杀戮人的性别歧视理论仍然遍布主流文献。她在一篇最近的文章中用了怪异的标题"旧石器时代的玻璃天花板"（"The Paleolithic Glass Ceiling"）："人类进化中女性的角色经历了一系列的变换，但似是而非的是，尽管有一些相反意见的挑战，最终的结论都没什么变化……人类学家通过教科书、专题片和博物馆展览传播给众多的观众，（但是）进化中的女性要么被描绘成被忽略的旁观者，要么被描绘成史前男性的女仆。"[1]

被动的女仆或者顺从的闺房妻妾，同样概括了早期田野研究中对雌性非人类灵长类动物的描述。舍伍德·沃什伯恩和埃文·德沃尔（Irven DeVore）早在 20 世纪 60 年代就开始着手进行首个关于灵长类的现代田野研究，尤其是对狒狒。他们看了一眼更大体形的、拥有让人印象深刻的肩上斗篷和巨大犬齿的雄狒狒，就对观察雄性狒狒的行为着了迷。当雄性被授予帝王般的权力，通过绝对的暴力来控制狒狒群体，相对来讲看似无危害的雌性则被完全轻视了。这种完

---

[1] Zihlman 1997, p.91.

全的错觉是为何沃什伯恩和德沃尔如此误解狒狒社会性的原因。

具有讽刺意味的是，另外一位沃什伯恩的女研究生雪莉·斯特鲁姆（Shirley Strum）来到野外观察让其导师如此着迷的雄狒狒威风凛凛的外表。[1] 一开始，斯特鲁姆对于为何她自己的观察和之前狒狒的研究如此不一致感到困惑。在多年的田野研究和精密分析后，她不得不考虑这个事实：她之前的研究者们全都弄错了。雌性才是狒狒社会的核心：它们从出生到老去都和其母亲、姐妹、阿姨和祖母在一起。每一只雌狒狒的血统传承，延续许多代雌性的母系血统可以被放进一个支配等级制度里。雄性在性成熟后就要离开，每隔五年要进入一个新的群体。这在斯特鲁姆的田野研究之前就被人们发现了；她所发现的是显性的攻击行为导致雄性"无法"和雌性在一起。成功的雄性——也就是那些可以和雌性交配的雄性——"巧妙地"通过友谊和友好行为加入雌性社会。不成功的雄性是那些拖着其庞大的身躯走来走去惊吓那些雌性和其年轻幼崽的雄狒狒。斯特鲁姆在其书《几乎就是人类》（*Almost Human*）中如此描述这些发现：

217

当我概括自己数年来对雄性狒狒的研究，我越来越确信社会策略而非攻击性，是雄性成功的组成部分。社交策略中的一种类型在竞争中是非常有用的，例如雄性之间为了和发情的雌性交配；另外一种策略是在防御中非常有效，例如当一只雄性用一只幼崽或者一只雌性作为缓冲时。社交策略需要被设计和学习，这就是为什么那些长期定居的雄性（那些几年前迁移过来加入群体的）是最成功的。新来者很少有机会，因为它们缺少社会关系和社会经验。它们的攻击性——它们拥有的很少的选项之一——使得它们被其他个体所惧怕，从而占有优势，但是不论是占优势还是攻击性都没有使它们得到那些想要的东西。短期定居的雄性（那些在群体中少于一年的雄性）是在向

---

[1] Strum 2001.

上的途中；它们已经和其他狒狒交了朋友并搜集了一些社会信息，但那些长期定居的雄狒狒会告诉我们在这个雄性世界里生存需要多少时间和经验。它们是最低等级、最没有攻击性和最成功的。它们有智慧、友谊和对于微妙策略重要性的理解。[1]

正如阿德里安娜·齐尔曼对早期人类生活的描述，在狒狒中雌性对雄性的选择对于成功的交配行为更重要，而不是雄性胁迫或者侵犯雌性。雌性选择更少攻击性的雄性进行交配，而不是更多攻击性的个体，而且正如田野研究显示，雌性选择是灵长类目物种中最常见的交配模式。[2]

我们的祖先是优雅的原始人还是嗜血的野蛮人？他们是社会动物；他们是灵长类；他们是自食其力的复杂生物，并非天生被注定了命运。他们试图适应环境并成功地繁殖。大部分灵长类群体和个体表现出合作，而非攻击性作为其社会交往工具。成功不是残暴的同义词，它来自策略和友谊。[3]

我们认为早期人类是一大群大型、凶猛、饥饿猛兽的猎物。"人类猎物"需要交朋友（不是敌人）和支持者（不是奴隶），需要和雌性共同合作（不是统治她们）。在本书最后一章，我们会给出关于那些早已作古的人类祖先如何存活下来的图景。

[1] Strum 2001, p.126.

[2] Quiatt and Reynolds 1995; Swedell 2005.

[3] Sussman and Chapman 2004.

第十章　人类猎物

贯穿全书，我们提出了一个问题：人类早期的祖先是猎人还是
猎物？我们最终如何给这个问题一个决定性的答案？有大量试图重
构早期人类祖先行为和生态的尝试，但是最普遍的理论是那个今天
被广泛接受的理论——"人类猎人"假设。

文化人类学家劳拉·克莱因（Laura Klein）很专业地说出现状：
"当人类学家在学术会议和杂志中争论时，普通大众从更多流行的
信息来源接受人类学知识……在这类论坛中，'人类猎人'的课程已
经成了福音书。"[1]克莱因选择了准确的描述——福音书。[2]

那些关于杀戮猿、裸猿、好战猿和食人猿的悲观画面，似乎是
一个虽然丑陋但还算令人舒适的对于人性的判断。也许在美国早期
历史中，受清教徒人生观的影响，普通民众倾向于将人类的祖先看
作天生的杀手，这是一种预先的结论。当然在17世纪到18世纪，
北美清教徒的恐惧和对荒地的憎恶导致一个根深蒂固的信念，那就
是认为野外的地方、野生的捕食者和"野性印第安人"，有一种所
谓的自然原始状态的特征。为了避免人类有可能逆转进入这种原始

---

[1] Klein 2004, p.10.
[2] 译者注：福音书是以记述耶稣生平与复活事迹为主的文件、书信与图书，也被比
作真理。但是在历史上不同的基督教教派对福音书的看法各不相同。文中以此来
比喻"人类猎人"假说在研究学者中有不同的看法和争论，但是在民间却已经成
为真理。

220 蛮荒的状态，就需要不断通过最严苛的理论权威来阻止。[1]

不过，正如我们所见，支持"人类猎人"假说的证据正在变得非常软弱无力。雷蒙德·达特的"杀戮猿"狩猎理论以一些南方古猿头骨化石中的窟窿和压痕为依据，他推测这些是其人类同伴的谋杀行为所致。但是我们现在知道这些窟窿和压痕毫无疑问是由捕食者的犬齿和变成化石的进程中造成的。舍伍德·沃什伯恩的"人类猎人"理论主要基于最早的关于狒狒的行为田野调查，该物种中雌雄之间体形差异非常大，雄性由于其令人难忘的犬齿和相互间的攻击性行为而显得非常突出。19世纪对于"文化残留"的概念（那些不再有之前不可或缺的功能，但是仍然作为残余活动而继续存在的行为）被借用来支持人类猎人的原型。沃什伯恩赞成文化残留是现代人类为了运动而去打猎的原因，他主张狩猎作为一种事关生死存亡行为的本质不再存在了，但是它渗透进了人类行为的方方面面以至于狩猎这种喜好仍然是人类天性的一部分。

正如我们在本书的前面所提到的，跳舞同样是一种在所有的人类文化中都可以发现的让人愉悦的活动。当然我们可以从沃什伯恩的假设开始：人类是天生的舞者，是跳舞而不是狩猎促进人类进化。我们可以假定许多现代人类行为是源于人类的祖先对于跳舞的着迷，正如沃什伯恩假定这些行为是源自专注于狩猎一样。那么"人类舞者"理论是一个合理的对于过去的重构吗？好吧，我们并不这样认为，但是这并不比"人类猎人"理论的假设性更强。事实是跟"人类舞者"理论相比，我们并没有更多的证据能够证明"人类猎人"是正确的，是对人类起源的合理解释。

罗伯特·阿德雷的狩猎假设更多地基于对现代人类的一种悲观观点和基督教教义中的"原罪"思想而非化石证据。现在对于"人类猎人"理论的观点主要由一小部分的黑猩猩研究者支持，该理论基于一群黑猩猩（而且是在人工环境下，包括人工饲养）和早期人

---

[1] Worster 1994.

类的假设性比较分析。这种目前流行的观点是基于众多的假设，包 221
括黑猩猩的行为（请见第九章的讨论）和那些我们认为未经证实的
人类化石证据。[1]

现在回到如何来回答人类是猎人还是猎物的问题。有哪些证据
可以用来尝试重构人类最早祖先的行为呢？我们想到的最重要、最
合理的一系列证据能够符合那些化石残骸事实。在法庭上，刑事
检察官很难摆脱最小化或完全忽视有形证据的束缚，而倾向于最
大化细微的类比或心理方面的宗教假设。人类的原始祖先被指控
在某些时候并不比反社会杀手强多少，那么我们能否也不给他们
要求控方提供实物证据的权利？无须多言，如果从反社会路径进
化，我们为什么还要对历史上或近代的许多人进行控诉，例如卡利
古拉（Caligula，即恺撒）、恐怖的伊凡（Ivan the Terrible）、希特勒
（Hitler）？如果按照这种逻辑，他们不正是按照天性行事吗？

事实证据包括细心的检查和对真实生物化石残骸的理解。然
而，也同样包括其他由人类最早亲属留下的化石证据（例如工具和
脚印），以及能够给我们提供其居住环境线索的化石残骸（例如其他
动物、植物和水源）。这些化石给准确的重建提供了最重要的数据。
有趣的是，"人类猎人"理论在化石证据的严格审查方面不达标（如
果用上所有标准的话）。甚至克雷格·斯坦福——一位强烈认为黑
猩猩的狩猎能够阐明人类起源的灵长类学家——都指出这些进化理
论缺乏化石证据："人类进化的那些模型尽管看起来不同，实质上都
没有化石证据支持。"[2]

除了化石，任何其他形式用来重构的次要证据的可信度也并无
保障，尽管如此却都用来解释人类起源。我们能将这些证据按照对
重构早期人类生活方式的适用性的不同以如下顺序列出：

---

[1] Sussman 1999b.
[2] Allen and Stanford，未发表原稿。

1. 与人类最早的祖先生活在相似生态环境下（潮湿的森林、草原或者边缘环境，视情况而定）的非人类灵长类的行为。最好时刻记得时机的选择，森林和气候都在变化……物种同样也在变化。人类很可能一开始就是边缘地带的物种，但在约 200 万年前迁徙进入草原。

2. 与人类生物学上最接近的灵长类亲属的行为，例如黑猩猩、倭黑猩猩和大猩猩。但是要谨慎处理！当它们是如此千差万别时，就简单地将所有的类人猿揉在一起作为一个类似参照物是危险的；许多物种可能看起来基本上是同样的外形轮廓，但是行为上差异很大。

3. 由特定的（或者所有的）现代人类共享的特征，它可能同样和人类最早祖先的特征相似。尽管如此，要小心别掉入一个常见的陷阱：那些现在生活在地球上所谓的原始民族和其他任何使用手机的城市居民一样，都是在其自身的文化和环境中进化和发展的。

我们最没有信心的建议是：

4. 那些可能和早期人类生活在类似的环境下，或者与早期人类在生活模式的某些方面存在共享性的其他动物物种的行为，例如肉食物种和被捕食物种。用这个方法，我们最好记住，即使一条狗偶尔吃了一些草，它仍然是肉食动物。如果早期人类的食物中有少量的有脊椎动物，他们这种偶尔的吃肉行为并不能使其成为肉食动物。

在使用以上任何这些类型的次要证据时，如果我们不是非常小心的话（因为在许多情况下看起来相似的行为其实并不一样），我们就会将苹果和橘子进行比较，将狮子和人类进行比较，甚至将绞杀榕和抢劫犯进行比较！（是的，已经有人将有侵略性的雨林绞杀植物和抢劫犯进行类比了。）显然，当说到非人类物种的行为时，承载着含义的人类词语——战争、强奸和大屠杀，此处仅举几例——必须被谨慎使用。就这一点而言，再一次重复耶鲁大学乔纳森·马克斯的警告也无妨："这是一个科学的比喻，不是生物学上的联系。"[1]

　　然而，我们不能将重构的人类行为必然地归因于人类祖先与基于现存肉食动物、现代人类原始部落中原始人和类人猿的数据资料之间的联系。例如，甚至黑猩猩的狩猎概念和人类的也是有很大差异的。[2] 现在的人类猎人有目的地寻找动物猎物，但是黑猩猩不是这样。正如克雷格·斯坦福所描述："它们寻觅植物性食物，在寻找水果和树叶的过程中偶尔吃动物性猎物，而不是像人类那样。"[3] 并且，重构必须总是跟实际的化石数据相互兼容——那些化石是真的，而我们重构的模型是假设性的，必须被检验和被再次证实。最后，当试图重构人类早期祖先行为的模型时，我们有必要精确考虑时间。如果我们说最早的人类祖先（生活在距今约 700 万年前）以某种特定的形式行动，我们不能使用 200 万年前的化石证据，我们也不能将这些 200 万年前的生物和生活在 50 万年前的生物混为一谈。指出关于时间的一个例子是：狩猎能够在没有石器的情况下发生吗？石器最早的证据来自 230 万年前。[4] 然而最早的人类化石可追溯到几乎约 700 万年前，比最早可辨认的工具早了约 400 万年。

　　当我们试图去理解为什么"人类猎人"是如此迷人和如此容易被人接受作为人类进化史的范式时，回忆如下事实就很有帮助：最早被发现的人类化石是 19 世纪的欧洲样本，年代不到 10 万年，并且和它们一起被发现的大部分人工制品是精心制作的用来屠宰动物的枪尖和工具。欧洲旧石器时代的洞穴壁画中同样描绘了人类和狩猎之间形而上的联系。实际上，人类学最早是由非常近代的、杂乱

223

---

[1] Marks 2002, p.104.

[2] Tattersall 1998.

[3] Stanford 1999, p.48.

[4] Conroy（即将发表）；Feibel et al. 1989。

的人类进化之树中的细枝开始的，而这些最近的形式正是猎人。

化石证据比任何基于纯粹推理的重构更加有说服力。当我们看到化石证据后就会了解，狩猎似乎是较晚才进入人类大家庭的。然而对于人类行为的诠释应该是保守的和小心的，沿着这个建议有一段来自通行的大学体人类学的文本：

> 仅仅凭着在考古地点出现的动物骨头不能证明人类是杀戮的动物，或者证明其必然食用肉类。相反的是，正如更早的非洲南部的例子，人类残骸自身可能曾经是大型肉食动物的食物残渣。[1]

224

那是什么时候有了一个转变，狩猎成为生活的主要方式呢？这在现代人所在的人属出现之前绝对不会发生，更不会在更早期的人属成员中发生。直立人已经被证明曾经是捕捉大型动物的猎手，他们可以追溯到 175 万年前，被人们假设是过着狩猎的生活方式。但是如果你对这个主题用保守的方法——仅仅看事实和化石，不要有想象性的推测——最早的狩猎痕迹都离现在不远。根据《剑桥人类进化百科全书》（*Cambridge Encyclopedia of Human Evolution*）记载，最早的大规模系统化狩猎的模糊证据，是来自距今仅 6 万到 8 万年前的古代考古遗址。[2] 人类化石可追溯到约 700 万年前，这在最早的系统性人类狩猎的事实证据之前 690 万年。

---

[1] Jurmain et al. 2003, p. 306.

[2] Binford 1992; Klein 1999，引自史密森尼学会成员，肯尼亚南部欧拉及塞利（Olorgesailie）大型发掘组组长理查德·波茨（Richard Potts）发表在《星期天泰晤士周刊》（*The Sunday Times Magazine*）上的注释（3/9/97）："我们发现证据说明狩猎的场景现在都完全不受重视了。有明显来自早期遗址——在那里我们有保存很好的化石——从约 250 万年前尤其约 200 万年前考古学研究的证据。我们发现证据证明早期人类会食用特定的动物，但是没有迹象证明他们狩猎这些动物。有明显的证据证明他们得到骨头会将肉从骨头上切下来，并且有明显证据证明他们敲碎骨头吸食骨髓。但是这些就是所有我们能够得到的证据。我们发现最早的人类作为攻击性猎人的清晰证据是直到考古学记录的晚期——在最近的 10 万年中发生的。"

没有确凿的考古学证据；换句话说，在德国舍宁根（Schöningen）发现的一支很好地削成形的木枪有超过 6 英尺（约 1.8 米）长，可追溯到约 40 万年前，但是没有比这个更早的狩猎工具的化石证据（图 10.1）。然而这支木枪的功效（其他类似的工具）也有问题。石溪大学的考古学家约翰·谢伊（John Shea）是一位投掷武器进化史专家。"想象你自己用一根大型的牙签去试图征服一头暴怒的野牛，"他说，"这些武器可能已经被用于狩猎——这种类似于舍宁根标枪的东西很难想出其他的用途来——但是它们不是很有效率。"但是杜克大学的史蒂芬·丘吉尔（Steven Churchill）认为这种标枪是用来刺的长矛，它们根本不是用来投掷的。研究似乎倾向于认为大型系统化狩猎不是由这些木制尖刺实施的。[1]

正如仅用木枪无法证明大型系统化狩猎的存在，约 50 万年前著名的西班牙托拉尔巴（Torralba）和安布罗纳（Ambrona）遗址，其中的大量大型哺乳动物骨头的证据同样无法证明。它们被认为是呈现了巨型动物，如古菱齿象（straight-tusked woodland elephant）被更新世的猎人杀死的确凿证据。现在正在考虑对这两个遗址重新进行更好的考古学分析。这些遗址的大象骨头可能是人类狩猎后的残骸，但也有可能仅仅是自然死亡或者被肉食动物杀死后的残骸。[2]

人类对于狩猎的重视可能并没有在 40 万年前就开始，这是一个考古学家们的共识。在使用火之前人类不是大规模捕食的猎人（因为牙齿和消化道；我们将在之后阐明），尽管人们可能偶尔吃一些抓到的昆虫、小型有脊椎动物、蜥蜴和鸟类。直立人可能主要依靠植物性食物而不是肉类，而且现代狩猎技巧（以当代原始人的形式）直到 8 万年前至 6 万年前才出现。

225

---

[1] Tattersall and Schwartz 2000; Klein and Edgar 2002.

[2] Klein 1999.

图 10.1 在德国化石遗址中发现的一支被很好地削成形的、约 40 万年前的木枪，可能是最早的人类狩猎的证据；然而该木枪作为武器的有效性仍然受到质疑。（C. Rudloff，根据 Tattersall and Schwartz 2000 重绘）

226

在之前引用过的同一本大学教科书中，我们发现了如下告诫："一直以来狩猎假设受到了挑战，尤其是那些争辩说现有证据无法证明狩猎假说的考古学家们……记住（尽管没有那么令人激动），很可能人类主要的热量（卡路里）是来自其收集的植物性食物，这是非常重要的。"[1]

---

[1] Jurmain et al. 2003, p. 305.

请全神贯注于牙齿证据! [1]

直立人和其他人类在 40 万年前是在狩猎还是在吃腐食，可能仅仅是另外一个无意义的问题。食腐可能仅仅是当你能够吃到被你杀死的猎物时的一种行为——吃肉你需要能够咀嚼肉类。

我们现在将在另外一条由迟到的化石铺满的道路上对抗"人类猎人"理论。一个重构早期人类饮食模式的可靠方法是考察他们的牙齿化石。牙齿能够很好地石化，在人类化石记录中是比其他特征都更有代表性的化石。显然，根据人类进化的人类猎人模型假设，我们早期祖先食物的重要成分是来自猎杀相对大型的哺乳类动物和吃它们的肉。

这不是专家所断言的。广受尊敬的古人类学家欧文·拉夫乔伊在一篇文章《人类的起源》(*The Origin of Man*)中，将黑猩猩和人类的共同祖先描绘成一个占据多样环境的杂食动物。拉夫乔伊认为食用多来源的食物可以被看作是一个能够增加生存率和出生率的行为。[2] 这种杂食策略是一种适应性行为，该行为可能有利于在人类进化树上发展出新的生态区位。

首先，迅速地从杂食转换到吃有限种类的食物——主要是肉食，这种转变几乎不可能出现。其次，通过比较多种现存和灭绝灵长类的牙齿和下颚的形态学特征，我们可以做出关于早期人类食物的推论。生物人类学家马克·提佛(Mark Teaford)和彼得·温加尔(Peter Ungar)进行了类似的比较，试图重构早期人类的饮食。[3] 他们对例如牙齿大小、形状、珐琅质结构、牙齿的磨损和下颚的咬合力进行比较，发现早期人类有一种特殊的牙齿特征与食物的组合，

227

---

[1] 译者注：原题用了一个成语"全神贯注"，字面意思为"用牙齿咬"。本节讨论的正是早期人类的牙齿证据，一语双关，让读者能够全神贯注于牙齿证据。

[2] Lovejoy 1981.

[3] Teaford and Ungar 2000.

这和现代类人猿和现代人类都不同。

南方古猿阿法种 11——我们会用显得不那么可怕的名字"露西"来介绍——的特征是厚厚的下颚骨，拥有相对白齿来讲较小的门齿和犬齿，其臼齿和其他灵长类相比大而平且钝，没有能够切碎肉食的长长的剪刀状牙冠。露西同样有比后臼齿更大的前臼齿。她的牙齿珐琅质很厚，其牙齿化石的磨损是一种类似大猩猩牙齿磨损的条纹状（意味着吃树叶）和类似于狒狒牙齿的凹陷和微小剥落状（意味着食物里有水果、种子和块茎）的组合。这些是来自化石齿系的决定性证据，都指向非肉食。

当科学家比较哺乳类杂食动物时，他们发现一个动物的体形越大，其食物中就越依靠植物性蛋白来代替动物性蛋白。当它们以昆虫为食时，就总是找一大群过来"打包好的"社会化昆虫。（这是因为抓住单只的昆虫或其他动物会消耗非常大的能量。）在中到大型灵长类的研究中，例如对猕猴、狒狒、黑猩猩和现代原始人的研究中，人们计算了其获得动物性蛋白所耗费的时间，结果显示总时间是低的，常常少于觅食时间的 5%。[1]

给出这些事实，我们可以假设早期人类能够利用很大范围的食物性资源，包括坚硬易碎的食物（水果、坚果、种子和豆荚），以及柔软的食物（成熟的水果、嫩叶、草本植物、花朵和嫩芽）。他们同样能够吃粗糙的东西，包括坚韧的植物的各部分，例如草籽、植物根、根茎和地下茎。正如提佛和温加尔所说："这种吃软的和硬的食物的能力，加上能吃粗糙和不粗糙食物的能力，可能使得早期人类尤其能够在不同的栖息地适应生活，包括从长廊林到开阔草原。"[2]牙齿形态学证据说明早期人类可能已经很难吃坚韧柔软的植物性食物，例如纤维化的种子壳和成熟叶子的叶脉和叶茎。有趣的是，提佛和温加尔强调了另外一种人类的早期祖先可能食用起来有困难

228

---

[1] Dittus 1974; Suzuki 1969; Lee 1969; Tanaka 1976; Sanz 2003; Sussman 1999b.

[2] Teaford and Ungar 2000, pp. 13,508–13,509.

的坚韧柔软的食物正是肉类！这两位作者说："早期人类的牙齿不适应吃肉——他们没有尖尖的相互交错的锋利牙齿来咬住和切碎这些肉食。"

早期人类食物的拼图中的另外一块又有力地加入了。现代黑猩猩和人类的消化道既不是专门吃树叶的也不是专门吃动物蛋白的，而是更加一般化，跟大部分吃多种食物组合的杂食性灵长类的消化道类似。[1]

现代人类，尤其是西方人，认为他们自己是吃肉的。对于美国人和一系列其他文化，肉类意味着人生的财富地位和为之努力奋斗的体面生活。肉类比其他植物性食物更难获得。肉类是穷人买不起的。肉类是"洞穴人"（请读作"真正的人类"）带回家的东西。因为他们自身是植根于这些文化模式中的，人类学家异乎寻常地将现代原始人的文化错误地说成是狩猎者和采集者，最初还仅强调了男性狩猎者的贡献。也许男性人类学家仅看到生存供给品中的男性角色，是因为其中包括了武器。也许这些人类学家忽略了女性的贡献，是因为女性往往都是被忽略的。然而，现代赤道原始部落中的原始人，其食物中大于三分之二的比例来自女性采集的植物性食物，她们在采集过程中偶尔也抓一些小型的哺乳类和爬行类动物。通过男性专门的打猎得到的肉类只占食物总量的不到三分之一，仅仅是作为采集类营养摄取的一个补充。当然，肉类有比其数量上的贡献大得多的重要性。

理查德·李（Richard Lee）是博茨瓦纳的卡拉哈里沙漠（Kalahari）中的昆族布须曼人（!Kung Bushmen）[2]文化的记录者，他研究了现代原始人的饮食。李在一个叫《在卡拉哈里吃圣诞餐》的故事中讲述了吃肉的秘密，他引用其布须曼朋友的话："我们喜爱肉类。不仅如此，我们还喜爱脂肪。狩猎时我们总是寻找肥硕的猎

---

[1] Teaford and Ungar 2000, pp. 13,508–13,509.

[2] Harding 1981; Chivers and Hladik 1984; Martin 1990; Milton 1999; Sussman 1999b.

物，那些有一层层油汪汪的白色脂肪的动物：脂肪在烹饪锅里会变
229 成一种透明的厚厚的油，脂肪从你的食道滑入，装满你的胃，并带
给你畅快的排泄。"

一些研究者拒绝任何人类对于肉类食欲的营养学基础，争论说
人们仅仅是喜欢这种口味。但是，正如生物学家所指出的，蛋白质
是没有味道的。[1] 嗯，不过脂肪有！想一想五花的"大理石纹"牛
排的重要性及其对人的吸引力（以及最近关于健康的考量）。多脂的
鱼类，例如金枪鱼和三文鱼同样也比其他鱼类更有诱惑力和更像肉
类。于是问题就来了：是否对于脂肪的偏爱是一种人类在进化上的
适应性呢？这是否刚好比其他类型的食物更加能令人满足呢（也就
是"填满你的胃"，正如理查德·李的布须曼朋友所说）？

人类经过百万年的进化通过采集获得食物，加上肉类作为一种
较少的补充，之后仅仅约 1.5 万年前至 1 万年前农业的到来才使得
肉类比较容易获得——起码在定居社会中的上层人群是如此。现代
工业社会中，大量的脂肪和红肉被普通人消费掉。在 20 世纪较晚
的时候，有来自医学界的强烈警告说肉类的摄入应该有一个量的限
制。由高蛋白、高脂肪饮食引起的"富贵病"，包括胆固醇的升高、
高血压、心脏病、中风、乳腺癌、大肠癌和糖尿病，这些都和过多
摄入红肉的饮食有关。尤其是大肠癌有着惊人的数据：每天都吃红
肉的人患大肠癌的概率是大部分吃蔬菜的人的 1.5 到 2 倍。[2] 康奈尔
大学的科林·坎贝尔（Colin Campbell）是一项关于中国农村人（传
统的饮食中肉类少）和他们的城市同胞（更多是吃肉）的里程碑式
研究的成员之一，他告诉《纽约时报》："我们本质上是素食的物种，
应该吃多种多样的植物性食物并减少摄入动物性食物。"[3] 坎贝尔在
中国的研究甚至发现那些遵循低脂、低肉饮食的个体比大量摄入肉

---

[1] Lee 1969，还出现在 *Anthropology*（《人类学》），03/04，p.32。
[2] Harrison et al. 1989.
[3] Willett et al. 1999.

食的个体更少得贫血症和骨质疏松症（通常和食物中动物蛋白含量低有关）。

现代相对较高纬度地区居民——北美的因纽特（Inuit）和格陵兰——因其环境而不适合素食。因纽特人饮食中的大部分肉食成分（这意味着大量铁的摄入）可以解释为何许多中年因纽特人肝肿大和肝硬化比例会升高。另外一个对因纽特人群体中肝肿大和肝功能失调的解释是这可能和其传统肉类饮食中大量的维生素 A 摄入有关。[1]

230

上万年前，尼安德特人的肉类饮食结构可能是其灭绝的原因之一。"尼安德特人是优秀的猎手。"英国牛津大学的保罗·佩蒂特（Paul Pettitt）博士最近解释他在克罗地亚研究基地的最新进展时这样告诉记者。这个基地的化石遗迹实际上意味着狩猎是尼安德特人在最近冰川期的极度严寒中获得食物的唯一途径。佩蒂特推测可能他们主要吃肉类，不吃其他大部分植物性食物，是其灭绝的原因之一。他的新研究对饮食结构中 90% 是肉类会产生什么后果提出了疑问。有着更加多样化的素食性饮食结构可能使得解剖学意义上的近代人类存活了下来，而同时期欧洲的特殊群体尼安德特人则走向了灭绝。[2]（关于尼安德特人总是有一个错误的概念。他们拥有一个非常广阔的环境和领地。在早期中东的研究中，在尼安德特人的遗址中发现了浆果、坚果和其他植物。）

最后，让我们提一下在人类控制火的时代到来之前，人类明显不可能进行大范围的狩猎。[3]我们再一次重申：人类是没有肉食动物的牙齿和消化道的；人类在解剖和生理上都不适应消化肉类，直到对于烹饪的掌握才解决了这个问题。人类的消化道很短，用火将食物预消化这一步是在人类以肉类为主食之前（尽管这无法避免我

---

[1] Lee 1969.

[2] Carrington 2000.

[3] Klein 1989.

们仍然需要一定量的无法从肉类中获得的营养物质）。[1] 来自中国周口店洞穴的掌握和使用火的判断，是基于被火烧过的骨头、石头、厚厚的灰堆、薄的灰层、木炭证据，这些代表了灶台的化石遗迹，但是周口店直立人住在洞穴中拥有灶台的结论是非常有争议并不断受到挑战的。尽管如此，中国洞穴的"灶台"距今约 40 万年前，在 2004 年 4 月发表在《科学》杂志上的最新进展说，一个在以色列发掘出的灶台化石可以追溯到约 79 万年前。[2]

231

　　无论人类祖先会用火的关键时间点在何时，明智的做法也许是提醒我们对火的掌握并不等同于人类在捕食过程中占优。不论火被掌握和肉类被烹煮是在 79 万年前还是在 40 万年前，这些都无法改变这样的事实，那就是在中国周口店洞穴遗址的人类是许多鬣狗食物中的一道主菜。

描绘人类的祖先

　　迄今为止，我们对于早期更新纪灵长动物种类中最了解的是有着许多化石遗迹的南方古猿，它们在 360 万年前到 290 万年前之间，可能远到约 500 万年前甚至更久远。仅埃塞俄比亚的哈达尔就出土了 250 个样本，代表了至少 35 个个体，还有许多东非其他地区出土的包括了这些物种的遗迹。样本包括著名的露西（约 320 万年前），是来自这个时间段最完整的成年骨架，还有来自坦桑尼亚利特里（Laetoli）的沉积灰中的脚印化石（360 万年前）。并且，大部分关于人类进化的假设都将南方古猿阿法种作为一个关键的物种，其他所有后来的人科动物，包括人属都是从南方古猿阿法种进化而来的。[3] 根据以上这些事实，我们在试图重构早期人类祖先的外形和行为时

---

[1] Harrison et al. 1990.

[2] Balter 2004; Goren-Inbar et al. 2004.

[3] Conroy（已录用）。

就将南方古猿阿法种作为一个好的参照物来考察。

在陆地上直立行走是整个远古人科动物的一个标志。这种行走方式可以从约700万年前的物种化石中推断出来。直立行走的出现早在非洲出现大面积的开阔草原之前，在人类大脑容量增大之前，也在可辨识的石器制造之前。除了石化的骨头，早期直立行走的直接证据来自在利特里发现的脚印，两个原始人类正一起走在约400万年前的柔软火山灰上——这些脚印和现代人类的脚印非常像。但是，看看化石证据，尤其是露西，这些早期人类的行走方式并不是跟我们现在的完全一样。实际上，南方古猿阿法种看起来更像是一种灵长类，一种我们熟悉的在树上或者在地上的灵长类。

这由一系列的事实所证明。第一，他们的手脚比例和现代人类不一样。其手臂的比例和现代人类类似，但是腿的比例相对现代人类要短得多——更像猿类，这意味着在树上悬挂式的移动方式（由前臂悬挂来吃水果或者在树枝之间移动）。上肢的其他方面同样保持着一系列的特征显示出其在树上能够轻松移动的能力。其腕和掌骨很像黑猩猩；其指骨更细长，像猿猴那样弯曲，显示出南方古猿阿法种适应悬挂行为的抓握能力；其脚趾骨相对智人（Homo sapien）来讲更长和更弯曲；其掌和脚的关节以及脚骨的大致比例都强化了其适应攀缘和树栖生活的证据。不过，这些人科动物大拇指的长度相对黑猩猩来说和人类更接近。

露西及其物种的骨盆和下肢是人类和猿类特征的一种混合。这些特征和更短的腿意味着南方古猿阿法种可能在走路时用到的能量更少，鉴于其从走路到跑步的转换速度很可能比长腿的现代人类更慢，跑步速度也更慢。总之，正如人类古生物学家诺埃尔·拉克（Noel Rak）所总结的："尽管露西明显是双足行走和高度陆生化的，她显然是用其自身的方式达到了这个移动模式。"[1]

因为这种结构特征上的混合，人类学家常常假设这些早期人类

232

---

[1] Rak 1991.

是处于一种过渡——在其移动能力上介于树栖猿和现代完全陆生人类之间的中间态。他们的理论认为在这种进化阶段（在现代化的路上）的早期人类双足和陆生移动能力不是完全和我们一样的，因此某些情况下是低效率的。然而，我们必须记住南方古猿阿法种存在于 500 万年前至 250 万年前——一段超过 250 万年的时间。现代人类仅仅存在不到 20 万年的时间，因此也许我们不应该如此迅速地判断我们祖先的效率问题。他们可能已经在做正确的事情了。

我们必须假设南方古猿阿法种是一个整体，他们对于其所做的事十分擅长。质疑灵长类移动方式是否有效率的倾向对于人类学来说并不是什么新鲜事物。曾经小型的新大陆猴子——狨猴和绢毛猴——也被认为在小树枝上移动会有困难，因为它们的掌和脚上有爪子而没有灵长类的指甲。然而，随后就被证明爪子并没有限制小型猴子在细小树枝上的移动；实际上，它们的爪子同样能够使它们抓住粗大的树干，就像松鼠那样。爪子使它们成为多面手，让它们比其他新大陆的猴子拥有更广的树栖范围。与之类似，在南方古猿阿法种中发现的骨架特征的混合同样使其成为多面手。他们可以在很长时间里成功地既能利用地面又能利用树林。我们相信这些早期人类非常适应其环境，从在地上双足行走到在树林中悬挂式移动之间可以随意切换，一点都没有受到限制。

正如之前所述，讨论这些老问题——"哪些因素或选择压力导致双足直立行走？"和"为什么最早的人类直立行走而不是满足于灵长类典型的四足行走？"——都是毫无意义的。与其去寻找导致早期人类祖先用两足直立行走生活的因素，还不如让我们用奥克姆牌（Occam）剃须刀刮去所有这些夸大的推测，看看对于直立行走最简单、最符合逻辑的解释。正如第八章中所解释过的，这是一种已经存在的预适应性，这在一个新的栖息地中是有效率的；这些成功或者说附加的优势都仅是一个副产品。

除了双足行走和手的使用，我们同样有一个关于人类最初祖先样貌的好主意，细致到大概的体形、高度、体重和脑容量。

通过检查各种南方古猿阿法种样本和最完整的露西骨架，在雌性和雄性之间似乎存在着较大的体形差异。尽管犬齿挺小，根本不锋利，雄性的犬齿要比雌性更长、更大。南方古猿阿法种个体的体重范围估计是 60 至 100 磅（约 27 至 45 千克）；成年高度范围在 2 英尺 11 英寸至 4 英尺 11 英寸（约 0.9 至 1.5 米）之间。露西站立时有约 3.5 英尺（约 1 米）高，重约 60 磅（约 27 千克），她肯定是归在小型这一类。如果这些体重是准确的，我们可以推测雌性南方古猿阿法种是雄性狒狒的体形，雄性则是雌性黑猩猩的体形。

234

这些人科动物的脑容量是约 400 至 500 毫升——相当于现代黑猩猩的脑容量，是 2000 万年前中新世猿类化石脑容量的 2 倍。平均来讲，更新纪灵长动物和现代黑猩猩的大脑是相同体形哺乳类大脑的 2 至 3 倍，而在现代人类中，大脑容量则是哺乳类的 6 至 7 倍。

235

考虑到脑容量相对于体形的大小（人类学家称之为"脑化指数"或者叫 EQ），南方古猿阿法种的大脑与体形比，比现代黑猩猩（南方古猿阿法种 EQ 是 2.4，黑猩猩是 2.0）稍微大一些。因此，相对于大型灵长类，我们的祖先是中等的体形，有着比其他非人类灵长类稍大一些的大脑，虽然仅比现代黑猩猩的大脑大一点。随着人类的祖先经过百万年的进化，EQ 增加了，但是我们人属的出现还存在一个比例的变化。国际人类进化研究所主任诺埃尔·博阿斯曾说过："人属明显比早期人科动物有着更大的大脑，其大小还在以很快的速度改变……我们知道在人类进化中，身体的其他部位在解剖学上的特征都不如脑容量有如此快速的变化。"[1] 博阿兹有对大脑容量变化非常显著的描述：每隔 10 万年就会增加 20 毫升的大脑组织（约 1.56 亿个脑细胞）。

还有许多关于露西长什么样的猜测。如果我们看到她从大街上走来，我们会认为她是一个人，还是一只猿？或者她是一种长毛的，但是小个子的中间物种？露西的发现者唐纳德·约翰森对真实

---

[1] Boaz 1997, pp. 140–141.

露西的画像加上了一些细节描述。他将她及其同类描绘为体形小但非常有力量——他们的骨头相对其体形来说非常强壮，他们很可能肌肉发达。其手臂和腿比现代人类更长和粗壮。他们的手更像我们的，但是其手指放松时更弯曲。头部更像猿类而不像人，有强壮的下颚，没有下巴（图 10.2）。[1]

图 10.2　对露西可能长相的一个还原。(C. Rudloff 根据 Johanson and Shreeve 1989 重绘)

---

[1] Johanson and Edey 1981.

人类家园

我们已经描绘了演员的一副肖像（当我们说到露西的时候，应该说女演员）。现在让我们描绘其周围的环境。尽管有许多关于最早人类祖先进化的理论强调了干旱草原环境的重要性，但是在 200 万年前，根据化石记录，这些环境似乎不是早期人类的主要栖息地。随着时间的流逝，在 1200 万年前到 500 万年前这段时间，非洲的气候变得更干旱，热带雨林无疑也在缩小。而导致这种气候变化的自然过程同样也大大增加了森林和毗连阜原的中间过渡地带。相对封闭的森林在 350 万年前的东非仍然普遍存在，然而在约 180 万年前，干燥的灌木丛和草地的比例开始增加。[1]

正是在这些中间地带，早期人类进化开始发生行为和解剖上的变化。在该时期，和人类化石一起被发现的动植物群遗迹预示着他们生活在一个混合马赛克般的环境——马赛克意味着在生态上是多样的，受制于季节和每年的植物性变化。这些环境比那些后来的人类化石发现的环境更加湿润，这些早期远古遗址环境中的大部分会有某种类型的水源，例如河流和湖泊。举个例子，在埃塞俄比亚的哈达尔，哺乳类动物的遗骸暗示这里曾经有一个湖泊，被埃塞俄比亚悬崖上流下的河流所形成的沼泽环境所围绕。一个多样的马赛克般的栖息地就在那里，包括封闭与开放的林地、灌木和草地。因此，最早的人科动物似乎和多样的森林和草地之间的边缘环境相关。这些栖息地通常同时包括了林地和草地的动植物种类，也包括生活在两者边缘上的特殊物种。适应这些中间栖息地的物种常常被叫作边缘物种。它们有时被叫作野草物种，因为能够迅速繁殖传播并占领新的环境多变的地区。在这些最早的时期中，人科动物似乎开始利用这种正在增加的边缘环境，

236

---

[1] Conroy（已录用）。

减少和其猿类亲属的竞争，因为猿类更能适应和利用浓密的森林。这将猿类和人类的共同母物种领地划分为两块更窄和更少重叠的适应性区域。[1]

我们的早期祖先可以有很多种类的食物来源，但主要还是吃水果，很可能吃一些嫩叶和其他的植物部分，吃社会性的昆虫例如白蚁和一小部分偶尔抓到的小型有脊椎动物——蜥蜴和小蛇以及哺乳类。当他们定居在有多种栖息类型的边缘环境中时，他们生活得很好。这些环境包括相对封闭的森林和相对开放的草地环境，还有这237两个极端栖息地之间的中间地带。

一些其他的灵长类物种天生适应边缘栖息地，同样能够利用多变的环境。非洲的长尾黑颚猴和一些亚洲猕猴以及叶猴就是这类非人类灵长类的例子。这些并非巧合，它们是除了人类以外所有现存灵长类中最普遍、数量最多的。长尾黑颚猴是在非洲最常见的猴子——每一块小小的林地绿洲就可能有一个长尾黑颚猴群体。另外，猕猴属在亚洲是所有非人类灵长类中地域分布最广的。亚洲的许多猕猴物种都濒临灭绝，但是有着健康群体规模的种群都是适应边缘环境的群体。长尾猕猴（Long-tailed macaque）经常生活在人类的居住地附近，是稻谷的偷袭者，而恒河猴常常被发现在印度的庙宇和附近的村庄里。最适应陆生的吃树叶的猴子——长尾叶猴，印度的神猴——同样是一个繁盛的经常和人类接触的边缘物种。[2]

我们坚信特殊的生态环境造就特殊的行为模式。许多人争论说DNA 的比较关系越近，这两个相关物种的行为越相似。如果你相信这个，那么黑猩猩和倭黑猩猩在基因上都和人类非常接近，它们显然是人类祖先最好的模板。然而如果你和我们一样相信你住在哪里会导致你需要用哪种特殊的方式生存，那么黑猩猩和倭黑猩猩就要被剔除出模板，而边缘物种（尽管它们可能并没有黑猩猩那么迷人）

[1] Conroy（已录用）。
[2] Jolly 1985.

无疑是早期人类最好的模型。

我们人类从来不是像黑猩猩和倭黑猩猩这些生物学亲戚一样生活在热带雨林中的动物。我们是机会主义者，住在森林的边缘，在这里直立行走是一个优势。回到 20 世纪 60 年代，这被作为公理为人们所接受。仅仅当黑猩猩变得如此出名后，它们如此地有报道价值，如此地"性感"以至于深深吸引了公众的想象力，而科学家们也忘记了在这个方程式中生态环境的重要性。

以下是罗宾·福克斯（Robin Fox），这名研究人类起源的理论家在近 40 年前所说的：

> 但是将类人猿作为模型的问题在于它们的森林生态环境的事实。现在大部分研究灵长类进化的学生赞同我们应该更加注意生态来了解灵长类进化过程中起作用的选择压力。这已经被证实对于了解进化非常重要。[1]

238

一个常见而且一点也不幼稚的问题是："是什么使我们成为人类，而没有成为黑猩猩、倭黑猩猩或者大猩猩？"这是非常难以回答的。甚至如果一个人学习了关于人类和猿类共同祖先的所有内容，仍然无法回答许多最关键的与众不同的人类进化问题。[2] 我们为什么不认为黑猩猩是早期人类的最好模型呢？尽管有这些令人印象深刻的早期人类化石的记录，但是在这些早期遗址中没有发现黑猩猩的化石。实际上，约 700 万年前到 200 万年前有一个关键的猿类化石的缺失。因此，看起来似乎黑猩猩的祖先没有在这些边缘环境中栖息，很可能局限于潮湿的、更加封闭的森林生态系统——那些地方化石更难被保存下来。黑猩猩很可能只是在相对新近的时间里才搬迁进入更加开放的、混合的栖息地，那是在人类已经迁移到

---

[1] Fox 1967, p. 419.

[2] Tooby and DeVore 1987.

更加干旱的环境之后。并且，现代黑猩猩不住在现代人类过去或者现在住过的地方。现在黑猩猩的地理范围——我们此处指的是历史上跨越中部非洲的范畴，不是 21 世纪在人类数十年的开发以后尚未被打扰的部分地区——是非常有限的，甚至比早期人类离开非洲之前还要有限。

我们认为用来推断人类最早祖先行为特征的最好灵长类模板，是现代住在相似的边缘栖息地里的灵长类物种。有很多这样的物种。马岛的环尾狐猴、非洲的长尾黑颚猴和狒狒、亚洲的恒河猴和长尾猕猴都是边缘物种，它们的很大一部分时间是在树上和地上。它们都是杂食动物，尽管是四足动物，但是在其移动方式上都非常多样化。

这两种猕猴都是非常好的边缘栖息地的开荒者。在人类到达亚洲大陆之前，猕猴属在整个亚洲广泛传播。在约 180 万年前直立人到达亚洲的时候，人科动物不再是边缘物种（我们更近的人类祖先正在开发开阔的居住地），因此人类没有取代猕猴。真正的"野草"物种——猕猴是重构我们早期祖先生活方式的一个极好模型。

239

猕猴就是我们自己？

为什么是猕猴？有两个原因，即生态上的相似性和社会化上的相似性。我们能够想到最好的模型之一是亚洲的长尾猕猴，又名食蟹猴（Macaca fascicularis，以其最喜欢的一种食物而得名）。长尾猕猴是小型杂食性边缘物种。它是东南亚猴子中分布最广泛的物种，它们从缅甸通过马来西亚和泰国到达越南，近海地区的群体可以在爪哇、婆罗洲和数不清的更小的岛屿上找到，东部直达菲律宾和帝汶岛。遍布这些区域，阔叶常绿林和其他森林中有被人为干扰的次级栖息地点缀其中，这些栖息地是长尾猕猴喜欢去的地方。事实上，在所有关于该物种的研究记录中，它们是在次级森林栖息地中最常被发现的物种，往往喜欢靠近水源。研究者强调这些猴子有很强的适应性，能够在被人类高度干扰的地区繁盛起来。长尾猕猴能够成功扩展到遍布亚洲，大部分是归功于它们是"适应性的机会主义者"。[1] 本书的作者之一（RWS）在印度洋西南的毛里求斯岛上研究这些灵长类，该岛离东部马达加斯加岛约 500 英里（约 800 千米）。尽管没有文献记载这些长尾猕猴最初是如何从亚洲到达毛里求斯，很可能当葡萄牙人"发现"该岛时，它们就在船的甲板上了，这些猴子有意无意地被引入这个缺少灵长类的生态系统中去。最早的研究将其作为一个坚定的新栖息地的开荒者[2]，小规模的最初移民已经增长到 4 万只——如此成功无愧于其著名的"非法定居者"的称号。

这些是轻盈苗条又优雅的猴子。雌性平均重 9 磅（约 4 千克），雄性重 13 磅（约 6 千克），它们是猕猴宗族中的轻量级。白色山羊胡子（非常符合维多利亚时代）可以同时在雌雄两性中找到。正如其名，它们的尾巴非常长，以一个优雅的弧度一直垂到地面上。正如猕猴属的所有种类，它们在头顶上有一个发冠，比身体其他地方的棕灰色毛发要更深。长尾猕猴因为其高亢的叫声——咆哮、尖叫和啸叫闻名，加上微妙的脸部表情传递关于环境情况的信息，例如危险的捕食者和食物源。[3] 长尾猕猴的社会是围绕着有亲属关系的多代雌性家庭组织起来的。每个家庭，或者说母系家族有其自身的社会化阶层群体领地，从最有统治力的高阶层雌性下来到其女儿，再到其孙女，再一直到大部分的下级。雌性继承其母亲的地位，因此群体的组织在一段时间里能保持相对稳定。这些雌性是高度固定社会化的和非常看重彼此的。如果可以的话请你想象一下，一个小镇住满了女性，她们和自己的母亲、女儿以及年轻的儿子住在一起。她们拥有小镇周围的土地和房子。每一个家庭都亲密地知道其自己家族和其邻居的最微小的情绪和情感。这就是母系猕猴社会的

240

---

[1] MacKinnon and MacKinnon 1978.

[2] Sussman and Tattersall 1981, 1986.

[3] Burton and Eaton 1995.

样子（图 10.3）。

图 10.3　长尾猕猴的生态和社会结构为了
解人类祖先是如何生活的提供了一个很好
的模型。

241

　　当雌性猕猴如此沉浸在其社会生活中时，那些成年雄性又在干
什么呢？在群体里总是能看到一到两只占支配地位的雄性，还有一
些低等级的成年雄性，加上青年雄性和雌猴的未成年雄性幼崽。然
而，达到性成熟的雄性会离开其出生的群体，寻找一个全新的、拥
有不同家庭范围的雌性群体（自然内置的乱伦禁忌）。雌性后代当然
终生会和其母亲、祖母、阿姨和姐妹们住在一起，和没有血缘关系
的加入其群体的雄性进行交配。

　　在所有灵长类物种中，雌性、雄性，或者两者都会在群体间移
居，从而在群体中保持基因的多样性。哪个性别移居与其社会组织
的各个方面有很大的关联。例如，如果雄性移居，雌性往往和其母

亲姐妹相互联系密切，而母系的重要性提升了。在这种社会中，雄性会终生继续在群体之间移居。这种情况意味着雄性就一直需要发展新的社会网络；经常和一个新群体中的雌性形成"友谊"是唯一正确的加入方法。[1]那些雌性移居而雄性留在其出生群体中的物种表现出不同的社会组织结构；雄性之间形成紧密的联系，而雌性的母系联系没有得到发展。（尽管如此，在最近雌性移居的灵长类研究中——阿拉伯狒狒、倭黑猩猩和黑猩猩——雌性已经被发现也发展出与不存在血缘关系的雌性的长期关系。这似乎是因为成年雌性在其生下第一个幼崽以后就没有再继续移居了。）

242

在大部分适应边缘环境的灵长类中，都是雄性移居。然而，与人类亲缘关系最近的现存灵长类中，大猩猩、黑猩猩和倭黑猩猩，以及大部分现存的人类社会中，雌性一般在其性成熟后移居到其他群体中。这些物种在同一个独特的分类学组中并拥有遥远的共同祖先，在该范畴内总结出的特征是一个好例子。由于这个事实，我们最早祖先是雌性而非雄性在群体间移居可能也是类似的情况。

边缘物种能够利用一个广泛的、多样环境的能力是伴随一系列适应性行为而来的，而非毫无征兆就有的。长尾猕猴看起来主要是树栖，那里有适宜的植被，但是它们来到地上，沿着河岸、海岸和来到开阔地带——在它们地理领地的一些区域，例如毛甲求斯，它们是高度陆生的。它们是折中的杂食动物，明显嗜好水果。但是栖息地的多样性在其多样的食物选择中能够体现出来——除了水果，它们很高兴地吃着树叶、草、种子、花、嫩芽、嫩枝、昆虫、树胶、树汁和树皮。

有人类影响的地方是长尾猕猴的主要栖息地。它们总是无法避免住在人类的定居点附近；然而不幸的是它们更愿意住在人类生活的范围，这导致田野中甘蔗、稻谷、木薯和芋芳会被猕猴抢走。

它们住在有多只雄性和多只雌性的大型群体中，多达 80 个个

---

[1] Strum 2001.

体，尽管在一些区域的群体比这要小。它们显示出明显的群体结构的灵活性；大型基本社会单位倾向于分裂成更小的子群体来进行日常采集活动。子群体有时完全由雄性组成，但是大部分常常包括成年雄性及其配偶和年轻的后代。子群体的数量和规模也会随着季节和资源的有效性而有所不同。这种群体的改变每个傍晚都会发生，然后在每天夜里回到原来的睡觉地点，常常是在水源的边上。因为它们每晚回到家庭总部的独特行为，长尾猕猴也被认为是一种"有庇护所"（refuging）的物种。

将所有这些证据结合在一起，你得出了什么结论？

现在我们到了将这些化石证据和现存的灵长类模型结合在一起的阶段。看着这些化石证据，我们可以说人类祖先住在约 700 万年前到 250 万年前，是中型的灵长类，不比雄性狒狒小，也不比雌性黑猩猩大。考虑他们相对大脑的大小，他们挺聪明的，至少和现在的类人猿一样聪明。他们有多样的移动能力，可以利用树栖和陆地的栖息地。他们在树丛中用悬挂的姿势移动，而在地上用双足行走。我们相信其直立行走是一种预适应，用双足行走解放了手臂和双手被证明在许多方面都有优势——当然最起码这不会是一个劣势。

鉴于他们相对小的体形和小的犬齿，我们没有理由认为人类早期祖先会比现代边缘栖息地的猴子更难被捕食——那些边缘猴子每年被捕食的概率通常比住在类似环境中的瞪羚、羚羊和鹿还高。[1]实际上，边缘物种是非常容易被捕食的，因此他们常常生活在相对大型的有许多成年雄性和成年雌性的社会群体中。成年雄性常常作为守卫并提供保护来对付捕食者。

我们相信，像长尾猕猴一样，我们人类祖先住在一个多雄性、多雌性的群体中，群体有大有小，如何分群取决于获得食物的可能

---

[1] Hart 2000.

性,而每晚则回到其以家庭为单位的庇护所。不过特定的内容则无法精确地判断,例如群体和子群体的具体大小,是雌性还是雄性在性成熟时开始移居,群体的内部结构(是母系还是父系)。这些东西无法从化石记录里发现,而且在亲缘非常接近的现存灵长类中这些特征也非常多样化。

人类学家普遍的兴趣点是雄性和雌性所扮演的角色。《人类猎人》一书将雄性猎手描绘成领导者、发明者、工具制造者和工具使用者,很显然这是性别歧视者的观点。既然这些与性别特异性相关的人类特征永远不会在化石记录中体现出来,我们认为基于人类的灵长类亲戚来重构的理论是有道理的。当最早开始研究野外的日本猕猴时,人们发现是那些年轻的雌性开始了创新行为,例如新的加工食物的方法。人类学家阿德里安娜·齐尔曼曾说过,黑猩猩的工具主要是由雌性制造并被主要用在采集行为中(例如砸开坚果和从蚁窝里收集白蚁)。同样是雌性黑猩猩教下一代如何使用这些工具。并且,对于大部分的灵长类来说,雌性在群体中是扮演着包括了家族领地范围和稀有资源这些知识的智囊角色。群体知识和传统从母亲向后代传递,群体现在和将来的稳定性常常是与雌性之间联盟的稳定性有关。

244

雄性是否看起来完全是可有可无的呢?好吧,某些时候……是这样的。一个只有一个雄性、十个雌性的灵长类群体和有十个雄性、十个雌性的群体有同样的繁殖力。灵长类群体中的雄性角色是作为第一道防守防线的;如果他在执行任务时被吃了——好吧,有其他人可以代替他。如果一个性成熟的雌性被吃掉了,那么她及其所有潜在的后代(还有现存的依赖她的幼崽)就都没有了。当你考虑是物种需要存活而非个体时,对于雌性的重视就非常符合逻辑了。

总之,早期人类最好的原型很可能是一个多雄性、多雌性群居的、中等体形的、杂食的、非常易受攻击的生物,他们生活在靠近大型水源的、边缘环境的栖息地里。他们可能已经是一个有庇护所的物种,会回到同一个被很好保护的家族基地或者回到每晚的睡觉地点。这种生物适应于树林和平地，当他来到地上时，他用直立的姿势双足行走。他主要吃水果，包括一些软的水果和一些脆的硬的水果，同时也吃草本植物、稻谷和种子，以及韧的食物例如植物的根、地下茎和块茎。其食物的一个非常小的部分由动物蛋白组成；主要是社会化昆虫（蚂蚁和白蚁）以及偶尔有机会时捕捉到的一些小型有脊椎动物。这些早期人类并不经常打猎吃肉，既没有进化出适应吃肉的牙齿，也没有适应吃肉的消化道。

像其他所有的灵长类，尤其是像生活在地面的灵长类和边缘环境的物种一样，这些早期人类对于捕食者来说非常脆弱。南非洞穴中的南方古猿头骨上有美洲豹尖牙留下的孔洞就证明了这一点；有着老鹰爪子证据的汤恩幼儿也说明了这一点；中国周口店遗址中鬣狗食物残渣里的直立人残骸也揭示了这一点。在格鲁吉亚共和国发现的德玛尼西头骨化石提供了进一步的证据。基于其他灵长类物种的被捕食率，谁晓得还有多少未被发现的人类化石——那些被动物凶狠地吃完了人肉以后剩下的残渣呢？

245

人类猎物

既然最早的人类祖先是中等体形的灵长类，没有任何天生的武器来打败当时生存的众多捕食者——既然他们生活在靠近河流的开阔地带和森林地带这种边缘环境中，那么，就像其他灵长类一样，他们是容易被捕食的（图 10.4）。因此，我们假设人类早期祖先的被捕食率和现代灵长类物种是同样高的。给出这些事实，我们起源于这些被捕食的物种，而且许多现代人类的行为反映了这一点。

逃避被捕食是群体生活中最重要的一个方面，我们相信这对于人类的祖先也是如此。长尾狝猴群体以某种方式组织起来，使其能够有效地利用高度多变的环境，并且保护其成员避开捕食者。如果人类一开始也是被捕食的对象，那么当非常容易受到攻击时，我们有哪些策略来保护自己避免被捕食者捕食呢？

策略1：生活在相对较大的有25至75个个体的群体里。人多势众；所有的日行性灵长类群居生活的一个主要原因就是躲避捕食者。更多的眼睛和耳朵对于捕食者的出现充满警惕是防御的第一道防线。

策略2：会多种移动方式。利用树林和陆地。使用不同栖息地的灵活性优势不论是在树林里还是在浓密的矮树丛里都意味着安全。直立姿势还有侦察、携带东西和看起来体形更大的优势。

策略3：灵活的社会组织形式。以小群体的形式采集稀有资源，但是当捕猎需要人多势众时会重新合成一个大的群体。小群体可以快速分散和躲避进浓密的植被下；大群体可以恐吓和群起围攻捕食者。

策略4：在社会群体中肯定有多于一个雄性。这使得群体在穿过开阔地带时，当群体在晚上和中午停下休息时，以及当社会交往发生时能够拥有更多的雄性。甚至当大群体分成子群体时，总是让雌性和幼崽旁边有一个或者更多的大型雄性陪伴。

246

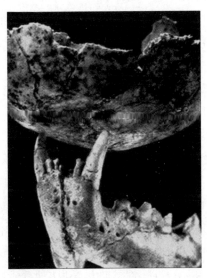

图 10.4 证明早期人类是许多捕食者猎物的证据。这是考古发现的一个美洲豹犬齿化石，其能够和一个在同一沉积层中的南方古猿头骨化石上的一对孔洞伤痕相吻合。（Noel T. Boaz）

策略 5：雄性作为哨兵。性二型分化中雄性要比雌性体形更大。直立姿势使其看起来更大，同时也有更好的警觉性；挥舞手臂、挥舞木棍和投掷石头也是一个好主意。雄性需要围攻或者袭击捕食者，因为相对雌性来讲，雄性是可以被牺牲掉的性别。

策略 6：仔细选择睡觉的地点。作为一个有庇护所的物种，保持整个群体夜里一起在一个非常安全的地方睡觉；在白天的休息场所，躲在非常浓密的植被下；从睡觉地点往返穿过开阔地要保持大群体行动。雄性保持高度警惕。

策略 7：放聪明些，用先发制人的策略。智慧赋予其观察环境的能力，和其他群体成员交流，比捕食者先行一步，在捕食的第一个阶段就实施反捕食防御策略。

这些是生存法则，人类的祖先当然必须遵循。我们可以百分百肯定地说——如果他们没有表现出这些作为被捕食物种的行为，我们就不能在这里争论人类的起源了。

许多情形被认为是人类进化的催化剂：对资源的竞争、人的智力、雄性之间的冲突以及狩猎。我们认为面临被捕食的压力才是主要的催化剂之一。

我们总是在为什么而斗争？我们害怕什么？是什么仍然唤醒了最本能的恐惧和厌恶？这三个问题的答案都是捕食者对人类猎物的捕杀。从生态学和心理学上来讲，甚至在现代社会，我们仍然是捕食者口中的肉食，是令人恐惧的大型动物的一餐。对于人类祖先这是生活的事实，对于许多现代人类这也是生活的事实。仅仅是在经过人工"消毒"的西方世界里的人们，才把他们自己想象成强壮的、吃肉的、能够"杀死它们"的顶级捕食者。西方文化对于有着 700 万年跨度的独特的人类来说只是很短的一瞬。如果我们可以让这些嵌入式的成见休息一会儿，把早期人类更多地看成是潜在的猎物而不是猎人，我们可能会有所突破，真正对我们的祖先和我们自己有一个更好的理解。

最古老的故事

这是破晓时刻，这是人类的时代。一群人看到天边的一缕曙光，一天的日常生活再次开始，群体中所有成员首先想到的就是饥饿。从睡觉的树上下来——他们的庇护所能够俯瞰一条河流，他们出发去树上、草丛和陆地上采集食物。夜晚已经过去了；野生猫科动物在白天炙热时应该去休息了。对于一个很小心谨慎的人来讲，白天是能够填饱空空的肚子并进行社交活动的快乐时光。白天的第一个行为是清洁；人们在互相帮助清洗，而婴儿和小孩在看护他们的宽容的成人附近玩耍。

当他们出发去采集时，群体中的一些人会警惕地观察头上的天空；雄性会用其最高的姿势站起来并侦察开阔的林地里有没有捕食者。不过这些行为更多的是例行公事而不是出于恐惧。大群体分开成小群体在多地形混合的栖息地里寻找各种不同的资源。一些年轻的雄性独自离开，但是没有雌性或者年轻个体会离开群体，除非有至少一到两个成年雄性陪伴。当人类在一棵缀满水果的树边采集时，一头大型剑齿虎在远处被人发现，没有引起太多的忧虑。他们和捕食者之间的草地距离非常远，没有必要去担心。

当小群体离开果树去寻找水源时，警觉将会升级。当口渴迫使他们停止采集跑去喝水时，所有人都意识到水源边是很危险的。必要的谨慎使得成年人保持警觉。当他们中的一员看到了几乎很难察觉到的鳄鱼眼睛的突然一眨——是在水里耐心地等待一顿美餐的鳄鱼——他们都后退了，沿着水塘的边缘移到另外一个地点去喝水。

不管群体走到哪，甚至只是移动一点点距离，婴儿都被紧紧抱着；没有婴儿被放在地上超过一小会儿，因为小型似豹的捕食者可能正在周围等着机会去抢走他们。小孩被雌性用一只胳臂抱着，放在髋部以保持平衡。这对于婴儿来讲是很舒适的抱姿，当他们饿的时候可以够到其母亲的乳房吃奶。当这些人在水源边喝水时，一个雄性发现了一条野狗。他发出警告声，一些成年雄性拿起木棍挥舞手臂，不停地上蹿下跳。这条野狗被这些雄性灵长类的庞大体形和显示出的凶狠给吓跑了。

249

在解渴以后，他们从水源边走开并停下来休息一会儿。这些小群体紧紧待在一起不断用声音进行交流，谈论他们在远处看到了什么。当一只大鸟扑向一个儿童时有人突然发出了一声警报。成年人马上让大家确信这个阴影不是一只老鹰而仅仅是一只无害的鹳（stork）。太阳温暖地高挂在天上。令人舒适的身体接触被对方报以欢快的声音——当一个人和群体的其他成员在一起时，这种感觉是完全的安全和放松。没有一个年幼个体拥有独处的经历，实际上他们都没有听说过独处这件事。一些成年人有经历过——达到性成熟的成年人可能独自或者和其伴侣迁移——这是他们一生中最危险的时刻。许多成年人此时会被捕食者吃掉，或者因为他们不知道新地区的资源，在其被允许进入一个新的社会群体之前就死掉了。

一段时间以后，小群体再次开始采集。最年长的雌性非常了解该区域。她带头来到一个有很多甜美水果的果园。他们站着吃，然后那些没有育儿重担的个体负责采集一些水果运回睡觉的庇护所。年长的雌性密切关注着一群在附近吃草的瞪羚。她常常会通过对其他被捕食动物的敏锐观察来照顾自己群体的安全。因为她的小心和谨慎，她在养育后代上很成功。群体中的一些成年个体是她的后代，唯她马首是瞻。她可以从瞪羚的行为变化中立即得到信息。突然之间平静的吃草行为停止了，瞪羚们开始移动和转身，就像是大雨过后的一条小溪流过了干燥泥土上的裂纹和缝隙。她记得之前见过这种迂回行进的模式，马上引领群体去寻找引起瞪羚骚动的原因。

群体中的雄性更高、更壮，因此他们稍微挺身向前；其他人保持不动准备逃往附近有更多植被的树林。不知从哪儿冒出一条鬣狗，忙于测试瞪羚群体以便寻找瘦弱的个体，它看到了人类的群体，发现他们可能是潜在的更容易得手的猎物。有几十条大型鬣

狗，它们都很饿——非常饥饿以至于要在白天的烈日下捕猎。鬣狗
方阵转向了人类群体。一开始，人类中的雄性原地驻守，试图用他 250
们的体形和嘈杂的蹦跳声响来挫败鬣狗的接近企图，这些策略在之
前对付豺的时候非常有效。但是这些捕食者没有因此而打消念头。
尖锐的叫声从年轻人的口中发出来，空气中充满了警报声。少数几
个成年雄性往相反的方向跑去，这迷惑了鬣狗。年长的雌性、她的
后代和大部分的群体成员开始跑向树林。她带领他们进入最近的树
林，他们都快速爬到最高的树枝上；她知道这类捕食者不能跟着上
树。一小部分的人类群体慢一些，可以明显感觉到他们的惊恐。一
个年幼个体被丢下了；其母亲犹豫着，而他们将成为第一批受害
者。试图引开鬣狗的一个雄性不久就被追上并被鬣狗巨大的下颚撕
开。另外两个未成年的雄性同样被其无法抵抗的牙齿撕开而倒下。
群体的其余成员得到了宝贵的逃到树上的时间。在鬣狗吃他们同伴
的时候，他们回到了小树林。30分钟之内尸体就被吃光了；这些相
对小的猎物很少会残余下来留给豺和秃鹫。

傍晚，这个年长的雌性感觉到已经很安全了，可以从树上下
来。其他成员相信她的判断也来到地面，轻声地发声。当他们接近
可以俯瞰河流的地点时，所有的成员都移动到他们睡觉的安全庇护
所，见到了人群体的其他成员。

大部分的日子不会遭遇如此残忍的破坏和侵扰，群体可能在数
月里都没有一次与捕食者直接遭遇的机会。虽然长时间里都不会受
到致命攻击，但是危险时时都在——很可能一次罕见的遭遇就会给
群体带来灾难性的后果。

正如他们在早上所做的，成年人进行社会交往。这个时间用来
重新巩固他们的关系，缓解由于失去同伴而产生的紧张情绪。年幼
个体不久就忘记了那个下午的恐惧，开始玩耍。慢慢地，人们恢复
了常态，整个群体安顿下来过夜。

第十一章　结语

　　2008 年，即本书第一版出版后的第三年，我们发现"人类猎人"作为范例的不同寻常的吸引力并没有轻易消亡。难道是因为每个看到多汁牛排的人，脑海里都会把牛排想象成普通人的盘中餐？难道人们就有十足的把握确信大块的肉是如此美味、令人兴奋，如此被人们需要，以至于能促进人类的直立行走方式（更利于直立狩猎）、交流方式（你需要讨论狩猎）、社会分工方式（男性去狩猎，女性照顾家里，如做饭、生火），以及大脑发育（只有以红肉形式存在的蛋白质可以引起脑容量的增加）？杜克大学教授马特·卡特米尔在《清晨死亡的观点》（*A View to a Death in the Morning*）一书中有非常恰当的陈述：

> 　　是什么让猿走出树林、进化成人？是鲜血之味。故事是这样的，20 世纪 20 年代在非洲发现的一些化石表明狩猎似乎是我们猿猴祖先的第一种人类活动——是我们直立行走、学会使用工具、安排家务和发动战争背后的动力。为什么这个理论在
证据如此匮乏的情况下还能站住脚呢？[1]

　　原始人类可能是吃不同食物的机会主义者，但是除了现代西方人和因纽特人，大多数人并不吃那么多肉类。上千年来已习惯了北

---

[1] Harvard University Press Online Catalog.

极严寒天气的因纽特人是少数高食肉人群，但他们通常还食用与肉等量的海洋哺乳动物的脂肪。[1] 北极圈外现代原始人，诸如进行狩猎及采集的卡拉哈里沙漠的科伊桑人的饮食中仅包含 4% 的肉。[2] 在热带及中纬度传统的狩猎和采集区，最常见的饮食是大量的水果和煮熟的根茎、球茎、嫩芽、嫩叶并辅以各种动物——龟、蜥蜴、昆虫、鸟蛋和大型哺乳动物——来源的蛋白质。[3] 地球上超过 6 亿人现在的饮食结构是以植物为主、肉类为辅。即便是西方人也因进食过多动物蛋白而造成自身的"富贵病"，并正远离以红肉为主的传统饮食习惯。

确实存在那些将肉类视为高质量食物的文化传统，红肉中的脂肪也能够赋予人们感官满足……我们多次分析原始人类行为进化时也提出了人类的进化轨迹始于狩猎（或是食腐肉）这一前提……事实是人类这个种族的生存不能离开肉类。虽然这样，但是，很多人却说我们的远古亲属如此关注肉类的获得，以至于人类所有主要的进化适应性都可以追溯到对于肉类的渴望。需要脑筋急转弯才能找到该理论背后的逻辑！

原始人类没有理由被归入肉食动物；我们及远古祖先有着与那些杂食的、以水果为主食的人类的灵长类亲属非常相似的牙齿和消化道。原始人类没有能消化生肉（例如通常想象为通过捕猎或食腐得到的肉）的牙齿和消化道，除非肉被煮熟。除非随时有火，并有武器能够经常捕杀大型动物，否则就没有煮熟的红肉吃。我们的陈述如下：

人类的牙齿在经过 700 万年进化后仍基本保持不变；它们不是肉食动物的牙齿。在与日俱增的反对肉食的内科医生中，253

[1] Hayden 1981.

[2] Tanaka 1976.

[3] Vincent 1985; Blurton Jones et al. 1989; Bailey 1993; Blurton Jones 1993; Sept 1994; Hawkes et al. 1995; Marlowe 2005.

约翰·麦克杜格尔（Jone McDougall）医生记录了两项关于人类牙齿的实际观察并发表在网上：第一，人类不依靠他们的犬齿去撕咬或咀嚼肉食；第二，和其他食草动物一样，人类的牙槽可轻易地前移、后移及侧移以咬食和磨碎植物，不像肉食动物通过固定下牙槽来增加啃咬时的稳定性和力量。[1]

我们消化道的设计也与吃水果的灵长类动物基本相同[2]，并且这一固定特性可能伴随我们的过去，甚至比我们牙齿的历史还要悠久。将我们的消化道和体形与其他灵长类及肉食动物比较后，我们被归于非专一的食果动物一族；这种非专一的饮食特点使得人群之间的饮食有很大的差异。[3]麦克杜格尔医生在一次演讲中再次说道："从嘴唇到肛门，我们的消化系统已经进化到能有效处理植物性食物的程度。"[4]食草动物和肉食动物的消化系统主要存在四种差异：第一个不同是唾液，食草动物中（包括人类）唾液里的唾液淀粉酶将复杂的碳水化合物分解为简单的糖类，这是肉食动物没有的；第二个不同是肉食动物胃内浓缩的胃酸可以将它们肉食中的肌肉和骨头消化，而在人和其他食草动物的胃内胃酸的浓度要低得多；第三个不同是消化系统中小肠的长度，肉食动物有短而直的管状小肠，而食草动物（包括人类）有长而卷曲的小肠可促进营养物质的缓慢吸收；第四个不同包括现代美国人受到的惩罚——胆固醇。胆固醇是人类肝脏自然生成的一种柔软的物质，也能从人类的食物中吸收获得。饮食中的胆固醇只来源于动物——肉、脂肪、鸡蛋、牛奶等。食肉动物能通过肝脏、胆管和胆囊将胆固醇快速地以粪便的形式排出，从而处理和排泄掉大剂量的胆固醇。人类和其他食草动物的肝脏在去除膳食胆固醇方面效率很低，因此肝脏

---

[1] McDougall 2003.
[2] Hladik et al. 1999.
[3] Hladik et al. 1999.
[4] McDougall 2003.

最终只能将摄入的膳食胆固醇转化为血胆固醇。那么多余的血 254
胆固醇会造成什么影响呢？它们会沉积在动脉上，诱发大量疾
病，包括冠心病、中风、外周血管病以及高血压，更别提它还
可能与糖尿病及很多肿瘤有着千丝万缕的联系。[1]

　　生火做饭使得人类可以咀嚼和消化生的肌肉纤维，但对原
始人类来说他们在熟练点火和控制火之前，肉不可能被煮熟，
也不可能成为日常的食物。考古学上最久远的被证明能控制用
火的遗址是以色列，约 79 万年前[2]；在此之前只有很牵强的人
类使用火的证据，因为这些证据在逻辑上既可以解释为一种自
然现象，也可以解释为是原始人类生的火。180 万年前在南非
的斯瓦特克朗（Swartkran）猿人和 150 万年前库比福勒（Koobi
Fora）猿人和肯尼亚旺加（Chesowanja）猿人被证实是最早用
火照明、取暖和做饭的原始人类，但无数批评也指出，这些早
期遗址缺乏相应的炉灶证据，只能说明当时的火是自然情况下
点燃的森林野火。[3]

　　在武器出现之前，能够用工具来获得足量的肉类食用是几
乎不可能的。最早出现可能的狩猎武器是 40 万年前的一种像
标枪的矛，但舍宁根矛能否成为捕杀大型食草动物的武器，这
一点很值得怀疑，因为它看上去就像"大型的牙签"而已。[4]
古人类学家理查德·克莱因（Richard Klein）通过现存的考古
和化石证据仔细推测过原始人类当时的生活，他说真正大规
模、系统性的狩猎直到 8 万年前至 6 万年前才出现。[5] 我们非
常需要用一种保守的方式来分析这些重要的考古发现。例如舍
宁根矛与马骨同时被发现，很多证据显示当时存在着屠宰的痕

---

[1] McDougall 2003; Campbell and Campbell 2004.

[2] Goren-Inbar et al. 2004；被证实的第二久远的遗址是在中国（30 万年前至 25 万年前）。

[3] James 1989; Klein 1999.

[4] Klein and Edgar 2002, p. 160.

[5] Klein 1999; cf. Binford 1992.

迹。在没有准确证据之前我们不能妄下论断，克莱因坚持认为
这些在舍宁根发现的史前古器物表明原始人能获取一些大型动
物，但他想知道这是不是很稀松平常的事，捕获大型动物的成
功率有多高？为了证明这一点，我们有必要将这些被屠宰的骨
头放在以下情境中来研究，即该遗址中所有的骨头并不是人类
造成的，而是由肉食者的牙齿造成的。对这类问题的仔细研究
发现，在相对较近的约 50 万年前，人类祖先仍然无法常常捕
获大型哺乳动物。之前宣称的该时期在非洲和欧洲存在的“杀
戮”遗址，如果我们对这些遗址进行更严格的分析，会发现它
们并不能证实大规模的人类狩猎活动。克莱因以杜因方坦 2 号
（Duinefontein 2，由他发现的 30 万年前位于南非洲的遗址）遗
址为例，作为一个将人类工具和动物骨头并排放置导致误导性
线索的例子。在细致地检验了在杜因方坦 2 号遗址中的骨头和
人工物品后，显而易见的是，动物骨头上的人工工具的印记与
肉食动物牙齿的痕迹相比是极少的。这些数据被用来跟距离
杜因方坦 2 号遗址仅仅 36 英里（约 58 千米）远的一个更久
远的南非遗址（朗厄班韦赫［Langebaanweg］，约 550 万年
前）进行交叉检验，在那里没有发现人类存在的痕迹（那是
在原始人类工具出现的几百万年之前）。这两个遗址的数据
结果类似；肉食动物无疑进食了大型动物，但古代人类的影
响可以忽略不计。重新检验《人类猎人》一书中著名的捕杀
食草动物的例子——在西班牙的安布罗纳和托拉尔巴以及在
南非的依兰方坦（Elandsfontein）——也同样显示缺少被人工
工具划过的骨头，并缺少狩猎的实际证据。[1] 我们感觉更新世
大屠杀的理论（欧洲和北美大型动物群被冰河时期的人类屠
杀灭绝的观点）可能就是通过《人类猎人》一书的视角观察

[1] 对于舍宁根、杜因方坦 2 号、安布罗纳、托拉尔巴和依兰方坦的讨论来自 Klein and Edgar 2002。

人类——即除了强大的人类导致的灭绝以外不可能有其他解释——所得到的断言。

"人类猎人"这一范式的另一面是认为食肉对原始人类大脑扩容至关重要，这可以从化石记录上找到踪迹。但是，食肉不能使原始人类"长出"一个巨大的大脑——让－巴蒂斯特·拉马克（Jean-Baptiste Lamarck）在其 1809 年的可获得特性遗传理论中如此解释道。（拉马克主义者的观点是我们的祖先进食很多肉食，因此增大了他们的脑容量，这些增大的脑容量又遗传给他们的子嗣。）难道达尔文的自然选择进化理论在自然科学的所有方面都能替代拉马克的观点，唯独人类祖先脑容量的扩增不能用达尔文理论来解释吗？如果我们坚信达尔文，那么必须认可由随机突变而来的大脑容量（与之相关的高智商）被特定环境所选择，因为拥有这些大容量大脑的个体从统计学上来讲就能增加他们的生殖能力。脑容量大的后代经数代优生后的最终结果是整个人群都是由脑容量大的个体组成。这个过程中肯定存在一些独立的适应性特征或者一组特征使得脑容量大的个体在他们生存的环境中更为成功。也许脑容量大使得个体拥有更好的社交功能、更佳的哺育技巧、更强的觅食能力……又或者更高的躲避捕食者的本领。正如克拉克·巴雷特（H. Clark Barrett）的《进化心理学手册》（*The Handbook of Evolutionary Psychology*）指出的："至今为止，被可怕的外来野兽攻击是日常生活中真实发生和经常可能发生的……了解这些野物，了解其思想、计划及目的，并且利用这些知识作为一种智慧策略，这种选择作用是强大的。"[1]

化石记录显示原始人类大脑容量突然增大出现于约 175 万年前的直立人时期，远早于红肉成为原始人类日常饮食的时期。但是除了红肉之外，食物中肯定有必需的营养元素来满足原始人类大脑这个昂贵器官的发育和运作。此外，除了偶尔捕获的小型哺乳动物、

256

---

[1] Barrett 2005, p. 219.

昆虫、爬行动物、鸟类和鸟蛋，还有含糖高的水果以及含蛋白质和脂类高的植物，它们与红肉一样可作为原始人类史前供能的合理膳食。以欧米伽 3 脂肪酸为例（Omega-3），它们是人类大脑发育的必需品，在野生猎物和鱼类中含量丰富，但这不是其唯一来源。梅约诊所（Mayo Clinic）[1] 建议每天一汤匙植物油可轻松满足对欧米伽 3 的需求。[2]

神经科学是一门人们期望能用以解决原始人类的大脑容量如何扩增这一争论的学科。同为心理学家和神经科学家的布莱恩·科尔布（Bryan Kolb）和伊恩·威士肖（Ian Whishaw），在《大脑和行为概论》（*An Introduction to Brain and Behavior*）一书中阐述道："人类是吃水果的动物，我们是吃水果者的后裔，因此我们起源于拥有很大脑容量的动物。"[3]

我们对于驱使人们忠于《人类猎人》一书的最后评述是：在选定的黑猩猩群体中，观察到的黑猩猩捕食红疣猴现象和食肉现象的增加，其重要性可能被高估了。[4] 在一项对黑猩猩总体饮食结构的研究中，来自哺乳类猎物的肉食占比是微不足道的（不足 0.5%）；黑猩猩研究者伯施夫妇在贡贝和塔伊森林研究基地中的研究证实了这一点，他们声称肉食既不是生存所必需的，也不是日常生长所必需的。被圈养的黑猩猩不是肉食者；它们没有口腔和牙齿的相应结

257

---

[1] 译者注：一家美国医院。

[2] Moore 2006.

[3] Kolb and Whishaw 2006, p. 25.

[4] Fourrier et al.（即将发表）写道："过去几年中在一些研究基地，捕食红疣猴的频率迅猛地增加了。例如贡贝红疣猴作为猎物在 1974 年至 1981 年 和 1982 年至 1991 年从 64% 增长到 82%（Stanford et al. 1994）。在马哈勒山脉，1966 年至 1981 年红疣猴占了被捕食种中的 14%，在 1983 年至 1989 年该比例上升到 56%，在 1990 年至 1995 年则上升到 83%（Hosaka et al. 2001）。在这些时期中，其他猎物物种数量的变化都很小……那么我们不禁要问以下问题：黑猩猩捕食红疣猴是不是非常自然的一件事？最近几年人类的干扰和栖息地的被破坏，多大程度上影响了黑猩猩的行为？"

构来有效地咀嚼肉类。[1] 这其实并不奇怪，因为黑猩猩不是肉食动物……人类及其古代祖先也不是。

肉食者罪犯：关于熊、大型猫科动物和鬣狗

一系列原始祖先的化石显示了人类不断被捕食的证据。甚至我们现在所知的最古老的人类祖先图根原人（Orrorin tugenensis），也有被肉食动物捕食留下印记的证据。事实上，在肯尼亚的图根山发现的 600 万年前的骨化石可能就展现了最早的原始人类猎物的特点。古生物学家瑞吉特·森努特（Brigitte Senut）和马丁·匹克福特（Martin Pickford，巴黎自然历史博物馆原初人属的发现者）怀疑该化石是被像猎豹一样的猫科动物捕杀的原始人。正如森努特所陈述的那样："原初人属可能是这种捕食者的猎物；事实上，在一些骨化石上也清晰地显示了肉食动物的牙齿痕迹，并提示原始人类可能被它们所食。"[2]

20 世纪 90 年代，著名的化石搜寻团队蒂姆·怀特、诹访元（Gen Suwa）和贝尔哈内·阿斯法（Berhane Asfaw）在埃塞俄比亚的阿拉米斯（Aramis）发现了拉密达地猿（Ardipithecus ramidus）这种原始人类遗迹，该时间点在人类混乱的进化史上很靠前。在对与这些 440 万年前的原始人类生活在同一环境的动物进行分析后，他们在一篇综述中说道："我们认为当时的地理环境是一片平原，只有小的地形改变，上面散布着中到大型的被肉食动物肆虐过的动物尸体……在原始人类头颅和颅后一些部位留下的肉食动物的齿痕在中大型动物骨头化石上也很普遍。"[3] 与拉密达猿人同时期的捕食者包

---

[1] 黑猩猩的总体饮食结构请见 Hladik 1977；贡贝和塔伊森林研究基地的黑猩猩饮食结构来自 Boesch and Boesch-Achermann 2000；被圈养的黑猩猩饮食结构来自 Milton and Demment 1989。

[2] Senut 2001.

[3] WoldeGabriel et al. 1994, p. 332；拉密达猿人的一般信息参见 White et al. 1994。

括鳄鱼、蟒蛇、鬣狗、野狗、猫亚科动物（conical-toothed cats，大型猫科动物，现在的代表是豹子和狮子）、剑齿虎（saber-toothed cat）和已灭绝的短脸熊（short-faced bear）。

258　　把熊归入早期人类的捕食者在本书第四章中还仅仅是一种推测，因为真正的熊——分类学上熊的亚科包括棕熊（brown bear）、黑熊（black bear）、北极熊（polar bear）和其他漫步在世界各个角落
259　的熊——被认为未曾进入撒哈拉沙漠以南地区。[1] 在距今 290 万年前，真正的熊在肯尼亚和埃塞俄比亚出现了，该观点现在已经在科学上依据一些遗址中发现的化石证据被接受了。[2] 尽管在非洲东部已收集到的有关真正的熊的生态和行为信息少之又少，近期一篇综述总结道："熊即便不常见，在早期上新世的东非至少是一个值得关注的存在。"[3] 即使这并没有给捕食者的数量带来足够的增加，仍有大量证据证明存在着前文提到的能归入"短脸熊"一族的大型动物，它们生活在与早期原始人类相近的时间和空间中（图 11.1）。

　　已灭绝的短脸熊有着如此奇怪的名字是因为用它们的骨骼进行复原后，显示出古代熊有着与今天的狮子相似的鼻子，而与现代熊的鼻子不同。这些巨大的肉食熊长什么样呢？非洲郊熊（agriotherium africanum）是现存体形最大的熊种——也就是北极熊，体重超过 1000 磅（约 450 千克）。[4] 短脸熊的四肢长度超过这些现代熊；这种模型再加上特定的牙齿和头骨切面使得古生物学家猜测它曾经是一种活跃的、完全肉食的捕食者，像北极熊一样依靠活的猎物为食，而不是像现代棕熊一样将浆果和腐肉作为补充食物。在这场激烈辩论中持另一种观点的是北伊利诺大学的熊化石专家鲍里斯·索金（Boris Sorkin），他怀疑郊熊是否有快速捕食活的猎物的能

---

[1] Turner and Antón 2004.

[2] Werdelin and Lewis 2005.

[3] Werdelin and Lewis 2005, p. 125.

[4] 短脸熊的描述来自 Sorkin 2006。

力。[1] 不管郊熊的速度如何，郊熊的古化石在南非被发现，据推测它们生活于 500 万年前。当人们想到熊会捕食早期人类祖先时，下面这个在埃塞俄比亚阿拉米斯出土的郊熊化石证据就更加引人注目：熊和原始人类的化石残骸都在距今约 440 万年前。正如古生物学家阿兰·特纳（Alan Turner）和莫西奥·安东（Mauricio Antón）所说，短脸熊和原始人类之间"生物地理上的联系现在看起来是已经建立起来了"。[2]

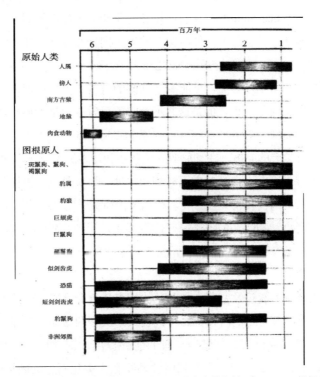

图 11.1　远古非洲的捕食者和原始人类在时间跨度上的比较。（C.Rudloff 根据 Treves and Palmqvist 2007 重绘）

[1] Turner and Antón 2004 记录了郊熊活跃的捕食行为，不过 Sorkin 2006 不赞成该观点。

[2] Turner and Antón 2004, p. 108.

古代原始人类的世界里充斥着大型、恒温的哺乳类捕食者，并且有很多迹象表明原始人类经常被这些动物捕食。正如前面章节中所详细提到的，在非洲古时期大型肉食动物的数量很多。现已灭绝的肉食动物群（例如大型短脸熊）在非洲捕食原始人类，特别是在600万年前至350万年前的那段时间里；因此在距今约350万年前，新的肉食动物出现并加入原先肉食动物群的行列，意味着有多达8到10种不同种类的剑齿虎、伪剑齿虎（false saber-toothed cat）、猫亚科动物（conical-tooth cat）、硕鬣狗（gigantic hyena）和大型犬科动物（wolf-like canid）在我们现在发现原始人类化石的同一片非洲大陆上漫步。[1] 想象一下你与觅食的狮子同处在苍茫的非洲大地上的那种孤独感——并请把这种感觉放大10倍！

在大约180万年前，可能源于气候的改变，古代像剑齿虎类的肉食动物走向了灭亡。但是这并不意味着就没有大量大型肉食动物存活下来捕食人类。2003年，理查德·波茨（Richard Potts）和他的史密森尼学会的同事，在肯尼亚欧拉及塞利发现的大约90万年前的化石头骨与直立人在某些方面有相似之处。该头骨主人被怀疑是被狮子或其他肉食动物撕咬致死。根据波茨所说："在头骨的左眉脊处有曾被肉食动物咬伤的痕迹……这很可能是死者的死因。它正沿着或靠近火山脊往高地走（在夜间这比低地的水边要安全得多），但仍然没有脱险。"[2]

我们认为欧拉及塞利头骨和其他带有捕食者痕迹的原始人类化石几乎是坚如磐石的有力证据，证明大量大型凶猛动物曾捕食人类祖先。我们曾经认为这已经是我们能够提供证据进行证明的极限了，但我们错了。如果你看到肉食动物在人类化石上的破坏痕迹，你就得到了一种证据，而如果你还发现留在肉食动物牙釉质上的微量残留物与被捕食的原始人类有关，你会怎么想呢？所以，当2002

[1] Treves and Palmqvist 2007.

[2] Fox 2004.

年 5 月国家地理新闻（National Geographic News）在南非约翰内斯堡（Johannesburg）刊出了一条令人振奋的报道，标题为《猫科动物杀手猎杀人类祖先》[1] 时，人们有没有留意呢？两位南非的考古学家——朱莉娅·李-索普（Julia Lee-Thorp）和尼古劳斯·凡·德尔·莫维思（Nikolaas van der Merwe）与另一位古生物学家弗朗西斯·撒克里（Francis Thackeray）[2]，检验了按下述顺序排列的原始人类杀手的牙釉质化学成分：巨颏虎（megantereon）——一种已经灭绝的剑齿虎；恐猫（dinofelis）——已灭绝的伪剑齿虎；豹鬣狗（chasmaporthetes）——已灭绝的长腿狩猎鬣狗，以及豹子、狮子和斑鬣狗。他们发现的是非常吸引人的证据。潜在的被捕食者——健壮的南方古猿和斯瓦特克朗斯出土的尔加斯塔人（Homo ergaster）——的碳同位素比值，被用来跟古代捕食者牙釉质上残存的碳同位素进行计算和比较。巨颏虎、豹子和斑鬣狗的牙齿珐琅质 261
"与之相匹配，意味着至少我们检测的这些标本物种曾经进食过原始人类"。[3]

　　硕鬣狗（已灭绝的 400 磅［约 180 千克］的"短脸"鬣狗）可能是与古代原始人类的死亡有着最紧密联系的捕食者。鬣狗，不管是已灭绝的大型物种还是现存的健壮物种，都有着有利于其觅食的行为特点。古人类学界真幸运，因为鬣狗在兽穴里喂养它们的幼崽，总是把肉留给幼崽吃，从不清扫积累的骨头。除了周口店洞穴的鬣狗隐藏所以外（在第五章中提到了），关于这些捕食者和原始人类的化石证据持续出现。1982 年加泰罗尼亚（Catalan）的考古学家何塞·吉波特（José Gibert）在西班牙格拉纳达省的奥尔塞（Orce in the province of Granada）硕鬣狗兽穴中，发掘出了 160 万年前被称为饼干（La Galleta，源于其圆形的形状）的具有争议的原始人类头

---

[1] Smilie 2002.

[2] Lee-Thorp et al. 2000.

[3] Smilie 2002.

骨碎片。[1] 奥尔赛饼干常常因太小（只有碎片）及时间太久远而在研究古代这些难题时被有意忽略：如果原始人类 160 万年前出现在西班牙，那么很多关于人类起源于非洲的根深蒂固的理论就土崩瓦解了（尽管如此，我们现在知道 170 万年前原始人类离开非洲来到格鲁吉亚共和国的德马尼西）。然而，另一个鬣狗的受害者可能是南非的"弗洛里斯巴头骨"（Florisbad cranium），它属于约有 26 万年历史的一位古后期智人。它在 1935 年被古人类学家的先驱德雷尔（T. F. Dreyer）命名为"Homo helmei"，这块头骨的前额上留有明显的鬣狗犬齿的齿印。[2] 在意大利蒙特卡罗（Monte Circeo）发现的一块 5 万年前尼安德特人头骨，表明其主人也是鬣狗的牺牲品。以前死因被归为同类相食的蒙特卡罗化石被发现是堆积在一个有鬣狗活动的兽穴里；头骨上显示出与鬣狗牙齿咬痕相吻合的裂痕，头骨底部有一个鬣狗咀嚼后变大的洞，在下颚骨上有鬣狗啃过的痕迹。[3] 在这些与鬣狗有关的证据面前，我们很难拒绝一个想法，那就是这些把骨头咬得嘎吱响的大型捕食者是把原始人类作为点心的。那么我们叙述的这些例子仅仅是孤立的个案呢，还是说鬣狗确实像吃爆米花一样在食用这些人类的祖先？

262　　在离开肉食动物的世界之前，我们不禁再多提一个已经出现在我们脑海里的物种。艾克猛獾（Ekorus ekakeran）是像豹子一样大的鼬科动物（属于鼬科［Mustelid］家族的一员），它的骨头在肯尼亚洛特加姆（Lothagam）一个原始人类化石遗址中被发现，这个已经灭绝了的捕食者出现的时间点和最早期原始人类处于同时期。艾克（Ekorus）的骨头显示它拥有猫科动物的解剖结构，可能与猫科动物有类似的生活习性，并且其骨架的复原图显示其是一只大型的、行动快速的捕食者，很可能主动捕食中型猎物。[4] 至今没有证据显示

[1] Borja et al. 1997.

[2] Deacon and Deacon 1999.

[3] Bahn 1992, p.330.

[4] Turner and Antón 2004.

这些中型猎物中有原始人类，但是谁知道有多少饥饿的捕食者在野外正等待着"人类猎物"这顿美味呢！

巨蟒和老鹰之祸

从坊间新闻报道和第一手采访资料中，我们了解到大型蛇类捕食人类（巨蟒、蟒蛇和水蟒）的情况，但还没有实际数据来评估这些滑行的庞然大物对生活在现在或遥远过去的人类有什么影响。因为其关于网纹蟒和菲律宾阿格塔人（Agta）之间相互关系的细致研究工作，我们需要称赞热带生态学家托马斯·黑德兰（Thomas Headland）和康奈尔大学的爬虫类学者哈里·格林（Harry Greene）——该研究支持了格林关于蛇和人类存在着长期进化关系的理论。[1] 阿格塔人是现居住在菲律宾主要岛屿吕宋岛上的农民，但是研究数据来自对阿格塔人在 20 世纪早期和中期仍然过着游牧生活的那段经历的调查访问。其中一项最令人吃惊的数据是关于巨蟒捕食人的。25.9% 的被访男性提到了其遭受的最终以失败告终的巨蟒攻击；幸存者因使用了如大砍刀等武器才幸免于难，这些武器直到近代才有。（仅有 1.6% 的被访女性曾被攻击，可能因为男性进出森林的次数更多。）14 名阿格塔男性曾有过一次遭受巨蟒攻击的经历，2 名阿格塔男性经历了 2 次攻击；除了 3 名幸存者，其他人的腿上或脚上都留下了大量巨蟒咬过的疤痕。超过 15% 接受调查的阿格塔人至少认识 1 名被巨蟒攻击致死的成年人。对于人类来讲，特别残忍可怕的是儿童死于巨蟒之口。超过 24 个受访者回忆起 1973 年的一次事故，当时一条巨蟒在黄昏时进入一间房，杀害了 2 名儿童（年龄分别为 2 岁和 7 岁）；当父亲进去杀蛇的时候蛇盘旋着正在吞其中一个孩子的脑袋。黑德兰和格林证实了阿格塔男性体重平均约 100 磅（约 45 千克），不超过一条成年雌性巨蟒体重的 60%，

263

---

[1] Headland and Greene 2007; Greene 1997.

"这对巨蟒来说并不是一顿难消化的食物"。[1]

关于恐怖的蛇的故事就先到这里，关于食人鹰的最新故事又有哪些呢？2006 年初，新闻头条《杀手鹰的攻击》[2] 和《人类祖先曾被鸟类所捕食吗？——一例著名原始人类死亡案例的突破性研究》[3] 中提到雷蒙德·达特的最初和最著名的发现——死于 200 万年前的"汤恩幼儿"头骨，这些标题验证了威特沃特斯兰德大学古人类学家李·伯格关于汤恩幼儿是老鹰捕猎的牺牲品理论的正确性。不，这不是"犯罪现场调查：约翰内斯堡"，但这是一例漂亮的法医侦探工作，虽然伯格称之为"200 万年古老的终极案例"。[4] 根据由俄亥俄州立大学（Ohio State University）的斯科特·麦格劳（Scott McGraw）和凯瑟琳·库克（Catherine Cooke）以及利物浦大学（University of Liverpool）的苏珊·苏尔茨（Susanne Shultz）在科特迪瓦塔伊森林进行的关于冠鹰雕捕食的最新研究[5]，汤恩头骨被用来跟相似大小的，被现代强壮的猛禽冠鹰雕所捕食的非洲猴子遗骸进行比较。人们知道老鹰用锋利的爪子抓猎物的头，可以在头骨上留下相应的痕迹。麦格劳、库克和苏尔茨的研究中还有此前从未被描述过的新特点，包括老鹰用它们的爪子和喙从死掉的猴子的眼窝里挖出眼睛，然后在眼窝底部弄出小孔和锯齿状的切口来吃其大脑。伯格重新检查了汤恩头骨，说道："我拿起这个小脸，差点没拿住。""眼窝底部有一个小洞和锯齿状的撕裂……"[6] 之前他和其他大量的研究者们都未曾注意过这些裂痕，但这些异常古怪的标记最终为我们提供了汤恩幼儿凶手的决定性证据（图 11.2）。

264

---

[1] Headland and Greene 2007, p. 5.

[2] Anon. 2006, p. 18.

[3] Associated Press 2005.

[4] Associated Press 2005.

[5] McGraw et al. 2006.

[6] Associated Press 2005.

图 11.2 来自冠鹰雕研究的新证据为著名的
"汤恩幼儿"被猛禽捕食的理论提供了实证。(美
联社，Denis Farrell，AP)

265

人类食人族

这是来自英国广播公司（BBC）的新闻："马德里国立自然科学博物馆的安东尼奥·罗萨斯博士（Dr. Antonio Rosas）在一项研究中提到，饥饿和吃人是 4.3 万年前居住在西班牙北部的尼安德特人群每天生活的一部分。"[1] 哦，说得婉转些，这则新闻使得麦当劳和汉堡王出现之前的生活听上去十分残酷。然而，这足够诱惑我们考虑另一个关于原始人类祖先的断言。

"我们从哪里来？"和"第一个人类长什么样子？"是自从达尔文提出进化理论以来我们一直在问的问题。被人们普遍接受的"人

---

[1] BBC News 2006. 在《国家地理新鲜闻》（*National Geographic New*）的一个相关新闻报道中，埃里克·特林库斯（Erik Trinkaus）接受了采访，在比较了这些场景和最近人类历史上的食人案例后，他补充说："我将这些称为残存的食人现象"，这些案例如同"飞机在高山上失事所引起的食人事件。我认为这正是我们看到的东西"。

类猎人"的答案告诉我们，我们最早的祖先猎杀其他物种和人类本族，有暴力倾向，是天生的杀手等。但是我们注意到一个不可思议的流行标签是关于食人现象。事实上，没有比"人类食人族"（Man the Cannibal）对远古人类有更多的诋毁和不光彩的描述了，我们惊奇地发现在面对破碎的人类头骨化石时，这个标签是多么频繁地被用作解释。在处理"人类食人族"这个观点的时候，我们发现基本上所有被称作食人场所的遗址都缺乏证据支持；近期，可能对食人现象的耸人听闻的分析减少了，取而代之的是自然灾难的证据被发现，包括原始人类被捕食的证据。下面是"人类食人族"理论的粗略纲要。

南方古猿是食人族（Australopithecines as cannibals）：雷蒙德·达特认为南非洞穴的南方古猿会自相残杀，彼此相食。布莱恩证明这是错误的，杀死并吃掉南方古猿的是鬣狗和大型猫科动物。

直立人是食人族（Homo erectus as cannibals）：数十年来考古学学生被告知中国周口店洞穴遗址是原始人类食人的场所。这也是错的：洞穴是硕鬣狗吃原始人大餐的场所。

先驱人是食人族（Homo antecessor as cannibals）：阿塔普埃卡（Atapuerca）是大约80万年前位于西班牙的一个有"骨头坑"（pit of Bones）的著名化石遗址。"骨头坑"这个特殊的名字让我们联想到人吃人的残忍场景，吃人是这些骨头堆积的原因。但是，新的分析发现原始人类骨头的聚集是自然灾害的结果，而不是人吃人……虽然这样的结论还存疑，古生物学家珍妮特·蒙日（Janet Monge）和艾伦·曼（Alan Mann）认为这些地点可能是熊诱捕原始人类的场所。[1]

尼安德特人是食人族（Neanderthals as cannibals）：尤其是我们的尼安德特人这个表亲，几乎在他们的化石残骸首次被发现后就一

---

[1] Monge and Mann 2007；伊恩·塔特索尔对于是熊导致这些骨头遗骸的观点仍然存疑（个人通信 2007）。

直被诟病为食人族。保罗·巴恩（Paul Bahn）的《剑桥人类进化百科全书》（*The Cambridge Encyclopedia of Human Evolution*）一书回顾了同类相食："至于尼安德特人，20世纪早期的学者按照常规认定尼安德特人会吃人，这种观点契合了将尼安德特人看作呆滞的、未开化的野蛮人的主流观点。"[1] 华盛顿圣路易斯大学（University of Washington in St. Louis）的人类学家埃里克·特林考斯（Erik Trinkaus）也是世界上尼安德特人研究的权威，他认为被证实的穴居人暴力记录只有一个。他提道："在人类化石残骸上可识别的创伤性损伤已困扰古生物学家多年了。人们总是倾向于将化石上任何形式的损伤当成史前人与人之间残暴打斗的确定性证据……"[2]

下面是一个正如特林考斯所说的例子，在意大利的蒙特奇尔切奥（Monte Circeo，Italy）"环石"中发现了一个尼安德特人的头骨。它应该是食人仪式中留下的，对吗？但是，一个更新的、不那么耸人听闻的理论认为"环"只是山崩造成的。据发现蒙特奇尔切奥是鬣狗的兽穴，同时原始人类的骨头被堆积在那里，那个头骨的损伤也与鬣狗挤碎头骨取出脑所留下的破损一致。[3]

克罗地亚的克拉皮纳（Krapina）遗址被认为存在着人吃人的现象，这种指责已有整整一个世纪了。尼安德特人的骨头在1899年至1905年被发现，当时对原始人类残骸的挖掘和保存都使用了很粗糙的方法。人吃人是对骨头残骸的落后解释，而在这个地点发现的狼、熊和鬣狗的残骸表明它们是吃掉这些原始人类的捕食者。[4] 虽然媒体报道还是认定在克拉皮纳的尼安德特人残骸是"食人盛宴"造成的，我们引用保罗·巴恩关于克拉皮纳人吃人的评论："这个可怕的画面经不起细看。骨头上并没有人类取骨髓时撞断的痕迹。相反，大量的碎片可解释为洞穴塌顶、被沉积物碾压和在挖掘时使用

---

[1] Bahn 1992, p. 330.

[2] Trinkaus 2000, p. 133.

[3] Bahn 1992, p. 330.

[4] Klein and Edgar 2002.

267 炸药引起的。"[1]

晚期智人是食人族（Anatomically modern humans as cannibals）：芳特布鲁古（Fontbrégoua）在法国东南部，是约 4000 年至 6000 年前人类开始驯养动物之后被智人占据的洞穴。12 具人类的骨头伴随着动物骨头的遗址坑，人们谴责说在这个遗址坑里有人食人行为，但是其他的解释包括了将人肉从骨头上刮下来（去肉）并二次安葬——许多传统文化，例如澳大利亚土著葬礼的准备工作就是如此。[2]

阿纳萨齐人是食人族（The Anasazi as cannibals）：依据对人类骨头的处理就像将大型哺乳类动物去肉后的骨头一样，人们已广泛接受美洲西南部史前普韦布洛（Pueblo）文化（常常被叫作阿纳萨齐）的饮食或仪式上存在食人行为。[3] 无可争辩的是对人类骨头的原始处理（在死亡前后）在许多普韦布洛考古遗址中被发现，但是人类学家安德鲁·达林（J. Andrew Darling）认为这些关于人吃人的断言缺少文化情境角度的解释。[4] 当然，确实存在对骨头的处理，但是吃死者肉的说法（食人）完全是由现代体质人类学家所推断出的。有什么其他原因可以解释普韦布洛的传说呢？达林列出了一些：历史上描述葬礼仪式的绘画中包括用重达 50 磅（约 23 千克）的石头重击尸体（"一开始是脸，将牙齿打出来，然后击打全身……"[5]）。达林同样研究了遍布在许多普韦布洛文化中对于巫术的信仰，发现巫师的仪式包括重击尸体、肢解、去肉、焚烧，最后将残骸扔进垃圾场，这提供了另外一个解释，他认为该解释对骨头残骸的情境还原更加实际，比人食人的解释更加有道理。

因此针对人吃人的断言，一些认为需要谨慎对待的观点接踵而来。对食人行为的谴责可以追溯到古希腊神话，这种谴责似乎能够

---

[1] Bahn 1992, p. 330.

[2] 食人的其他解释来自 Bahn 1992；遗址的年代来自 Klein 1999。

[3] White 1992.

[4] Darling 1998.

[5] Darling 1998, p. 735.

挑动人的神经，但是我们发现人类的食人行为其实十分罕见——这种行为是非典型的、独特的、奇怪的，对于任何人类的正常行为来说都是一个例外，这倒十分让人欣慰。这只会在最特殊的环境下被激发，例如著名的例子——一次坠落在安第斯山的空难幸存者吃他们死去同伴的肉。仔细研究发现没有可靠的在仪式上或者习俗上食人事件的目击记录，这些食人族的报告都是基于传闻。[1] 最后我们用保罗·巴恩的告诫来结束这个话题："当考虑史前时，食人行为早已经是一个人们偏爱的、富有戏剧性的理论……所有这些解释都依赖间接的线索和假设，因为没有人曾经发现食人行为的确凿证据，例如在人类粪便化石中发现人类的残骸……"[2]

切割痕、牙齿痕和大问号

在本书的第一版中，我们有一组数据没有纳入考虑范围（尽管我们应该这样做）。[3]20 世纪 80 年代早期，威斯康星大学的亨利·邦恩（Henry Bunn）在坦桑尼亚的奥杜瓦伊峡谷（Olduvai

268

---

[1] Bahn 1992.

[2] Bahn 1992, p. 330；异常情况下可能导致幸存者吃人肉的描述来自 Mailar et al. 2000。

[3] 我们未讨论这些数据，该疏忽由本书的一些评论者向我们指出了，感谢他们。不论来自学者还是大众，大部分的评论都高度肯定了本书，我们对此很高兴。因为亚马逊网站（Amazon.com）的设置使读者能够评论本书，我们也很高兴，这是一个了解读者感受和听到他们观点意见的很好途径。亚马逊对于《被狩猎的人类：灵长类、捕食者和人类的演化》这本书的评论读起来让人赏心悦目。不过我们需要特意指出一个持否定观点的评论意见，该意见是基于评论者将章节的脚注弄错而提出的（第三章第 43 页脚注 2，此处我们讲捕食；第二章第 32 页脚注 1，此处我们讲历史；评论者将这两处脚注混淆了）。然后他用这种混淆作为证据来说明我们缺少科研能力和诚信，通篇评论他不断重提这个假设的、不恰当的错误来重申我们科研工作的不称职。不管怎样，这使我们想到上周的电视节目《周六夜现场》（*Saturday Night Live*）中的罗珊娜·罗珊娜达娜（Rosanna Rosanadana）这个人物形象；她对一个话题抨击了半天直到台下有人告诉她其实她完全没有搞清楚状况，要么是她误解了别人的话，要么是她误解了一个单词。然后罗珊娜甜甜地说："噢，没关系啦！"

Gorge），还有史密森尼学会人类进化研究所的主任理查德·波茨和体质人类学家、科学作家帕特·希普曼在肯尼亚的东图尔卡纳（East Turkana），发现大型哺乳类骨头上有肉食动物的齿痕和由 200万年前的人类用石器留下的切割痕。[1] 这些发现强化了这种想法，即早期人类吃的肉类要么来自狩猎，要么来自食腐，它们在人类的进化中扮演了重要的角色。

当然，学术界对于化石证据的解释各不相同。当"人类猎人"理论在学术圈中流行了许多年之后，在 20 世纪 80 年代后期"人类食腐者"又获得了热情的支持，这些人大部分是研究化石堆来识别是人类还是肉食动物，或者两者都从猎物的骨头上撕下肉来进食。亨利·邦恩拒绝了所谓的人类"被动"食腐，即吃肉食动物丢弃的食物，而偏爱另外一个所谓的"主动"食腐，即人类围攻肉食动物并偷取它们的猎物。而印第安纳大学的特拉维斯·皮克林（Travis Pickering）和德兰士瓦博物馆的布莱恩，则相信南非斯瓦特克朗斯遗址的残骸代表了人类随着时间推移逐渐转向一种主动食腐和狩猎行为的组合。[2]（第二种论断是基于在 180 万年前火被人类控制和使用的可能性，如我们之前所讨论的，这还是一个有争议的争论点。[3]）

许多的考古学家学过化石埋葬学（动物骨头成为化石的过程），可以通过切割痕和齿痕的分布情况告诉我们在这些遗址中的人类是猎人、攻击性的主动食腐者还是被动的食腐者，但是这些解释也往往存在巨大分歧。例如罗格斯大学的罗伯特·布卢门沙因（Robert Blumenschine）和亚利桑那州立大学人类起源研究所的柯蒂斯·马利安（Curtis Marean）相信这些证据意味着大型肉食动物首先撕开这些尸体，人类是被动的食腐者。另外一个由西班牙康普顿斯大学

269

[1] Bunn 1981; Potts and Shipman 1981.

[2] Pickering et al. 2004; Pickering 2005.

[3] James 1989; Klein 1999.

的曼纽尔·多明格斯·罗德里戈（Manuel Dominguez-Rodrigo）带领
的团队则将切割痕解释为早期人类先接触到这些骨头，因此这些骨
头化石是狩猎或者主动攻击性食腐留下的残骸。[1] 当然，被动食腐
和主动食腐并非相互排斥，人类是食腐者和人类是猎物这两个结论
也并不相互排斥。

不过华盛顿州立大学的凯伦·卢波（Karen Lupo）和犹他
大学的詹姆斯·奥康奈尔（James O'Connell）及其同事最近重
新检查了所有这些早期研究的证据并在《考古科学》（*Journal of
Archaeological Science*）中发表了其最新的分析。[2] 卢波和奥康奈尔
将化石骨头上的切割痕和齿痕与真实生活中的现代东非原始人、坦
桑尼亚的哈扎人（Hadza）的狩猎和食腐数据进行比较。结果如何
呢？即使切割痕与齿痕的分布跟进食顺序有关（人类先吃，还是肉
食者先吃），那也不会如人们所想的那么清晰，这有以下原因：第
一，切割痕和齿痕在收集人类食腐证据的不同研究者那里的定义是
不同的；第二，对于牙齿痕迹和切割痕迹进行统计的各研究基地报
告没有标准化的程序；最后，在观察到的现代控制样本和这些来自
化石遗址的骨头之间，两者的图案有明显的差别。因此，卢波和奥
康奈尔总结道：

> ……尽管尸体状况与齿痕、切割痕的分布存在联系可能有
> 潜在的逻辑证据，而且目前为止有大量实质性的工作正在对此
> 进行研究，但是从实验学上来看没有发现观察到的这些现象之
> 间有明确的、显而易见的联系，在考古学报告中没有发现这些
> 痕迹分布会呈现出一致的图案结构，这些研究遗址报告的痕迹
> 图案与理论预期或实际文献记录中的痕迹图案不存在清晰的匹

[1] Blumenschine 1988, 1995; Blumenschine and Marean 1993; Dominguez-Rodrigo 1997,
1999; Pickering et al. 2004; Dominguez-Rodrigo et al. 2005; Pickering 2005.

[2] Lupo and O'Connell 2002; O'Connell and Lupo 2003; O'Connell et al. 2003.

配，并且没有任何解释这些出乎意料差异性的清晰思路（起码在已出版的文献中还没有）。[1]

270

从他们对于哈扎人的研究中，卢波和奥康奈尔主张即使我们能够理解化石骨头上的切割和齿痕的分布情况，这些痕迹也很难有效地回答关于早期人类是肉食还是腐食的问题。来自哈扎人的数据意味着吃肉是早期人类进化中的催化剂这个观点仍然很难被证明，非常有可能存在其他的解释，因为该问题还涉及食腐的频率和短期对食腐的依赖程度。也就是说在一个许多方面与早期更新世古人类（那些生活在距今 150 万年前的人类）类似的地区进行实验，哈扎的猎手在每 30 个狩猎日中平均需要一头大型动物；食腐仅仅占总数的 20%，也就是说平均每 140 个狩猎日腐食一头动物。在卢波和奥康奈尔 4 年的研究中，有时长于 1 个月的时间过去了，而被研究的 30 至 40 人的群体在此期间并没有食腐的机会。有人可能争论说在 500 万年前至 150 万年前有比现在的哈扎人更多的有蹄类物种可以狩猎。这也许是真的，但是我们需要指出的是，与大量猎物相平衡的是早期人类时期的武器根本无法同现代哈扎人的武器相比，这些武器包括弓箭（在 120 英尺［约 37 米］内十分精准）和能够更加轻易放倒猎物的毒药。并且正如我们在这一章节所强调的，早期人类需要跟比现在多得多的大型捕食者进行竞争，其中一些捕食者可能还是集体狩猎的。这样不论是这些捕食者守护其猎物，还是从其他动物，包括人类那里抢夺猎物，胜利的天平显然会倾向于这些捕食者。卢波和奥康奈尔总结他们对于"人类食腐者"的再调查研究时写道：

> 总之，仅凭这些结果无法准确地推断早期人类获得动物尸体的腐食策略。也许可以用齿痕和切割痕的数据在未来发展这种推断，这种尝试将会比大部分分析者所想象的更加复杂，也

---

[1] Lupo and O'Connell 2002, p. 103.

更缺乏结论性。甚至即使最终证明了早期人类能够获得完整的或者接近完整的动物尸体，肉食性作为早期人类进化的催化剂角色仍然存疑，主要是因为原始人类的食腐频率和对食腐的依赖度也是相对较低的。[1]

271

鉴于以上这些困难，很显然证明"人类是食腐动物"的假设仍是遥不可及的。这不是因为研究有缺陷，而是因为情况非常复杂。我们要重复理查德·克莱因对此所说的话："我们再次转向逻辑推理，同时通过对最近狩猎－采集者的研究进行适当的补充。这些研究发现奥尔德沃人（Oldowan）（200万年前）主要吃植物，有时吃一些收集的食物，例如昆虫。鉴于此，他们的日常食物需求远没有一些主流报告所认为的那样嗜血。"[2]

人类是鬼鬼祟祟的偷吃肉者

我们很强烈地感觉到单词"肉食动物"和"食腐动物"在形容人类化石时都显得太宽泛了；归根到底它们精确的生物学术语指的是特殊的生理学、解剖学和特定生态学上的适应性。与其说食腐是动物的一种好奇行为，不如说是一个关键的生态学进程——微生物、昆虫和有脊椎食腐动物分解动物的尸体，这在营养返回到生命之网的过程中扮演关键的角色。[3] 当考虑到有脊椎动物时，相对来说很少有专门的食腐者（主要的例子是秃鹫）只吃死尸的肉。即使如此，有许多常见的鸟类和哺乳类食腐者，包括狼獾（wolverine）、海鸥（gull）、一些种类的老鹰、豺、棕条纹鬣狗（brown and striped hyena）、食腐性不如其带棕条纹表兄弟的斑鬣狗、负鼠、浣熊、红

---

[1] Lupo and O'Connell 2002, p. 86.

[2] Klein 1999, p. 248.

[3] Braack 1987; DeVault et al. 2003.

狐狸（red fox）、袋獾（Tasmanian devil）、大乌鸦（raven）、乌鸦、老鼠（rat）和鼬鼠（weasel），但不限于以上这些动物。[1] 普度大学的野生生物学家特拉维斯·德沃（Travis DeVault）及其同事在他们最近关于有脊椎食腐动物的行为、生态和进化的研究中证明了"腐肉资源要比之前人们所普遍假设的更为广泛地被有脊椎动物所利用"，以及"腐肉被有脊椎物种所利用均受到这些动物寻找食物的速度和效率、其视觉和嗅觉及其对于腐败产物的解毒能力等因素的影响"。[2] 在这段引用中有哪些词很突出？"腐肉""解毒"和"腐败"，对吗？这就是食腐动物所做的——它们吃正在腐败的肉，它们活着继续着传奇，因为它们能够将腐败的东西"解毒"。德沃及其同事同样说："人类讨厌腐败的东西……这使得有关有脊椎动物腐食行为的研究相对比较匮乏。"[3] 如果我们说错了，请纠正我们，难道这些杰出生物学家说的话听上去是在说现代人类是从有腐食性背景的有脊椎动物进化而来的吗？

272

研究食腐者的动物学专家发现腐肉常常是在猎物短缺时的一种补充来源。兼食腐性——在干旱和寒冷的季节里从捕猎转为食腐——在猛禽和肉食动物中（例如隼、狼和熊）并不罕见。在寒冷的气候中，当没有日常猎物时，有蹄动物的尸体可以是重要的代替性食物补充。[4] "代替"和"补充"是这些生态学关系中的关键词，因为大部分肉食性哺乳类和猛禽喜欢吃新鲜的肉，但是它们可以在艰难的时候回头去吃尸体。

两个独创性的田野实验能让人们知道我们的远古祖先靠吃腐肉为生是非常轻松的还是特别艰难的，这给学术上的推测增加了一丝戏剧化的现实性。一个实验是在 1968 年由野外生物学家乔治·夏勒

---

[1] 对于偶尔性食腐者的鉴别来自 Houston 2001，Macdonald 1984，Nowak 1991；对于经常性食腐者的鉴别来自 DeVault et al. 2003。

[2] DeVault et al. 2003, p. 225.

[3] DeVault et al. 2003, p. 225.

[4] Selva et al. 2003.

和人类学家戈登·洛特（Gordon Lowther）完成的。这两位将自己作为食腐者，试图在塞伦盖蒂平原上依靠捕食者的馈赠"生存"8天（他们追踪捕食者和秃鹫并估计有多少肉可以作为腐食）。[1] 就夏勒和洛特所关注的研究内容而言，他们的实验是一次令人兴奋的实地考察和扣人心弦的冒险，但是这无法解决任何关于食腐的效率问题。第一，因为夏勒和洛特无法复制史前人类勉强得以生存的状态——评估尸体上的肉是一回事，而从杀死了该动物的捕食者口中得到这些尸体又是另一回事；第二，他们没有吃掉这些腐肉，没有在腐败食物影响下生活。

　　另外一个食腐性实验是由传奇人物路易斯·利基在 20 世纪 60 年代实施的，当时他和他的儿子理查德试图从捕食者那里抢夺猎物。利基报告说使那些狮子们走开几乎是不可能的，鬣狗也只能被牵制住 10 分钟。[2] 正如利基所发现的，偷猎物尸体将是一个特别复杂的行为。这增加了变成猎物的可能性，因此需要有使肉食者和其他食腐者产生畏惧的威胁举动……同时需要在保护食物时能够处理尸体（将其切块）……还要在被发怒的猛禽和其他食腐者追逐时运输这些肉块。[3] 另外一个在"人类食腐者"场景中没有作为因素被考虑进去的复杂性是这些死掉动物的实际状况。正如德沃及其同事所指出的："和普遍的观点相左的是，有脊椎食腐者从捕食者所杀死的猎物中得到的食物是非常少的，因为捕食者常常是吃掉整个猎物或者会守护这些猎物……因此，大部分的食腐者是吃那些由于营养不良、疾病、暴晒、寄生虫和意外死亡的动物尸体。"[4] 如果在遥远的过去以及现在这都是实情的话，早期人类应该很难有较多的机会来得到新鲜的肉。那么引申开来，食腐可能主要是集中在那些不新鲜的食物残余上。哦，那么更多的事情会掺和进来：会不会有

273

[1] Schaller and Lowther 1969.

[2] Munger 1971.

[3] Treves and Palmqvist 2007.

[4] DeVault et al. 2003, p. 226.

蛆虫（maggot）呢？（在赤道非洲，苍蝇的幼虫能够在 3 天内完全消化掉一具 20 磅［约 9 千克］的尸体。）会不会有分解动物尸体的微生物呢？（细菌和真菌在温暖的气候中尤其生殖迅速；在短短几小时里尸体中就会有大量的细菌滋生。）那么吃了这些死尸的肉有什么后果呢？（微生物产生的毒素在人类消化食物时是非常危险的；被病毒、真菌、原生动物、寄生虫和细菌感染会导致剧烈的肠炎和结肠炎——对于后者，我们指的是毒性菌株，例如大肠埃希氏菌［Escherichia coli］、金黄色葡萄球菌［Staphylococcus aureus］、伤寒杆菌［Salmonella typhi］、痢疾杆菌［Shigella dysenteriae］、肉毒梭状芽孢杆菌［Clostridium botulinum，食物中毒！］和弯曲杆菌［Camphylobacter］。）[1]

那么我们的灵长类亲戚是否是食腐者呢？请记住从理论上研究人类祖先的基本规则：第一，查阅化石证据；第二，研究现存的灵长类。在超过 250 种灵长类物种中没有一种是食腐者。它们不是食腐者是因为它们不吃已经腐败的食物。耶鲁大学的大卫·瓦特（David Watts）研究了关于乌干达基巴莱国家公园里黑猩猩觅食模式的长达 11 年的数据。在这个时间跨度里，黑猩猩大约每 100 天会遇到一次吃腐食的机会，但它们仅仅有 4 次吃了腐败尸体上的肉。在另外一个 20 世纪 80 年代早期缺乏系统性的研究中，日本研究者长谷川寿一（Toshikazu Hasegawa）、平岩真理子（Mariko Hiraiwa）、西田利贞（Toshisada Nishida）和高崎弘之（Hiroyuki Takasaki）在其坦桑尼亚马哈勒山国家公园 13 个月的观察中只发现了一次明确的黑猩猩食腐的行为场景。实际上，在狒狒和黑猩猩中，这些非洲的灵长类寻找有脊椎猎物作为其素食（主饮食）的一个补充，食腐行为是如此罕见以至于腐肉不能被认为是一种营养的来源。最后回到"主动"食腐理论，在狒狒和黑猩猩中也没有观察到同捕食者抢夺新鲜

274

---

[1] 关于微生物和昆虫分解尸体的信息来自 Ragir et al. 2000 和 DeVault et al. 2003。

尸体的行为。[1]

即使人类没有任何内在的生理或者外在的结构能够消化腐肉，人类食腐者理论仍有众多来自科学界的支持，而那些专门或者兼食腐的动物才拥有那些解剖学上的结构来进行食腐行为。这些物种进化出能解毒的酶、相应的身体结构和代谢过程来保护它们避免有害菌的伤害。[2] 恕我们直言，直接从已经研究透彻的问题入手——一篇由一名人类学家（纽约城市大学的索尼娅·雷吉尔［Sonia Ragir］）和两名医生（均来自纽约大学医学中心的马丁·罗森博格［Martin Rosenberg］和菲利普·蒂尔诺［Philip Tierno］）所著的名为《黑猩猩、狒狒和早期人类的肠道形态学和避免食腐性》的文章（*Gut Morphology and the Avoidance of Carrion among Chimpanzees, Baboons, and Early Hominids*）——看看为什么我们不是，也不能是食腐者：

> 灵长类的消化设计是食物在胃中快速通过，然后延长其在回肠（一段小肠）和盲肠中的消化，这种组合增加了小肠被摄入的大量繁殖的细菌所占据的风险，会导致肠胃疾病。腐肉会迅速被大量细菌所污染，因为动物尸体的分解导致肉会暴露在来自捕食者唾液的细菌、来自昆虫消化道的细菌和来自死去动物自身肠道的细菌之中。因此，非人类灵长类和人类在吃未煮熟的腐肉时，甚至在吃未煮熟的大量新鲜肉类时都很容易导致肠胃疾病。[3]

---

[1] 基巴莱的黑猩猩引自 Watts 2008；马哈勒山的黑猩猩引自 Hasegawa et al. 1983；狒狒和黑猩猩避免吃腐食，缺少食腐能力引自 Ragir et al. 2000。

[2] 引自 DeVault et al. (2003, p. 231)："为了最有效率地食用腐肉，有脊椎食腐动物必须承担这些固定成本，即能分泌解毒酶和拥有在形态学上的相关结构来保护自身抵御由细菌和解毒代谢过程本身带来的负面作用（Feeny 1973）。"

[3] Ragir et al. 2000, p. 477.

因此，不仅仅满足于给人类贴上稍显卑微的"人类猎物"标签，我们将突破常规走得更远一点——"人类是鬼鬼祟祟的偷吃肉者"这个标签如何？因为这就是在史前真实发生的事情。食腐者是那些能够消化和靠吃由肉食动物杀死的或者自然死亡的动物尸体而生存的生物。食腐动物有能力吃这些看起来并不开胃的食物。它们吃这些放了很久的残渣，而不是新鲜的热腾腾的主菜。另一方面，人科动物是机会主义者。我们赞成如下理论：早期和稍晚的人类试图通过不去费力打倒大型食草动物就得到好吃的猎物。但是这从生物学上来讲并不是食腐，而只是人类在捕食者打嗝和剔牙时冲进去偷块肉……之后再逃掉（……也可能被抓住成为捕食者的饭后甜点）。

总之，早期人类的食物来源的一部分是腐肉，这种可能性是存在的，但是"人类食腐者"理论是有诸多问题的。该理论可能是部分正确，也可能完全不对，也可能存在着被先验法所遮蔽了的其他解释。我们应该找出这些解释，因为食腐不符合我们的饮食模式。语义总是微妙的，但是误用生物学定义可以对研究的准确性产生致命影响。对于科学家来说，要遵循的首要规则是使用准确的词，而不是比喻性的语言。人类及其祖先可能吃过腐肉，但是他们不是食腐者；他们可能吃过鲜肉，但是他们不是肉食者；他们可能偶尔杀死动物，但是他们并不是猎人。

人类是爱好和平的嬉皮士 [1] 吗？

人类历史从最早的埃及人和苏美尔人的记录到最近的第二次世界大战暴行，这些溅满血污的、血腥屠杀的成就和早期普遍的残忍行为一样……全球范围的割头皮、砍头、肢解身体和

---

[1] 译者注：嬉皮士反对民族主义和越南战争，文中指爱好和平人士。

恋尸行为宣告着这种普遍嗜血的特征，这种肉食的习性。[1]

哦！看到以上雷蒙德·达特所描述的场景，我们只能为这份继承来的"遗产"感到羞愧了。有一条线索从吃肉到狩猎，慢慢到吃人，最后无情地猛拐进令人厌恶的行为中去。但是，当我们不断回头去看每一个让人觉得人类如此可恶的描述，这些来自"人类猎人"假设的画面是否有任何科学证据的支持呢？

2006 年"美国科学进步协会"（AAAS）在密苏里州的圣路易斯召开的年会上，我们参加了一个讨论会，该年会将不同领域（灵长类学、社会文化人类学、动物学、古生物学、精神病学、心理学、神经生物学和遗传学）的研究者召集在一起讨论有关人类行为的本质究竟是暴力还是合作的大量证据。和其他科学家们一起，我们对最新的行为学、内分泌学和神经精神病学的人类进化理论进行了综合研究。

为了预测人类行为，研究者们考察了人类的灵长类生物本源，人类的社会化很可能起源于以下这些形式所获得的收益：相互合作、母婴间的强纽带和青少年期的年轻人可以依靠群体其他成员得到发展的时间的延长等。大脑中的"天然鸦片"不像那些通过鸦片制造的麻醉剂有镇静和减轻焦虑的作用（但是没有兴奋、停药反应和成瘾性），这可能是内在合作性社会反应的核心。[2] 最终这些不仅可以解释在非血缘关系的人们之间合作和非人类灵长类之间合作的进化，还能够解释纯利他行为。再进一步，哈佛大学心理学、有机体和进化生物学以及生物人类学教授马克·豪斯（Marc Hauser）相信人的大脑中存在着一个真实的道德工具包，一个获得道德规范的遗传机制。[3]

---

[1] Dart 1953; Dart and Craig 1959, p. 201.

[2] Carter 1999; Taylor et al. 2000.

[3] Hauser 2006.

事实上，研究者们已经识别出一系列神经内分泌机制，这些机制可能引起有血缘和没有血缘关系的个体之间的合作行为。在使用核磁共振成像（MRI，使用电磁波而不是用射线来探测大脑深层结构）的实验中，相互合作和大脑中的两块区域的激活相关，这些区域和回报过程相关联——尤其是前腹侧纹状体和眼窝前额皮质。艾莫利大学（Emory University）的神经生物学家詹姆斯·里林（James Rilling）认为这些神经网络的激活正向加强了合作性的社会交往。[1]更引人注目的是，神经反应强度随着连续实验的持续而增强；这种效果是累积和自我增强的。大脑回报中心的激活可能是当我们合作时会感觉很好的原因。大脑这两个和回报过程相联系的区域有丰富的脑神经细胞，这些细胞对于人们所熟知的导致成瘾性行为的神经递质——多巴胺——有反应。多巴胺系统评估回报——那些来自环境的和来自大脑想象的回报。当刺激是正向的，多巴胺就会被释放。在实验中，电极被放在老鼠的前腹侧纹状体上，它不断地踩

277 踏板来刺激电极以接受令其快乐的反馈，甚至宁可饿死也不停止踩踏板。[2]正如艾莫利大学教授格雷戈里·伯恩斯博士（Dr. Gregory Berns）——他也是2002年神经科学杂志《神经元》（*Neuron*）一篇文章的作者之一——所述："某种程度上来说……我们（的脑神经）连接起来就是为了彼此合作的。"[3]

另一个与友好联盟和养育有关的生理机能是与哺乳类育儿相关的神经内分泌回路。将这些生物行为学上的反馈如操作音乐器件一样进行协调编排的是催产素（Oxytocin）。催产素与我们能够想到的任何类型的亲密关系——亲子、兄弟友爱、与性伴侣亲密——相关联，甚至和自我安慰的能力相关。研究者认为尽管催产素的主要功能可能是形成母婴之间的亲密关系，其影响大脑回路的能力还可能

[1] Rilling et al. 2002.

[2] Angier 2002.

[3] Angier 2002, p. 24.

为其他有亲和力的目的服务，使得形成联盟和合作伙伴关系，从而促进了合作行为的进化。[1]

由威斯康星大学的心理学家查尔斯·斯诺登（Charles Snowdon）及其同事关于绒顶柽柳猴（cotton-top tamarin monkey）的行为内分泌学和功能核磁共振成像的结果揭示了其他对于合作与亲和行为非常关键的内分泌机制。[2] 在这些小型南美猴子中，雄性和其他帮助者，例如其年长的兄弟姐妹会提供必要的幼崽看护。催乳激素（prolactin）水平的升高——这往往和哺乳有关——可能是这些母性照料行为背后的动力，它们得以在这些雄性和兄弟姐妹中体现出来。斯诺登同样发现了成年雄性之间大量友好的社会性行为与催产素、催乳素水平之间的联系。他的实验显示高水平的亲和性荷尔蒙会导致高质量的社会交往，这意味着正面行为有一个荷尔蒙回报系统。[3]

许多在灵长类中发现的合作行为可以解释为该行为能使一些群体成员获利。[4] 配合行为，例如保护食物、领地防御、合作觅食、食物集体收割、形成联盟以及天敌警戒和防御，可以解释为个体本身和其群体成员能够直接获利。即便这些行为的回报是低水平的，我们也能预料到合作行为是很普遍的。因此，许多类型的社会交往可以用非零和博弈来很好地理解，因为是双赢的。低风险的联合中所有参与者都立即得到了实惠，这些联合在灵长类[5]中普遍存在，这可以解释为什么非人类灵长类生活在相对稳定的、有凝聚力的社会群体中，它们以一种普遍合作的模式处理日常生活中的问题。查尔斯·达尔文早在现代动物行为学、灵长类动物学和合作行为的科学研究开展之前就有这种想法，他认为自然选择会青睐那些"来自

278

---

[1] 催产素的研究来自 Angier 1999, Carter 1999, Taylor et al. 2000 和 Carter and Cushing 2004。

[2] Ferris et al. 2001; Snowdon 2003; Ferris et al. 2004; Lazaro-Perea et al. 2004; Snowdon et al. 2006; Snowdon and Cronin 2007.

[3] Snowdon et al. 2006.

[4] Clutton-Brock 2002; Silk 2002; Silk et al. 2003; Sussman and Garber 2004, 2007.

[5] Watts 2002.

社会的愉悦感"。[1]

尽管大部分的非人类灵长类动物是高度社会化的，人们对灵长类社会性进化的研究还是倾向于关注攻击性和竞争性而不是合作性。但是，许多来自行为、内分泌和大脑成像研究的结果提供了一个关于灵长类及其合作习性、社会性和秩序的新角度。例如在长达16年的对野外草原狒狒的行为和生态研究之后，著名的灵长类动物学家琼·希尔克（Joan Silk）、苏珊·艾伯茨（Susan Alberts）和珍妮·阿尔特曼（Jeanne Altmann）总结说社会一体化甚至增加了雌性狒狒的生殖能力："与其他成年群体成员有更多社会联系的雌性个体能够更好地融入其社会群体，比其他雌性有更高的养育幼崽的成功率。"[2] 艾莫利大学的黑猩猩研究者弗兰斯·德·瓦尔（Frans de Waal）在其书《灵长类和哲学家》（*Primates and Philosophers*）[3] 中认为黑猩猩社会很重视冲突之后的和解和安慰；他对于灵长类行为的40年观察记录证明，关心他人是我们这些灵长类亲戚的天然行为。

在一个小世界里，社会动物天生是要合作和通过寻求其他个体的陪伴来减轻压力的。[4] 如果合作和群居动物的互相亲近在多种环境和社会情况下是有回报的，如果生理学上和神经学上的回馈系统增强了社会的宽容和合作行为，那么在人们完全没有意识到互相合作有可能带来物质利益的情况下，群居生活的形式也会被保留下来。基于最新的研究，那些被内分泌系统和神经系统所增强的友好行为和合作行为，给社会性灵长类提供了心理学、生理学和生态学上的收益。

但是暴力和战争是怎么回事呢？为什么一些人接受了人类天生就具有攻击性的观点，认为我们通过暴力行为显示出攻击性特征

[1] Darwin 1874, pp. 97, 102.

[2] Silk et al. 2003, p. 1231.

[3] de Waal 2006.

[4] Carter 1999; Taylor et al. 2000; Rilling et al. 2002; Carter and Cushing 2004; Snowdon 2003; Snowdon et al. 2006.

呢？一般的灵长类生理机能不支持该观点，反而指向合作是人类的 279
天性。为什么有如此大的分歧？有时候我们就要解释为看问题的角
度不同了。今天的地球上生活着超过 60 亿人口——所有人都是社会
动物，经常会时刻与其他人进行交往。我们可以打赌占 60 亿人类压
倒性多数的日复一日、年复一年，甚至终生都没有遇到过个体之间
的暴力冲突。这不是天真的对于现代社会中犯罪、战争和国家层面
攻击行为的轻描淡写，而是将这些行为归于异常的范畴。当读到关
于严重种族暴力或者大屠杀的新闻报道时，我想没有人会认为："这
有什么特殊的？——完全正常，每一天都发生在每个人身上。"发生
了战争……发生了犯罪，但是这些犯罪发生的环境是什么样的？为
什么谋杀率在国别之间、在不同文化之间有如此大的差异？战争、
犯罪和暴力是基因设定的，无法改变的范式……还是说它们是特定
的，当太多人面临着太少资源的竞争压力时才会发生？

跟随道格拉斯·弗里（Douglas Fry）就会了解从游牧的原始人
到城市工业化社会的现代社会人种志的详尽研究。这位芬兰埃博
学术大学和亚利桑那大学的人类学家在其开创性的名为《人类和
平的潜力：战争和暴力假设的人类学挑战》（*The Human Potential
for Peace: An Anthropological Challenge to Assumptions about War and
Violence*）的书中证明了人类潜在的合作和解决冲突的倾向。[1] 弗里
强调，实际上所有早期研究中用杀戮的能力来定义男人（只有男人
被定义！）似乎是有误的。当你读弗里的陈述时，请坐下来准备用
一种令人期待的释然来感受："战争在大部分文化中既不少见也不温
和！"[2] 与群体间和个体间敌对、不断争夺资源导致战争这个假设恰
恰相反，人类典型的模式是和睦相处，依靠其领地内的资源并尊重
其邻居的资源。在研究了游牧原始人的人种学信息后，弗里发现，
人类群体相互之间普遍存在敌意的观点不是仅以事实为依据的，而

---

[1] Fry 2006.
[2] Fry 2006, p. 97.

是基于"大量错误的假设和过分积极的推测"。[1] 他指出："冲突是社会生活中无法避免的特征，但是很显然人身攻击不是解决冲突的唯一选择。"[2] 冲突管理行为在跨文化研究中可以分类为：第一，避免（争论者停止交往）；第二，容忍（双方不承认存在争论话题）；第三，协商（产生相互能接受的妥协）；第四，解决（第三方解决问题，例如调解、仲裁或判决——在美国和其他工业化国家中非常普遍）。个体和整个社会用非暴力的方式来解决冲突。但是这些普遍应用的途径在媒体的雷达之中并不醒目。"两个东南亚村庄的和平到来了，因为争议双方决定宽容彼此"或者"澳大利亚内地盛行在被侮辱后逃开"不是我们读到的典型标题。弗里发现冲突只有一个解决途径——只靠自己（定义为一个争论者单独采取行动试图战胜或者惩罚对手），这可能包括人身攻击。他用肯定人类行为中的专横和攻击性的倾向来总结他的研究发现，但是坚持认为人类亲社会的、合作的行为和对他人的友善和关心的倾向是与生俱来的。实际上，弗里的工作已经使他确信人类社会的存在，正是因为人的亲社会倾向压倒了其专横和攻击性的倾向。

我们不是试图忽视攻击性和竞争性在理解灵长类和人类社会交往时的作用。我们的观点是长期互惠的联盟、合作和社会宽容形成了社会群居生活的核心。我们最早的祖先生活在一个充满大型可怕捕食者的世界里，来自化石记录和现存灵长类物种的强力证据指向这样的结论，即人类常常被捕食，需要社会组织来最小化群体内部的冲突，使人们协同警戒。[3] 问问你自己，在这个充满捕食者的史前世界里，什么是避免被吃掉的最好策略：个体间明显的暴力冲突，还是高水平的合作和互惠使个体显得尽可能"低调"？

现在，再看看"黑猩猩、战争和雄性暴力"理论怎么样？在涉

[1] Fry 2006, p. 183.

[2] Fry 2006, p. 22.

[3] Treves and Palmqvist 2007.

及所有这些新的关于合作行为的证据时，该理论如何成立呢？正如
我们在本章开头所说，我们发现"人类猎人"作为一个范式并不会 281
轻易被推翻。同理，该理论最早的一个兄弟理论——雄性暴力理论
也是如此。理查德·兰厄姆曾试图反驳一些对他和其共同作者戴
尔·彼得森的《雄性暴力》一书的批评意见。[1] 为了支持雄性暴力
理论，兰厄姆及其学生引用了越来越多的在一些不同的研究基地 [2]
观察到的疑似黑猩猩之间的致命攻击案例，尽管这些袭击的环境很
少被描述，每个研究基地所遭受的栖息地的破坏、引入的疾病、非
法捕猎的压力、人工食物的供应和灵长类学家的监视等这些强烈的
干扰因素都没有被合理处置。[3] 不过雄性暴力假设性论据的后续发
展，是从三个角度解释黑猩猩和人类的暴力：

第一，人类的战争和黑猩猩的暴力与致命攻击是被兰厄姆标签
为"协同杀戮"的一种现象。根据他的解释，成年雄性黑猩猩和人
类会协作杀死或者残忍地伤害其他的成年者："战争的远古起源是由
黑猩猩和人类在 600 万年前至 500 万年前有着共同祖先这一证据所
支持的。"[4]

第二，兰厄姆相信关于黑猩猩和人类的协作杀戮最适合的解释
是"力量不均衡"假说。因此，黑猩猩雄性当其成员比其他群体多
时会攻击其他群体，而这时其自身的受伤概率很低。因为现代战争
的复杂性，这些类型的致死攻击可以更容易地被看作是在"国家形
成前"的社会里人类中的"灵长类"战争。[5]

第三，对于协同杀戮的长期进化解释是一种"支配性驱动力"，
这种驱动力支持在低个人风险下在有机会攻击时进行无缘无故的攻
击。支配性驱动力和增加的基因适存度有关，杀戮者会给其后代留

---

[1] Wrangham and Peterson 1996.

[2] Wilson and Wrangham 2003; Wrangham 2004.

[3] Sanz 2004.

[4] Wrangham 1999, p. 3.

[5] Wrangham 1999, pp. 3, 5.

下更多的显性杀戮基因。[1]

兰厄姆假设特定的行为导致的蚂蚁、狼、黑猩猩和人类（尤其是在"原始国家形成前"的社会）的种内杀戮是类似的现象。他假设它们有同样的生物学基础和动机，是由相同的基本自然因素所驱动的。他给这些行为贴上"协同杀戮"的标签并在创建这个名字的过程中创造了一种现象。当将人类行为和动物行为进行比较时，人们假设看起来相似的行为有相似的功能和进化历史，这就违背了一个基本的生物学原则：单纯的行为方式无法提供关于功能的信息，也不能说它们有共同的基因和进化历史。谈及蜻蜓中的"强奸"，蚂蚁中的"奴役"，还是黑猩猩和人类中的"协同杀戮"，可能听起来像科学，但是在此我们改述乔纳森·马克斯的告诫——科学是关于生物学上的关联，而不是比喻性的描述。[2]

关于雄性暴力理论的另外一方面是其论据，即力量上的不均衡是协同杀戮的动机。我们怀疑当一个黑猩猩或人类群体发现另外一个个体或者另外一个群体很弱时，它们会攻击和杀戮吗？实际上并不是所有力量不均衡情况下的黑猩猩和人类都会展开攻击，在这两个物种中，协同杀戮非常少见。（还记得道格拉斯·弗里发现的有许多途径——避免、容忍、协调和处理解决冲突吗？）一组主要的问题遍布所有关于黑猩猩致命袭击的观察：潜在的动机是什么？哪一种类型的应激源导致致命袭击在一些案例中发生，而在另外一些案例中却没有发生？同样地，在黑猩猩中，严重的栖息地破坏、人为干扰、人工喂食、拥挤、非法捕猎，甚至频繁的科学观察多大程度影响了这些非常聪明的、目前在几乎每一个它们生活的森林中都面临灭绝危险的动物呢？而且，这么多相同的应激源如何在现代社会中影响人类呢？

---

[1] 其他对于该解释的批评请参考 Sussman 1999a, 2002, Rose and Rose 2000, Marks 2002 和 MacKinnon and Fuentes（即将发表）。

[2] Marks 2002.

雄性暴力理论的第三部分——支配性驱动力的存在——仍然需要澄清。罗伯特·欣德（Robert Hinde）——我们同时代最受尊敬的动物行为学家之一，曾经详尽地讨论过心理学和行为学上"驱动力"的概念。他强调这个词本身就制造了困难，因为该词以如此多的方式被使用。当行为之间能够直接相关时，如喝水终止了口渴，干涉驱动变量的提出也许是研究的一个有用工具。但是，当行为之间的关联性并不强时，欣德警告说："这样一个概念是会产生误导并会成为障碍的。"[1] 这一系列特别复杂的行为和有关情境的显性现象驱动力概念的使用，对我们来说是完全不合适的。

283

传统观点成为科学

这些理论和新的科学范式是如何被接受，或者说如何被忽视的呢？很不幸的是，对于这个问题的答案可能是更政治性的而不是科学性的。1962 年科学哲学家托马斯·库恩（Thomas Kuhn）写了一本经典的书《科学革命的结构》（*The Structure of Scientific Revolution*）。在书中他争论说科学家研究跟其问题相关的证据，最后得出最简化的解释（或者理论、范式）是符合当时技术和数据的。然而，这些证据也经过了该科学家自身背景和其理论来源的过滤，受其个人的世界观和文化出身背景的影响。想要改变现在流行的、根深蒂固的范式，改变这些已经成为"传统观点"的理论——例如"人类猎人"理论——是很难的，尤其是当这些理论同样符合世俗文化的世界观时。科学家和大部分人一样，在面对新的范式时普遍是保守的。

一旦一个范式在科学界被树立起来，大部分的实践者成为评估该理论中各参数的技术员，很少有人质疑理论本身的有效性。实际上，质疑理论甚至常常被认为是不科学的，因为新的理论和旧的理

[1] Hinde 1970, p. 196.

论总是不兼容，每个范式的内在逻辑都不一样。每个范式的支持者总是各执一词——说着不同的语言。正如雪莉·斯特鲁姆在其代表作《几乎就是人类》中所表达的，她的一段文字描述试图让灵长类学家接受她的观察报告，即攻击性不是如之前人们所想的那样对狒狒行为的进化有着普遍和重要的作用："根据库恩所说，在科学界，想法并不会仅仅因为新的事实胜过了过时的证据而轻易改变。许多社会的、文化的和历史的变量组成了完整的画面。因为事实无法为自己说话，仅仅是它们的人类支持者胜利了或者失败了。"[1]

因此，是的，科学是一件积累更好的证据来契合一种理论的事情……或者说找到一个能够更好地包容和解释旧证据和新证据的全新理论。最后，当有了新的证据和更好的解释这些证据的方法，科学界的政治会参与其中。应该由大家来衡量这些证据。这些理论之间的误差和证据必须被检验。一旦这些误差是压倒性的，新的理论将会代替旧的，从而为人们所接受。库恩不是没有幽默感，作为他的朋友，著名的社会人类学家克利福德·格尔茨（Clifford Geertz）说，库恩在其房子里有一个镶边的座右铭，写着"上帝保佑该范式"。[2]

科学并不总是真理。科学仅仅是给出现有的证据和技术在特殊的时间和地点对于一个特殊问题的最佳回答。在该时间和空间，我们相信"人类猎物"作为一个早期人类进化的范式能够最好地契合现存的证据。当然未来的证据可能会证明我们错了；我们只能等着谜底慢慢揭开。

真正的结语

现代人类，尤其是那些在西方文化中的人类坚定不移地认为自

---

[1] Strum 2001, p. 164；同时参考 Kuhn 1962。
[2] Geertz 2000, p. 166.

己是地球上占统治地位的生命形态。我们很少问是否这个观点在人类遥远的过去也是正确的（甚至现在，在城市范围之外）。我们就像趾高气扬走在大街上的最粗暴的小孩，把我们的科技传遍大地，不可逆转地改变其他文化和物种，虽然意识到是以一种草率的方式进行，我们可能会导致自己在某个时间点灭亡，但还是不愿意停止。

现在的事实表明人类似乎并未处在这个星球食物链的顶端。我们有着完全优越性的观点可能放在最近 500 年里是正确的，但是这和我们祖先在这个星球上游荡的 700 万年相比犹如眨眼的一瞬。我们愿意预想一个不那么强大的人类物种的开始。想象这样一个画面：有种小型的生物——成年雌性约 60 磅（约 27 千克），雄性重一些，有一个相对寻常的大脑身体比例，拥有站立和直立行走的能力。基本上在数百万年间它们是作为捕食者口中的双足行走的灵长类大餐，而非猎人。我们可能需要将自己看作是双足行走的蛋白质爆米花。我们的物种从一开始就像那些需要十分小心并足智多谋、在危险临头时要依靠其他群体成员的物种一样。我们仅仅是拥有大型复杂生态学系统的小野兽。

285

"人类猎人"是西方对世界文化的一个重构吗？相信拥有一个原罪的、暴力的祖先确实很好地契合了基督教关于原罪的观点，契合了从我们天生的、糟糕的欲望中拯救出来的需要。其他的宗教没有必要强调远古人类的野蛮状态；实际上，许多现代的与自然和谐相处的狩猎－采集者有一种超自然的认识，认为人类是自然之网的一部分，不是统治和掠夺自然与彼此的高级生物。

想想人类猎物，这为我们的过去戴上了一个不同的面具。这种转变迫使我们看到，在大部分进化里人类需要群体生活——像大部分其他灵长类一样——及一起合作抵御捕食者，而不是像那个大街上的最粗暴的小孩。因此强烈的合作要求可以被清晰地看成一个功能性工具而不是盲目乐观的小细节，个体或者国家之间的殊死竞争是特别异常的行为，而不是固有的生存技能。同样异常的是我们毁灭性地通过科技手段对地球的疯狂支配。

雷蒙德·达特宣称："人类中令人憎恶的残忍只能在人的肉食性和同类相食的起源中得到解释。"[1] 达特已经将捕食者及其肉食性的习惯和残忍等同起来，但是捕食只是一种获得食物的方式，不是一种残忍的嗜血行为。然而，忘记达特不科学的主观性，如果我们的起源既不是肉食性也不是同类相食，我们没有理由为自己的可恶行为找借口。人类最早的进化历史不是将自己变成可怕的地痞恶霸。相反的是，人类百万年作为猎物的经历建议人们应该拾起祖先的社会性、合作性、相互依赖和相互保护的工具包，用它来为我们自己和我们的星球创造一个更加美好的未来。

我们从一个主要吃植物的、同时吃一些偶尔收集的动物蛋白的物种进化而来。但是后一种行为并没有使我们成为捕食者或者食腐者。人类狩猎但不是猎人；吃腐食但不是食腐者。人类既不是天生有攻击性的猎人和杀手，也并不总是友善和友爱，人类有着这两者的能力。人类的发现、生活经历、世界观、文化对自身的行为，甚至对自身如何应对压力，有着巨大的影响。这就是为什么有必要理解我们并没有从狩猎的过往经历中继承杀戮"嗜好"。我们既不是天生的猎人，也不是天生的园丁；既不是天生的杀手，也不是天生的天使。我们只是自己学会了这些而已。

以上陈述是我们关于"人类猎人"还是"人类猎物"这个话题的结语。（尽管如此，就像一个 20 世纪 80 年代的摇滚乐队发誓将不会再有巡回演出，却发现巡回演出路途上的诱惑如此强烈无法拒绝一样……我们可能会因为被说服而重新回来欢唱！）

---

[1] Dart 1953, p. 209.

参考文献

Alderton, D. 1991. *Crocodiles and Alligators of the World.* Facts on File, New York.

Aldrich-Blake, F. 1970. The ecology and behaviour of the blue monkey, *Cercopithecus mitis stuhlmanni.* Ph.D. dissertation, University of Bristol, Bristol, U.K.

Alexander, J. 1992. Alas, poor Notharctus. *Natural History* 9:54–59.

Allen, J., and C. Stanford. [no date] Evaluating models and theories of hominid evolution. [Unpublished manuscript, Stanford personal communication.]

Alterman, L. 1995. Toxins and toothcombs: Potential allospecific chemical defenses in Nycticebus and Perodicticus. In: *Creatures of the Dark: The Nocturnal Prosimians*, L. Alterman, G. Doyle, and M. Kay Izard (eds.) Plenum Press, New York. pp. 413–424.

Altmann, S. 1974. Baboons, space, time, and energy. *American Zoology* 14:221–248.

———. 1979. Baboon progressions: Order or chaos? A study of one-dimensional group geometry. *Animal Behaviour* 27:46–80.

Altmann, S., and J. Altmann. 1970. *Baboon Ecology.* University of Chicago Press, Chicago.

Alvarez, J., Jr. 1970. A report on the 1969 status of the monkey-eating eagle of the Philippines. IUCN (International Union for the Conservation of Nature and Natural Resources) Publication N. S. 18:68–73.

Anderson, C. 1986a. Predation and primate evolution. *Primates* 27(1):15–39.

Anderson, J. 1986b. Encounters between domestic dogs and free-ranging non-human primates. *Applied Animal Behaviour Science* 15(1):71–86.

Andrews, P. 1990. *Owls, Caves and Fossils: Predation, Preservation, and Accumulation of Small Mammal Bones in Caves, with an Analysis of the Pleistocene Cave Faunas from Westbury-Sub-Mendip, Somerset, United Kingdom.* The University of Chicago Press, Chicago.

Angier, N. 1999. Illuminating how bodies are built for sociality. In: *The Biological Basis of*

Human Behavior: A Critical Review, R. Sussman (ed.). Prentice-Hall, Upper Saddle River, New Jersey. pp. 350–352.

———. 2002. Wired by evolution to get along. *The New York Times Large Type Weekly,* 7/29–8/4. p. 24.

Anon. 1983. A record size water monitor lizard in Sabah, East Malaysia. *Hamadryad* 8(3): cover.

———. 1991. Mountain lions pose threat to residents of rugged west. *St. Louis Post-Dispatch* 2/24/91. p. 13D.

———. 2006. Wild things. *Smithsonian Magazine.* April 2006. p. 18.

Archer, J. 1988. *The Behavioural Biology of Aggression.* Cambridge University Press, Cambridge, U.K.

Ardrey, R. 1961. *African Genesis: A Personal Investigation into Animal Origins and Nature of Man.* Atheneum, New York.

———. 1976. *The Hunting Hypothesis.* Atheneum, New York.

Associated Press. 2005. Were human ancestors hunted by birds? Science MSNBC.com. http://www.msnbc.msn.com/id/10819471/from/ET/.

Astill, J. 1999. Komodo dragon lures tourists, conservation. *The Jakarta Post* 11/9/99. p. 1.

Auffenberg, W. 1981. Behavioral ecology of the komodo monitor. Ph.D. dissertation, University of Florida, Gainesville, Florida.

BBC News. 2006. Hungry ancients "turned cannibal." 12/5/2006. http://news.bbc.co.uk/go/pr/fr/-/2/hi/science/nature/6209554.stm.

Badrian, N., and R. Malenky. 1984. Feeding ecology of *Pan paniscus* in the Lomako forest, Zaire. In: *The Pygmy Chimpanzee: Evolutionary Biology and Behavior,* R. Sussman (ed.). Plenum Press, New York. pp. 275–299.

Baenninger, R., R. Estes, and S. Baldwin. 1977. Anti-predator behavior of baboons and impalas toward a cheetah. *East African Wildlife Journal* 15(4):327–330.

Bahn, P. 1992. Cannibalism or ritual dismemberment. In: *The Cambridge Encyclopedia of Human Evolution,* S. Jones, R. Martin, and D. Pilbeam (eds.). Cambridge University Press, Cambridge. p. 330.

Bailey, R. 1993. The behavioral ecology of Efe pygmy men. *University of Michigan Anthropological Papers* 86. Museum of Anthropology, Ann Arbor.

Bakker, R. 1983. The deer flees, the wolf pursues: Incongruencies in predator-prey coevolution. In: *Coevolution,* D. Futuyma and M. Slatkin (eds.). Sinauer Associates, Inc., Sunderland. pp. 350–382.

Balter, M. 2004. Earliest signs of human-controlled fire uncovered in Israel. *Science* 304:663–665.

Barnett, R., and R. Rudd. 1983. Feral dogs of the Galapagos Islands: Impact and control. *International Journal for the Study of Animal Problems* 4:44–58.

Barrett, H. 2005. Adaptations to predators and prey. In: *The Handbook of Evolutionary Psychology,* D. Buss (ed.). John Wiley & Sons, New York. pp. 200–223.

Bartecki, U., and E. Heymann. 1987. Field observation of snake-mobbing in a group of saddleback tamarins (*Saguinus fuscicollis nigrifrons*). *Folia Primatologica* 48:199–202.

Bartlett, T., R. Sussman, and J. Cheverud. 1993. Infant killing in primates: A review of observed cases with specific references to the sexual selection hypothesis. *American Anthropologist* 95:958–990.

Baumgartel, W. 1976. *Up Among the Mountain Gorillas*. Hawthorn Books, New York.

Bayart, F., and M. Anthousard. 1992. Responses to a live snake by *Lemur macaco macaco* and *Lemur fulvus mayottensis* in captivity. *Folia Primatologica* 58(1):41–46.

Bearder, S. 1977. Feeding habits of spotted hyena in a woodland habitat. *East African Wildlife Journal* 15:263–280.

Bennett, D. 2003. Little book of monitor lizards. http://www.mampam.com.

Bercovitch, F. 1991. Social stratification, social strategies, and reproductive success in primates. *Ethology and Sociobiology* 12:315–333.

Berger, L., and R. Clarke. 1995. Eagle involvement in accumulation of the Taung child fauna. *Journal of Human Evolution* 29:275–299.

Bernstein, I. 1981. Dominance: The baby and the bathwater. *Behavior and Brain Sciences* 4:419–457.

_____. 1997. One man's view. *American Journal of Primatology* 41:151–154.

Bertram, B. 1978. Living in groups: Predators and prey. In: *Behavioural Ecology: An Evolutionary Approach*, First Edition, J. Krebs and N. Davies (eds.). Blackwell Scientific Publications, Oxford and London, U.K. pp. 64–96.

_____. 1979. Serengeti predators and their social systems. In: *Serengeti: Dynamics of an Ecosystem*, A. Sinclair and M. Norton-Griffiths (eds.). University of Chicago Press, Chicago. pp. 221–248.

_____. 1982. Leopard ecology as studied by radio-tracking. *The Symposium of the Zoological Society of London* 49:341–352.

Bertrand, M. 1969. *The Behavioral Repertoire of the Stumptail Macaque*. S. Karger, Basel, Switzerland.

Binford, L. 1985. Human ancestors: Changing views of their behavior. *Journal of Anthropological Archaeology* 4:292–327.

_____. 1992. Subsistence—a key to the past. In: *Cambridge Encyclopedia of Human Evolution*, S. Johnes, R. Martin, and D. Pilbeam (eds.). Cambridge University Press, Cambridge, U.K.

Blair, L., and L. Blair. 1991. *Ring of Fire*. Bantam Press, London.

Bloch, J., and D. Boyer. 2002. Grasping primate origins. *Science* 298:1606–1610.

Blumenschine, R. 1988. An experimental model of the timing of hominid and carnivore influence on archaeological bone assemblages. *Journal of Archaeological Science* 15:483–502.

_____. 1995. Percussion marks, tooth marks and experimental determinations of the timing of hominid and carnivore access to long bones at FLK Zinjanthropus, Olduvai Gorge, Tanzania. *Journal of Human Evolution* 29:21–51.

Blumenschine, R., and C. Marean. 1993. A carnivore's view of archaeological bone assemblages. In: *From Bones to Behavior: Ethnoarchaeological and Experimental Contributions to the Interpretation of Faunal Remains*, J. Hudson (ed.). Occasional Paper 2, Center for Archaeological Investigations. Southern Illinois University, Carbondale. pp. 273–300.

Blurton Jones, N. 1993. The lives of hunter-gatherer children: Effects of parental behavior and parental reproductive strategy. In: *Juvenile Primates: Life History, Development and Behavior,* M. Pereira and L. Fairbanks (eds.). Oxford University Press, Oxford. pp. 309–326.

Blurton Jones, N., K. Hawkes, and J. O'Connell. 1989. Modeling and measuring the costs of children in two foraging societies. In: *Comparative Socioecology: The Behavioral Ecology of Humans and Other Mammals,* V. Standen and R. Foley (eds.). Oxford University Press, Oxford. pp. 367–390.

Boaz, N. 1997. *Eco Homo.* Basic Books, New York.

Boaz, N., and R. Ciochon. 2001. The scavenging of "Peking Man." *Natural History* 110(2):46–51.

Boaz, N., R. Ciochon, Q. Xu, and J. Liu. 2000. Large mammalian carnivores as a taphonomic factor in the bone accumulation at Zhoukoudian. *Acta Anthropologica Sinica* (Suppl.) 19:224–234.

_____. 2003. Taphonomy of Zhoukoudian *Homo erectus*: Locality 1 as a hyaenid den. [unpublished manuscript]

Bock, K. 1980. *Human Nature and History: A Response to Sociobiology.* Columbia University Press, New York.

Boesch, C. 1991. The effects of leopard predation on grouping patterns in forest chimpanzees. *Behaviour* 117(3–4):220–242.

_____. 1992. Predation by leopards on chimpanzees and its impact on social grouping. *Bulletin of the Chicago Academy of Science* 15(1):5.

_____. 1994. Hunting strategies of Gombe and Tai chimpanzees. In: *Chimpanzee Cultures,* R. Wrangham, W. McGrew, F. de Waal, and P. Heltne (eds.). Harvard University Press, Cambridge, Massachusetts. pp. 77–92.

Boesch, C., and H. Boesch. 1989. Hunting behavior of wild chimpanzees in the Tai National Park, Ivory Coast. *American Journal of Physical Anthropology* 78(4):547–574.

Boesch, C., and H. Boesch-Achermann. 2000. *The Chimpanzees of the Taï Forest: Behavioural Ecology and Evolution.* Oxford University Press, Oxford.

Boggess, J. 1976. The social behavior of the Himalayan langur (*Presbytis entellus*) in eastern Nepal. Ph.D. dissertation, University of California, Berkeley, California.

Boinski, S. 1987. Birth synchrony in squirrel monkeys: A strategy to reduce neonatal predation. *Behavioural Ecology and Sociobiology* 21(6):393–400.

_____. 1988. Use of club by a wild white-faced capuchin to attack a venomous snake. *American Journal of Primatology* 14(2):177–179.

Boinski, S., and C. Chapman. 1995. Predation on primates: Where are we and what's next? *Evolutionary Anthropology* 4(1):1–3.

Bolwig, N. 1959. A study of the behaviour of the chacma baboon, *Papio ursinus. Behaviour* 14:136–163.

Boonratana, R. 1994. The ecology and behaviour of the proboscis monkey (*Nasalis larvatus*) in the Lower Kinabatangan, Saba. Ph.D. dissertation, Mahidol University, Thailand.

Bothma, J. du, and E. Le Riche. 1984. Aspects of the ecology and behaviour of the leopard in the Kalahari Desert. *Koedoe,* Suppl. pp. 259–279.

Borja, C., M. Garcia-Pacheco, E. Olivares, G. Scheuenstuhl, and J. Lowenstein. 1997. Immunospecificity of albumin detected in 1.6 million-year-old fossils from Venta Micena in Orce, Granada, Spain. *American Journal of Physical Anthropology* 103(4):433–441.

Bourliere, F. 1979. Significant parameters of environmental quality for nonhuman primates. In: *Primate Ecology and Human Origins*, I. Bernstein and E. Smith (eds.). Garland, New York. pp. 23–46.

Braack, L. 1987. Community dynamics of carrion-attendant arthropods in tropical African woodland. *Oecologia* 72:402–409.

Brain, C. 1970. New finds at the Swartkrans Australopithecine site. *Nature* (London) 225:1112–1119.

_____. 1978. Interpreting the bone accumulation from the Sterkfontein Valley caves. *Annals of the Natal Museum* 23:465–468.

_____. 1981. *The Hunters or the Hunted?* University of Chicago Press, Chicago.

Branch, W. 1984. *Pythons and people: Predators and prey.* African Wildlife 38(6):236–241.

Branch, W., and W. Haacke. 1980. A fatal attack on a young boy by an African rock python, *Python sebae. Journal of Herpetology* 14(3):305–307.

Brasch, P. 1993. Woman loses arm to African crocodile. *St. Louis Post-Dispatch* 3/24/93. p. 3A.

Brown, D. 1991. *Human Universals.* Temple University Press, Philadelphia.

Brown, L. 1953. On the biology of the large birds of prey of Embu District, Kenya Colony. *Ibis* 95:74–114.

_____. 1966. Observations on some Kenya eagles. *Ibis* 108:531–572.

_____. 1971. *African Birds of Prey.* Houghton Mifflin Company, Boston.

_____. 1977. *Eagles of the World.* Universe Books, New York.

Brown, L., and D. Amadon. 1989. *Eagles, Hawks and Falcons of the World.* Wellfleet, Secaucus, New Jersey.

Brown, L., E. Urban, and K. Newman (eds.). 1982. *Birds of Africa. Vol. I: Ostriches to Birds of Prey.* Academic Press, New York.

Bryden, B. 1976. The biology of the African lion (*Panthera leo*, Linn 1758) in the Kruger National Park. Master's thesis, University of Pretoria, South Africa.

Bunn, H. 1981. Archaeological evidence for meat eating by Plio-Pleistocene hominids from Koobi Fora and Olduvai Gorge. *Nature* 291:574–677.

Burns, J. 1996. India fighting plague of man-eating wolves. *The New York Times* 9/1/96. p. 1.

Burton, F., and M. Eaton. 1995. *The Multimedia Guide to the Non-Human Primates.* Prentice-Hall Canada, Scarborough, Ontario.

Burton, R. (Translator). 2001. *The Arabian Nights: Tales from a Thousand and One Nights.* The Modern Library, New York.

Busse, C. 1977. Chimpanzee predation as a possible factor in the evolution of red colobus monkey social organization. *Evolution* 31:907–911.

_____. 1980. Leopard and lion predation upon chacma baboons living in the Moremi Wildlife Reserve. *Botswana Notes Records* 26:132–160.

Byrne, R., and J. Byrne. 1988. Leopard killers of Mahale. *Natural History* 97(3):22–26.

CNN.com. 2004. Mountain lion spotted stalking deputies. http://www.cnn.com/2004/US/West/01/09/mountain.lion/index.html.

Caine, N. 1987. Vigilance, vocalization, and cryptic behaviour at retirement in captive groups of red-bellied tamarins (*Saguinus labiatus*). *American Journal of Primatology* 12:241–250.

_____. 1993. Flexibility and co-operation as unifying themes in Saguinus social organization and behaviour: The role of predation pressures. In: *Marmosets and Tamarins: Systematics, Behaviour, and Ecology*, A. Rylands (ed.) Oxford University Press, Oxford. pp. 200–219.

Cambridge Educational Films. 1999. The Story of Hominid Evolution: Origins of *Homo sapiens* East African Roots. *Films for the Humanities and Sciences*, Princeton, New Jersey.

Campbell, C., and T. Campbell. 2004. *The China Study: Startling Implications for Diet, Weight Loss and Long-Term Health.* Benbella Books, Dallas.

Capstick, P. 1993. *Maneaters.* Safari Press, Huntington Beach, California.

Caro, T., and C. Fitzgibbon. 1992. Large carnivores and their prey: The quick and the dead. In: *Natural Enemies: The Population Biology of Predators, Parasites and Diseases*, M. Crawley (ed.). Blackwell Scientific Publications, Oxford. pp. 117–142.

Carrington, D. 2000. Taste for flesh troubled Neanderthals. *BBC NewsOnline* 6/12/00.

Carroll, R. 1988. *Vertebrate Paleontology and Evolution.* W. H. Freeman, New York.

Carter, S. 1999. *Hormones, Brain and Behavior: Integrative Neuroendocrinology of Affiliation.* MIT Press, Boston.

Carter, S., and B. Cushing. 2004. Proximate mechanisms regulating sociality and social monogamy in the context of evolution. In: *Origins and Nature of Sociality*, R. Sussman and A. Chapman (eds.). Aldine de Gruyter, New York. pp. 99–121.

Cartmill, M. 1993. *A View to a Death in the Morning: Hunting and Nature Through History.* Harvard University Press, Cambridge, Massachusetts.

_____. 1997. Hunting hypothesis of human origins. In: *History of Physical Anthropology: An Encyclopedia*, F. Spencer (ed.). Garland, New York. pp. 508–512.

Cavallo, J. 1991. Leopards and human evolution. In: *Great Cats: Majestic Creatures of the Wild*, J. Seidensticker and S. Lumpkin (eds.). Rodale Press, Emmaus, Pennsylvania. p. 208.

Chapais, B., and S. Schulman. 1980. Alarm responses to raptors by rhesus monkeys at Cayo Santiago. *Journal of Mammalogy* 61(4):739–741.

Chapin, J. 1925. The crowned eagle, ogre of Africa's monkeys. *Natural History* 25:459–469.

_____. 1932. The birds of the Belgian Congo, I. *Bulletin of the American Museum of Natural History* 65(1):534–655.

Chapman, C. 1986. Boa constrictor predation and group response in white-faced cebus monkeys. *Biotropica* 18(2):171–172.

Charles-Dominique, P. 1974. Ecology and feeding behavior of five sympatric lorisids in Gabon. In: *Prosimian Biology*, R. Martin, G. Doyle, and A. Walker (eds.). Duckworth, London. pp. 135–150.

_____. 1977. *Ecology and Behaviour of Nocturnal Primates: Prosimians of Equatorial West*

Africa. Duckworth, London.

Cheney, D., and R. Seyfarth. 1981. Selective forces affecting the predator alarm calls of vervet monkeys. *Behaviour* 76:25–61.

Cheney, D., and R. Wrangham. 1987. Predation. In: *Primate Societies*, B. Smuts, D. Cheney, R. Seyfarth, R. Wrangham, and T. Struhsaker (eds.). The University of Chicago Press, Chicago. pp. 227–239.

Chicago Field Museum of Natural History. 2001. Man-Eaters at the Field Museum. http://www.fmnh.org/exhibits/exhibit_sites/tsavo/mfuwe.html.

Chism, J., D. Olson, and T. Rowell. 1983. Diurnal births and perinatal behavior among wild patas monkeys. *International Journal of Primatology* 4:167–184.

Chism, J., and T. Rowell. 1988. The natural history of patas monkeys. In: *A Primate Radiation: Evolutionary Biology of the African Guenons*, A. Gautier-Hion, F. Bourliere, J. Gautier, and J. Kingdon (eds.). Cambridge University Press, Cambridge, U.K. pp. 412–437.

Chivers, D., and C. Hladik. 1984. Diet and gut morphology in primates. In: *Food Acquisition and Processing in Primates*, D. Chivers, B. Wood, and A. Bilsborough (eds.). Plenum Press, New York. pp. 213–230.

Clark, J. 1970. Observations on the crowned eagle, *Polemaetus coronatus*. *The Lammergeyer* 12:74–77.

Clifton, M. 1977. Attack on a colobus monkey. *East Africa Natural History Society* Vol. 5.

Cloudsley-Thompson, J. 1994. *Predation and Defence Amongst Reptiles*. R & A Publishing Ltd., England.

Clutton-Brock, T. 2002. Breeding together: Kin selection and mutualism in cooperative vertebrates. *Science* 296:69–72.

Coimbra-Filho, A. 1978. Natural shelters of *Leontopithecus rosalia* and some ecological implications (Callitrichidae: Primates). In: *The Biology and Conservation of the Callitrichidae*, D. Kleiman (ed.). Smithsonian Institution Press, Washington, D.C. pp. 79–09.

Colquhoun, I. 1993. The socioecology of Eulemur macaco: A preliminary report. In: *Lemur Social Systems and Their Ecological Basis*, P. Kappeler and J. Ganzhorn (eds.). Plenum Press, New York. pp. 11–23.

Collar, J. 1989. *Harpy eagle*. World Birdwatch 11(3):5.

Conroy, G. 1990. *Primate Evolution*. W. W. Norton, New York.

———. 2004. *Reconstructing Human Origins: A Modern Synthesis*, Second Edition. W. W. Norton, New York.

Cook, M., and S. Mineka. 1990. Selective associations in the observational conditioning of fear in rhesus monkeys. *Journal of Experimental Psychology: Animal Behavior Processes* 16(4):372–389.

Cooke, C., S. Shultz, and W. McGraw. 2004. A taphonomic analysis of crowned hawk-eagle nests from Tai National Forest, Ivory Coast. *American Journal of Physical Anthropology*, Suppl. 38:79.

Cooper, S. 1990. The hunting behaviour of spotted hyenas (*Crocuta crocuta*) in a region containing both sedentary and migratory populations of herbivores. *African Journal of*

Ecology 28:131–141.

Corbett, J. 1954. *The Temple Tiger and More Man-Eaters of Kumaon.* Oxford University Press, New Delhi.

Coryndon, S. 1964. Bone remains in the caves. *Studies in Speleology* 1(1):60–63.

Cott, H. 1961. Scientific results of an inquiry into the ecology and economic status of the Nile crocodile (*Crocodilus niloticus*) in Uganda and Northern Rhodesia. *Trans. Zool. Soc.* London 29:211–356.

Cowlishaw, G. 1994. Vulnerability to predation in baboon populations. *Behaviour* 131(3–4):293–304.

_____. 1997. Alarm calling and implications for risk perception in a desert baboon population. *Ethology* 103(5):384–394.

Crook, J. 1970. The socioecology of primates. In: *Social Behaviour in Birds and Mammals*, J. Crook (ed.). Academic Press, London. pp. 103–159.

Crook, J., and J. Gartlan. 1966. Evolution of primate societies. *Nature* 210:1200–1203.

Curio, E. 1976. *The Ethology of Predation.* Springer-Verlag, Berlin.

Dahlberg, F. 1981. *Woman the Gatherer.* Yale University Press, New Haven, Connecticut.

Daneel, A. 1979. Prey size and hunting methods of the crowned eagle. *Ostrich* 50:120–121.

Darling, J. 1998. Mass inhumation and the execution of witches in the American Southwest. *American Anthropologist* 100(3):732–752.

Dart, R. 1953. The predatory transition from ape to man. *International Anthropological and Linguistic Review* 1:201–217.

Dart, R., and D. Craig. 1959. *Adventures with the Missing Link.* Harper, New York.

Darwin, C. 1874. The Descent of Man, Revised Edition. The Henneberry Company, Chicago.

Dawkins, R. 1976. *The Selfish Gene.* Oxford University Press, Oxford.

Deacon, H., and J. Deacon. 1999. *Human Beginnings in South Africa: Uncovering the Secrets of the Stone Age.* AltaMira Press, Walnut Creek, California.

Defenders of Wildlife. 2001. Wolves around the world. http://www.defenders.org/publications/wolvesarworld.pdf.

Degler, C. 1991. *In Search of Human Nature.* Oxford University Press, New York.

Deurbrouck, J., and D. Miller. 2001. As cougar attacks grow, coexistence is key. *The Christian Science Monitor* 5/9/01. p. 9.

DeVault, T., O. Rhodes, and J. Shivik. 2003. Scavenging by vertebrates: Behavioral, ecological, and evolutionary perspectives on an important energy transfer pathway in terrestrial ecosystems. *Oikos* 102(2):225–234.

DeVore, I., and S. Washburn. 1963. Baboon ecology and human evolution. In: *African Ecology and Human Evolution*, C. Howell and F. Bourliere (eds.). Aldine, New York. pp. 335–367.

de Waal, F. 2006. *Primates and Philosophers: How Morality Evolved.* Princeton University Press, Princeton.

de Waal, F., and F. Lanting. 1997. *Bonobo: The Forgotten Ape.* University of California Press, Berkeley, California.

Discovery Channel. 1996. *Dragons of Komodo* [video] . Discovery Communications, Bethesda, Maryland.

Dittus, W. 1974. The ecology and behavior of the toque monkey, *Macaca sinica*. Ph.D. dissertation, University of Maryland, College Park, Maryland.

———. 1975. Population dynamics of the toque monkey, *Macaca sinica*. In: *Socioecology and Psychology of Primates*, R. Tuttle (ed.). Mouton, The Hague. pp. 125–152.

———. 1977. The socioecological basis for the conservation of the toque monkey (*Macaca sinica*) of Sri Lanka (Ceylon). In: *Primate Conservation*, HRH Rainier III and G. Bourne (eds.). Academic Press, New York. pp. 237–265.

———. 1979. The evolution of behaviors regulating density and age-specific sex ratios in a primate population. *Behaviour* 69:265–302.

Domico, T. 1988. *Bears of the World*. Facts on File, New York.

Dominguez-Rodrigo, M. 1997. Meat-eating by early hominids at the FLK Zinjanthropus Site, Olduvai Gorge (Tanzania): An experimental approach using cut mark data. *Journal of Human Evolution* 33:669–690.

———. 1999. Distinguishing between apples and oranges: The application of modern cut mark studies to the Plio-Pleistocene (a reply to Monahan). *Journal of Human Evolution* 37:793–800.

Dominguez-Rodrigo, M, T. Pickering, S. Semaw, and M. Rogers. 2005. Cutmarked bones from Pliocene archaeological sites at Gona, Afar, Ethiopia: Implications for the function of the world's oldest stone tools. *Journal of Human Evolution* 48:109–121.

Dunbar, R. 1988. *Primate Social Systems*. Comstock Publications, Ithaca.

Eason, P. 1989. Harpy eagle attempts predation on adult howler monkey. *Condor* 91(2):469–470.

Eaton, R. 1974. *The Cheetah: The Biology, Ecology, and Behavior of an Endangered Species*. Van Nostrand Reinhold, New York. pp. 41–87.

Ehrenreich, B. 1997. *Blood Rites: Origins and History of the Passions of War*. Henry Holt, New York.

Eisenberg, J., N. Muckenhirn, and R. Rudran. 1972. The relation between ecology and social structure in primates. *Science* 176:863–874.

Eliot, J. 2003. What's for dinner? We are. *National Geographic* 8/03. [unnumbered page]

Elliott, J., I. Cowan, and C. Holling. 1977. Prey capture in the African lion. *Canadian Journal of Zoology* 55:1811–1828.

Ellis, R. 1996. *The Book of Sharks*. Alfred A. Knopf, New York.

Emmons, L. 1987. Comparative feeding ecology of felids in a neotropical rainforest. *Behavioural Ecology and Sociobiology* 20:271–283.

Endler, J. 1991. Interactions between predators and prey. In: *Behavioural Ecology: An Evolutionary Approach*, Third Edition, J. Krebs and N. Davies (ed.). Blackwell Scientific Publications, New York. pp. 169–196.

Estes, R. 1967. Predators and scavengers. *Natural History* 76:21–29.

Estes, R., and J. Goddard. 1967. Prey selection and hunting behavior of the African wild dog. *Journal of Wildlife Management* 31:52–70.

Everett, M. 1977. *A Natural History of Owls*. The Hamlyn Publishing Group, Ltd., London.

Ewer, R. 1954. Sabre-toothed tigers. *New Biology* 17:27–40.

———. 1973. *The Carnivores*. Cornell University Press, New York.

Fay, J., R. Carroll, J. Kerbis Peterhans, and D. Harris. 1995. Leopard attack on and consumption of gorillas in the Central African Republic. *Journal of Human Evolution* 29(1):93–99.

Fedigan, L. 1974. The classification of predators by Japanese macaques (*Macaca fuscata*) in the mesquite chaparral habitat of south Texas. *American Journal of Physical Anthropology* 40(1):135.

_____. 1992. *Primate Paradigms*. University of Chicago Press, Chicago.

Fedigan, L., A. Rosenberger, S. Boinski, M. Norconk, and P. Garber. 1996. Critical issues in cebine evolution and behavior. In: *Adaptive Radiation of Neotropical Primates*, M. Norconk, A. Rosenberger, and P. Garber (eds.). Plenum Press, New York. pp. 219–228.

Feeny, P. 1973. Biochemical coevolution between plants and their insect herbivores. In: *Coevolution of Animals and Plants,* L. Gilbert and P. Raven (eds.). University of Texas Press, Austin. pp. 3–19.

Feibel, C., F. Brown, and I. McDougall. 1989. Stratigraphic context of fossil hominids from the Omo Group deposits: Northern Turkana basin, Kenya and Ethiopia. *American Journal of Physical Anthropology* 78:595–623.

Ferris, C., C. Snowdon, J. King, T. Duong, T. Ziegler, K. Ugurbil, R. Ludwig, N. Schultz-Darken, Z. Wu, D. Olson, J. Sullivan, P. Tannenbaum, and J. Vaughan. 2001. Functional imaging of brain activity in conscious monkeys responding to sexually arousing cues. *Neuroreport* 12(10):2231–2236.

Ferris, C., C. Snowdon, J. King, J. Sullivan, T. Ziegler, D. Olson, N. Schultz-Darken, P. Tannenbaum, R. Ludwig, Z. Wu, A. Einspanier, J. Vaughan, and T. Duong. 2004. Activation of neural pathways associated with sexual arousal in non-human primates. *Journal of Magnetic Resonance Imaging* 19:168–175.

Fourrier, M., R. Sussman, R. Kippen, and G. Childs. [In press] Demographic modeling of a predator-prey system and its implication for the Gombe red colobus (*Procolobus badius*) population. *International Journal of Primatology.*

Fowler, J., and J. Cope. 1964. Notes on harpy eagle in British Guiana. *Auk* 81:257–273.

Fox, M. 2004. Was pre-human a failed "experiment?" Fossil hints at violent death 900,000 years ago. Science MSNBC.com. http://www.msnbc.msn.com/id/5343787/.

Fox, R. 1967. In the beginning: Aspects of hominid behavioural evolution. *Man* 2:415–433.

Fry, D. 2006. *The Human Potential for Peace: An Anthropological Challenge to Assumptions about War and Violence*. Oxford University Press, New York.

Fuller, T., and P. Kat. 1990. Movements, activity, and prey relationships of African wild dogs (*Lycaon pictus*) near Aitong, southwestern Kenya. *African Journal of Ecology* 28:330–350.

Gabunia, L., A. Vekua, D. Lordkipanidze et al. 2000. Earliest Pleistocene hominid cranial remains from Dmanisi, Republic of Georgia: Taxonomy, geological setting, and age. *Science* 288:1019–1025.

Galdikas, B. 1985. Crocodile predation on a proboscis monkey in Borneo. *Primates* 26(4):495–496.

_____. 1995. *Reflections of Eden: My Years with the Orangutans of Borneo*. Little, Brown, New York.

Galdikas, B., and C. Yeager. 1984. Crocodile predation on a crab-eating macaque in Borneo. *American Journal of Primatology* 6(1):49–51.

Gandini, G., and P. Baldwin. 1978. An encounter between chimpanzees (*Pan troglodytes*) and a leopard (*Panthera pardus*) in Senegal. *Carnivore* 1(1):107–121.

Gargett, V. 1971. Some observations on black eagles in the Matopos, Rhodesia. *Ostrich*, Suppl. 9:91–124.

———. 1990. *The Black Eagle: A Study of Verreaux's Eagle in Southern Africa*. Academic Press, London.

Gautier-Hion, A., R. Quris, and J. Gautier. 1983. Monospecific vs. polyspecific life: A comparative study of foraging and anti-predatory tactics in a community of Cercopithecus monkeys. *Behavioural Ecology and Sociobiology* 12(4):325–335.

Gautier-Hion, A., and C. Tutin. 1988. Mutual attack by a polyspecific association of monkeys against a crowned hawk eagle. *Folia Primatologica* 51:149–151.

Gebo, D., and E. Simons. 1984. Puncture marks on early African anthropoids. *American Journal of Physical Anthropology* 65(1):31–36.

Geertz, C. 2000. *Available Light: Anthropological Reflections on Philosophical Subjects*. Princeton University Press, Princeton.

Ghiglieri, M. 1984. *The Chimpanzees of Kibale Forest: A Field Study of Ecology and Social Structure*. Columbia University Press, New York.

———. 1999. *The Dark Side of Man: Tracing the Origins of Male Violence*. Perseus Books, Reading, Massachusetts.

Gillard, L. 1979. Giant eagle owl. *Witwatersrand Bird Club News* 104:5–6.

Goldizen, A. 1987. Tamarins and marmosets: Communal care of offspring. In: *Primate Societies*, B. Smuts, D. Cheney, R. Seyfarth, R. Wrangham and T. Struhsaker (eds.). University of Chicago Press, Chicago. pp. 34–43.

Gonzales, R. 1968. A study of the breeding biology and ecology of the monkey-eating eagle. *Silliman Journal* 15:461–491.

Goodall, J. 1965. Chimpanzees of the Gombe Stream Reserve. In: *Primate Behavior: Field Studies of Monkeys and Apes*, I. De Vore (ed.). Holt, Rinehart, and Winston, New York. pp. 425–473.

———. 1968. The behaviour of free-living chimpanzees in the Gombe Stream Reserve. *Animal Behaviour Monographs* 1:165–311.

———. 1971. *In the Shadow of Man*. Houghton Mifflin, Boston.

———. 1986. *The Chimpanzees of Gombe: Patterns of Behavior*. Harvard University Press, Cambridge, Massachusetts.

Goodman, S. 1994. Description of a new species of subfossil eagle from Madagascar: *Stephanoaetus* (Aves: Falconiformes) from the deposits of Ampasambazimba. *Proceedings of the Biological Society of Washington* 107:421–428.

Goodman, S., S. O'Connor, and O. Langrand. 1993. A review of predation on lemurs: Implications for the evolution of social behavior in small, nocturnal primates. In: *Lemur Social Systems and Their Ecological Basis*, P. Kappeler and J. Ganzhorn (eds.). Plenum Press, New York. pp. 51–66.

Gore, R. 2002. New find: The first pioneer? *National Geographic* 8/02. [unnumbered addition to issue]

Goren-Inbar, N., N. Alperson, M. Kislev, O. Simchoni, Y. Melamed, A. Ben-Nun, and E. Werker. 2004. Evidence of hominin control of fire at Gesher Benot Ya'aqov, Israel. *Science* 304:725–727.

Greene, H. 1997. *Snakes: The Evolution of Mystery in Nature*. University of California Press, Berkeley, California.

Grzimek, B. 1975. Grzimek's Animal Life Encyclopedia, Volume 6: Reptiles. Van Nostrand Reinhold Company, New York.

_____. 1975. Grzimek's Animal Life Encyclopedia, Volume 12: Mammals III. Van Nostrand Reinhold Company, New York.

Guggisberg, C. 1975. *Wild Cats of the World*. Taplinger Publishing Company, New York. Hall, K. 1965. Ecology and behavior of baboons, patas and vervet monkeys in Uganda. In: *The Baboon in Medical Research*, H. Vagtborg (ed.). University of Texas Press, San Antonio. pp. 43–61.

_____. 1966. Distribution and adaptation of baboons. *Symposium of the Zoological Society of London* 17:49.73.

Hamburg, D. 1971. Aggressive behavior of chimpanzees and baboons in natural habitats. *Journal of Psychiatric Research* 8:385–398.

Hamilton, P. 1981. The leopard *Panthera pardus* and the cheetah *Acinonyx jubatus* in Kenya. Unpublished report for the U.S. Fish and Wildlife Service, the African Wildlife Leadership Foundation, and the Government of Kenya.

Hamilton, W., R. Buskirk, and W. Buskirk. 1975. Defensive stoning by baboons. *Nature* 256:488–489.

Hanif, M. 1970. The harpy eagle (*Harpia harpyja*) at Georgetown Zoo. In: *International Zoo Yearbook*, Vol. 10, J. Lucas (ed.). Zoological Society of London. pp. 24–25.

Harding, R. 1981. An order of omnivores: Nonhuman primate diets in the wild. In: *Omnivorous Primates: Gathering and Hunting in Human Evolution*, R. Harding and G. Teleki (eds.). Columbia University Press, New York. pp. 191–214.

Harrison, G., J. Tanner, D. Pilbeam, and P. Baker. 1989. *Human Biology: An Introduction to Human Evolution, Variation, Growth, and Adaptability*. Oxford University Press, Oxford. Hart, D. 2000. Primates as prey: Ecological, morphological, and behavioral relationships between primate species and their predators. Ph.D. dissertation, Washington University, St. Louis, Missouri.

Hart, J., M. Katembo and K. Punga. 1996. Diet, prey selection and ecological relations of leopard and golden cat in the Ituri Forest, Zaire. *African Journal of Ecology* 34:364–379.

Hartstone-Rose, A., D. de Ruiter, L. Berger, and S. Churchill. [In press] A saber-tooth felid from Coopers Cave (Gauteng, South Africa) and its implications for Megantereon (*Felidae Machairodontinae*) taxonomy. *Journal of Systematic Paleontology of the Museum of Natural History*, London.

Harvard University Press Online Catalog. http://www.hup.harvard.edu/catalog/CARVIE.html.

Harvey, P., and P. Greenwood. 1978. Anti-predator defense strategies: Some evolutionary problems. In: *Behavioural Ecology: An Evolutionary Approach*, First Edition, J. Krebs and N. Davies (eds.). Blackwell Scientific Publications, Oxford, London. pp. 129–151.

Harvey, P., M. Kavanagh, and T. Clutton-Brock. 1978. Sexual dimorphism in primate teeth. *Journal of Zoology*, London 186:475–485.

Hasegawa, T., M. Hiraiwa, T. Nishida, and H. Takasaki. 1983. New evidence on scavenging behavior in wild chimpanzees. *Current Anthropology* 24(2):231–232.

Hauser, M. 1988. How infant vervet monkeys learn to recognize starling alarm calls: The role of experience. *Behaviour* 105(3–4):187–201.

_____. 2006. *Moral Minds: How Nature Designed Our Universal Sense of Right and Wrong.* Ecco/HarperCollins Publishers, New York.

Hausfater, G. 1975. Dominance and Reproduction in Baboons (*Papio cynocephalus*). S. Karger, Basel.

Hausfater, G., and S. Hrdy (eds.). 1984. *Infanticide: Comparative and Evolutionary Perspectives.* Aldine Publishing, New York.

Hawkes, K., J. O'Connell, and N. Blurton Jones. 1995. Hadza children's foraging: Juveniles' dependency, social arrangements and mobility among hunter-gatherers. *Current Anthropology* 36:688–700.

Hayden, B. 1981. Subsistence and ecological adaptations of modern hunter/gatherers. In: *Omnivorous Primates: Gathering and Hunting in Human Evolution,* R. Harding and G. Teleki (eds.). Columbia University Press, New York. pp. 344–421.

Headland, T., and H. Greene. 2007. Pythons and people as predators and prey. Paper presented at the Third Annual Meeting of the Society for Anthropological Sciences, San Antonio, Texas, February 21–24. 8 pp.

Heald, F., and C. Shaw. 1991. Sabertooth cats. In: *Great Cats: Majestic Creatures of the Wild*, J. Seidensticker and S. Lumpkin (eds.). Rodale Press, Emmaus, Pennsylvania. pp. 24–25.

Herrero, S. 2002. *Bear Attacks: Their Causes and Avoidance.* The Lyons Press, Guilford, Connecticut.

Heymann, E. 1987. A field observation of predation on a moustached tamarin (*Saguinas mystax*) by an anaconda. *International Journal of Primatology* 8(2):193–195.

Hill, R., and R. Dunbar. 1998. An evaluation of the roles of predation rate and predation risk as selective pressures on primate grouping behaviour. *Behaviour* 135(4):411–430.

Hinde, R. 1970. *Animal Behavior: A Synthesis of Ethology and Comparative Psychology,* Second Edition. McGraw Hill, New York.

Hiraiwa-Hasegawa, M., R. Byrne, H. Takasaki, and J. Byrne. 1986. Aggression toward large carnivores by wild chimpanzees of Mahale Mountains National Park, Tanzania. *Folia Primatologica* 47(1):8–13.

Hladik, C. 1977. Chimpanzees of Gabon and chimpanzees of Gombe: Some comparative data on the diet. In: *Primate Ecology: Studies of the Feeding and Ranging Behaviour in Lemurs, Monkeys and Apes,* T. Clutton-Brock (ed.). Academic Press, New York. pp. 481–501.

Hladik, C., D. Chivers, and P. Pasquet. 1999. On diet and gut size in non-human primates and humans: Is there a relationship to brain size? *Current Anthropology* 40(5):695–697.

Hoogerwerf, A. 1970. *Udjung Kulon, The Land of the Last Javan Rhinoceros.* E. J. Brill,

Leiden.

Hoppe-Dominik, B. 1984. Prey frequency of the leopard (*Panthera pardus*) in the Tai National Park of the Ivory Coast. *Mammalia* 48(4):477–488.

Hosaka, K., T. Nishida, M. Hamai, A. Matsumoto-Oda, and S. Uehara. 2001. Predation of mammals by the chimpanzees of the Mahale mountains, Tanzania. In: *All Apes Great and Small,* Volume 1: African apes, B. Galdikas, N. Briggs, L. Sheeran, G. Shapiro, and J. Goodall (eds.). Kluwer Academic Publishers, New York. pp. 107–130.

Houston, D. 2001. *Condors and Vultures.* Voyageur Press, St. Paul.

Howell, F., and G. Petter. 1976. Carnivora from the Omo Group Formations, Southern Ethiopia. In: *Earliest Man and Environments in the Lake Rudolf Basin*, Y. Coppens, F. Howell, G. Isaac, and R. Leakey (eds.). University of Chicago Press, Chicago. pp. 314–331.

Hrdy, S., C. Janson, and C. van Schaik. 1995. Infanticide: Let's not throw out the baby with the bath water. *Evolutionary Anthropology* 3(5):151–154.

Isbell, L. 1990. Sudden short-term increase in mortality of vervet monkeys (*Cercopithecus aethiops*) due to leopard predation in Amboseli National Park, Kenya. *American Journal of Primatology* 21(1):41–52.

_____. 1994. Predation on primates: Ecological patterns and evolutionary consequences. *Evolutionary Anthropology* 3(2):61–71.

Isbell, L., D. Cheney, and R. Seyfarth. 1990. Costs and benefits of home range shifts among vervet monkeys (*Cercopithecus aethiops*) in Amboseli National Park, Kenya. *Behavioral Ecology and Sociobiology* 27:351–358.

_____. 1993. Are immigrant vervet monkeys, *Cercopithecus aethiops*, at greater risk of mortality than residents? *Animal Behaviour* 45:729–734.

Isemonger, R. 1962. *Snakes of Africa: Southern, Central and East*. Thomas Nelson and Sons, Johannesburg.

Iwamoto, T., A. Mori, and M. Kawai. 1995. [Antipredatory behaviour of gelada baboon.] *Reichorui Kenkyu/Primate Research* 11(3):286.

Izor, R. 1985. Sloths and other mammalian prey of the harpy eagle. In: *The Evolution and Ecology of Armadillos, Sloths, and Vermilinguas*, G. Montgomery (ed.). Smithsonian Institution Press, Washington, D.C. pp. 343–346.

Jackson, P. 1991. Man versus man-eaters. In: *Great Cats: Majestic Creatures of the Wild*, J. Seidensticker and S. Lumpkin (eds.). Rodale Press, Emmaus, Pennsylvania. pp. 212–213.

James, S. 1989. Hominid use of fire in the lower and middle Pleistocene. *Current Anthropology* 30(1):1–26.

Janzen, D. 1980. When is it coevolution? *Evolution* 34:611–612.

Johanson, D., and M. Edey. 1981. *Lucy: The Beginnings of Humankind.* Simon and Schuster, New York.

Johanson, D., and J. Shreeve. 1989. Lucy's Child. William Morrow, New York.

Johnsingh, A. 1980. Ecology and behavior of the dhole or Indian wild dog, *Cuon alpinus* Pallas 1811, with special reference to predator-prey relations at Bandipur. Ph.D. dissertation, Madurai University, Tamil Nadu, India.

_____. 1983. Large mammalian prey-predators in Bandipur. *Journal of the Bombay Natural*

History Society 80(1):1–57.

Johnson, S. 2003. The brain + emotions: Fear. *Discover* 3/03. pp. 32–39.

Jolly, A. 1972. Hour of birth in primates and man. *Folia Primatologica* 18:108–121.

_____. 1985. *The Evolution of Primate Behavior*, Second Edition. Macmillan Publishing Company, New York.

Jones, H., and M. Jones. 1928. Maturation and emotion: Fear of snakes. *Childhood Education* 5:136–143.

Joslin, J., H. Fletcher, and J. Emlen. 1964. A comparison of the responses to snakes of lab and wild reared rhesus monkeys. *Animal Behaviour* 22:348–352.

Jouventin, P. 1975. Observations sur le socio-ecologie du mandrill. *Terre Vie* 29:493–532.

Junshi, C. et al. 1990. *Diet, Lifestyle, and Mortality in China: A Study of the Characteristics of 65 Chinese Counties*. Cornell University Press, Ithaca, New York.

Jurmain, R., L. Kilgore, W. Trevathan, and H. Nelson. 2003. *Introduction to Physical Anthropology*, Ninth Edition. Wadsworth/Thomson Learning, Belmont, California.

Kala, A. 1998. Killers on the loose. *Asiaweek* 4/24/98. Environment section.

Kemp, A. 1990. What is a raptor? In: *Birds of Prey*, I. Newton (ed.). Facts on File, New York. pp. 14–31.

Kennedy, R. 1977. Notes on the biology and population status of the monkey-eating eagle of the Philippines. *Wilson Bulletin* 89(1):1–20.

_____. 1981. The air's noblest flier. *The Filipinas Journal of Science and Culture* 2:33–48.

_____. 1985. Conservation research of the Philippine eagle. *National Geographic Society Research Reports* 18:401–414.

Kingdon, J. 1974. *East African Mammals*, Volume 1. University of Chicago Press, Chicago.

_____. 1989. *East African Mammals*, Volume III Part A (Carnivores). University of Chicago Press, Chicago.

Kitchener, A. 1991. *The Natural History of the Wild Cats*. Comstock Publishing Associates, Ithaca.

Klein, L. 1974. Agonistic behavior in neotropical primates. In: *Primate Aggression, Territoriality, and Xenophobia*, R. Holloway (ed.). Academic Press, New York. pp. 77–122.

Klein, L. F. 2004. *Women and Men in World Cultures*. McGraw Hill, Boston.

Klein, R. 1989. *The Human Career: Human Biological and Cultural Origins*. University of Chicago Press, Chicago.

_____. 1999. *The Human Career: Human Biological and Cultural Origins*, Second Edition. University of Chicago Press, Chicago.

Klein, R., and B. Edgar. 2002. *The Dawn of Human Culture*. John Wiley & Sons, New York.

Kolb, B., and I. Whishaw. 2006. *An Introduction to Brain and Behavior,* Second Edition. Worth Publishers, New York.

Kortlandt, A. 1967. Experimentation with chimpanzees in the wild. In: *Neue Ergenbnisse der Primatologie Progress in Primatology*, First Congress of the International Primatological Society, Frankfurt (May 26–July 30, 1966), D. Starck, R. Schneider, and H. Kuhn (eds.). Gustav Fischer Verlag, Stuttgart. pp. 208–224.

Kruuk, H. 1970. Interactions between populations of spotted hyaenas (*Crocuta crocuta*,

Erxleben) and their prey species. In: *Animal Populations in Relation to Their Food Resources*, A. Watson (ed.). Blackwell Scientific, Oxford. pp. 359–374.

_____. 1972. *The Spotted Hyena: A Study of Predation and Social Behavior*. University of Chicago Press, Chicago.

_____. 1975. Functional aspects of social hunting by carnivores. In: *Function and Evolution in Behaviour*, G. Baerends, C. Beer, and A. Manning (eds.). Clarendon Press, Oxford. pp. 119–141.

_____. 1986. Interactions between Felidae and their prey species: A review. In: *Cats of the World: Biology, Conservation and Management*, S. Miller and D. Everett (eds.). National Wildlife Federation, Washington, D.C. pp. 353–374.

_____. 2002. *Hunter and Hunted: Relationships Between Carnivores and People*. Cambridge University Press, Cambridge, U.K.

Kruuk, H., and M. Turner. 1967. Comparative notes on predation by lion, leopard, cheetah, and wild dog in the Serengeti area, East Africa. *Mammalia* 31(1):1–27.

Kuhn, T. 1962. *The Structure of Scientific Revolutions*. Chicago University Press, Chicago.

Kummer, H. 1971. *Primate Societies*. Aldine-Atherton, Chicago.

Lamprecht, J. 1978. The relationship between food competition and foraging group size in some large carnivores: A hypothesis. *Zeitschrift für Tierpsychologie* 46:337–343.

Lazaro-Perea, C., M. de Fátima Arruda, and C. Snowdon. 2004. Grooming as a reward? Social function of grooming between females in cooperatively breeding marmosets. *Animal Behaviour* 67:627–636.

Leakey, M. 1976. Carnivora of the East Rudolf Succession. In: *Earliest Man and Environments in the Lake Rudolf Basin*, Y. Coppens, F. Howell, G. Isaac, and R. Leakey (eds.). University of Chicago Press, Chicago. pp. 302–313.

Lee, R. 1969. !Kung bushman subsistence: An input-output analysis. In: *Environment and Cultural Behavior*, A. Vayda (ed.). Natural History Press, New York. pp. 47–79.

_____. 2003. Eating Christmas in the Kalahari. In: *Annual Editions: Anthropology* 03/04, E. Angeloni (ed.). McGraw-Hill/Dushkin, Guilford, Connecticut. pp. 31–34.

Lee-Thorp, J., J. Thackeray, and N. van der Merwe. 2000. The hunters and the hunted revisited. *Journal of Human Evolution* 39(6):565–576.

Le Gros Clark, W. 1959. *The Antecedents of Man*. Edinburgh University Press, Edinburgh.

Leland, L., and T. Struhsaker. 1993. Teamwork tactics: Kibale forest's monkeys and eagles each depend on strategic cooperation for survival. *Natural History* 102(4):42–48.

Leutenegger, W., and J. Kelley. 1977. Relationship of sexual dimorphism in canine size and body size to social, behavioral, and ecological correlates in anthropoid primates. *Primates* 18:117–136.

Lévi-Strauss, C. 1966. *The Savage Mind*. University of Chicago Press, Chicago.

Lindburg, D. 1977. Feeding behaviour and diet of rhesus (Macaca mulatta) in a Siwalik Forest in North India. In: *Primate Ecology*, T. Clutton-Brock (ed.). Academic Press, London. pp. 223–249.

Lineaweaver, T., and R. Backus. 1970. *The Natural History of Sharks*. Lyons & Burford Publishers, New York.

Lovejoy, C. 1981. The origin of man. *Science* 211(4480):341–350.

Lumpkin, S. 1993. *Great Creatures of the World: Big Cats*. Facts on File, New York.

Lupo, K., and J. O'Connell. 2002. Cut and tooth mark distributions on large animal bones: Ethnoarchaeological data from the Hadza and their implications for current ideas about early human carnivory. *Journal of Archaeological Science* 29:85–109.

Macdonald, D. (ed.). 1984. *The Encyclopedia of Mammals*. Facts on File, New York.

_____. 1992. *The Velvet Claw: A Natural History of the Carnivores*. BBC Books, London.

Macedonia, J. 1990. What is communicated in the anti-predator calls of lemurs: Evidence from playback experiments with ringtailed and ruffed lemurs. *Ethology* 86(3):177–190.

_____. 1993. Adaptation and phylogenetic constraints in the antipredator behavior of ringtailed and ruffed lemurs. In: *Lemur Social Systems and Their Ecological Basis*, P. Kappeler and J. Ganzhorn (eds.). Plenum Press, New York. pp. 67–84.

MacKinnon, K., and A. Fuentes. [In press] Assessing bio-reductionist views of human behavior based on nonhuman primate studies: Sex, violence and sometimes science. In: *Complexities: Anthropological Challenges to Reductive Accounts of Bio-Social Life*, K. MacKinnon and S. Silverman (eds.). University of Chicago, Chicago.

MacKinnon, J., and K. MacKinnon. 1978. Comparative feeding ecology of six sympatric primates in west Malaysia. In: *Recent Advances in Primatology*, Volume 1, D. Chivers and J. Herbert (eds.). Academic Press, London. pp. 305–322.

Maclatchey, A. 1937. Etude des oiseau de Gabon. *Oiseau* 7:71–76.

Maclean, G. 1993. *Roberts' Birds of Southern Africa*, Sixth Edition. John Voelcker Bird Book Fund, Capetown.

Maglio, V. 1975. Pleistocene faunal evolution in Africa and Eurasia. In: *After the Australopithecines: Stratigraphy, Ecology, and Culture Change in the Middle Pleistocene*, K. Butzer and G. Isaac (eds.). Mouton Publishers, The Hague. pp. 419–476.

Makacha, S., and G. Schaller. 1969. Observations on lions in the Lake Manyara National Park, Tanzania. *East African Wildlife Journal* 7:99–103.

Man-Eating Snakes I and Man-Eating Snakes II. 2004. Not for the squeamish. http://home.att. net/~crinaustin/Snake1.htm and http://home.att.net/~crinaustin/ Snake2.htm.

Marean, C. 1989. Sabertooth cats and their relevance to early hominid diet and evolution. *Journal of Human Evolution* 18:559–582.

Marks, J. 1991. What's old and new in molecular phylogenetics. *American Journal of Physical Anthropology* 84:207–219.

_____. 2002. *What It Means to Be 98% Chimpanzee: Apes, People, and Their Genes*. University of California Press, Berkeley, California.

Marks, J., C. Schmid, and V. Sarich. 1988. DNA hybridization as a guide to phylogeny: Relations of the Hominoidea. *Journal of Human Evolution* 17:769–786.

Marlar, R., B. Leonard, B. Billman, P. Lambert, and J. Marlar. 2000. Biochemical evidence of cannibalism at a prehistoric Puebloan site in southwestern Colorado. *Nature* 407:74–78.

Marlowe, F. 2005. Hunter-gatherers and human evolution. *Evolutionary Anthropology* 14:54–67.

Martin, L. 1989. Fossil history of the terrestrial carnivora. In: *Carnivore Behavior, Ecology, and Evolution*, J. Gittleman (ed.). Comstock/Cornell University Press, Ithaca. pp. 536–568.

Martin, R. 1972. A preliminary field study of the lesser mouse lemur (*Microcebus murinus* J. Miller 1777). *Zeitschrift für Tierpsychologie* 9:43–89.

_____. 1990. *Primate Origins and Evolution: A Phylogenetic Reconstruction.* Princeton University Press. Princeton, New Jersey.

Masataka, N. 1993. Categorical responses to natural and synthesized alarm calls in Goeldi's monkeys (*Callimico goeldii*). *Primates* 24:40–51.

Mattison, C. 1995. *The Encyclopedia of Snakes.* Facts on File, New York.

Maurer, A. 1965. What children fear. *Journal of Genetic Psychology* 106:167–177.

McDougal, C. 1977. *The Face of the Tiger.* Rivington Books, London.

_____. 1991. Man-eaters. In: *Great Cats: Majestic Creatures of the Wild*, J. Seidensticker and S. Lumpkin (eds.). Rodale Press, Emmaus, Pennsylvania. pp. 204–211.

McDougall, J. 2003. Meat in the human diet. *The McDougal Newsletter* 2(7). www. drmcdougall.com.

McGraw, W., C. Cooke, and S. Shultz. 2006. Primate remains from African crowned eagle (*Stephanoaetus coronatus*) nests in Ivory Coast's Tai Forest: Implications for primate predation and early hominid taphonomy in South Africa. *American Journal of Physical Anthropology* 131(2):151–165.

McGrew, W. 1976. An encounter between a leopard and a group of chimpanzees at Gombe National Park. [unpublished report]

McKenzie, A. 1991. Co-operative hunting in the black-backed jackal Canis mesomelas. *Dissertation Abstracts International, Science and English* B52(4):1902.

Mech, L. D. 1970. *The Wolf.* The Natural History Press, Garden City, New York.

Mehrtens, J. 1987. *Living Snakes of the World.* Sterling Publications, New York.

Meshach, J. 2004. All about feathers. *Mews News* 24(1):7–8.

Mills, M. 1978. Foraging behaviour of the brown hyena (*Hyaena brunnea* Thunberg, 1820) in the southern Kalahari. *Zeitschrift für Tierpshychologie* 48:113–141.

_____. 1989. The comparative behavioral ecology of hyenas: The importance of diet and food dispersion. In: *Carnivore Behavior, Ecology and Evolution*, J. Gittleman (ed.). Cornell University Press, Ithaca. pp. 125–142.

Mills, M., and H. Biggs. 1993. Prey apportionment and related ecological relationships between large carnivores in Kruger National Park. In: *Mammals as Predators*, N. Dunstone and M. Gorman (eds.) Clarendon Press, Oxford. pp. 253–268.

Milton, K. 1999. A hypothesis to explain the role of meat eating in human evolution. *Evolutionary Anthropology* 8:11–21.

Milton, K., and M. Demment. 1989. Features of meat digestion by captive chimpanzees (*Pan troglodytes*). *American Journal of Physical Anthropology* 18:45–52.

Mineka, S., R. Keir, and V. Price. 1980. Fear of snakes in wild- and laboratory-reared rhesus monkeys (*Macaca mulata*). *Animal Learning Behavior* 8:653–663.

Minton, S., and M. Minton. 1973. *Giant Reptiles.* Charles Scribner's Sons, New York.

Mitchell, C., S. Boinski, and C. van Schaik. 1991. Competitive regimes and female bonding in two species of squirrel monkeys (*Saimiri oerstedi* and *S. sciureus*). *Behavioral Ecology and Sociobiology* 28:55–60.

Monge, J., and A. Mann. 2007. Paleodemography of extinct hominin populations. In:

Handbook of Paleoanthropology: Principles, Methods, and Approaches, Vol. I, W. Henke and I. Tattersall (eds.). Springer, Berlin. pp. 673–700.

Moody, M., and E. Menzel. 1976. Vocalizations and their behavioral contexts in the tamarin, *Saguinus fuscicollis. Folia Primatologica* 25:73–94.

Moore, J. 1984. Female transfer in primates. *International Journal of Primatology* 5:537–589.

Moore, J. 2006. Omega 3 fats and the brain. http://www.aquaticape.org/omega3.html.

Montgomery, G., and A. Rand. 1978. Movements, body temperature and hunting strategy of a boa constrictor. *Copeia* 1978:532–533.

Mourer-Chauvire, C. 1981. Première indication de la présence de phorusracidés, famille d'oiseaux géants d'Amerique du Sud, dans le Tertiaire Européen: Ameghinornis nov. gen. (Aves, Ralliformes) des Phosphorites du Quercy, France. *Géobios* 14:637–647.

Msuya, C. 1993. Feeding habits of crowned eagles, *Stephanoaetus coronatus*, in Kiwengoma Forest Reserve, Matumbi Hills, Tanzania. In: *Proceedings of the 8th Pan-African Ornithological Congress: Birds and the Environment*, R. Trevor Wilson (ed.). pp. 118–120.

Mukherjee, A., and S. Gupta. 1965. Habits of the rhesus macaque *Macaca mulatta* (Zimmermann) in the Sundarbans, 24-Parganas, West Bengal. *Journal of the Bombay Natural History Society* 62:145–146.

Munger, N. 1971. Aggression and violence in man. *Munger Africana Library Notes* 9.

Murphy, J., and R. Henderson. 1997. *Tales of Giant Snakes: A Historical Natural History of Anacondas and Pythons*. Krieger Publishing Company, Malabar, Florida.

Nagel, C. 1973. A comparison of anubis baboons, hamadryas baboons, and their hybrids at a species border in Ethiopia. *Folia Primatologica* 19:104–165.

Napier, J., and P. Napier. 1985. *The Natural History of the Primates*. MIT Press, Cambridge, Massachusetts.

National Public Radio. 2004. Bicyclist saved from mountain lion attack. *All Things Considered* 1/9/04.

Newman, K. 1970. Giant eagle owl. *Witwatersrand Bird Club News Sheet* 71:16.

Newton, P. 1985. A note on golden jackals (*Canis aureus*) and their relationship with langurs (*Presbytis entellus*) in Kanha Tiger Reserve. *Journal of the Bombay Natural History Society* 82:633–636.

Neyman, P. 1977. Aspects of the ecology and social organization of free-ranging cotton-top tamarins (*Saguinus oedipus*) and the conservation status of the species. In: *The Biology and Conservation of the Callitrichidae*, D. Kleiman (ed.). Smithsonian Institution Press, Washington, D.C. pp. 39–72.

Nicastro, N. 2001. Habitats for humanity: Effects of visual affordance on the evolution of hominid antipredator communication. *Evolutionary Anthropology* 10:153–157.

Nishida, T., M. Hiraiwa-Hasegawa, and Y. Takahata. 1985. Group extinction and female transfer in wild chimpanzees in the Mahale National Park, Tanzania. *Zeitschrift für Tierpsychologie* 67:281–301.

Norris, J. 1990. The semantics of Cebus olivaceus alarm calls: Object designation and attribution. *Dissertation Abstracts International* B52(3):1160.

Nowak, R. 1991. Walker's Mammals of the World, Volumes I and II. The Johns Hopkins

University Press, Baltimore.

Nunes, C., J. Bicca-Marques, K. Schacht, and A. de Alencar Araripe. 1998. Reaction of wild emperor tamarins to the presence of snakes. *Neotropical Primates* 6(1):20.

O'Connell, J., and K. Lupo. 2003. Reply to Dominguez-Rodrigo. *Journal of Archaeological Science* 30:387–390.

O'Connell, J., K. Hawkes, K. Lupo, and N. Blurton Jones. 2003. Another reply to Dominguez-Rodrigo. *Journal of Human Evolution* 45:417–419.

Oda, R., and N. Masataka. 1996. Interspecific responses of ringtailed lemurs to playbacks of antipredator alarm calls given by sifakas. *International Primatological Society/ American Society of Primatologists Congressional Abstracts* #501.

Oliwenstein, L. 2000. Dr. Darwin. In: *Physical Anthropology 00/01*, E. Angeloni (ed.). Dushkin McGraw-Hill, Guilford, Connecticut. pp. 219–222.

Olson, S. 1985. The fossil record of birds. In: *Avian Biology*, D. Farner, J. King, and K. Parker (eds.). Academic Press, New York. pp. 79–238.

Oppenheimer, J. 1977. *Presbytis entellus*, the Hanuman langur. In: *Primate Conservation*, HRH Rainier III and G. Bourne (eds.). Academic Press, New York. pp. 469–512.

Osada, Y. 1991. A comparison of fear responses to snakes of wild- and lab-reared squirrel monkeys. *Reichorui Kenkyu Nempo* 7(2):131.

Owen, D. 1980. *Survival in the Wild: Camouflage and Mimicry*. The University of Chicago Press, Chicago.

Owens, M., and D. Owens. 1978. Feeding ecology and its influence on social organization in brown hyenas (*Hyaena brunnea*) of the central Kalahari Desert. *East African Wildlife Journal* 16(2):113–136.

Packer, D., and J. Clottes. 2000. When lions ruled France. *Natural History* 11/00. pp. 52–57.

Packer, C., D. Scheel, and A. Pusey. 1990. Why lions form groups: Food is not enough. *American Naturalist* 136(1):1–19.

Park, M. 2002. *Biological Anthropology*, Third Edition. McGraw-Hill Mayfield, Boston.

Passamani, M. 1995. Field observation of a group of Geoffroy's marmosets mobbing a margay cat. *Folia Primatologica* 64:163–166.

Patterson, J. 1925. *The Man-Eating Lions of Tsavo*. Field Museum of Natural History, Chicago.

Paulraj, S. 1995. Prey-predator relationships with special reference to the tiger, panther and dhole competitions in Kalakad-Mundanthurai Tiger Reserve (Tirunelveli District Tamil Nadu). *Indian Forester* (October):922–930.

Peetz, A., M. Norconk, and W. Kinzey. 1992. Predation by jaguar on howler monkeys (*Alouatta seniculus*) in Venezuela. *American Journal of Primatology* 28:223–228.

Pereira, M., and J. Macedonia. 1991. Ringtailed lemur anti-predator calls denote predator class not response urgency. *Animal Behaviour* 41(3):543–544.

Peres, C. 1990. A harpy eagle successfully captures an adult male red howler monkey. *Wilson Bulletin* 102(3):560–561.

_____. 1991. Ecology of mixed-species groups of tamarins in Amazonian terra firme forests. Ph.D. dissertation, University of Cambridge, Cambridge, U.K.

Petter, G. 1973. Carnivores Pleistocènes du ravin d'Olduvai (Tanzanie). In: *Fossil Vertebrates of Africa*, Volume 3, L. Leakey, R. Savage, and S. Coryndon (eds.). Academic Press, New York. pp. 43–100.

Pfeffer, P. (ed.). 1989. *Predators and Predation: The Struggle for Life in the Animal World*. Facts on File, New York.

Phillips, K. 1995. Differing responses to a predator (*Eira barbara*) by Alouatta and Cebus. *Neotropical Primates* 3(2):45–46.

Phythian-Adams, E. 1939. Behaviour of monkeys when attacked. *Journal of Bombay Natural History Society* 41:653.

Pickering, T. 2005. Underrated prey? *Evolutionary Anthropology* 14:159–164.

Pickering, T., M. Dominguez-Rodrigo, C. Egeland, and C. Brain. 2004. New data and ideas on the foraging behaviour of Early Stone Age hominids at Swartkrans Cave, South Africa. *South African Journal of Science* 100:215–219.

Pienaar, U. 1969. Predator-prey relationships among the larger mammals of the Kruger National Park. *Koedoe* (12):108–176.

Pitman, C., and J. Adamson. 1978. Notes on the ecology and ethology of the giant eagle owl, Bubo lacteus. *Honeyguide* 96:26–43.

Pola, Y., and C. Snowdon. 1975. The vocalizations of pygmy marmosets (*Cebuella pygmaea*). *Animal Behaviour* 23:826–842.

Pooley, A., and C. Gans. 1976. The Nile crocodile. *Scientific American* 234:114–124.

Pooley, A., T. Hines, and J. Shield. 1989. Attacks on humans. In: *Crocodiles and Alligators*, C. Ross (ed.). Facts on File, New York. pp. 172–186.

Pope, C. 1980. *The Giant Snakes: The Natural History of the Boa Constrictor, the Anaconda, and the Largest Pythons*. Alfred A. Knopf, New York.

Potts, R., and P. Shipman. 1981. Cutmarks made by stone tools on bones from Olduvai Gorge. *Nature* 291:577–580.

Power, M. 1991. *The Egalitarians, Human and Chimpanzee: An Anthropological View of Social Organization*. Cambridge University Press, Cambridge, U.K.

Prater, S. 1971. The Book of Indian Animals, Third Edition. Bombay Natural History Society, Bombay, India.

Quammen, D. 2003. *Monster of God*. W. W. Norton, New York. Quiatt, D., and V. Reynolds. 1995. *Primate Behaviour: Information, Social Knowledge, and the Evolution of Culture*. Cambridge University Press, Cambridge, U.K.

Rabinowitz, A. 1988. The clouded leopard in Taiwan. *Oryx* 22:46–47.

———. 1991. *Chasing the Dragon's Tail: The Struggle to Save Thailand's Wild Cats*. Doubleday, New York.

Raemaekers, J., and D. Chivers. 1980. Socioecology of Malayan forest primates. In: *Malayan Forest Primates: Ten Years' Study in Tropical Rain Forest*, D. Chivers (ed.). Plenum Press, New York. pp. 279–331.

Ragir, S., M. Rosenberg, and P. Tierno. 2000. Gut morphology and the avoidance of carrion among chimpanzees, baboons, and early hominids. *Journal of Anthropological Research* 56(4):477–512.

Rak, Y. 1991. Lucy's pelvic anatomy: Its role in bidpedal gait. *Journal of Human Evolution* 20:283–290.

Rakotondravony, D., S. Goodman, and V. Soarimalala. 1998. Predation on *Hapalemur griseus griseus* by *Boa manditra* (Boidae) in the littoral forest of eastern Madagascar. *Folia Primatologica* 69(6):405–408.

Rasoloarison, R., B. Rasolonandrasana, J. Ganzhorn, and S. Goodman. 1995. Predation on vertebrates in the Kirindy Forest, Western Madagascar. *Ecotropica* 1:59–65.

Rautenbach, I., and J. Nel. 1978. Coexistence in Transvaal carnivora. *Bulletin of the Carnegie Museum of Natural History* 6:138–145.

Rettig, N. 1977. In quest of the snatcher. *Audubon Magazine* 79:26–49.

_____. 1978. Breeding behavior of the harpy eagle (*Harpia harpyja*). *Auk* 95:629–643.

_____. 1995. Remote world of the harpy eagle. *National Geographic* 187(2):40–49.

Reynolds, V., and F. Reynolds. 1965. Chimpanzees of Budongo Forest. In: *Primate Behavior: Field Studies of Monkeys and Apes*, I. DeVore (ed.). Holt, Rinehart and Winston, New York. pp. 368–424.

Rice, C. 1986. Observations on predators and prey at Eravikulam National Park, Kerala, India. *Journal of the Bombay Natural History Society* 83(2):283–305.

Rijksen, H. 1978. *A Field Study on Sumatran Orangutans (Pongo pygmaeus abelii): Ecology, Behaviour and Conservation.* Veenman and Zonen, Wageningen, The Netherlands.

Rijksen, H., and A. Rijksen-Graatsma. 1975. Orang-utan rescue work in north Sumatra. *Oryx* 13(1):63–73.

Rilling, J., D. Gutman, T. Zeh, G. Pagnoni, G. Berns, and D. Kilts. 2002. A neural basis for social cooperation. *Neuron* 35:395–405.

Romer, A. 1955. *Vertebrate Paleontology.* University of Chicago Press, Chicago.

Rose, L., and F. Marshall. 1996. Meat eating, hominid sociality, and home bases revisited. *Current Anthropology* 37(2):307–319.

Rose, H., and S. Rose (eds.). 2000. *Alas, Poor Darwin: Arguments Against Evolutionary Psychology.* Harmony Books, New York.

Rose, W. 1962. *The Reptiles and Amphibians of Southern Africa.* Maskew Miller, Cape Town, South Africa.

Rosevear, D. 1974. *The Carnivores of West Africa.* British Museum of Natural History, London.

Ross, C. 1993. Predator mobbing by an all-male band of Hanuman langurs (*Presbytis entellus*). *Primates* 34(1):105–107.

Ross, C. A. (ed.) 1989. *Crocodiles and Alligators.* Facts on File, New York.

Roughgarden, J. 1983. The theory of coevolution. In: *Coevolution*, D. Futuyma and M. Slatkin (eds.). Sinauer Associates, Sunderland. pp. 33–64.

Ruse, M. 1993. Evolution and ethics: The sociobiological approach. In: *Environmental Ethics: Readings in Theory and Application*, L. Pojman (ed.). Jones and Bartlett, Boston. pp. 91–109.

Ruse, M., and E. O. Wilson. 1985. The evolution of ethics. *New Scientist* 108:50–52.

Saayman, G. 1971. Baboons responses to predators. *African Wild Life* 25(2):46–49.

Saberwal, V., J. Gibbs, R. Chellam, and A. Johnsingh. 1994. Lion-human conflict in the Gir Forest, India. *Conservation Biology* 8(2):501–507.

Sanders, W., J. Trapani, and J. Mitani. 2003. Taphonomic aspects of crowned hawk-eagle predation on monkeys. *Journal of Human Evolution* 44:87–105.

Sanz, C. 2004. Behavioral ecology of chimpanzees in a central African forest: Pan troglodytes in the Goualougo Triangle, Republic of Congo. Ph.D. dissertation, Washington University, St. Louis, Missouri.

Sauther, M. 1989. Anti-predation behavior in troops of free-ranging Lemur catta at Beza Mahafaly Special Reserve, Madagascar. *International Journal of Primatology* 10(6):595–606.

Schaller, G. 1963. *The Mountain Gorilla.* University of Chicago Press, Chicago.

_____. 1967. *The Deer and the Tiger.* University of Chicago Press, Chicago.

_____. 1972. *The Serengeti Lion: A Study of Predator-Prey Relations.* University of Chicago Press, Chicago.

Schaller, G., H. Jinchu, P. Wenshi, and Z. Jing. 1985. *The Giant Pandas of Wolong.* University of Chicago Press, Chicago.

Schaller, G., H. Li, J. Ren, M. Qiu, and H. Wang. 1987. Status of large mammals in the Taxkorgan Reserve, Xinjiang, China. *Biological Conservation* 42:53–71.

Schaller, G., and G. Lowther. 1969. The relevance of carnivore behavior to the study of early hominids. *Southwest Journal of Anthropology* 25:307–341.

Schaller, G., and J. Vasconcelos. 1978. Jaguar predation on capybara. *Zeitschrift für Saugetierkunde* 43:296–301.

Searcy, Y., and N. Caine. 1998. Reactions of captive Geoffroy's marmosets to experimentally presented calls of a raptorial and non-raptorial bird. *American Journal of Primatology* 45(2):206.

Seidensticker, J. 1985. Primates as prey of Panthera cats in South Asian habitats. Paper given at the seventh annual meeting of the American Society of Primatology, University of Buffalo State University of New York, Niagara Falls, New York, June 1–4, 1985.

_____. 1991. Leopards. In: *Great Cats: Majestic Creatures of the Wild*, J. Seidensticker and S. Lumpkin (eds.). Rodale Press, Emmaus, Pennsylvania. pp. 106–115.

Seidensticker, J., R. Lahiri, K. Das, and A. Wright. 1976. Problem tiger in the Sundarbans. *Oryx* 11:267–273.

Seidensticker, J., and I. Suyono. 1980. *The Javan Tiger and the Meru-Betiri Reserve, a Plan for Management.* International Union for Conservation of Nature and Natural Resources, Gland, Switzerland.

Selva, N., B. Jêdrzejewska, W. Jêdrzejewski, and A. Wajrak. 2003. Scavenging on European bison carcasses in Bialowieza Primeval Forest (eastern Poland). *Ecoscience* 10(3):303–311.

Senut, B. 2001. Fast Breaking Comments. Essential Science Indicators Special Topics. December 2001. http://www.esi-topics.com/fbp/comments/december-01-Brigitte -Senut. html.

Sept, J. 1994. Beyond bones: Archaeological sites, early hominid subsistence, and the costs and benefits of exploiting wild plant foods in East African riverine landscapes. *Journal of Human Evolution* 27:295–320.

Seyfarth, R., and D. Cheney. 1980. The ontogeny of vervet monkey (*Cercopithecus aethiops*) alarm calling behavior: A preliminary report. *Zeitschrift für Tierpsychologie*

54(1):37–56.

_____. 1986. Vocal development in vervet monkeys. *Animal Behaviour* 34:1640–1658.

Seyfarth, R., D. Cheney, and P. Marler. 1980. Monkey responses to three different alarm calls: Evidence for predator classification and semantic communication. *Science* 210:801–803.

Sherman, P. 1991. Harpy eagle predation on a red howler. *Folia Primatologica* 56(1):53–56.

Shine, R. 1991. Why do larger snakes eat larger prey items? *Functional Ecology* 5(4):493–502.

Shine, R., P. Harlow, J. Keogh, and Boeadi. 1998. The influence of sex and body size on food habits of a giant tropical snake, *Python reticulatus. Functional Ecology* 12(2):248–258.

Shipman, P. 1983. Early hominid lifestyle: Hunting and gathering or foraging and scavenging? In: *Animals and Archaeology: Hunters and Their Prey*, J. Clutton-Brock and C. Grigson (eds.). BAR, International Series 163, Oxford. pp. 31–47.

_____. 2000. Scavenger hunt. In: *Physical Anthropology 00/01*, E. Angeloni (ed.). Dushkin McGraw-Hill, Guilford, Connecticut. pp. 118–121.

Sigg, H. 1980. Differentiation of female positions in hamadryas one-male units. *Zeitschrift für Tierpsychologie* 53:265–302.

Silk, J. 2002. Using the "F" -word in primatology. *Behaviour* 139:421–446.

Silk, J., S. Alberts, and J. Altmann. 2003. Social bonds of female baboons enhance infant survival. *Science* 302:1231–1234.

Simons, E. 1997. Lemurs: Old and new. In: *Natural Change and Human Impact in Madagascar*, S. Goodman and B. Patterson (eds.). Smithsonian Institution, Washington, D.C. pp. 142–166.

Simons, E., L. Godfrey, W. Jungers, P. Chatrath, and J. Ravaoarisoa. 1995. A new species of *Mesopithecus* (Primates, Palaeopropithecidae) from northern Madagascar. *International Journal of Primatology* 16:653–682.

Simons, J. 1966. The presence of leopard and a study of food debris in the leopard lairs of the Mount Suswa Caves, Kenya. *Bulletin of Cave Exploration Group East Africa* 1:51–69.

Skinner, J. 1976. Ecology of the brown hyaena, *Hyaena brunnea*, in the Transvaal with a distribution map for Southern Africa. *South African Journal of Science* 72:262–269.

Skorupa, J. 1989. Crowned eagles, *Stephanoaetus coronatus*, in rainforest: Observations on breeding chronology and diet at a nest in Uganda. *Ibis* 131:294–298.

Small, M. 1997. The good, the bad, and the ugly. *Evolutionary Anthropology* 5:143–147.

Smilie, S. 2002. Killer cats hunted human ancestors. *National Geographic News,* 5/20/02. http://news.nationalgeographic.com/news/2002/01/0102_020107maneater.html.

Smuts, B. 1987. Gender, aggression, and influence. In: *Primate Societies*, B. Smuts, D. Cheney, R. Seyfarth, R. Wrangham, and T. Struhsaker (eds.). University of Chicago Press, Chicago. pp. 400–412.

Snowdon, C. 2003. Affiliative processes and male primate social behavior. Paper presented at the Annual Meeting of the American Anthropological Association, Chicago, Illinois, November 2003.

Snowdon, C., and K. Cronin. 2007. Cooperative breeders do cooperate. *Behavioural Processes* 76:138–141.

Snowdon, C., T. Ziegler, and R. Almond. 2006. Affiliative hormones in primates: Cause or consequence of positive behavior? Paper presented at the Annual Meeting of the American Association for the Advancement of Science, St. Louis, Missouri, February 2006.

Sommer, V., D. Mendoza-Grandados, and U. Reichard. 1998. Predation risk causes grouping pattern in Hanuman langurs (*Presbytis entellus*). *Folia Primatologica* 69(4):223–224.

Sorkin, B. 2006. Ecomorphology of the giant short-faced bears *Agriotherium* and *Arctodus*. *Historical Biology: A Journal of Paleobiology* 18(1):1–20.

Speth, J. 1987. Early hominid subsistence strategies in seasonal habitats. *Journal of Archaeological Science* 14:13–29.

Srivastava, A. 1991. Cultural transmission of snake-mobbing in free-ranging hanuman langurs. *Folia Primatologica* 56(2):117–120.

Srivastava, K., A. Bhardwaj, C. Abraham, and V. Zacharias. 1996. Food habits of mammalian predators in Periyar Tiger Reserve, South India. *Indian Forester* 122(10):877–883.

Stacey, P. 1986. Group size and foraging efficiency in yellow baboons. *Behavioural Ecology and Sociobiology* 18:175–187.

Stafford-Deitsch, J. 1987. *Sharks: A Photographer's Story*. Sierra Club Books, San Francisco.

Stanford, C. 1989. Predation on capped langurs (*Presbytis pileata*) by cooperatively hunting jackals (*Canis aureus*). *American Journal of Primatology* 19:53–56.

_____. 1995. The influence of chimpanzee predation on group size and anti-predator behaviour in red colobus monkeys. *Animal Behaviour* 49(3):577–587.

_____. 1999. *The Hunting Ape: Meat Eating and the Origins of Human Behavior*. Princeton University Press, Princeton, New Jersey.

Stanford, C., and J. Allen. 1991. On strategic storytelling: Current models of human behavioral evolution. *Current Anthropology* 32(1):58–61.

Stanford, C., J. Wallis, H. Matama, and J. Goodall. 1994. Patterns of predation by chimpanzee on red colobus monkeys in Gombe National Park, 1982–1991. *American Journal of Physical Anthropology* 94(2):213–228.

Stanford, C., and R. Wrangham. 1998. *Chimpanzee and Red Colobus: The Ecology of Predator and Prey*. Harvard University Press, Cambridge, Massachusetts.

Starin, E. 1991. Socioecology of the red colobus monkey in The Gambia with particular reference to female-male differences and transfer patterns. Ph.D. dissertation, The City University of New York, New York.

Starin, E., and G. Burghardt. 1992. African rock pythons in the Gambia: observations on natural history and interactions with primates. *Snake* 24(1):50–62.

Stelzner, J., and K. Strier. 1981. Hyena predation on an adult male baboon. *Mammalia* 45:259–260.

Stevenson-Hamilton, J. 1947. *Wildlife in South Africa*. Cassell and Co., London.

Steyn, P. 1983. *Birds of Prey of Southern Africa*. Tanager Books, Dover, New Hampshire.

Stjernstedt, B. 1975. Eagle attack. *Black Lechwe* 12:18–22.

Stoltz, L. 1977. The population dynamics of baboons (*Papio ursinus* Kerr 1792) in the Transvaal. Ph.D. dissertation, University of Pretoria, Pretoria, South Africa.

Stoltz, L., and G. Saayman. 1970. Ecology and behaviour of baboons in the Northern Transvaal. *Annals of the Transvaal Museum* 26:99–143.

Struhsaker, T. 1967. Auditory communication among vervet monkeys (*Cercopithecus aethiops*). In: *Social Communication Among Primates*, S. Altmann (ed.). University of Chicago Press, Chicago. pp. 281–324.

_____. 1975. *The Red Colobus Monkey*. University of Chicago Press, Chicago.

Struhsaker, T., and J. Gartlan. 1970. Observations on the behaviour and ecology of the patas monkey (*Erythrocebus patas*) in the Waza Reserve, Cameroon. *Journal of the Zoological Society*, London 161:49–63.

Struhsaker, T., and M. Leakey. 1990. Prey selectivity by crowned hawk-eagles on monkeys in the Kibale Forest, Uganda. *Behavioural Ecology and Sociobiology* 26(6):435–443.

Strum, S. 2001. *Almost Human: A Journey into the World of Baboons*. University of Chicago Press, Chicago.

Sugiyama, Y. 1972. Social characteristics and socialization of wild chimpanzees. In: *Primate Socialization*, F. Poirier (ed.). Random House, New York. pp. 145–163.

Sunquist, F., and M. Sunquist. 1988. *Tiger Moon*. University of Chicago Press, Chicago.

Sunquist, M., and F. Sunquist. 1989. Ecological constraints on predation by large felids. In: *Carnivore Behavior, Ecology, and Evolution*, J. Gittleman (ed.). Cornell University Press, Ithaca. pp. 283–301.

Sussman, R. 1974. Ecological distinctions in sympatric species of Lemur. In: *Prosimian Biology*, R. Martin, G. Doyle and A. Walker (eds.). Duckworth, London. pp. 75–108.

_____. 1977. Feeding behaviour of Lemur catta and Lemur fulvus. In: *Primate Ecology*, T. Clutton-Brock (ed.). Academic Press, London. pp. 1–37.

_____. (ed.). 1999a. *The Biological Basis of Human Behavior: A Critical Review*. Prentice-Hall, Upper Saddle River, New Jersey.

_____. 1999b. Species-specific dietary patterns in primates and human dietary adaptations. In: *The Biological Basis of Human Behavior*, R. Sussman (ed.). Prentice-Hall, Upper Saddle River, New Jersey. pp. 143–157.

_____. 2000. Piltdown man: The father of American field primatology. In: *Primate Encounters: Models of Science, Gender, and Society*, S. Strum and L. Fedigan (eds.). University of Chicago Press, Chicago. pp. 85–103.

_____. 2002. What a tangled web they also weave: The new sociobiology. *Anthropological Theory* 2:155–164.

_____. 2003a. *Primate Ecology and Social Structure, Volume I: Lorises, Lemurs and Tarsiers*. Pearson Custom Publishing, Needham Heights, Massachusetts.

_____. 2003b. *Primate Ecology and Social Structure, Volume II: New World Monkeys*. Pearson Custom Publishing, Needham Heights, Massachusetts.

_____. 2004. Are humans inherently violent? In: *Anthropology Explored: Revised and Expanded*, R. Selig, M. London, and P. Kaupp (eds.). Smithsonian Books, Washington, D.C. pp. 30–45.

Sussman, R., and A. Chapman. 2004. *The Origins and Nature of Sociality*. Aldine de Gruyter, New York.

Sussman, R., and P. Garber. 2004. Rethinking sociality: Cooperation and aggression among primates. In: *The Origin and Nature of Sociality*, R. Sussman and A. Chapman (eds.). Aldine de Gruyter, New York. pp. 161–190.

_____. 2007. Primate sociality. In: *Primates in Perspective,* S. Bearder, C. Campbell, A. Fuentes, K. MacKinnon, and M. Panger (eds.). Oxford University Press, New York. pp. 636–651.

Sussman, R., and W. Kinzey. 1984. The ecological role of the Callitrichidae: A review. *American Journal of Physical Anthropology* 64:419–449.

Sussman, R., and I. Tattersall. 1981. Behavior and ecology of Macaca fascicularis in Mauritius: A preliminary study. *Primates* 22(2):192–205.

_____. 1986. Distribution, abundance, and putative ecological strategy of Macaca fascicularis on the island of Mauritius, southwestern Indian Ocean. *Folia Primatologica* 46:28–43.

Suzuki, A. 1969. An ecological study of chimpanzees in a savanna woodland. *Primates* 10:103–148.

Swedell, L. 2005. *Strategies of Sex and Survival in Female Hamadryas Baboons.* Prentice-Hall, Upper Saddle River, New Jersey.

Tanaka, J. 1976. Subsistence ecology of Central Kalahari San. In: *Kalahari Hunter-Gatherers: Studies of the !Kung San and Their Neighbors,* R. Lee and I. De Vore (eds.). Harvard University Press, Cambridge, Massachusetts. pp. 98–119.

Tanner, N., and A. Zihlman. 1976. Women in evolution: Innovation and selection in human origins. *Signs* 1:585–608.

Tarboton, W. 1989. *African Birds of Prey.* Cornell University Press, Ithaca.

Tattersall, I. 1982. *The Primates of Madagascar.* Columbia University Press, New York.

_____. 1998. *Becoming Human.* Harcourt Brace, New York.

_____. 1999. The major features of human evolution. In: *The Biological Basis of Human Behavior,* Second Edition, R. Sussman (ed.). Prentice-Hall, Upper Saddle River, New Jersey. pp. 45–54.

Tattersall, I., and J. Schwartz. 2000. *Extinct Humans.* Westview Press, Boulder, Colorado.

Taylor, S., L. Cousino, B. Klein, T. Gruenewals, R. Gurung, and J. Updegraff. 2000. Biobehavioral responses to stress in females: Tend-and-befriend, not fight-or-flight. *Psychological Review* 107:411–429.

Teaford, M., and P. Ungar. 2000. Diet and the evolution of the earliest human ancestors. *Proceedings of the National Academy of Science* 97(25):13,506–13,511.

Tenaza, R., and R. Tilson. 1977. Evolution of long-distance alarm calls in Kloss's gibbon. *Nature* 268:233–235.

Terborgh, J. 1983. *Five New World Primates: A Study in Comparative Ecology.* Princeton University Press, Princeton.

_____. 1990. Mixed flocks and polyspecific associations: Cost and benefits of mixed groups to birds and monkeys. *American Journal of Primatology* 21(2):87–100.

Terborgh, J., and C. Janson. 1986. The socioecology of primate groups. *Annual Review of Ecology and Systematics* 17:111–135.

Thapar, V. 1986. *Tiger: Portrait of a Predator.* Facts on File Publications, New York.

Thiollay, J. 1985. Species diversity and comparative ecology of rainforest falconiforms on three continents. In: *Conservation Studies on Raptors,* I. Newton and R. Chancellor (eds.). ICBP Technical Publication No. 5, Cambridge, U.K. pp. 55–166.

Tilson, R. 1977. Social organization of simakobu monkeys (*Nasalis concolor*) in Siberut

Island, Indonesia. *Journal of Mammalogy* 58:202–212.

Tooby, J., and I. De Vore. 1987. The reconstruction of hominid behavioral evolution through strategic modeling. In: *The Evolution of Human Behavior: Primate Models,* W. Kinzey (ed.). State University of New York Press, Albany. pp. 183–238.

Treves, A. 1999. Has predation shaped the social systems of arboreal primates? *International Journal of Primatology* 20(1):35–67.

Treves, A., and P. Palmqvist. 2007. Reconstructing hominin interactions with mammalian carnivores (6.0–1.8 ma). In: *Primate Anti-Predator Strategies,* S. Gursky and K. Nekaris (eds.). Springer, New York. pp. 355–381.

Trinkaus, E. 2000. Hard times among the Neanderthals. In: *Annual Editions: Physical Anthropology 00/01,* E. Angeloni (ed.). Dushkin McGraw-Hill, Guilford, Connecticut. pp. 131–135.

Tsukahara, T. 1993. Lions eat chimpanzees: The first evidence of predation by lions on wild chimpanzees. *American Journal of Primatology* 29(1):1–11.

Turnbull-Kemp, P. 1967. *The Leopard.* Howard Timmins, Capetown.

Turner, A. 1997. *The Big Cats and Their Fossil Relatives.* Columbia University Press, New York.

Turner, A., and M. Antón. 2004. *Evolving Eden: An Illustrated Guide to the Evolution of the African Large-Mammal Fauna.* Columbia University Press, New York.

Tutin, C., and K. Benirschke. 1991. Possible osteomyelitis of skull causes death of a wild lowland gorilla in the Lopé Reserve, Gabon. *Journal of Medical Primatology* 20:357–360.

Tutin, C., W. McGrew, and P. Baldwin. 1983. Social organization of savanna-dwelling chimpanzees, *Pan troglodytes verus*, at Mt. Assirik, Senegal. *Primates* 24:154–173.

Tylor, E. 1871. *Primitive Culture.* John Murray, London.

Uehara, S., T. Nishida, M. Hamai, T. Hasegawa, H. Hayaki, M. Huffman, K. Kawanaka, S. Kobayashi, J. Mitani, U. Takahata, H. Takasaki, and T. Tsukahara. 1992. Characteristics of predation by the chimpanzees in the Mahale Mountains National Park, Tanzania. In: *Topics in Primatology, Human Origins, Volume 1,* T. Nishida, W. McGrew, P. Marler, M. Pickford, and F. de Waal (eds.). University of Tokyo Press, Tokyo. pp. 143–158.

Uhde, N., and V. Sommer. 1998. The importance of predation risk for gibbon behavior and evolution. *Folia Primatologica* 69(4):224.

———. 2002. Antipredatory behavior in gibbons (*Hylobates lar,* Khao Yai/Thailand). In: *Eat or Be Eaten: Predation Sensitive Foraging Among Primates,* L. Miller (ed.). Cambridge University Press, Cambridge, U.K. pp. 268–291.

Uprety, A. 1998. Killers on the prowl. *The Week* 8/2/98.

van Schaik, C. 1983. Why are diurnal primates living in groups? *Behaviour* 87(1–2):120–143.

van Schaik, C., and T. Mitrasetia. 1990. Changes in the behaviour of wild long-tailed macaques (*Macaca fascicularis*) after encounters with a model python. *Folia Primatologica* 55(2):104–108.

Vekua, A., D. Lordkipanidze, G. Rightmire et al. 2002. A new skull of early Homo from Dmanisi, Georgia. *Science* 297:85–89.

Vencl, F. 1977. A case of convergence in vocal signals between marmosets and birds.

American Naturalist 111:777–782.

Vermeij, G. 1982. Unsuccessful predation and evolution. *American Naturalist* 120:701–720.

Vernon, C. 1965. The black eagle survey in the Matopos, Rhodesia. *Arnoldia (Rhodesia)* 2(6):1–9.

Verschuren, J. 1958. Ecologie et biologie des grandes mammiferes. Exploration du Parc National de Garamba. Inst. Parcs Nat. Congo Belge: Brussels.

Vezina, A. 1985. Empirical relationships between predator and prey size among terrestrial vertebrate predators. *Oecologia* 67:555–565.

Vincent, A. 1985. Plant foods in savanna environments: A preliminary report of tubers eaten by the Hadza of northern Tanzania. *World Archaeology* 17:1–14.

Vitale, A., E. Visalberghi, and C. de Lillo. 1991. Responses to a snake model in captive crab-eating macaques (*Macaca fascicularis*) and captive tufted capuchins (Cebus apella). *International Journal of Primatology* 12(3):277–286.

von Hippel, F. 1998. Use of sleeping trees by black and white colobus monkeys (*Colobus guereza*) in the Kakamega Forest, Kenya. *American Journal of Primatology* 45(3):281–290.

Voorhies, M. 2002. *Nebraska Wildlife Ten Million Years Ago*. University of Nebraska State Museum, Lincoln, Nebraska.

Voous, K. 1969. Predation potential in birds of prey from Surinam. *Ardea* 57:117–148.

Walters, J., and R. Seyfarth. 1987. Conflict and cooperation. In: *Primate Societies*, B. Smuts, D. Cheney, R. Seyfarth, R. Wrangham, and T. Struhsaker. University of Chicago Press, Chicago. pp. 306–317.

Waser, P., and R. Wiley. 1980. Mechanisms and evolution of spacing in animals. In: *Handbook of Behavioral Neurobiology*, Volume 3, P. Marler and J. Vandenbergh (eds.). Plenum Press, New York. pp. 159–233.

Washburn, S. 1957. Australopithecines: The hunters or the hunted? *American Anthropology* 59(4):612–614.

Washburn, S., and V. Avis. 1958. Evolution of human behavior. In: *Behavior and Evolution*, A. Roe and G. Simpson (eds.). Yale University Press, New Haven. pp. 421–436.

Washburn, S., and C. Lancaster. 1968. The evolution of hunting. In: *Man the Hunter*, R. Lee and I. DeVore (eds.). Aldine, Chicago. pp. 293–303.

Watts, D. 2002. Reciprocity and interchange in the social relationships of wild male chimpanzees. *Behaviour* 139:343–370.

_____. 2008. Scavenging by chimpanzees at Ngogo and the relevance of chimpanzee scavenging to early hominin behavioral ecology. *Journal of Human Evolution* 54(1):125–133.

Werdelin, L., and M. Lewis. 2000. Carnivora from the South Turkwel hominid site, northern Kenya. *Journal of Paleontology* 74(6):1173–1180.

_____. 2005. Plio-Pleistocene Carnivora of eastern Africa: Species richness and turnover patterns. *Zoological Journal of the Linnean Society* 144(2):121–144.

Werdelin, L., and N. Solounias. 1991. The Hyaenidae: Taxonomy, systematics and evolution. *Fossils and Strata* 30:1–104.

Westergaard, G., and S. Suomi. 1994. Aimed throwing of stones by tufted capuchin monkeys

(*Cebus apella*). *Human Evolution* 9(4):323–329.

White, J. 2000. Bites and stings from venomous animals: A global overview. *Therapeutic Drug Monitoring* 22:65–68.

White, T. 1992. *Prehistoric Cannibalism at Mancos 5MTUMR–2346*. Princeton University Press, Princeton.

White, T., G. Suwa, and B. Asfaw. 1994. *Australopithecus ramidus,* a new species of early hominid from Aramis, Ethiopia. *Nature* 371:306–312.

Whitfield, P. 1978. *The Hunters*. Simon and Schuster, New York.

Wiens, F., and A. Zitzmann. 1999. Predation on a wild slow loris, *Nycticebus coucang,* by a reticulated python, *Python reticulatus*. *Folia Primatologica* 70:362–364.

Wilford, J. 2001. Skull may alter experts' view of human descent's branches. *The New York Times* 3/22/01. p. A1.

Willett, W., M. Stampfer, G. Colditz et al. 1990. Relation of meat, fat, and fiber intake to the risk of colon cancer in a prospective study among women. *New England Journal of Medicine* 323:1664–1672.

Wilson, E. O. 1975. *Sociobiology: The New Synthesis*. Harvard University Press, Cambridge, Massachusetts.

_____. 1976. Sociobiology: A new approach to understanding the basis of human nature. *New Scientist* 70:342–345.

Wilson, M., and R. Wrangham. 2003. Intergroup relations in chimpanzees. *Annual Review of Anthropology* 32:363–392.

WoldeGabriel, G., T. White, G. Suwa, P. Renne, J. de Heinzelin, W. Hart, and G. Heiken. 1994. *Nature* 371:330–333.

Wolfheim, J. 1983. *Primates of the World: Distribution, Abundance, and Conservation*. University of Washington Press, Seattle.

Wong, K. 2003. Stranger in a new land. *Scientific American* 289(5):74–83.

Wood, B. 2002. Paleoanthropology: Hominid revelations from Chad. *Nature* 418:133–135.

Worster, D. 1994. *Nature's Economy: A History of Ecological Ideas*, Second Edition. Cambridge University Press, Cambridge, U.K.

Wrangham, R. 1974. Predation by chimpanzees in the Gombe National Park, Tanzania. *Primate Eye* 2:6.

_____. 1979. On the evolution of ape social systems. *Social Science Inf.* 18:335–368.

_____. 1980. An ecological model of female-bonded primate groups. *Behaviour* 75:262–300.

_____. 1995. Ape culture and missing links. *Symbols* (Spring): 2–9, 20.

_____. 1999. Evolution of coalitionary killing. *Yearbook of Physical Anthropology* 42:1–30.

_____. 2004. Killer species. *Daedalus* 133:25–35.

Wrangham, R., and D. Peterson. 1996. *Demonic Males: Apes and the Origins of Human Violence*. Houghton Mifflin, Boston.

Wright, P. 1985. The costs and benefits of nocturnality of *Aotus trivirgatus* (the night monkey). Ph.D. dissertation, The City University of New York, New York.

Wright, P., S. Heckscher and A. Dunham. 1997. Predation on Milne-Edward's sifaka (*Propithecus diadema edwardsi*) by the fossa (*Cryptoprocta ferox*) in the rain forest of southeastern Madagascar. *Folia Primatologica* 68(1):34–43.

Yeager, C. 1991. Possible anti-predator behavior associated with river crossings by proboscis monkeys (*Nasalis larvatus*). *American Journal of Primatology* 24(1):61–66.

Young, T. 1994. Predation risk, predation rate, and the effectiveness of anti-predator traits. *Evolutionary Anthropology* 3(2):67.

Zahl, P. 1960. Face to face with gorillas in Central Africa. *National Geographic* 117:114–137.

Zapfe, H. 1981. Ein schadel von Mesopithecus mit biss-spuren. [A skull of Mesopithecus with bite marks.] *Folia Primatologica* 35:248–258.

Ziegler, T., and E. Heymann. 1996. Response to snake models in different species of Callitrichidae. *Primate Report* 44:58–59.

Zihlman, A. 1997. The Paleolithic glass ceiling: Women in human evolution. In: *Women in Human Evolution*, L. Hager (ed.). Routledge, London. pp. 91–113.

_____. 2000. *The Human Evolution Coloring Book*, Second Edition. HarperCollins, New York.

Zinner, D., and F. Peláez. 1999. Verreaux's eagles (*Aquila verreauxi*) as potential predators of hamadryas baboons (*Papio hamadryas*) in Eritrea. *American Journal of Primatology* 47:61–66.

Zuberbuhler, K., and D. Jenny. 2002. Leopard predation and primate evolution. *Journal of Human Evolution* 43:873–886.

索 引

（条目后的数字为原书页码，即本书页边码）

译后记

　　"我是谁？从哪里来？到哪里去？"这是三个关于人类的永恒话题，是人类对于自身存在的终极追问。人类对于自身起源的认识，经历了从神话到现实、从主观到客观的过程：从一开始宗教神话中的万物之长、由神造人（不论是西方还是东方），到近代生物学认为的人类起源和演化自南方古猿——仅仅是群居性的灵长类动物的成员之一。本书的两位作者则通过翔实的化石证据、严密的逻辑推理将人类进一步拉下"神坛"：人类并不是传统观念上的总是握有生杀大权的猎手，反而是随时可能成为其他猛兽口中美味佳肴的猎物！人类不仅仅从万物之灵的宝座上跌落，甚至由"人类猎人"沦为了"人类猎物"！

　　正如科林・伦福儒（Colin Renfrew）所说，考古学部分是缜密的探究，部分是创造性的想象。鉴于历史的不可重复性，对于人类起源的研究必然需要借助于想象。人类对于自身演化历史的认识上的深化，也正源于对这些想象部分的考证、检验和完善，使之更为合理，更加贴近历史的本源。人类从距今数百万年前的非洲走来，如今已经站在食物链的最顶端。一直以来，"人类猎人"的观点成为主流的解释，而人类从食物链的底层，一步步爬到食物链的顶端，成为万物之灵这一存在极大现实合理性的假设，却往往被人们有意或无意地忽视。本书的重要意义在于使人们能够重新思考和正视人类曾经作为其他猛兽和猛禽口中"猎物"这一假设的可能性和合理性。书中对于灵长类与自然环境之间、灵长类与捕食者之间共同演化的探究和讨论，以及这种相关性是否能够推广到人类自身等问题，亦保持着极佳的科学素养，对于各种行为特征之间的相关性和因果性之间的区别持有非常审慎的态度，文章深入浅出，引人入胜。

本书是对"人类从哪里来？"这一问题的再次追问，并给出了全新的诠释和回答。译者看来，本书的另一个重要意义在于为"我是谁？"或者说"我为何是我？"这一问题提供了新的思路和答案。"人类猎物"假设给解释人类的合作秩序之谜、人类如何成为万物之灵的问题，提供了新思路和新视角。人与人之间合作秩序的形成，可能恰恰源自人类曾经处于大型肉食动物环伺的那段血泪抗争史。这与恩格斯早在1883年的著作《家庭、私有制和国家的起源》中提出的论断不谋而合：人类"为了在发展过程中脱离动物状态，实现自然界中的最伟大的进步，还需要一种因素：以群的联合力量和集体行动来弥补个体自卫能力的不足"。

本书由两位译者合作完成，第一章到第六章由黄达强博士翻译完成，第七章到第十一章由郑昊力博士翻译完成，终稿的修改和校注由两人共同完成。在此还要感谢叶航教授的指导，感谢贾拥民、陈叶烽、罗俊、纪云东、张弘、郑恒、李燕、陈姝、汪思绮、郭文敏等良师益友的帮助！

本书是"跨学科社会科学译丛"之一，也是国家社科基金重点项目"关于新兴经济学理论创新的综合研究"（13AZD061）的阶段性成果。

译者水平所限，书中定有不足之处，敬请读者批评指正！

郑昊力、黄达强

2017年于杭州

图书在版编目（CIP）数据

被狩猎的人类：灵长类、捕食者和人类的演化 /
（美）唐娜·哈特，（美）罗伯特·W.苏斯曼著；郑昊力，
黄达强译 . —杭州：浙江大学出版社，2018. 11
书名原文：Man the Hunted: Primates, Predators,
and Human Evolution
ISBN 978-7-308-18408-3

I.①被… II.①唐… ②罗… ③郑… ④黄… III.
①社会人类学—研究 IV.① C912.4

中国版本图书馆 CIP 数据核字（2018）第 152807 号

被狩猎的人类：灵长类、捕食者和人类的演化
［美］唐娜·哈特 ［美］罗伯特·W.苏斯曼 著 郑昊力 黄达强 译

责任编辑	叶 敏	
文字编辑	张 颐	
责任校对	闻晓虹	
装帧设计	罗 洪	
出版发行	浙江大学出版社	
	（杭州天目山路 148 号 邮政编码 310007）	
	（网址：http:// www.zjupress.com）	
排 版	北京大有艺彩图文设计有限公司	
印 刷	北京中科印刷有限公司	
开 本	635mm×965mm 1/16	
印 张	24	
字 数	323 千	
版 印 次	2018 年 11 月第 1 版 2019 年 5 月第 2 次印刷	
书 号	ISBN 978-7-308-18408-3	
定 价	75.00 元